KB161135

삼강포럼 총서 I

한중수교 30년의 조선족

한중수교 30년의 조선족

기획 | 한중삼강포럼

엮음 | 곽재석 · 장경률

지음 | 곽재석 · 곽승지 · 김부용
　　　김용필 · 김정룡 · 이진영
　　　전은주 · 정인갑 · 홍인표

한중수교 30년
공동번영의 새 시대 맞이할 것

중국은 한반도와 고대로부터 지금까지 수만 수천 년간 가장 가까운 이웃으로서 거의 같거나 비슷한 역사적 단계를 거치면서 영욕을 함께 한 이웃이다. 지나온 기나긴 원시사회, 노예사회, 반만년의 봉건사회를 거치면서 지구촌에서 가장 밀접한 나라와 민족으로 근대와 현대사회에 함께 진입하였다.

특히 중국과 한국이 1992년 8월 24일 수교를 맺어서 함께 걸어 온 지난 30년간 양국은 파란만장한 세파 속에서도 지속적 발전을 이루면서 오늘에 이르렀다. 한중수교 30주년, 엊그제 같은데 벌써 30년의 세월이 흘렀다. 최근에는 코로나19 팬데믹이라는 미증유의 세기적이고 세계적인 특대 재난 속에서도 의연히 양국 관계의 발전추세는 결코 꺾이지 않았다. 일각에서는 양국 역사상 그 유례를 찾을 수 없는 외교적 성과라는 표현이 나올 만큼 실로 특기할 만한 역사적 업적을 만들어 왔다.

흘러간 지난 30년간에 가장 특기할 전형적 사례는 단연 휘황한 성취를 이룩한 한중무역 역사라고 할 수 있다. 한국무역협회 통계에 따르면 2020년 한국은 중국과의 무역 규모가 2,415억 달러를 기록해 미국(1316억 달러)과 일본(711억 달러)을 합친 것보다 많았다. 2020년 대중국 수출은 1,326억 달러, 수입은 1,089억 달러로 무역수지는 237억 달러 흑자를 기록했다. 여기에다 홍콩을 통해 거둔 291억 달러 흑자까지 합치면 한국의 대 중화권 무역흑자는 528억 달러로 전체 흑자(456억 달러)의 116%를 차지했다. 지난 1992년 중국과 한국이 수교를 맺은 30년 동안 두 나라관계는 전면적, 전략적 협력 동반자로 성장했고 교역량은 37배 이상 늘었다.

따라서, 앞으로 한중 양국의 동반자적 미래발전 또한 한국과 중국의 주류 민심의 반영, 사회발전의 필연적인 추세가 이어지리라고 믿어 의심치 않는다. 과거에 비록 적지 않은 저애와 이런저런 걸림돌이 있었던 것은 사실이다. 하지만 두 나라는 항상 공동한 목표를 위하여 한결같이 역사적 순간을 잘 포착하고 지혜롭게 추진해 왔으며 역사에 획기적인 한 획을 기록하고 큰 업적을 이룩한 것이다.

지난 해 9월 중국의 왕이 외교부장이 한국을 방문하여 문재인 대통령과 정의용 외교부 장관을 만난 자리에서 "한중수교가 30년을 맞았다", "공자(孔子)는 '삼십이립(三十而立)'이라는 말을 했다", "삼십이립"은 "서른 살이 돼 흔들리지 않는 뜻을 세운다"는 것으로 한중 간 우호관계도 한층 더 성숙해져 향후에도 어떤 풍파에도 흔들리지 않고 굳건하기를 기원한다는 것이다.

왕이부장의 말은 '성숙한 한중 전략적 협력동반자' 관계를 강조하는 시진핑 중국 국가주석의 발언과도 궤를 같이하는 것으로 풀이된다. 시진핑 중국 국가주석은 한국과 중국은 지난 30년 동안 '같이 한솥밥을 먹는다'는 뜻을 가진 '훠빤(伙伴)', 즉 동반자(partnership) 개념을 중심으로 발전해 이젠 많은 문제를 함께 논의하는 성숙한 전략적 협력 동반자 관계에 이르고 있다고 하였다.

당시 문재인대통령도 시진핑 주석의 발언에 동의하면서 "동북아의 공동번영과 발전에서 우리 두 나라는 운명공동체이다"고 화답하였다. 문재인 대통령은 지난 2월 8일 신화통신 등 세계 7대 통신사와의 합동서면 인터뷰에서 올해는 한중수교 30주년이자 '한중 문화 교류의 해'라며 양국이 다방면에서 교류와 협력을 더욱 활성화 하면서 미래지향적이면서도 성숙한 관계를 지속적으로 추진해 나가야 한다고 강조하였다.

한국과 중국은 지난 수교 30년 동안 정말 많은 변화를 겪었다. 많은 문제에서 서로 협력하기도 했지만 또 어떤 경우엔 의견이 맞지 않아 티격태격하기도 한 것도 사실이다. 오래 전 중국의 한 학자가 한중 관계를 가리켜 '네 가지가 가깝다'는 '사근론(四近論)'을 펼친 적이 있다. "역사가 가깝고, 문화가 가까우며, 지리도 가깝고, 감정도 가깝다(歷史近 文化近 地利近 感情近)"는 것이다.

실상 돌아보면 현실은 꼭 그렇게만 흘러가는 것은 아니다. 사람 사는 세상일이 항상 순조로울 수만은 없다. 중국 북송(北宋) 때의 시인 소동파(蘇東坡)도 "인간사엔 슬픔과 기쁨, 만남과 이별이 있고 달에도 어둡고 밝은 곳, 차고 모자라는 부분이 있다. 예로부터 인생이란 완전하기 어렵구나"(人有悲歡離合 月有陰晴圓缺 此事古難全)라고 읊었다. 한중 관계 역시 완전할 수는 없어 그 부족한 부분을 채워 나가는 것이 미래 역사를 만들어 갈 양국 국민들의 공통의 몫일 것이다. 그러나 이 또한 지나고 나면 우리들의 보람찬 역사가 되는 것이라 할 것이다.

이런 점에서 향후 중국과 한국은 수교 30주년 동안 이룩한 성취에 토대하여 가일층 심화된 한중협력관계로 나아가기 위하여 공동 노력해야 할 것이다. 당면에는 경제협력을 더욱 강화해 포스트 코로나19 시대의 한중 양국간 경제협력에 대해 중국은 한국의 제1교역국으로 양국간 긴밀한 경제협력을 강화하여 양국 국민 모두에게 혜택이 돌아갈 수 있도록 함께 노력해야 할 것이다. 동시에 양국의 국제사회에서 높아진 위상에 걸맞게 한반도 문제 뿐 아니라 기후변화 등 글로벌 이슈에 대한 소통도 강화해야 할 것이다. 특히 양국의 젊은 세대 간 상호 이해를 제고하고 우호 정서를 넓혀나갈 필요가 있다. 이를 위해 양국의 인적, 문화적 교류를 더욱 활발하게 전개해 나가는 것이 더없이 절실하다.

당면 코로나19, 기후위기 등 글로벌 현안은 세계경제 질서와 산업 판도에도 영향을 미치고 있다. 지구촌의 각국은 글로벌 공급망 재편과 첨단기술 선점을 위한 도전에 직면하고 있다. 이에 "전 세계가 그동안 자유로운 교역과 투자를 통해 상생과 공동번영의 길을 걸어왔듯이 다자주의와 호혜적 협력에 기반한 자유무역 질서의 복원이 코로나19 위기를 극복하고 글로벌 공급망을 안정시키는 길이 될 것"이다.

중국의 입장에서도 마찬가지이다. 중국은 이미 시노백 백신 등 효과성이 뛰어난 코로나 19백신을 포함한 새로운 치료제들을 개발했고 수십억에 달하는 국제적 지원도 하여 세계인들의 박수갈채를 받고 있다. 이제 상기한 성취를 토대로 중국과 한국이 가일층 소통한다면 더 빨리 한중 관계가 공고화되고 발전하면서 인류에 대한 기여도 더욱 클 것이라 기대한다. 제4차 산업혁명 시대에 탄소 중립을 통한 녹색 성장과 함께 ICT, AI, 로봇 등의 첨단 기술 협력 등을 볼 때 중국은 한국의 가장 중요한 파트너 국가의 하나로 계속 함께 갈 수밖에 없다고 본다. 전통적인 한반도 평화와 동북아 안정, 안보, 외교, 경제 협력도 중요하고 동시에 향후 30년 더욱 장대한 미래를 개척하기 위한 보다 다각화된 협력 확대가 필요하다.

오늘날 전 세계는 전례없는 격변기를 맞이하고 있다. 특히 포스트 코로나 시대의 심각한 정치·사회적 지각변동은 불가피하다. 이제는 한 두 나라가 지구촌을 좌지우지하던 시대는 지나갔다. 새로운 냉전은 헛된 망상이며 다시 반복되어서는 안된다. 다원화시대 다자주의는 새로운 시대의 흐름이고 방향이다. 지구촌의 중심이 아시아로 그 축이 이동하면서 동북아가 그 중심에 위치하는 것은 역사 발전의 필연적 추세이다. 따라서 중

국과 한국은 현재의 선린우호관계를 시대적 흐름에 알맞게 새로운 차원
으로 승화시키면서 더욱 공동의 번영과 발전을 이룩해 나갈 것이라 믿어
마지 않는다.

2022년 8월 여름
한중수교 30주년을 맞이하여,
장경률, 삼강포럼 공동대표

한중수교 30주년에 부치는 글

한중 우호선린의 현대사,
어두운 길을 함께 걷는 동지의 역사

한국과 중국은 1992년에 한중수교를 통해 동반자적 협력 관계를 시작하였다. 그러나 현대사를 돌아 보면 한국과 중국은 지금으로부터 120여년 전에 이미 상호 주권국가로서 수교 협력관계를 맺은 바 있다. 한중 양국은 아시아지역의 전통적인 국제정치체제인 중화조공체제를 폐기하고 1899년에 한청통상조약을 체결하였다. 이 조약으로 대한제국과 중국(당시 청나라)은 근대적 국제질서 속의 대등한 수교 국가가 되었다. 한청통상조약은 조선이 1876년 일본과 맺은 강화도조약 이후 열강 제국들과 맺은 불평등조약들과는 근본적으로 다른 것으로 이 조약을 통해 대한제국과 중국은 양국의 우호와 더불어 쌍방의 공평한 무역 관계를 위한 기반을 마련하게 되었다. 한청통상조약은 청일전쟁 후 무조약관계에 있던 대한제국과 청국 관계를 새로 정립시킨 조약으로서 의미가 있다. 이 조약을 통해 대한제국과 청국은 수교국가가 되었다.[1]

오랜 기간 중국의 속방으로 머물던 조선으로서 이러한 근대 주권국가적 통상조약이 가능했던 것은 무엇보다도 조선 후기에 싹트기 시작한 반외세 자주의 개화운동이 있었기 때문이다. 1894년에 청일전쟁의 결과 청국과의 조공체제 속에서 안주하던 조선은 더 기댈 곳이 없는 상황에 놓이게 되고 이는 근대적 개화운동을 촉발하게 된다. '중국의 유교를 버려야 한다, 독립해야 나라가 산다, 개혁하지 못하면 중국처럼 망한다'는 의식이

---

1) 한청통상조약은 청일전쟁 후 무조약관계에 있던 대한제국과 청국 관계를 새로 정립시킨 조약으로서 의미가 있다. 이 조약을 통해 대한제국과 청국은 수교 국가가 되었다. 이재석, "한청통상조약 연구,"『대한정치학회보』, 19권 2호, 2011. pp.181-205.

들불처럼 민중 속에 번지기 시작했고 마침내 1897년 대한제국이 성립되게 된 것이다. 대한제국은 광무개혁을 이어나가면서 1899년 중국과 한청통상조약을 체결하고, 이어서 1902년에는 중국에 상주 외교관을 파견하는 등 주권국가로서 적극적인 외교관계를 펼쳐나간다.

하지만 안타깝게도 양국의 이러한 수교협력 관계는 1904년 러일전쟁으로 한반도가 군사적으로 일본에 점령당하고, 1905년 을사늑약으로 대한제국이 외교권을 상실하고 일본의 보호국이 되면서 열매를 맺지 못하게 된다. 대한제국은 법령제정권, 행정권 및 일본 관리 임명 등을 내용으로 한 한일신협약, 사법권 및 감옥사무의 처리권을 일본에 위탁하는 각서인 기유각서 등에 이어 마침내 1910년 한일병탄조약을 통해서 일본 제국에 강제 병합된다.

한편, 중국 대륙도 아편전쟁과 청일전쟁 이후 일본과 서구열강의 영토 노략질에 놓이게 된다. 그러나 이러한 혼란 속에서 중국은 1911년 신해혁명의 성공으로 오랜 봉건체제에서 벗어나 국민 개개인의 정치적 권리가 중요시되는 공화정을 수립하게 된다. 20세기 전반에 전개된 중국과 한국을 포함한 동아시아의 반제국주의 반봉건 투쟁은 바로 중국에서 시작된 신해혁명의 영향을 받은 바 크다. 봉건시대 아시아의 종주국인 청의 멸망과 황제 체제의 부정, 그리고 근대적인 공화정 체제의 출범이 한국을 비롯한 동아시아인들에게 강력한 근대 민족 민중 개혁의 파토스를 불어 넣었다. 이에 중국과 한국에서는 1919년 3.1만세운동, 5.4운동 등 반제국주의, 반봉건주의 운동이 거세게 일어나고,[2] 반봉건, 반제국의 혁명 열기로 가득했던 중국대륙은 한반도에서 넘어간 난민들의 피난처 역할과 또 조선 독립운동의 모태 역할을 제공한다. 만주벌판에서 벌어진 우리 민족의 위대한 항일저항운동의 첫 방아쇠를 당긴 봉오동 청산리전투를 시작으로

---

[2] 오수열, "신해혁명의 성격과 중국 정치에 미친 영향," 서석사회과학논총 1권 2호, 조선대학교 사회과학연구원, pp. 181-201.

무장독립운동의 최대 격전지였던 간도와 만주지역에서 펼쳐졌던 조선 민중의 반제국 반봉건의 투쟁은 중국 대륙의 민족주의 운동과 혁명 열기 속에서 함께 성장할 수 있었다.

태평양 전쟁 이후에 펼쳐진 한국과 중국의 현대사 역시 양국이 같은 지향점을 향하여 발전했음을 보여 준다. 한중 양국은 국가 근대화과정에서 특정 권력층이나 부유층을 위한 정책이 아닌 인민의 민생과 복지를 중심적인 국가과제로 추구해 왔다. 태평양전쟁 이전에는 반봉건주의와 반제국주의의 척결이 목표였다면 태평양전쟁 이후에는 인민의 생존과 국가발전이 공통된 국가 목표가 된 것이다. 근대화 세력으로서 민중이 중심이 되고, 외세에 의한 개혁이 아닌 민족 스스로의 힘에 의한 개혁이 공통된 근대화의 목표였다.

한국은 1948년 8월 15일에 남한만의 단독정부를 수립하고, 이에 중국은 1949년 1월 4일에 미국에 이어 세계 두 번째로 대한민국을 국가로 승인하고 공식 외교 관계를 수립하게 된다. 그러나 안타깝게도 태평양전쟁 이후 일본 제국주의가 멸망한 동아시아에서의 힘의 공백 상태는 미국과 소련의 냉전체제로 대체되고 한국과 중국이 자본주의와 공산주의 서로 다른 길을 선택하면서 양국은 또다시 수교 우호의 손을 놓치게 된다. 중국의 국공내전이라는 내부적 갈등이 중국 공산당의 승리로 종결되면서 1949년 9월 10일 중화인민공화국이 수립된다. 그리고 1949년 10월, 북한(조선민주주의인민공화국)과 중국의 수교가 이루어지고 한반도는 남과 북이 서로 대립하는 좌우 이데올로기 격전장이 되고 만다. 한국과 중국의 국교 수립과 우호적 상호발전의 기회는 이렇게 또다시 동아시아를 둘러싼 외세의 논리에 의해 좌절되는 것이다. 한반도에서 벌어진 이데올로기 대립은 급기야 구한말과 같이 한반도에서의 열강의 군사적 충돌로 파국을 맞는다. 반제 투쟁의 결과 탄생한 중국과 북한으로서는 한반도에 대한 미국의 개입이 또 다른 제국주의 침략으로 규정되었다. 중국 외교부장인

周恩来는 1950년 9월 30일, "중국 정부는 해외 침략을 용납하지 않을 것이며 이웃 국가가 제국주의에 의해 침략당하는 것도 좌시하지 않을 것"이라고 천명하면서 한국 전쟁 발발 이후 미국의 38도선 준수를 촉구하였다. 그러나 인천상륙작전에 성공한 UN군은 1950년 10월 7일, 38도선 이북으로 북상하고 중국은 이를 북한에 대한 미제의 침공으로 보고 한국전쟁에 참여한다.

이러한 점에서 중국 조선족의 6.25전쟁 참전도 일제독립투쟁의 연장선 속에서 이루어진 '한반도 통일을 위한 민족해방운동'으로 해석되기도 한다.[3] 일제의 패망 이후 "민족주의적 정서가 발달한 이들 조선족에게 전해지는 고국의 분열된 소식이 '조국애'를 더욱 강화하는 방향으로 작용"하였고[4] 이에 좌익 공산주의의 사상에 투철한 조선족들이 남한을 공산화하기 위해 자발적으로 참전한 것이라는 논리보다는 단지 민족의 생존적 가치를 추구하려는 소박한 감정에서 비롯된 일종의 '디아스포라적 귀환"의 성격이 강했다. 말하자면 이들의 6.25전쟁 참전은 국제 공산주의의 통일전선노선을 배경으로 한 사상적인 동기에 의한 '참전'이 아닌 항일독립운동과 생존을 위해 도강했던 '반도 조선인'의 귀환이었던 것으로 해석되는 것이다.

어쨌든 신해혁명과 국공내전의 혼란기를 거친 중국, 그리고 한일병탄과 한국전쟁의 참화를 거친 한중 양국은 60~70년대 나란히 국가 근대화의 길을 걷게 된다. 등소평 주석의 흑묘백묘론에서 시작된 중국의 개혁개방은 시진핑 주석의 중국몽에 이르기까지 G2로서 눈부신 성장을 이어갔고 민중이 의식주 걱정을 하지 않는 '샤오캉 사회'를 구현한다. 한국은 박정희 대통령의 '잘살아보세 새마을운동'을 시작으로 정치경제적 민주화를 달성하고 세계 10위권의 G7의 선진국으로 올라서게 된다. 이에 중국은

---

3) 염인호, 「또 하나의 한국전쟁: 만주 조선인의 '조국'과 전쟁」역사비평사. 2010.
4) 정현수, Ibid. p.248.

다시 1982년부터 한국과 수교방침을 결정[5]하고 냉전으로 인해 지연된 한국과의 수교를 본격적으로 추진하게 된다. 1988년, 서울올림픽 이후 한중무역이 급증하고, 1990년에 베이징 아시안게임에 한국기업이 경비 20%를 지원하게 되고, 이에 더해 1990년 9월, 한국과 소련의 수교, 1991년 9월, 남북한 동시 가입 등으로 냉전 청산의 국제적 분위기가 조성되면서 드디어 1992년 8월 24일에 한중수교가 이루어진다. 1992년의 한중수교는 이전의 2차례에 걸친 양국간의 수교와는 달리 눈부신 관계 발전을 만들어 왔다. 1992년 노태우 대통령 시절 선린우호관계를 시작으로 1998년 협력적 동반자 관계, 2008년에는 전략적 동반자 관계를 만들고, 2013년에는 박근혜 대통령이 중국을 방문하여 한중미래비전 공동성명을 채택하고 이어서 2014년에 시진핑 주석이 방한하는 등 허니문과 같은 관계를 만들어 왔다.

그러나 한국과 중국의 선린우호 양국 관계는 2017년 3월 7일부터 시작된 미국의 고고도미사일방어 체계((THAAD)의 한국배치로 인해 또 다시 어두운 길의 어귀에 서성이고 있다. 한중 양국은 외세의 개입에 따른 세 번째 수교관계 파열의 위기에 봉착하고 있다. 중국을 적, 경쟁국으로 규정하는 미국은 최근 한미동맹복원, 동맹네트워크를 통한 대중국정책 조율 등으로 중국을 압박하면서 신냉전체제를 만들어 가고 있다. 중국은 "패권을 추구할 의지와 능력도 없으며, 중국식 모델과 사회주의는 중국현실에 적용될 뿐"이라고 항변하지만 화해의 여지는 보이지 않는다.

그런데 참으로 안타까운 것은 이러한 국제정세 하에서 한국이 구한말의 개혁세력과 수구세력의 충돌로 방향을 잃고 급기야 국권을 상실했던 과거를 되풀이하는 전철을 다시 밟으려 한다는 것이다. 최근 국내에는 개혁정책에 대한 저항으로 중국의 역사적 제국성(조공관계)을 상기시키고,

---

5) 한국주재 초대 중국대사를 역임한 장팅옌에 의해 수교20주년인 2011년에 공개됨.

중화민족론 부활을 제기하는 등 수구보수에 의한 반중 혐중정서의 추동이 매우 노골화되고 있다. 그러나 오늘날과 같은 세계화시대에는 과거 봉건주의 제국주의 시대와는 명확히 다른 세계질서가 국제정치의 근간을 이루고 있다. 한 국가의 행위가 적어도 이웃나라에 통용될 수 있는 국제질서의 보편원리에 부합해야 하고, 이를 이웃 나라가 인정하고 수용할 때 비로소 국제 협력도 가능하다. 중국이나 미국의 슈퍼파워가 휘두르는 일극 체제나 이들 양극의 대립으로 중약소국의 국익과 생존이 휘둘리는 것은 전근대적 제국주의로 회귀하자는 것이며 이는 결코 미래 세계 평화와 질서에 바람직하지 못하다.

한국과 중국은 근현대사를 거치면서 어두운 길을 함께 걷는 동지(一起走在黑暗道路上的同志)의 역사를 만들어 왔다. 양국은 번번이 외세에 의해 양국 협력의 노력이 물거품이 되었던 쓰라린 경험을 공유하면서 눈부신 발전을 함께 이루어 왔다. 그러나 이제 이러한 역사가 다시 뒤집어질 수도 있는 또 다른 위기에 봉착하고 있다. 따라서 한중 양국은 과거의 역사를 거울삼아 이제 다시는 과거의 역사에서 양국간의 선린우호(睦隣友好) 관계를 흔들었던 제국주의적 "사대(事大)"의 이데올로기를 청산하기 위한 노력을 경주하여야 한다. 다시는 이 한반도에 숭청반외세, 친일매국 사대로 초래한 망국의 역사가 되풀이되어선 안되며, 또한 좌우 이데올로기로 동족을 살육하던 비극이 일어나서도 안된다. 대한민국은 "선택을 강요받는 나라가 아니라 선택할 수 있는 나라"가 되었다. 바이든 행정부도 "동맹들에게 우리 아니면 중국을 선택하라고 강요하지는 않을 것임을 천명"하고 있다. 선택의 딜레마에 선 한국은 외교적 유연성을 확보해야 한다. 미국이냐 중국이냐의 사대의 선택이 아니라 다자주의 가치, 자유와 민주주의의 가치를 중심으로 균형감 있는 외교를 펼쳐야 한다. 그리고 한중관계의 핵심사안을 한미동맹으로 바꾸는 우를 범해서는 안된다. 한반도 평화에서의 중국의 역할과 한중무역의 중대성을 공정하게 인식하고 탈중국화, 대중국관계 축소가 현실적으로 불가능하다는 것을 인정해야 한다. 19세기 제국주의 역사를 되돌아보며 열강의 어느 한 편을 일방적으로 선택했던 조급하고 어설픈 일방적 편승이 가져온 비극적 종말을 잊지 말아야 한다. 미국 뿐만이 아니라 중국도 포함하여 양국의 이익을 적극적으로 받아들임으로써 오히려 일방의 요구를 거절하는 부담을 줄여나가는 '이중편승'의 전략으로 현재의 난국을 돌파해야 할 것이다.

2022년 8월
한중수교 30주년을 기념하며
곽재석, 한국이주동포정책연구원장

조선족 아리랑

아리랑은 한반도를 비롯하여 전 세계적으로 우리 겨레가 생활하고 있는 곳에서 널리 불려온 전통민요이다. 전통민요로서의 아리랑은 대체적으로 무산자인 토착 민중들이 보편적인 일상 생활에서 겪는 애환과 기쁨을 반영하면서 그들의 입을 통해 확산 전승되어 온 '민중의 노래'이다. 아리랑의 민중성은 '흙의 노래'라는 민속성을 넘어 지역공동체가 겪은 시대적 애환과 고난을 담은 민중의 시대성과 사회성을 내포하고 있다. 그래서 조선족 아리랑은 조선족 민중이 겪은 특별한 시대적 경험을 담고 있다. 부쳐 먹던 한 줌 토지 마저 지주계급에 빼앗기고, 식민지 자본주의의 착취와 압제를 피해 추방되듯이 조국과 민족을 뒤로 할 수밖에 없었던 조선족 민중의 차갑고 험난한 이국생활의 아픔을 노래하고 있다. 고향의 노래, 민족의 노래로 조선족의 가슴 속에 뜨겁게 살아 있는 아리랑은 일제의 수탈을 피해 압록강 두만강을 건널 때에는 <월강곡>이 되어 가슴 저미게 했고, 일제에 대항해 싸우던 항일운동가들에게는 군가가 되어 마음속에 비장함을 다지게 했다.[6]

<북간도>

문전옥답 다 빼앗기고
거지생활 웬 말이냐
밭 잃고 집 잃은 벗님네야
어디로 가야만 좋을가나
아버님 어머님 어서 오소
북간도 벌판이 좋답디다

<신 아리랑>

산천초목 젊어가고
인간의 청춘은 늙어만 간다
(후렴)아리랑 아리랑 아라리요
아리랑 고개를 넘어간다
무산자 누구냐 탄식 마라
부귀와 빈천은 돌고돈다
(후렴)...밭 잃고 집 잃은 동포들아
어디로 가야만 좋을가보냐
(후렴) ... 괴나리보짐을 짊어나지고
백두산 고개길 넘어간다
(후렴) ... 김발을 하고서 백두산 넘어
북간도 벌판을 헤매인다
(후렴)...

함께 살아가길 그렇게 염원하고 땀 흘려 지은 소출의 모든 것을 바치
며, 한 톨 남은 쌀마저 바치고 또 바쳤다. 마지막 생명줄로 거머쥐었던 땅
뙈기마저 빼앗겨 이젠 생존의 권리조차 박탈당하여 서럽게 떠나야만 했

---

6) 진용선, 『중국조선족의 아리랑』, 수문출판사, 2001, 98쪽.; 김성희. "중국 조선족 아리랑의 전
   승 기반과 양상," 『통알인문학』, 제82집, 2020. 6. 재인용.

던 그들이 바로 조선족. 그리고 그들 민중의 노래가 조선족 1세대 아리랑의 테마이다.

그러나 수탈과 압제의 고향을 등지고 서럽고 억울했던 그들이 서로를 보듬고 북돋아서 만들어 낸 새 희망의 땅, 신천지의 땅이 있으니 그곳이 바로 간도 연변이다. 조선족의 아리랑은 후회와 서러움과 탄식을 벗어던지고 새 희망과 새 땅을 노래하는 노래로, 제2세대의 조선족 아리랑으로 살아난다. 불굴의 조선족과 내 스스로 주인인 연변의 땅은 조선족 아리랑 2세대의 주제곡이다. 조선족 아리랑은 더 이상 한 많은 서러움에 탄식하는 한반도 아리랑이 아니다. 이제 조선족 민중은 연변의 새로운 꿈과 희망을 꿈꾼다. 그 꿈은 분명 약육강식의 냉혈한 착취적 계급주의가 판치는 한반도가 더 이상 아니다. 이유없이 빼앗기고 쫓겨나서 가슴 속 응어리를 풀어내는 쪽바가지의 한반도 아리랑은 거둬 치워라! 새로운 땅과 삶을 찾은 기쁨으로 부르는 대박의 조선족 아리랑을 꿈꾸며 새로운 약속을 찾아간다. 이주의 땅에서 피로 싸워 그 땅의 주인으로서 인정을 받고 그 넓은 대륙에 자치권을 획득한 중국 조선족의 긍지와 자부심을 갖고 부른 아리랑 노래이다, 국가가 무슨 소용있으랴 민중이 주인이면 되지!

<새아리랑>

아리랑 아리랑 아리리요
새로운 이 마을에 봄이 왔네
보슬비 내리여 땅이 녹고
풍기는 흙냄새 구수하다
뻐꾹뻐꾹 뻑뻑꾹 뻐꾹뻐꾹 뻑뻑꾹
뻐꾹새 밭갈이 재촉한다.
...생략

<연변아리랑>

금상각 나래펼친 먼바다로 흐르오 바다로 흐르오

연변처녀 사랑노래 아라리가 났고

아리랑 아리아리랑 아라리요

삼각산 새 고개로 넘어넘어간다

후렴: 아리랑 아라리요 아리랑 고개로 넘어넘어간다

<장백의 새 아리랑>

장백산 마루에 둥실 해 뜨니 푸르른 림해는

록파만경 자랑하며 설레이누나

칠색단을 곱게 펼친 천지의 폭포수는

이 나라 강산을 아름답게 단장하네

아리아리랑 스리스리랑 아리아리스리스리 아리리가 났네

장백산은 라라라라라라라라라라 우리네 자랑일세

　한중수교 30년, 지금으로부터 30년 전인 1992년을 전후하여 그들 조선족들은 다시 한반도로 돌아 왔다. 어쩌면 이들의 귀환은 우리 민족에게는 축복의 기회인지도 모른다. 100여 년 전에 우리 민족이 가진 자와 못가진 자를 차별하고, 약한 자를 착취하며, 인간으로서의 존엄과 권리, 생명의 고귀함마저 무참하게 무너뜨렸던 그 역사, 그 비참한 경험, 죄과들을 다시 회복할 기회가 마침내 우리에게 주어진 것이다. 조선족의 귀환은 처절했던 한민족 동족상잔의 역사를 바로 세울 수 있는 천운의 기회로 우리에게 다가왔다. 이제 그들에게 모국은 어떠한 아리랑을 다시 줄 수 있을까? 착취와 차별과 혐오와 배제의 아리랑을 다시 선물할 것인가? 다시 그들로 하여금 회한과 눈물의 월강곡을 부르게 하며 저 먼 이국땅으로 다시 돌아가게 만들 것인가? '돌아 온 조선족'. 그들에게 모국은 이제 진정 약자와 가난한 자를 배려하고 보살피는 정의롭고 공정한 공동체의 가치를 제3의 조선족 아리랑으로 선물해야 한다. 승자독식의 그릇된 이데올로기에 몰입한 세력들이 세상을 어지럽히고 그에 부화뇌동하는 타락한 한국의 지성과 양심들이 숨을 죽이고 지레 머리를 숙이고 굴복하는 세상을 주어서는 안된다. 귀환한 조선족이 부를 제3의 아리랑의 아름다운 테마를 만들어 주어야 한다.

이 책은 한중수교 30년 이후 모국으로 귀환한 조선족의 삶을 기록하기 위해 엮었다. 코리안 드림을 안고 돌아 온 그들이 이곳에서 부딪히고 깨지면서 살아 온 역사를 지금 이 시간에 기록으로 남겨놓기 위해서다. 이를 통해 세계 어느 민족보다 험난한 디아스포라의 역사를 가지고 있는 우리들이 어떠한 민족공동체의 가치를 설정하고 추구해야 하는지를 다시 한번 성찰할 수 있기를 기대한다. 이 책을 위해 수고하신 각 분야의 중국 동포 학술 연구 전문가님들에게 감사들 드리며 특별히 헌신적 지원을 아끼지 않은 장경률 삼강포럼 공동대표님에게 존경의 인사를 드린다.

2022년 8월 20일, 대림동에서
공동집필자를 대표하여 곽재석

목 차

제2부

한중수교 30주년 기념 분야별 전문가 초청 간담회 / 411

지은이

곽재석
　한국이주동포정책연구원 원장

곽승지
　전 연변과학기술대학 교수

김부용
　인천대학교 부교수

김용필
　동포세계신문 대표 겸 편집국장

김정룡
　중국동포사회문제연구소 소장

이진영
　인하대학교 교수

전은주
　연세대학교 강사

정인갑
　전 청화대학교 교수

홍인표
　한중저널 편집인

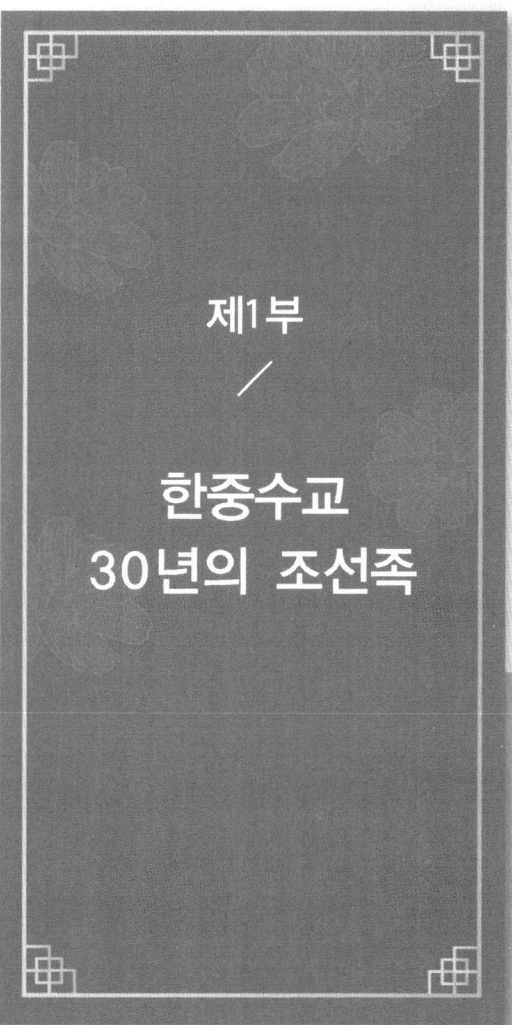

제1부

/

한중수교
30년의 조선족

한중관계 발전 과정과 그에 따른 정치적 현상[1]:

조선족의 입장과 연계하여

곽승지

Ⅰ. 서론

한국과 중국은 1992년 8월 24일 공식적으로 외교관계를 수립했다. 세계적인 탈냉전체제의 분위기 속에서 이루어진 양국 간 수교는 동북아시아 역내에서의 새로운 질서를 모색하는 일대 사건이었다. 이후 두 나라는 20세기 후반기 내내 진영을 달리한 채 서로 경원하고 대립해 온 적대 관계를 청산하는 가운데 오랜 선린(善隣)의 역사를 되새기며 보다 발전적인 관계를 형성하기 위한 장정(長程)에 나섰다. 그로부터 30년이 지난 지금 한국과 중국은 이제 적어도 표면상으로는 떼려야 뗄 수 없는 가깝고도 가까운 관계가 되었다.

양국 관계는 한 세대에 불과한 짧은 시간에 물리적으로 변할 수 있는 가장 큰 변화를 이루었다고 말해도 과언이 아니다. 그런 만큼 변화는 정치 경제 사회 문화 분야를 포함해 사회 전반에 걸쳐 광범위하게 이루어졌다. 양국이 관계 정상화를 통해 추구한 가치는 사안에 따라 달랐지만 상생하기 위해 함께 노력함으로써 관계 발전은 급속하게 이루어질 수 있었

---

[1] 한중 수교 이후 30년 간의 관계 발전 과정을 살피는데 있어서 정치의 영역을 어떻게 설정할 것인가에 대해 많은 고민을 하였다. 협의의 의미에서 정치는 권력을 매개로 한 정치적 행위를 말하지만 광의의 의미에서는 일반 대중들의 정치 참여 및 정치적 행위로부터 영향 받는 바를 포괄한다. 따라서 이 글은 전자는 물론 후자까지를 관심의 대상으로 삼고자 한다.

다. 정상들 간의 회담을 포함해 고위급 인사들의 빈번한 교류를 통해 당면한 문제를 풀기 위해 수시로 머리를 맞대었다. 굳이 말하자면 관계 발전 과정은 이해관계가 일치했던 경제분야에서의 급속한 발전이 양국 간의 전반적인 관계 발전을 견인하는 형국이었다.

그러나 단기간에 이루어진 괄목할만한 발전에도 불구하고 일부 영역에서는 변화를 제약하는 여러 요인들이 작용함으로써 한계를 드러내기도 했다. 정치 안보 분야에서 보인 갈등이 구체적인 사례이다. 정치 안보 분야에서 상대적으로 많은 한계를 드러내게 된 이유는 여러 가지 측면에서 생각할 수 있지만 무엇보다도 두 나라가 정상적인 관계를 맺기까지의 역사 속에서 형성된 특수성을 지적할 수 있을 것이다.[2] 보다 주목되는 점은 관계 발전 과정에서 불가피하게 맞닥뜨리게 되는 이해관계의 충돌이었다. 국익을 우선시하는 국제정치의 현실주의적 속성이 때때로 양국 관계의 발전을 저해하는 방향으로 기능한 셈이다.

최근 사드(THAAD/고고도미사일방어체계) 문제를 포함한 일련의 상황으로 말미암아 한국과 중국에서 혐중/혐한이라는 말이 자주 회자되는 것도 같은 맥락에서 이해할 수 있을 것이다. 이를 반영하듯 한국인들 사이에서 중국에 대해 부정적으로 인식하는 사람들이 급속히 늘고 있다.[3] 눈부신 관계 발전이 가져온 부작용으로 볼 수도 있지만 양국이 보다 발전적인 미래를 위해 반드시 살펴야 할 문제이기도 하다. 즉 한국과 중국이 지난 30년간 괄목할만한 관계 발전을 가져왔지만 그 이면에는 극복해야 할

---

2) 한중관계의 특수성에 대해서는 다양한 의견이 있다. 이에 대해서는 백영서, 2012, "변하는 것과 변하지 않는 것: 한중관계의 과거 · 현재 · 미래,"『역사비평』 2012년 겨울호(통권101호); 먼훙화 · 류샤오양, 2017, "중한관계와 전략대응," 이희옥 · 먼훙화 편저,『한중관계의 새로운 모색』 등 참조.

3) 미국의 퓨리서치센터가 2022년 2월부터 6월 초까지 4개월여 기간 동안 세계 19개 국가 국민들을 상대로 중국에 대한 이미지를 조사한 바에 따르면 중국에 대해 부정적인 인상을 느끼고 있다고 대답한 한국사람은 80%에 이른다. 일본의 반중 여론이 87%로 가장 높았고 미국도 82%에 이르렀다.『연합뉴스』. 2022-06-30. 「미국인 82% · 한국인 80% "중국 싫다"...국제사회 反中여론 확산」.

문제도 적지 않다는 것이다. 여기에는 역사적 구조적 맥락에서 불가피한, '변하지 않는' 불변적인 요인들도 있지만 보다 지혜롭게 접근하면 해결할 수 있는, '변하는' 요인들도 있다. 양국이 수교 30주년에 즈음해 지난 30년을 뒤돌아보며 더 나은 미래를 위해 지금 무엇을 어떻게 하여야 할지를 면밀히 살펴야 하는 이유이다.

이런 점들에 주목하며 이 글에서는 먼저 역사적 맥락에서 한국과 중국 간의 관계발전 과정을 정치적 성격을 중심으로 살피고자 한다. 서로 총부리를 맞대었던 적대 국가에서 여러 단계를 거치며 현재의 전략적 협력동반자 관계로 정치적 성격이 변하게 된 과정을 살핌으로써 양국 관계의 실상을 이해하려는 것이다. 다음은 한중관계가 발전하는 과정에서 정치적 부침을 가져온 요인들은 무엇이고 어떤 파장을 가져왔는지에 대해 주목하고자 한다. 이는 더 좋은 미래를 위한 성찰의 의미를 담고 있다. 여기서는 기본적 요인과 국가별 요인으로 단순화시켜 기본적 요인에 초점을 맞추고자 한다. 기본적 요인으로는 지정학적 요인, 역사적 요인, 인식적 요인으로 나누어 살펴볼 것이다.

그리고 한중간의 정치적 부침 사례와 그에 따른 중국 공민으로서 조선족동포들이 겪어야 했던 불편함을 일견할 것이다. 조선족동포들은 한중간의 정치적 갈등의 간접적 피해자이다. 한국과 중국 사이에서 이들이 겪어야 하는 불편함에 대해 한국사회는 그다지 주목하지 않았다. 하지만 이 문제는 한국과 중국을 넘나들며 살아가야 하는 조선족동포들의 삶의 질에 직간접적인 영향을 미치는 중요한 문제이다. 조선족동포들이 겪는 불편함을 살피려는 것은 그것을 통해 양국 간의 갈등을 풀 수 있는 실마리를 찾으려는 노력의 일환이라고 할 수 있다.

II. 한중관계 발전과 정치적 성격 변화

한국과 중국은 20세기 후반 내내 적대 관계를 유지하였으나 수교 후 발전을 거듭해 현재 공식적으로는 '전략적 협력동반자 관계'의 단계에 이르렀다. 관계 발전은 30년의 세월이 경과하는 가운데 우호협력 관계(1992)—21세기를 향한 협력동반자 관계(1998)—전면적 협력동반자 관계(2003)—전략적 협력동반자 관계(2008)의 과정을 거쳐 현재에 이르고 있다.4) 그러나 사드 문제 등으로 인한 한중 갈등이 장기화되면서 한국사회 일각에서는 양국 관계를 '전략적 협력동반자 관계'로 말 할 수 있을 것인가에 대해 회의적이다.5) 전략적 협력동반자 관계란 국가 전략에서 접점을 찾아 협력하는 정도로 관계 수준을 높이자는 의미를 담고 있다.

지난 30년 동안 양국 정상들은 22차례나 베이징과 서울을 오가며 정상회담을 가졌다. 한국 대통령의 중국 방문이 17차례로 중국 국가주석의 5차례 보다 월등히 많았다. 특히 2014년 7월 시진핑 주석의 서울 방문 이후 8년이 지나도록 중국 최고지도자의 한국 방문은 이루어지지 않고 있다. 그 기간 한국 대통령은 5차례나 중국을 방문했다. 물론 양국 정상은 거의 연례적으로 개최된 APEC(Asia Pacific Economic Cooperation/ 아시아태평양경제협력체) 회의와 함께 G20 정상회의 등에서도 수시로 만나 현안을 논의해 왔다.

한중간의 실질적 관계6)는 대체로 10년의 기간을 두고 변화하는 양상을

---

4) 중국과의 관계 발전 단계에서 '전략적 협력동반자 관계' 보다 상위에는 '전면적인 전략적 협력동반자 관계'와 '전천후 전략적 협력동반자 관계'가 있다.

5) 한국과 중국은 양국 회담에서 관계의 내실화에 대해 2013년 이후 지속적으로 논의해 왔다. 2020년 11월 26일 왕이 중국 국무위원 겸 외교부장의 한국 방문 당시 양국 외교장관은 회담을 가진 뒤 한중 간 '전략적 협력동반자 관계'의 내실화 필요성에 대해 언급했다.

6) 당국가체제(Party-State System)인 중국에서는 당총서기의 역할이 중요하지만 한중관계를 국가 차원에서 분석한다는 점을 고려해 중국의 국가주석에 초점을 맞추었다. 또 1993년부터는 중국의 최고지도자가 국가주석과 당총서기를 겸해 왔다.

보여왔다. 여러 가지 이유를 찾을 수 있지만 중국의 최고지도자가 매 10년을 주기로 교체된 것과 무관치 않아 보인다. 한중수교 당시 중국의 최고지도자는 양상쿤(楊尙昆) 주석이었지만 다음 해인 1993년 3월 장쩌민(江澤民)에 이어 2003년 후진타오(胡錦濤), 2013년 시진핑(習近平)이 중국의 국가 주석이 되었다. 장쩌민 주석 통치 기간에는 국제관계에서 덩샤오핑(鄧小平)의 뜻에 따라 대체로 힘을 기를 때까지 낮은 자세를 취한다는 도광양회(韜光養晦)의 입장을 견지했다. 한중관계가 차분하게 미래를 준비한 시기였다. 후진타오 주석의 임기 동안에는 제한적으로 유소작위(有所作爲)의 태도를 보이면서 때때로 자신의 존재감을 드러내 보이기도 했다. 하지만 동북공정으로 인해 촉발된 갈등을 해소하는 과정에서 보듯 양국은 문제 해결을 위해 노력함으로써 관계를 훼손하지는 않았다. 그러나 시진핑 주석이 최고지도자가 된 2013년 이후에는 사정이 달랐다. 시진핑 시대 초기 밀월 기간을 보내기도 했으나 사드 배치 문제가 불거지면서 상황은 한 순간에 달라졌다. 핵심 국가이익과 관련된 민감한 사안이라는 점에서 이해할 수도 있지만 대체로 중국이 G2로 굴기(崛起)한 자신의 위상에 걸맞는 영향력을 국제사회에 과시하기 시작한 데서 이유를 찾는다. 물론 중국을 견제하려는 미국의 전략과도 무관치 않다.

지난 30년을 돌아보면 한중관계는 양국 정상의 정치적 의지에 따라 크게 좌우됐으며 특히 중국의 태도로부터 적지 않은 영향을 받았음을 알 수 있다. 따라서 여기서는 양국 관계의 현실을 직시하며 한국과 중국의 최고지도자들 간 만남을 통해 이루어진 양국 관계의 발전 과정에 초점을 맞추어 살피고자 한다.

<표 1> 한중 정상 간 방문외교 일지

1992.09 노태우 대통령, 한국 대통령으로 최초 베이징 방문; 양상쿤 주석과 첫 정상회담
1994.03 김영삼 대통령, 베이징 방문; 장쩌민 주석과 회담
1995.11 장쩌민 주석, 중국 국가주석으로 최초 서울 방문; 김영삼 대통령과 회담
1998.11 김대중 대통령, 베이징 방문; 장쩌민 주석과 회담—21세기 협력동반자 관계 구축
2001.10 김대중 대통령, 상하이 APEC 회의 참석; 장쩌민 주석과 회담
2003.07 노무현 대통령, 중국에 사스가 발발한 가운데 베이징 방문; 후진타오 주석과 회담—사스
        발발 후 중국을 방문한 첫 국가원수—전면적 협력동반자 관계 구축
2005.11 후진타오 주석, 서울 APEC 회의 참석; 노무현 대통령과 회담—2007년을 '한중 교류의
        해'로 지정
2006.10 노무현 대통령, 베이징 방문; 후진타오 주석과 회담
2008.05 이명박 대통령, 베이징 방문; 후진타오 주석과 회담—방중 기간 쓰촨성 지진피해 현장
        방문
2008.08 이명박 대통령, 베이징올림픽 개막식 참석; 후진타오 주석과 회담
2008.08 후진타오 주석, 서울 방문; 이명박 대통령과 회담—전략적 협력동반자 관계 구축
2010.04 이명박 대통령, 상하이 엑스포 개막식 참석; 후진타오 주석과 회담
2012.01 이명박 대통령, 북경 방문; 후진타오 주석과 회담
2012.03 후진타오 주석, 서울 핵안보정상회의 참석
2012.05 이명박 대통령, 베이징 한중일 3국 정상회의 참석
2013.06 박근혜 대통령, 베이징 방문; 시진핑 주석과 회담—양국의 전략적 협력동반자 관계를 발
        전시켜 나가기 위한 한중 미래비전 공동성명 채택
2014.07 시진핑 주석, 서울 방문; 박근혜 대통령과 회담
2014.11 박근혜 대통령, 베이징 APEC 회의 참석; 시진핑 주석과 회담
2015.09 박근혜 대통령, 중국의 '전승 70주년(전승절)' 기념행사 참석; 시진핑 주석과 회담
2016.09 박근혜 대통령, 항저우 G20 정상회의 참석; 시진핑 주석과 회담
2017.12 문재인 대통령, 베이징 방문; 시진핑 주석과 회담—사드 사태 발발 후 첫 정상회담
2019.12 문재인 대통령, 청두(成都)에서 열린 제8차 한중일 정상회의 참석에 앞서 베이징서 시진
        핑 주석과 회담

1. 한중 수교 전; 비우호적 적대 관계[7]

한중 수교 이전 한국은 중국과 적대 관계에 있었다. 세계적인 냉전체제
의 동방초소로 불린 한반도에서 남북이 이념을 달리하며 대치한 가운데
중국이 6.25전쟁(한국전쟁)에 참전해 북한을 지원했기 때문이다. 그 이후
중국과 북한은 상호 결속을 다지며 순치관계 혹은 혈맹관계를 자임해 왔

---

7) 이 부분은 <한중삼강포럼>이 주최한 전문가 초청 간담회(2022.1.22/서울)에서 필자가 발표한
   "한중수교 30주년 회고와 미래 전망"을 토대로 재구성했다.

다. 따라서 수교 전 한국사회에서는 중국을 부정적 의미를 담아 중공(中共)으로 불렀다. 중국공산당이 지배하는 공산국가라는 의미이다. 이러한 표현은 수교 후에도 상당 기간 지속됐다. 오랜 역사의 흔적을 지우는데 적지 않은 시간이 필요했던 것이다.

국제정치적 측면에서 볼 때 한중수교는 세계사적인 탈냉전체제의 해체라는 역사적 전환과 맞물려 있다. 한국의 노태우정부는 1988년 임기 시작과 함께 북한의 변화를 추동하기 위해 사회주의권 국가들과의 관계 개선을 위한 북방외교(북방정책/ Nord Politik)를 추진했다. 핵심 대상은 소련과 중국이었다. 한국은 당시, 북한과 외교관계를 맺고 있는 나라와는 관계를 정상화하지 않는다는 이른바 할슈타인원칙을 철회한 상황이었지만 대서방권 외교에 주력했기 때문에 성과를 예측하기가 쉽지 않았다.

그 무렵 동구 사회주의국가들에서는 체제 전환을 위한 민주화 도미노 현상이 들불처럼 번지기 시작했다. 미소 정상은 1989년 12월 몰타에서 냉전체제 해체를 선언했다. 그에 힘입어 한국은 1990년을 전후해 소련을 포함한 사회주의권 국가들과 외교관계를 수립할 수 있었다. 한국의 북방외교와 동구 사회주의국가들에서의 민주화 운동이 절묘하게 맞아 떨어진 것이다. 하지만 중국과의 관계 정상화는 용이하지 않았다. 중국은 동구 사회주의국가들과 달리 1978년부터 개혁개방정책을 추진해 이미 자본주의 시장경제를 수용하고 있어 상황이 달랐다. 특히 그 무렵 중국사회는 천안문사태(1989.6.4.)의 영향을 받아 극도로 경색되어 있어 전향적인 변화를 이끌어낼 동력이 부족했다. 더욱이 혈맹관계를 유지해 온 북한의 반발이 불을 보듯 뻔한 상황에서 중국이 한국과의 관계 개선에 응해 나설 것을 기대하기는 쉽지 않았다.

그러나 기회는 예상외로 빨리 왔다. 중국의 변혁을 설계하고 추동해온 덩샤오핑이 1992년 벽두에 선전(深圳/ ShenZhen)과 주하이(珠海/ Zhūhǎi) 등 변화의 진원지를 순방하며 개혁개방정책의 고삐를 다잡은 것이다. 이른바 남순강화(南巡講和)이다. 그리고 중국은 개혁개방정책을 위한 핵심 국가전략인, '한 개의 중심으로서의 경제건설'을 추동하기 위해 눈부신 경제발전을 이루고 있던 한국에 주목하기 시작했다. 이후 한국과 중국 간의 수교 협상은 급물살을 타 불과 몇 달 만에 결실을 맺었다.

수교에 앞서 한국과 중국은 1990년 9월 비자 발급 등 영사 기능을 갖는 민간형태의 무역대표부를 베이징과 서울에 설치했다. 양국 간에 이미 관계개선을 위한 논의가 진행되고 있던 상황에서 외교관계를 수립하기에 앞서 무역대표부를 설치한 것이다. 당시 한국은 수교를 서둘렀으나 중국은 대만 문제 등을 이유로 주저하는 상황이었다. 그러나 한반도 주변의 정세는 매우 격동적이었다. 동구 사회주의국가들의 민주화 도미노 현상에 힘입어 한국은 1989년 헝가리를 시작으로 1990년 9월 소련(러시아)에 이르기까지 이미 30여 개 사회주의국가와 수교를 하였다. 1991년에는 한국과 북한이 유엔에 동시에 가입하고 남북기본합의서를 채택하기도 했다. 중국으로서는 한반도 주변에서의 이 같은 상황 변화를 의식하지 않을 수 없었을 것이다.

적대 관계에 있던 한국과 중국이 대화를 시작한 것은 1980년대 초부터이다. 1983년 5월 5일 선양(瀋陽)을 출발한 중국 민항기가 납치범들에 의해 공중 납치된 후 주한미군이 운영하는 춘천의 캠프 페이지 항공기지에 불시착하는 사건이 발생했다. 한국정부는 이 사건을 해결하기 위해 중국과의 대화에 적극 나서는 가운데 중국과의 관계 변화를 모색하는데 이용하고자 했다. 수세적 입장에 있던 중국이 한국측의 직접 협상 등의 요구사항을 수용함으로써 한중 간 첫 공식 회담이 열렸다. 9개 항의 외교각서에는 외교관계를 맺지 않은 상황이었음에도 불구하고 대한민국과 중화인민공화국이라는 정식 국호가 사용되었다.[8] 이 회담에서는 이듬해부터 중

---

8) 승객과 승무원 90명은 모두 중국으로 인도되었으나 6명의 납치범은 1년여 기간 한국에 구속 수감 후 추방형식으로 그들이 원하던 중화민국(대만)으로 정치적 망명을 하였다. 『서울일보』

국의 친인척 방문을 허용하기로 하는 부수적인 효과를 거두기도 했다. 중국에서 살아온 조선족동포들의 한국 방문 길이 열리게 된 것이다.

2. 한중 수교 후 장쩌민 시대; 우호적 협력 관계

역사적인 한중 수교는 중국 베이징에서 한국의 이상옥 외무장관과 중국의 첸치첸(錢其琛) 외교부장이 6개 항으로 된 공동성명에 서명하면서 이루어졌다. 6개 항의 공동성명 중 핵심 내용은 '한반도 통일문제의 자주적 해결원칙'과 '중국의 유일 합법 정부로 중화인민공화국 승인'이었다. 중국과 수교하려는 한국의 일차적인 목적이 한반도 통일을 위해 북한에 영향력을 행사해 주는 것이었다는 점에서 이 조항은 당연한 것이었다. 북한을 도와 한국전쟁에 참전한 사실과 관련해서도 중국은 국경이 위협받는 상황에서 불가피한 조치였음을 설명하고 과거에 있었던 불행하고 유감스러운 일이었다고 밝혔다.[9] 중국 역시 양안 관계에서 '하나의 중국'을 견지해 왔기 때문에 한국이 중국을 유일 합법 정부로 인정할 것을 요청했다. 실제로 한중 협상과정에서 대만 문제가 가장 큰 걸림돌이었던 것으로 알려졌다. 결국 한중 수교 후 한국은 대만과의 외교관계를 단절했다.

한중 수교가 이루어짐으로써 한국은 대만과 단교해야 했지만 통일을 위해 북한에 영향력을 행사할 든든한 우군을 확보하게 된 것이다. 당연히 북한은 중국을 원망하며 오랫동안 불편한 관계를 유지했다. 한중 수교로 든든한 혈맹을 잃게 된 북한은 설상가상으로 김일성 사망(1994.7.8)에 이어 '고난의 행군'으로 불린 최악의 경제난을 겪게 되었다. 이러한 상황 변화는 한반도 통일을 위한 중국의 역할에 대한 기대를 한층 높이는 동인이

홈페이지, "'1983년 중국 민항기 불시착'과 중국의 첫 번째 공식회담";
http://www.seoulilbo.com/news/articleView.html?idxno=394939 (검색일자 2022-7-31).
9) 『중앙일보』. 1992-8-22. 「한중 '우호선린' 성명 발표/양국외무 24일 '수교' 서명」.

되기도 했다.

수교 한 달 뒤인 9월 27일 노태우 대통령이 양상쿤 주석의 초청을 받아 한국 대통령으로는 처음으로 중국을 공식 방문했다. 그리고 한국과 중국 간의 첫 정상회담을 가졌다. 노태우 대통령의 중국 방문을 종결하며 한중 양국은 "한중 간 선린 협력 발전이 양국 국민의 이익은 물론 아시아와 세계 평화 발전에 중요한 의의를 가진다"는 내용의 '한중 공동언론발표문'을 발표했다. 중국 최고지도자의 한국 방문은 3년여 후에 이루어졌다. 1994년 3월 김영삼 대통령이 중국을 방문한 후 장쩌민 주석을 초청했는데 1995년 11월에 성사된 것이다.

1990년대 말 한국사회는 정치 경제적 측면에서 큰 변화를 맞았다. 아시아지역에서의 금융위기 여파로 한국이 1997년 말 이후 IMF로부터 관리를 받게 되면서 경제적 어려움을 겪었는데 같은 시기 대통령 선거에서 야당의 승리로 1998년 2월 김대중정부가 출범한 것이다. 김대중 대통령은 경제적 어려움을 수습하는 가운데 이른바 '햇볕정책'으로 일컬어지는 전향적인 대북정책을 추진함으로써 남북관계에 새로운 돌파구를 마련하였다. 한국의 정치 및 경제 부분에서의 변화는 한중관계에도 적지 않은 영향을 미쳤다. 북한 문제 해결과 함께 경제발전을 도모하는 것이 한중 수교의 중요한 가치였기 때문이다.

이런 상황에서 김대중 대통령은 1998년 11월 베이징을 방문, 장쩌민 주석과 회담을 갖고 '21세기 협력동반자 관계' 구축에 합의했다. 회담에서 김대통령은 "양국의 경제발전과 한반도의 평화를 위해 한국과 중국이 협력을 강화해야 하고 이는 양국은 물론 세계 정세에도 도움이 되는 일"임을 강조하며 중국의 지지를 요청했다. 중국은 김 대통령의 대북 햇볕정책에 대한 지지 입장을 표명하였다.

3. 후진타오 시대; 갈등을 초월한 협력동반자 관계

중국은 2000년대 들어서도 개혁개방 정책의 고삐를 다잡는 가운데 자본주의 시장경제체제에 적극 참여했다. 그 결과 2001년 11월에는 숙원 사업의 하나였던 WTO(World Trade Organization/ 세계무역기구)에 가입하게 되어 비약적 경제발전을 위한 발판을 마련했다. 한반도에서도 역사적인 남북정상회담(2000.6.15./ 평양)을 개최한 데 이어 북한이 2002년 7월 이른바 '7.1 경제개선조치'를 통해 개혁정책을 펼치는 등 새로운 변화의 움직임이 시작됐다. 한국과 중국 모두 기분 좋게 새로운 천년을 시작한 것이다.

이런 상황에서 중국은 2003년 3월 후진타오를 주석으로 하는 새로운 리더십을 구축했다. 그러나 후진타오 시대의 출발은 순탄치 않았다. 후진타오 주석 앞에는 광동성에서 처음 발생(2002.11)한 사스(SARS/ 중증급성호흡기증후군) 문제[10]와 함께 1년 전부터 시작된 중국의 동북공정으로 인한 한중 갈등 문제가 도사리고 있었다. 같은 시기 한국에서도 리더십이 교체됐다. 김대중 대통령의 뒤를 이어 노무현 대통령이 2003년 2월 임기를 시작한 것이다.

노무현정부는 중국이 사스 발발로 인한 어려움을 극복할 수 있도록 물심 양면으로 지원[11] 함으로써 중국과의 신뢰를 쌓았다. 그리고 사스가 종식된 직후인 7월 7일 노무현 대통령은 중국을 방문, 후진타오 주석과 정상회담을 갖고 양국 관계를 '전면적 협력동반자 관계'로 격상시켰다. '21세기 협력동반자 관계'가 구축된 지 채 5년도 안 된 상태에서 관계를 격

---

10) 사스는 중국에서 첫 환자가 발생 후 세계 30여 개 국가로 확산됐으며 중국에서 5천300여 명이 감염돼 350여 명이 목숨을 잃었다.

11) 사스 발발 후 노무현 대통령은 중국 정부에 위로 전문을 발송하고 10만 달러의 성금을 전달했으며 각국 대사관과 기업들이 피해를 줄이기 위해 철수를 결정했을 때도 한국 대사관 직원과 부인회 등은 중국에 남아 중국 시민들을 지원하고 위로했다.

상시킨 것이다. 이는 사스 국면에서 양국이 쌓은 신뢰가 가져온 결과였다. 그리고 후진타오 주석은 2005년 11월 APEC 회의 참석차 서울을 방문해 노무현 대통령과 정상회담을 가졌다. 회담에서는 수교 15주년이 되는 2007년을 '한중 교류의 해'로 지정했다. 노무현정부 하에서 중국은 한국의 최대 수출국, 최대 수입국, 최대 교역 상대국으로 부상했다.

　그러나 노무현정부 5년은 중국의 동북공정이 한중 관계를 짓누르던 시기였다. 2004년부터 양국 정부가 직접 나서 문제 해결을 위해 노력했으나 좀체 실마리를 풀지 못했다. 양국은 2004년 8월 외교차관 회동을 통해 "역사문제로 인한 우호협력 관계 손상을 방지하며, 고구려사 문제의 공정한 해결을 도모하고 정치 문제화되는 것을 방지한다"는 등의 내용이 담긴 이른바 '구두양해'에 합의하기도 했다.[12] 이런 상황에서 노무현 대통령은 2006년 10월 베이징을 방문, 후진타오 주석과의 회담에서 작심하고 동북공정 문제를 제기했다. 이에 대해 후진타오 주석은 "2004년 8월 한중 양국이 합의한 구두양해가 반드시 이행되도록 하겠다"고 약속했다.[13] 이후 동북공정 문제는 수면 아래로 가라앉게 됐다.

　경제부문에서의 비약적인 발전에 힘입어 한국과 중국 관계는 2008년에 출범한 이명박정부 하에서도 발전을 이어갔다. 취임 3달만인 5월 27일 베이징을 방문한 이명박 대통령은 후진타오 주석과의 정상회담에서 경제 및 통상분야에서의 협력을 강화하는 한편 양국 간 FTA(Free Trade Agreement/자유무역협정) 추진에 대한 의견을 교환했다. 그리고 이명박 대통령은 쓰촨성(泗川城)에서 발생(2008.5.12)한 지진[14] 복구 현장을 찾아 직접 피해자들을 위로했다. 이명박 대통령의 베이징 방문은 3개월여

12)『연합뉴스』, 2013-2-11. 「<외교열전> 사마천 '史記'로 푼 동북공정 갈등」.
13)『중앙일보』, 2006-10-14. "역사문제 2004년 합의 반드시 이행되게 할 것".
14) 7.9 규모의 쓰촨성 대지진으로 약 7만여 명이 사망했고 약 1만8천여 명이 실종됐다. 지진 발생 직후 한국은 119 구조대원 40여 명을 현장에 파견해 구조를 도왔다.

후 후진타오 주석의 서울 방문으로 이어졌다. 서울에서의 한중 정상회담
에서는 한중관계를 '전략적 협력동반자 관계'로 격상했다.

4. 시진핑 시대; 갈등을 수반한 제한적 협력동반자 관계

2012년 11월 제18기 중국공산당 대회에서 총서기에 오른 시진핑은
2013년 3월 개최된 전국인민대표대회에서 국가 주석으로 선출됐다. 전인
대 폐막 연설을 통해 시진핑 주석은 중화민족의 부흥을 제창하고 중국공
산당이 지도하는 민족 진흥, 국가 부강, 인민 행복을 지향하는 '중국몽'을
제시했다. 시진핑시대가 시작된 것이다. 한국에서는 시진핑시대가 시작된
것과 때를 맞춰 박근혜정부가 출범(2013.2.25.)했다.

한국과 중국에서 거의 동시에 최고지도자가 바뀌었지만 양국은 변함없
이 '전략적 협력동반자 관계'를 유지하며 관계 발전을 도모했다. 그해 6월
박근혜 대통령의 베이징 방문 시, 정상회담을 통해 양국 간의 전략적 협
력동반자 관계를 발전시켜 나가기 위한 '한중 미래비전 공동성명'을 채택
(2013.6.27)한 데서 그런 의지를 엿볼 수 있다. '미래비전 공동성명'에서
양국은 수교 이래 양국 관계가 "상호존중, 호혜평등, 평화공존, 선린우호
의 정신하에 제반 분야에서 눈부신 발전을 이루었다고 평가"하고 "양국
간 전략적 협력동반자 관계를 양자 및 지역 차원뿐만 아니라 국제사회의
평화와 번영을 위한 협력 차원으로까지 더욱 진전시켜 나갈 필요성이 있
다"는데 인식을 같이했다. 또 전략적 협력동반자 관계의 내실화를 위해
양국 지도자 간 긴밀한 소통은 물론 정부 의회 정당 학계 등 다양한 주체
간의 소통을 포괄적·다층적으로 추진하여 상호 전략적 신뢰를 가일층
제고할 것을 제시했다.[15]

---

15) 『조선일보』 홈페이지: https://www.chosun.com/site/data/html_dir/2013/06/27/2013062703504.
html (검색일자 2022-7-31).

양국은 이례적으로 '미래비전 공동성명'을 이행하기 위한 '부속서'도 채택했다. 부속서는 정치분야에서의 협력 증진을 위해 기존 대화채널의 활성화는 물론 다층적인 대화채널을 통해 양국 간 전략대화를 포괄적으로 강화할 것을 제시했다. 이를 위해 한국의 청와대 국가안보실장과 중국의 외교담당 국무위원 간 대화체제 구축 필요성을 적시했다. 부속서는 또 정치분야에서의 한중 간 현안으로 ▲해양경계 획정 ▲어업자원 보호와 조업질서 강화 ▲역사연구에서 상호 교류와 협력 등을 제시하기도 했다.[16]

양국은 전략적 협력동반자 관계의 내실화를 위해 노력하는 가운데 정상 간의 만남도 빈번히 가졌다. 2014년 7월 시진핑 주석이 서울을 방문한 데 이어 그해 11월 박근혜 대통령이 APEC 회의에 참석차 베이징을 찾았다. 그리고 2015년 9월 중국의 '전승 70주년'에 즈음해 박근혜 대통령이 축하를 위해 베이징을 방문했다.[17] 박근혜 대통령의 전승절 행사 참석에 앞서 한국은 미국의 반대에도 불구하고 중국이 주도하는 일대일로 프로젝트의 일환으로 추진한 아시아인프라투자은행(AIIB)에 가입하기로 결정(2015.3.26.)했다.

그러나 순항하던 한중관계는 한국이 사드 배치 계획을 발표하면서 급전 직하했다. 한국 국방부는 2016년 7월 8일 공동 발표문을 통해 "한미 양국은 북한의 핵·대량파괴무기(WMD) 및 탄도미사일 위협으로부터 한국과 우리 국민의 안전을 보장하고 한미동맹의 군사력을 보호하기 위한 방위적 조치로 주한미군에 사드체계를 비치하기로 한미동맹 차원에서 결정했다"고 밝혔다. 계획이 발표된 직후 중국 외교부는 곧바로 성명을 통해 반대 입장을 분명히 하는 가운데 사드 배치 중단을 강력히 촉구하고 나섰

---

16) 『시사데일리』홈페이지: http://www.dailysisa.com/news/articleView.html?idxno=11325 (검색일자 2022-7-31).

17) 박근혜 대통령의 전승절 행사 참석은, 미중갈등 국면에서 서방 지도자들이 불참한 가운데 이루어졌다는 점에서 많은 관심을 끌었다.

다. 성명은 사드 배치가 "중국을 포함한 이 지역 내 국가들의 전략적 안보 이익과 지역의 전략적 균형을 엄중히 해칠 것"이라며, 한국과 미국을 향해 "지역 형세를 복잡하게 만드는 행동을 하지 말고, 중국의 전략적 안보 이익에 손해를 끼치지 말라"고 강조했다.

이후 중국은 관영 매체를 총동원해 사드 배치 계획을 전방위적으로 성토하는 가운데 박근혜 대통령을 직접 겨냥해 비난하기도 했다. 또 중국은 국방부와 외교부를 앞세워 '필요한 조처' '상응한 조처'를 언급했다. 실제로 중국은 한국에서 사드 배치 계획이 철회되지 않자 사드 배치 장소를 제공(?)한 롯데그룹을 겨냥해 강력한 제재를 가했을 뿐 아니라 이른바 '한한령(限韓令)'으로 불리는 경제 문화 부문에서의 제재를 확대했다.

박근혜 대통령의 뒤를 이어 2017년 5월 문재인 정부가 출범한 후에도 사드문제는 지속적으로 한중관계 발전을 제약했다. 북한이 7월 28일 대륙간탄도미사일(ICBM)급 '화성-14형'을 시험발사 하자 문재인 정부가 미배치 상태에 있던 사드 4기의 배치를 검토하라고 지시했고 다음 날 중국 외교부가 배치 중단을 강력히 촉구하고 나섰다. 비록 사드 문제가 발목을 잡았지만 문재인 대통령은 취임 이후 중국과의 관계 정상화에 많은 관심을 기울였다. 문 대통령은 2017년 12월 사드 문제 발발 후 처음으로 중국을 방문해 시진핑 주석과 정상회담을 갖고 상호 이해의 폭을 넓혔다. 2019년 12월에는 청두에서 열린 한중일 정상회의에 참석하기에 앞서 베이징에 들러 시진핑 주석과 만났다. 문 대통령은 취임 중 시 주석과 6차례 회담을 가졌으며 사드 문제와 관련해 이른바 '사드 3불'[18] 입장을 제시하기도 했다.

---

18) '사드 3불'은 사드 추가 배치, 미국 미사일방어체계(MD) 참여, 한미일 군사동맹화 등 3가지를 하지 않는다는 의미이다. 이 말은 2017년 10월 30일 강경화 당시 외교부장관이 국회 외교통일위원회의 외교부 국정감사에서 언급한 후 널리 사용되어 왔다. 그러나 문재인 정부는 사드 3불이 한중간 합의가 아니라 한국정부가 일방적으로 현상유지 입장을 피력한 것이라고 말했다. 『연합뉴스』. 2022-1-24. 「정부고위관계자 "'사드 3불'은 한중 간 합의 아냐"」.

한중 관계는 2022년 5월 한국에서 윤석열 정부가 출범함에 따라 다시 기로에 서 있다. 윤석열 대통령이 한미동맹을 중시하는 가운데 중국에 대해 보수적인 접근을 취하는 데 대해 중국은 민감한 반응을 보이고 있다. 특히 중국은 윤석열 정부가 문재인 정부에 의해 표명된 '사드 3불' 입장을 유지할 것을 강력히 요구[19]하고 있다.

III. 한중관계 발전에 영향을 미친 주요 요인과 정치적 파장

한중 수교 후 30년의 세월이 경과하는 동안 한국과 중국은 눈부신 관계 발전을 이루었음에도 불구하고 실제로는 적지 않은 한계를 드러냈다. 양국 관계를 '전략적 협력동반자' 관계로 규정하였으면서도 스스로 내실화 필요성을 언급할 만큼 부족함이 있는 게 현실이다. 특히 2016년 7월 시작된 사드 사태에서 보듯 정치안보 분야에서는 그 한계가 더 분명해 보인다. 왜 그럴까? 현실주의자들은 국제관계의 무정부 상태로 인해 국익을 추구하는 과정에서 국가 간의 갈등은 필연적인 일이라고 말한다. 자유주의자들은 상호 의존 관계를 강화함으로써 대화를 통해 문제를 조정하고 해결할 수 있다고 강조한다. 그러나 좀 더 솔직하게 말하자면, 관계를 제약하는 많은 요인들이 존재하며 그러한 요인들은 어떤 형태로든 관계 발전에 영향을 미치게 된다. 그 요인들은 관점에 따라 다양하게 묘사될 수 있을 것이다.

백영서(2012, 191-213)는 한중관계의 미래를 전망하면서 지난 역사를

---

19) 중국 외교부대변인은 2022년 7월 27일 정례 브리핑에서 한국의 사드 3불 입장이 "양국간 상호 신뢰 심화와 협력에 중요한 역할을 했다"며 한국정부가 사드 3불 입장을 유지해야 한다고 논평했다. 『연합뉴스』. 2022-7-27. 「중국, '사드 3불' 유지 요구…"새 관리가 과거부채 외면못해"」.

통해 '변하지 않는 것'과 '변하는 것'으로 나누어 살피는 가운데 특히 '변하는 것'에 주목했다. 변하는 것이 변하지 않는 것과 상호 작용을 하거나 침투하여 또 다른 변화를 만들기 때문이란다. 그는 한중 관계에서 '변하지 않는 것'으로 양자 관계의 ▲비대칭성 ▲근접성 ▲상대적 약자인 한국의 위치와 역할 등을 들었다. 반면 '변하는 것'으로는 ▲교류 주체의 다양화 및 상호 의존성 심화 ▲제3자로서 강대국의 출현 등을 제시했다. 결국 한중관계에서 변하는 요인들이 변하지 않는 요인들과 상호작용을 하거나 침투함으로써 새로운 변화를 만들게 되는데 다양한 주체들이 그 과정에서 긍정적인 변화를 만들기 위해 노력해야 한다는 것이다.

면홍화와 류샤오양(2017, 33-53)은 "이성적인 국가는 국제관계의 확실성을 추구"하지만 "부인할 수 없는 사실은 불확실성이 객관적 세계의 상태이며 우리가 처한 시대의 두드러진 특징"이라고 전제하고 한중관계의 불확실성 요소에 주목했다. 그들은 한국과 중국 관계에 영향을 미치는 불확실성 요소로 ▲미국의 동북아전략(미래전략) ▲북한 핵문제의 향방 ▲한국의 전략적 선택 ▲동북아시아에서 세력균형 유지 여부 ▲한중 민간 사이의 상호 이해 등을 제시했다. 그리고 "중한관계의 확실성 요소를 공고화하고 불확실성 요소를 제어하는 것이 중한관계의 심도 있는 상호작용과 미래 향방을 결정"하게 될 것이라고 진단했다.

두 주장은 다른 듯하면서도 많은 부분에서 유사한 내용을 담고 있다. 필자는 두 주장에 기본적으로 동의하면서 한중관계 발전에 영향을 미친 주요 요인들을 ▲기본적 요인 ▲국가 요인으로 나누고 각 요인들과 관련된 정치적 파장에 대해 살펴보고자 한다. 기본적 요인은 한중관계에 영향을 미치는 상수(常數)인 반면 행위 주체인 중국과 한국에 의해 촉발되는 국가 요인은 변수(變數)가 될 것이라는 점에서 기본적 요인에 초점을 맞출 것이다. 변수인 중국 및 한국 요인은 상황 변화에 따라 수시로 바뀔 수 있을 것이기 때문이다.

1. 기본적 요인

한중관계를 지배하는 여러 요인들 중 고정 불변의 상수를 기본적 요인으로 정의한다면, 완전히 일치하는 것은 아니지만, 부분적으로는 앞에서 언급한 양국 관계에서 '변하지 않는 것' 혹은 '확실성 요소'와 같은 맥락에서 이해할 수 있다. 이 글에서는 ▲지정학적 요인 ▲역사문화적 요인 ▲인식적 요인으로 나누어 관련 요인이 양국 관계에 미친 정치적 파장을 중심으로 살펴볼 것이다.

가. 지정학적 요인

세계화가 보편화되는 가운데 '열린 세상'이 됨에 따라 다시 지리 및 지정학에 대한 관심이 높아지고 있다. 『지리의 복수』 저자 로버트 카플란(Robert D. Kaplan)(2017, 21-23)은 "영원한 것은 지도상에 나타난 인간의 입지뿐"이라며 "정치적 입장은 상황에 따라 급변할 수 있지만, 지도는 결정적이지는 않아도 다음에 무슨 일이 벌어질지를 역사적 논리로 파악하게 해주는 출발점이 될 수 있"다고 말한다. 그리고 그는 휴전선(DMZ)과 같이 자연적 국경지대와 일치하지 않는 인위적 경계는 취약하기 때문에 단지 임의적 경계일 뿐이어서 결국은 사라지게 될 것이라고 강조한다. 한반도의 지리 및 지정학의 중요성과 남북분단의 미래에 대한 지리학자로서의 통찰인 셈이다. 오늘날 지정학은 국제정치 현상을 이해하는 데 필수 요인이다.

한반도는 지정학적으로 동북아시아의 중앙에 위치해 해양세력과 대륙세력을 잇는 다리의 역할을 해 왔다. 그런데 그 다리가 남과 북으로 나뉘어 세력의 분기점으로 작용해 왔다. 남과 북은 각각 해양세력인 미국과 대륙세력인 중국의 편에서 이해관계가 충돌하는 지점을 형성하여 온 셈이다. 냉전체제 하에선 남과 북이 각 진영의 동방초소를 담당하는 첨병으로 역할하기도 했다. 그러나 세계적인 탈냉전체제가 전개되는 가운데 한국과 중국이 수교하면서 상황은 달라졌다. 중국이 이념을 좇아 일방직으로 북한 편에 설 수 없게 된 것이다.

그럼에도 불구하고 한국은 북한과의 대립 국면이 이어지고 있는 가운데 주변 강대국 간의 갈등이 심화되어 지정학적 리스크에서 벗어나지 못하고 있다. 한국과 동맹을 맺고 있는 미국이 비약적으로 발전하고 있는 중국 견제에 나섰고 급기야 미중 간 경제전쟁이 시작[20]됐기 때문이다. 일부 논자들은 미중 갈등 상황을 투키디데스의 함정[21]으로 설명하기도 하지만 미국과 중국 사이에 끼어있어 그 상황을 온전히 견디어야 하는 한국으로서는 분명한 지정학적 리스크이다. '안보는 미국, 경제는 중국'을 지향하는 이른바 안미경중(安美經中)의 입장을 취하며 안주하던 한국으로서는 진퇴양난의 상황에 처하게 된 것이다. 결국 한국은 한반도의 지리적 위치 때문에, 냉전체제 하에선 이념 문제로 어려움을 겪었다면 지금은 북한핵 문제로 인한 안보 문제에 더해 미중 갈등으로 인한 지정학적 리스크를 떠안아야 하는 상황이다.

한반도의 지정학적 리스크는 미중간 경제전쟁만이 아니다. 동북아시아 지역에 대한 미국과 중국의 전략으로부터도 직간접적인 영향을 받고 있다. 한국은 2014년 중국이 일대일로 구상을 구체화한 후 이를 추동하기 위해 아시아인프라투자은행(Asian Infrastructure Investment Bank/ AIIB)을 설립할 때 미국의 눈치를 보면서도 가입을 결정했다. 그러나 2016년 7월 북한의 ICBM급 탄도미사일 시험발사 후 미국과 함께 오랜 동안 숙

---

20) 미중 경제전쟁은 2018년 7월 6일 미국이 중국에서 수입하는 700여 개의 상품에 고율의 보복관세를 부과하고 이에 대해 중국도 같은 조치로 대응하면서 시작됐다. 무역전쟁으로 시작된 미중 경제전쟁은 이후 환율전쟁 기술전쟁 등으로 확산됐다.

21) 투키디데스 함정은 하버드대 그레이엄 엘리슨 (Graham Allison) 교수가 그의 저서에서 사용한 용어이다. 그는 미국과 중국의 갈등 상황이 투키디데스가 펠로폰네소스전쟁사를 썼던 당시 아테네와 스파르타 간의 구조적 긴장관계와 유사하다며 이 용어를 사용했다. 그레이엄 엘리슨, 2021, 『예정된 전쟁』, 서울: 세종.

고해온 사드배치를 확정해 발표했다. 중국은 이 결정이 미국의 동북아시아전략에 따른 것이라며 한국측에 철회할 것을 강하게 압박했다. 최근에는 한국이 미국의 중국 포위전략의 일환으로 알려진 쿼드에 가입하는 문제가 시험대에 올라있다.[22]

나. 역사문화적 요인

한국과 중국은 오랜 역사 속에서 이웃해 살며 다양한 문화를 교류하고 공유했다. 또 때로는 다투기도 했지만 때로는 상부상조하는 관계를 맺기도 했다. 근대 이전 중국을 중심으로 하는 천하체제 하에선 사대자소(事大字小)[23]하며 나름 원만하게 관계를 유지해 왔다. 그런 만큼 역사와 문화에서 많은 부분이 겹치게 되었다. 더욱이 중국의 55개 소수민족의 일원인 조선족동포들이 중국 동북지역에서 중국 공민으로 살아가고 있어 문화적 요소는 더욱 중첩될 수밖에 없는 상황에 놓이게 됐다. 역사에 곡절이 있었더라도 문화적 공통점이 많다는 것을 부정적 측면에서만 인식할 필요는 없다. 더 많은 부분에서 동질성을 느낄 수 있을 것이기 때문이다.

안타깝게도 수교 이후 한국과 중국에서는 문화적 공통점들이 동질성을 확대하는 방향으로 활용되기 보다 갈등을 촉발시키는 원인이 됐다. 역사문화적 요인이 양국 간의 관계 발전을 제약한 것이다. 고구려 및 발해 역사를 중국 역사화 하기 위한 동북공정, 한민족의 일원인 조선족의 문화를 일방적으로 중국의 무형(비물질)문화유산으로 등록·관리하는 가운데 유네스코 세계 문화유산으로까지 등재한 것, 그리고 단오절 논란 등이 구체적 사례이다.

---

22) 쿼드(Quad)는 미국 일본 인도 호주 4개국 안보협의체인 '안보대화'(Quadrilateral Security Dialogue)의 약칭이다. 최근 한국 베트남 뉴질랜드를 포함해 '쿼드 플라스'로 확대 개편하는 방안이 논의되었고 윤석열 대통령은 선거운동 기간 가입을 시사하기도 했다.

23) 천하(제국)체제 하에서 큰 나라는 작은 나라를 보살피고, 작은 나라는 큰 나라를 섬긴다는 국가 간 질서 유지 원리를 말한다.

일련의 상황은 2000년대 이후 중국이 제한적으로나마 대내외에 자신의 목소리를 내기 시작하는 가운데 문화정책을 전향적으로 바꾸면서 시작됐다. 결과적으로 이들 정책은 오랜 세월 역사와 문화를 공유했던 이웃 국가인 한국사회로서는 민감하게 받아들이지 않을 수 없었다. 특히 고중세 역사 및 고유의 전통문화와 관련해서는 더욱 그럴 수밖에 없었다.

동북공정은 '동북변강역사여현상계열연구공정(東北邊疆歷史與現狀系列研究工程)'의 줄임말로서 동북3성 지역을 일컫는 동북 변방 지역의 "역사와 현재 상황 계열의 연구사업"을 뜻한다. 이 사업은 중국 정부의 승인하에 2002년 2월 18일 공식적으로 시작됐고 5년간 지속됐다. 그러나 실제로는 사전 준비작업 차원에서 8개월여 전부터 추진됐다. 사업의 궁극적인 목적은 중국 동북지역에서 한민족이 세운 고구려 및 발해와 관련된 역사를 중국 역사화 함으로써 한반도 통일 이후 발생할 수 있는 영토분쟁을 미연에 방지하는 데 있었다.

동북공정이 제기된 후 한국사회에서는 학계와 민간차원에서 문제 제기를 하고 역사지키기 운동을 전개하는 등으로 중국에 대한 불만을 강하게 드러냈다. 그러나 상황이 보다 심각해 지자 2004년 4월 '고구려역사재단'을 설립[24]하는 등 노무현 정부가 직접 대응에 나섰다. 노무현 정부에서 통일부장관을 역임했던 이종석(2018, 397-404)은 노무현 정부 하에서 일어난 통일외교안보 관련 역사를 정리한 저서에 당시의 엄중한 상황을 상세히 기술했다.[25] 그에 따르면 비교적 차분하게 대응하던 노무현 정부가 문제를 심각하게 보게 된 것은 중국이 동북지역에 산재해 있는 고구려 유적을 유네스코 세계문화 유산으로 등재(2004.6.30.)한 이후였다. 중국 관

---

24) 고구려역사재단은 2006년 9월 동북아역사재단으로 확대 재편돼 현재에 이르고 있다.

25) 노무현 대통령은 동북공정으로 인해 한중관계가 악화되자 이 문제가 한국 국민들로 하여금 한미일 공조를 강화하도록 하는 명분을 주게 될 것을 우려하며 "과거의 역사가 오늘의 사고영역에 영향을 미치고 있다는 사실을 중국 지도부가 직시할 필요가 있다"고 언급했다. 그리고 범정부 차원에서 체계적으로 대응할 것을 지시했다. 이종석, 2018, 398-399쪽.

영 『신화통신』『인민일보』가 세계문화 유산 등재를 보도하는 과정에서 고구려를 '중국의 지방정권'으로 기술한 데 이어 중국 외교부가 홈페이지에서 한국과 북한의 역사를 소개하는 코너에서 고구려에 대한 부분을 삭제한 것이다.[26]

일부 학자들 중에도 동북공정이 중국에 대해 우호적이던 한국사람들의 마음을 다시 미국으로 돌리게 하는 계기가 됐다고 평가한다. 동북공정 문제가 불거지기 전까지 중국을 "미국을 대신해서 우리의 미래를 같이 짊어지고 나아갈 '전략적 동반자' 내지 '대안적 국가'로 인식"했으나 이후 상황이 바뀌었다는 것이다.(백영서, 2013, 64) 실제로 동북공정 이후 한국사회에서는 한국의 이익에 반하는 중국의 정책을 '00공정'으로 부르면서 중국을 배타적으로 인식하려는 경향이 크게 늘었다.

동북공정이 역사 관련 갈등이라면 무형문화유산 등재와 관련된 것은 문화적 요인에 의한 갈등이라고 할 수 있다. 유네스코는 무형문화유산에 대한 국제사회의 관심이 높아지자 2003년 총회에서 무형무화유산 보호 협약을 채택했다. 이후 각국은 무형문화유산을 보호하는데 관심을 기울였는데 중국도 국무원 명의로 무형문화유산 보호에 대한 방침을 정하는 등 적극 나섰다. 특히 중국은 보호의 주체를 각 단위 정부로 명시함으로써 국가-성-시(현)의 단계별로 수직적 관리체계를 수립했다.(노영근, 35) 이에 따라 조선족동포들이 집거하고 있는 중국 동북지역에서는 각급 행정단위별로 조선족 관련 무형문화유산을 발굴해 등재하는 일이 유행처럼 번졌다. 2015년 현재 조선족과 관련된 국가급 무형문화유산으로 등재된 것은 농악무, 퉁소음악, 장고춤, 전통회갑의례, 판소리, 아리랑, 김치만드는 법 등 모두 15건이다.(노영근, 37-40). 이 중 농악무는 2009년 유네스코 무형

---

26) 이종석은 저서에서 모택동과 주은래가 1950년대와 1960년대에 북한 대표단을 만나 고구려 역사에 대해 언급한 자료를 적시해 중국이 추진하는 '동북공정의 허구성'을 지적했다. 이종석, 2018, 403-404쪽.

문화유산에 등재됐다.

조선족 동포사회가 중심이 되어 한민족의 무형문화유산을 발굴해 이를 등록하는 것은 일견 민족 전통문화에 대한 관심을 제고하고 민족 정체성을 함양하는데 긍정적으로 기능할 것으로 생각할 수 있다. 그럼에도 불구하고 한국의 입장에서는 그 뿌리가 한반도였다는 점에서, 유네스코 등재 과정에서 보았듯 서로 경쟁해야 한다는 점에서 즐겁지만은 않은 일이다.[27] 한국사회는 이런 상황에 대해 매우 민감한 반응을 보이며 일부에서는 이를 중국의 문화공정으로 비난하기도 했다.

강릉 단오제와 관련된 한중 간 갈등과 같은 이와는 정반대의 상황도 있다. 한국이 2005년 강릉 단오제를 유네스코에 세계문화유산으로 등재하자 중국의 누리꾼들은 단오가 중국의 전통문화라면서 한국을 비난하고 나섰다.[28]

다. 인식적 요인

한국의 시사 전문잡지 『시사IN』은 2021년 5월 여론조사 전문기관 한국리서치와 함께 '한국인의 반중 인식 조사'를 실시하고 잡지 717호(2021.6.15)와 721호(2021.7.13)에 나누어 게재했다. 이 리포트는 다음과 같은 문장으로 장문의 보고서를 시작했다. "'중국이 싫다'는 감정이 시대정신으로 떠오르고 있다. 우리는 왜, 그리고 얼마나 중국을 싫어할까."(『시사IN』 717호)

---

27) 몇몇 조선족 학자들은 조선족사회가 등록한 무형문화유산의 경우 한반도의 그것과 뿌리는 같지만 중국에서 새롭게 재창조되었음을 강조하며 정당성을 주장했다.

28) 중국의 『신문만보(新聞晚報)』는 2004년 5월 9일 한국정부가 강릉 단오절을 유네스코 세계 문화유산에 등록하려 한다며 "중국의 전통 명절인 단오절을 만일 다른 나라가 문화유산으로 등록에 성공한다면 우리는 무슨 낯으로 조상을 대할 것인가"라는 문화부 부부장의 말을 인용해 '단오절 보위'를 주장했다. 이에 앞서 『광명일보』 등 관영 매체들은 한국을 지칭하며 중국 단오절을 가로채려 한다는 취지의 기사를 보도했다. 『조선일보』. 2004-5-9. 「강릉 단오제' 세계문화유산 등록 준비에 시비」.

조사 결과에 따르면, 한국인은 일본보다 중국을 더 싫어하고 중국보다 중국인을 더 싫어한다. 한국인의 반중 정서는 진보와 보수는 물론 경제적 차이도 뛰어넘었다. 주목되는 것은 전 세대가 중국에 대해 부정적으로 인식하고 있는 가운데 특히 20대와 30대의 반중 정서가 두드러졌다는 점이다. 2030 세대가 한국사회의 반중 정서를 이끌고 있다는 것이다.

한국인의 반중 정서가 이와 같이 심각하게 된 것은 언제 어떤 이유에서일까. 동아시아연구원이 2004년부터 2016년까지 실시한 여론조사는 한국사회의 중국에 대한 감정이 나쁘지 않았다. 13년 동안 이어져온 조사에서는 일관되게 북한과 일본보다는 더 좋아했고 미국과는 대등한 정도를 유지했다. 그러니까 한국인의 반중 정서가 크게 높아진 것은 2016년 이후부터이다.

그러면 2016년 이후 한국과 중국 사이에 무슨 일이 벌어졌을까. 2016년은 한국의 사드배치 결정으로 중국이 '결정 철회'를 강력히 요구한데 이어 한한령으로 불리는 보복 조치를 단행한 해이다. 이후 한중 갈등 속에서 중국 관리들의 무례(?)한 행태가 이어졌다.[29]

사드 사태 이후 한국사회에서는 중국이 정치적으로 지나치게 무례하다는 생각과 함께 반민주주의적이라는 인식을 갖게 된 것 같다. 중국의 역량을 묻는 인식 조사에서 응답자들은 '정치 및 민주주의 수준'과 '국민들의 시민의식'에 8%대의 낮은 지지를 보냈다. 반면 미국에 대해서는 70%가 넘는 지지를 보였다.(『시사IN』 721호) 이같은 결과는 노무현 대통령이 중국의 동북공정에 대응하면서 중국의 움직임이 한국으로 하여금 미국과 더 가깝게 만드는 효과만 가져올 것을 염려했던 일화를 연상케 한다.(이종석, 398)

---

29) 중국 관리들은 사드사태 이후 한국을 '소국'으로 부르는 등 고자세로 무례한 언동을 이어갔다. 중국 관리들의 이같은 언동에 대해서는 『조선일보』. 202-01-06. 「"소국이 감히 대국에..." 안하무인인 中에 항의 한번 못해」 참조.

사드사태 이후 한국인의 반중 정서가 급격히 높아졌지만 이 무렵 세계적으로도 중국에 대한 부정적 인식이 크게 확산됐다. 여러 가지 이유로 하여 한국의 상황이 보다 심각하기는 해도 세계적 흐름에 부합되는 측면이 있다는 것이다. 그러면 한국인들의 중국에 대한 인식은 어떻게 형성됐을까. 백영서는 역사학자답게 역사적 흐름 속에서 한국인의 중국에 대한 인식이 형성된 과정을 설명한다.(백영서, 2013)

그에 따르면, 조공질서 속에서 사대하는 대상으로 중국을 바라보던 시각이 청일전쟁 이후 일대 전환을 맞이했다. 그 결과 ▲천한 중국(淸) ▲개혁모델로서 중국 ▲세력균형의 축으로서 중국 등 3가지 인식 유형이 형성됐다.(백영서, 2013, 58) 그러나 일제의 식민통치와 냉전시대를 지나면서 시대 상황의 변화에 따라 인식 형성이 제한적으로만 이루어졌다. 냉전시대엔 미국이 설정한 '죽의 장막'에 가리어져 중국과의 접촉이 불가능했기 때문에 후진적인 적성국 이미지가 오랫동안 한국인을 지배해 왔다.(백영서, 2013, 59) 중국이 개혁개방 정책을 펴고 탈냉전적 상황이 도래하면서 많은 한국사람들이 중국을 드나들게 됨에 따라 새롭게 중국에 대한 인식이 만들어졌다. 그러나 중국 여행기에 나타난 한국인의 중국인식을 분석한 한 연구에 따르면 종래의 '천한 중국' 이미지가 여전히 유지되고 있다. 대학생들을 대상으로 한 조사에서는 중국에 대한 국가 이미지는 긍정적이었지만, 중국인에 대해서는 청결문제, 금전관념, 매너 등에 대해 부정적 인식이 높았다.(백영서, 2013, 60-61)

이런 정황을 감안 할 때 한국사회에서 중국에 대한 부정적 인식이 확대 재생산되는 데는 한국인들의 눈에 비친 중국과 중국인들의 행태가 일정하게 영향을 미치고 있다고 볼 수 있다. 한국사회가 중국에 대해 부정적으로 인식하기 시작한 첫 사례도 동북공정이었다. 특히 "동북공정은 한중 간의 역사문제를 넘어 중국과 관련된 여러 분야에서 일종의 '트러블 메이커'로 간주"(백영서, 2013, 62)되어 왔다. 덧붙이자면 사드 사태로 인한 한중 갈등 역시 한국인들의 중국에 대한 부정적 인식에 기름을 부은 것과 같은 상황을 만들었다.

그러나 한국사회의 반중정서에 대해 다른 관점에서 해석하는 논자들도 있다. 먼홍화와 류샤오양(2017, 44-45)은 정보 통신이 발달한 오늘날에는 어떤 "'한 가지의 부정적 정보'도 민간관계를 흔드는 도화선이 될 수 있다"며 두 나라의 "민족주의가 농후한 정서가 발전에 영향을 미치고 상호 신뢰의 기초를 흔들었다"고 말한다. 한국의 사드 배치 결정과 중국의 한한령을 구체적 사례로 들었다. 그들은 또 중국사람은 "한국이 '소국심리상태'를 벗어나 중국굴기를 재조명"해야 하고, 한국 사람은 "중국이 피해의식에 사로잡힌 심리상태를 벗어나 '전통질서 회귀'의 포부를 포기"해야 한다는 생각을 하고 있다며 서로 다른 지점을 응시하고 있는 양 국민들이 스스로 반성하고 이성적으로 상대를 인식하는 법을 배워야 한다고 조언한다.

『짱깨주의의 탄생』의 저자 김희교(2022, 7)는 한국사회의 주된 중국인식을 '짱깨주의'로 규정하고 이를 "미중 충돌시기 한국의 안보적 보수주의가 중국을 바라보는 독특한 시각"으로 설명한다. 결국 짱깨주의란 한국사회의 보편화된 반중국정서를 지칭하는 용어인 셈이다. 한국사회의 반중국정서로서 짱깨주의가 구체화되는 과정에 대해 그는 한민족이 타율적으로 근대를 맞는 과정에서 거쳐야 했던 한중관계의 네차례의 질곡의 역사(김희교, 104-108)가 자리잡고 있다고 말한다. ▲조선의 식민지화 ▲타율적 해방 ▲냉전체제에의 편입 ▲시장주의적 수교 등이 그것이다. 세계적인 탈냉전체제의 기류에 편승해 중국과 수교했지만 중국을 더불어 살기 위한 '좋은 이웃' 국가로서가 아닌 시장으로 접근했다는 점에서 질곡이었다는 주장이다. 그리고 그 결과 중국과는 '좋은 이웃이 되고자 하는 공동체주의'가 설 곳이 없는, 사사건건 충돌할 수밖에 없는 관계가 되었다는 것이다.

2. 국가별 요인

한국과 중국에 의해 추진되는 국가 전략 및 정책 중 상대 국가를 자극하는 것도 양국 관계 발전에 영향을 미치는 요인으로 말 할 수 있다. 국익을 우선시 하는 국제관계에서 한 국가의 전략과 정책은 필연적으로 상대 국가와 충돌하게 마련이다. 문제는 이를 어떻게 해소할 것이냐이다. 2000년대 이후 한중 간에는 국가 차원의 정책 추진이 상대국가를 자극함으로써 갈등으로 이어진 사례들이 적지 않다. 동북공정이나 사드 배치가 대표적인 예이다. 이밖에도 기존의 국제 질서를 무시함으로써 갈등이 촉발된 경우도 있다. 중국 어선이 한국의 배타적경제수역(EEZ)에서 불법 조업을 단속하던 해경을 살해하거나 중국 항공기가 한국의 방공식별구역(KADIZ)을 침범하는 것 등이 해당된다. 이같은 사건들은 결국 국가 간 갈등과 함께 국민들로 하여금 상대 국가에 대한 부정적 감정을 일으키게 되어 관계 발전을 저해하게 된다. 여기서는 기본적 요인에서 다루지 않은, 전략 및 정책 추진과정에서 양국 간 갈등을 빚은 사례들을 동기를 유발한 국가별로 나누어 살펴보고자 한다.

<표 2> 한중관계 발전에 영향을 미친 주요 사건들

2001.06 한중, 어업협정 채택
2002.02 중국, 한국의 고구려 역사 등을 중국화하기 위한 동북공정 추진 계획 발표
2004.08 중국, 국무원 명의로 무형(비물질)문화유산 보호에 관한 방침 하달
2011.12 중국 어선, 한국 서해 EZZ(배타적경제수역)에서 불법 조업을 단속하던 해경 살해
2013.06 박근혜 대통령, 베이징 방문 중 중국측에 한국전 참전 중국군 유해 송환 제의; 2014년 437구의 유해 송환을 시작으로 금년까지 매년 지속적으로 추진
2013.11 중국, 공산당 중앙위 제3차 전원회의서 '일대일로' 구상 구체화
2013.11 한국, 이어도를 포함하는 방공식별구역(KADIZ) 설정
2013.12 중국 공군, 한국의 KADIZ(방공식별구역) 침입
2014.11 시진핑 주석, 베이징서 열린 APEC 정상회의서 아시아인프라투자은행(AIIB) 설립 계획 발표
2015.09 박근혜 대통령, 베이징에서 열린 중국 전승절 열병식 참석
2015.09 시진핑 주석, 뉴욕서 열린 제70차 유엔총회 연설에서 '인류운명공동체' 이념 제시

2016.07 한국, 사드(THAAD/고고도미사일방어체계) 배치 계획 발표

2017.04 시진핑 주석, 트럼프와의 회견 후 "한국은 사실상 중국의 일부였다(Korea actually used
    to be a part of China)"고 발언

2018.04 문재인 대통령, 판문점에서 김정은 위원장과 회담; 판문점선언 채택

2022.05 한국, 인도태평양경제프레임워크(IPEF) 가입 결정

2022.07 윤석열 대통령, 스페인 마드리드서 열린 나토 정상회의 참석

가. 중국 요인

한중관계 발전에 영향을 미친 중국의 정책으로는 동북공정이나 조선족 문화의 형식을 빌려 한민족 문화를 중국의 무형문화유산에 등재한 것 등 비정치적인 것들도 있지만 중국의 선박과 항공기가 한국의 배타적경제수역(EEZ)과 방공식별구역(ADIZ)을 침범한, 국제질서에 반하는 돌발적(?) 사건들도 있다. EEZ는 영해는 아니지만 수역 내에서 해당 국가에게 포괄적 권리가 인정된다. 따라서 다른 나라 어선이 EEZ 내에서 조업하려면 연안국의 허가를 받아야 하고 이를 위반하면 나포, 처벌된다. ADIZ는 영공 방위를 위해 영공 외곽의 공해상에 설정되며 사전에 비행계획을 승인받아 운항하도록 되어 있다.

중국 어선은 조업철이면 수시로 한국의 EEZ를 침범해 고기를 잡았는데 2011년에는 중국 어선이 단속하던 해경을 살해하는 사건이 발생했다. 이후에도 중국 어선은 자주 한국 수역을 침범해 조업을 해왔다. 그리고 2018년 1월에도 서남해상에서 불법 조업하던 중국어선을 단속하던 해경이 부상을 입는 사건이 발생했다.[30] 한국정부는 중국측에 사건을 엄정하게 처리하고 재발 방지를 요청했으나 별다른 진전이 없는 상태다. 한국사회는 이 사건들을 중국이 한국을 무시하는 처사로 이해하고 중국에 대한 불만을 키워왔다.

한중관계를 저해하는 중국발 요인으로는 중국 관리들의 의식과 관련된 것도 있다. 중국은 지난 역사에서 중국 중심의 이른바 천하질서가 유지됐

---

30) 『뉴시스』, 2018-01-16. 「단속 해경 부상 입힌 뒤 도주' 중국인 선장·어선 인도 요청」.

던 것을 이유로 한국이 중국의 속국이었다고 표현하거나 한국과 중국을 소국/대국 관계로 계서화 하는 사례가 종종 있었다. 중국 관료들의 이러한 생각은 중국이 과거의 영광(?)을 재현해 조공질서를 부활시키려 할 것이라는 우려 속에서 논쟁을 일으키기도 했다.

나. 한국 요인

한국의 사드 배치 결정으로 인한 한중 갈등은 지정학적 요인이 작용한 전형적인 사례이다. 또한 내용적으로는 한국과 중국 간의 핵심 국가이익이 충돌한 것이다. 북한 핵 위협에 직면해 있는 한국으로서는 이를 방어하기 위해 사드를 배치했지만 중국은 한국의 사드 배치가 중국의 안보에 위협이라고 판단했다. 물론 한국의 사드 배치 결정 뒤에는 한미동맹으로 결속된 미국이 있다. 그래서 중국은 사드 배치가 미국의 전략에 따른 것으로서, 미국의 위협으로 받아들였다. 따라서 사드 갈등은, 형식적으로는 한중 갈등이지만, 내용적으로는 중국이 이웃 국가인 한국을 동맹관계에 있는 미국으로부터 떼어놓으려는 미중 갈등의 산물인 셈이다.

중국으로서는 여러 방면에서 미국과의 갈등이 불거져 있는 상황에서 사드 한국 배치에 대해 미국을 상대로 문제 제기를 할 수는 없기에 한국을 압박하고 나선 측면이 있다. 중국으로서는 사드 배치를 결정하는 과정에서 한국정부가 보인 태도 등 많은 부분에서 서운했을 것이지만 사드 문제로 인한 갈등이 장기화되면서 양국 관계는 새로운 위기에 직면하게 됐다. 국민들 사이에서 서로에 대한 부정적 감정이 확대 재생산되면서 혐중/혐한 현상이 확산되어 지난 30년 동안 쌓아온 선린 관계가 크게 훼손될 상황에 놓여 있다.

윤석열 정부가 한미동맹을 강조하며 친미 행보를 보이고 있는 것도 한중 관계 발전의 제약 요인이 될 것이라는 우려가 높다. 한국은 윤석열정부 출범 직후 미국이 대중국 포위전략의 일환으로 추진하고 있는 인도·태평양경제프레임워크(IPEF) 가입을 결정[31]했고 7월 스페인에서 열린 NATO(북대서양조약기구) 정상회의에 참석했다. 예견대로 중국은 한국정부가 미국이 주도하는 국제기구에 참여한 데 대해 반발했다. 중국공산당 자매지 『글로벌타임스』는 윤대통령의 스페인 출발에 앞서 전문가들을 인용해 "미국이 아시아 동맹국과 대화를 통해 나토의 아태 지역 확장을 촉진하는 것은 한반도 긴장을 조성한다"며 "윤석열 정부가 미국에 의존해 점차 외교적 독립성을 상실할 경우 중국과의 관계는 더 복잡해질 것"이라고 압박했다.

한중관계 발전에 긍정적인 사례도 있다. 한국의 박근혜 대통령은 2013년 베이징 방문 중 중국측에 한국전에 참전했다 숨진 중국군 유해 송환을 제의했다. 한국은 중국과의 협상을 통해 파주시 적성면 '적군묘지'에 안장된 중국군 유해를 송환하기로 결정하고 이듬해 3월 437구의 유해를 중국측에 송환했다. 한중 양국은 사드 문제로 어려움을 겪던 2016년과 코로나가 창궐했던 2020년에도 유해 송환을 지속했다. 이 사업은 그만큼 한중관계 발전을 견인하는 유용한 사업으로 자리잡았다. 금년에도 양국은 제9차 유해 송환에 합의(2022.7.3.)했다. 한국은 지난해까지 8차에 걸쳐 825구의 한국 내 중국군 유해를 중국측에 송환했다.[32]

31) 『경향신문』. 2022-05-18. 「IPEF 가입 결정, 국익손상 입지 않도록 만전 기해야」.
32) 『중앙일보』, 2022-07-03. 「사드·코로나·나토에도 계속되는 중국군 유해 송환...한중 9차 송환 합의」.

Ⅳ. 한중관계 발전과 조선족

1. 한중관계의 정치적 부침과 조선족

가. 한중관계 발전에 따른 조선족의 위상 변화

조선족사회에서는 자신들의 정체성에 대해 며느리론 사과배론 박쥐론 등의 논리로 설명하곤 한다.[33] 민족 정체성이든 국민 정체성이든 온전히 어느 한쪽에 다가가지 못하고 이쪽 저쪽을 모두 살펴야 하는 처지를 우회적으로 표현한 것이다. 따라서 적지 않은 사람들이 이런 표현을 마음에 들어 하지 않는다. 그럼에도 불구하고 조선족동포들은 한중관계에서 파열음이 나게 되면 누구보다 민감해져 촉각을 곤두세우곤 한다. 중국이라는 거대한 나라에서 소수민족으로 살아가는 조선족으로서는 나라의 정책은 물론 함께 살아가는 중국인들을 의식하지 않을 수 없을 것이기 때문이다.

따라서 조선족동포들은 누구보다도 한국과 중국이 더 노력하여 좋은 관계를 이어가기를 바란다. 한반도에서 중국으로 시집간 여인(조선족)으로서 친정과 시집이 사이좋게 지내기를 바라는 것은 당연한 일이다. 그리고 시집살이하는 며느리 입장에서는 친정 보다 시집을 더 의식하지 않을 수 없을 것이다. 그렇게 해야 하는 이유에 대해 연변대 부교장(부총장)을 역임한 정판용은 "100여 년 이래의 이민 생활이 우리에게 가르쳐준 생활 교훈" 이라고 설명한다.

조선족동포들의 바람과는 달리 한중 수교 후 30년이 지나는 동안 양국 관계에는 크고 작은 부침이 있었다. 동포들은 그때마다 마음을 조아리며 상황이 어떻게 변할 것인지를 주시해야 했다. 양국 관계에 정치적 갈등이 있게 되면 동포사회가 직간접적으로 영향을 받아왔던 경험 탓이다. 작게

---

33) 곽승지, 2021, "조선족 그들은 누구인가 (하)", 『자유마당 08』, 자유총연맹, 66-69쪽 참조.

는 즐겨보는 한국 TV 프로그램 시청이 제한되기도 하고 다른 차원에서는 아이들의 학교 교육에 제약이 따르기도 했다. 특히 중국의 동북공정이나 한국의 사드 배치 결정과 같은, 양국 관계를 흔들만한 이슈가 발생하면 동포들은 곤혹스럽기 이를 데 없다. 한국과 중국 사이에 끼어있는 처지에서 일방적으로 어느 한쪽의 편을 들 수 없기 때문이다. 할 수 있는 일이란 고작 옆에 있는 한국 친구를 붙잡고 술 한잔 기울이며 푸념을 늘어놓거나 그저 마음을 조아리며 추이를 지켜보는 것이 전부이다.

그런 간난의 세월을 견디면서도 한중관계가 괄목할만한 발전을 이룸에 따라 조선족동포들의 정치사회적 위상은 크게 달라졌다. 변화된 위상은 몇 가지 점에서 생각할 수 있다. 먼저 경제적 자유를 누리게 된 점이다. 조선족동포들은 진취적이고 성실한 생활 태도 덕분에 한중관계 발전에 따른 과실을 누구보다도 많이 거두었다고 말 할 수 있다. 한중 수교 당시 97%에 달하는 대부분의 조선족이 중국 동북지역에서 농사지으며 힘들게 살았으나 지금은 그곳에 채 50만여 명(26%)도 남아있지 않다.[34] 전체 조선족 인구의 4분의 3에 이르는 사람이 더 나은 삶을 위해 고향을 떠난 것이다. 그리고 그곳에서 자리잡고 새로운 삶을 개척하고 있다.

조선족동포들이 더 이상 동북지역 조선족 집거지에서 눈치보며 살아가지 않게 된 것도 큰 변화이다. 중국의 소수민족정책인 민족구역자치제는 많은 장점이 있음에도 불구하고 해당 민족을 한 지역에 묶어둔다는 한계가 있다. 조선족동포들 역시 1990년대 초까지는 그것을 숙명으로 여기고 살았다. 그러나 한중 수교 후 한국으로 또는 한국 기업이 있는 개방도시로 나가 새로운 삶을 개척하였고 그 결과 경제적 자유를 누릴 수 있게 됐다. 조선족동포들은 이제 달라진 위상을 가지고 새로운 곳에서 재

34) 조선족은 한국에 80만여 명이 거주하고 있고 그밖의 외국에 20만여 명, 중국 동북지역 밖 개방도시에 50만여 명이 살고 있는 것으로 파악되고 있다. 조선족 인구변동에 관해서는 곽승지, 2014, 『중국 동북3성 조선족마을 현황 연구』, 2014년 재외동포재단 조사용역보고서 4, 43-50쪽 참조.

영역화를 추구하는 가운데 스스로 동북지역 고향마을의 미래를 고민할
수 있게 됐다.

나. 한중갈등에 대한 조선족사회의 반응

한중관계 발전 과정에서 촉발된 갈등 사례들은 다양하다. 그중에는 방
탄소년단(BTS) 멤버의 발언에 대한 중국 네티즌들의 민감한 반응(?)에서
비롯된, 지엽적이고 일회성의 갈등도 있지만 이해관계가 충돌해 장기간
갈등이 지속되는 무거운 주제의 사례들도 있다. 그들 중 조선족동포들을
가장 힘들게 한 갈등 사례를 꼽으라면 단연 중국의 동북공정 추진과 무형
문화유산 등재 그리고 한국의 사드 배치를 들 수 있을 것이다. 이 사안들
은 각각이 가지고 있는 폭발력은 물론 조선족사회에 미친 파장이 적지 않
았다.

동북공정 및 무형문화유산 등재와 관련한 조선족사회의 반응은 모두
중국발 갈등 사례라는 공통점에도 불구하고 양자 간에는 많은 차이가 있
다. 두 사안은 한민족 역사 및 문화와 관련된 문제이기에 당연히 조선족
동포들의 관심사일 수밖에 없다. 하지만 동북공정 추진 문제는 일부 조선
족 역사학자들이 참여한 전문성을 필요로 하는 영역인 반면, 무형문화유
산 등재 문제는 조선족사회에서 일상적으로 누려왔던 보편적 생활문화와
관련된 것이다. 특히 무형문화유산을 등재하는 사업은 각 시(현)의 문화관
을 중심으로 이루어졌고 그 과정에서 조선족동포들이 적극 참여했다.

동북공정 문제는, 조선족동포들이 살고 있는 중국 동북지역을 대상으로
하는 것은 물론 그들이 늘 얘기해왔던 민족 역사와 관련된 것이지만, 국
가차원에서 추진되는 사업이기에 조선족동포들이 섣불리 나서기 어려웠
을 것이다. 그런 만큼 동북공정 문제는, 적어도 표면적으로는 조선족사회
에서 찻잔 속의 태풍과 같이 별다른 일 없이 넘어갔다. 하지만 무형문화

유산 등재와 관련한 문제는 조선족사회가 적극적인 반응을 보였다. 관련 학자들은 한국사회에서 제기하는 문제에 대해 활발하게 반론을 펼치고 그 일의 정당성을 주장했다. 또 각 시(현)에서는 지속적으로 조선족 관련 무형문화유산을 발굴해 등록했다.

반면 사드 배치는 한국발 문제일 뿐 아니라 중국이 국가 차원에서 대응하는 문제라 조선족사회의 반응 또한 뜨거웠다. 조선족사회에서는 사드 배치가 갖는 본질적인 문제보다 중국 당국이 적극 반대한다는 점, 미중갈등이 확대되고 있는 와중에 한국이 미국 편에 섰다는 점, 그리고 이로 인해 한중관계에 균열이 생기게 된 점에 대한 문제 의식이 더 컸던 것 같다. 사드 사태가 발발한 이후 중국이 한한령을 통해 한국을 제재함에 따라 조선족사회는 그로 인해 파생된 여러 가지 불이익을 감수해야 했다. 당시 조선족이 집거해 살고 있는 연변에서도 한족 택시기사들이 한국을 겨냥한 시위를 하고 한국사람들을 상대로 승차를 거부[35]하는 등 반한 활동이 이어졌다. 조선족동포들은 여기에 참여하지도 이들을 제지하지도 않았다. 조선족동포들의 속앓이를 짐작할 수 있는 대목이다.

2. 한국 내 조선족사회의 정치적 움직임

가. 한국사회에서 조선족의 인정투쟁과 정치 활동

한중 수교 이후 30년의 세월이 흐르는 동안 한중관계는 눈부시게 발전했다. 한중관계의 이같은 발전은 곧바로 한국사회와 조선족사회 간의 관계 발전으로 이어졌다. 하지만 조선족동포들이 한국사회에 정착하는 과정은 그렇게 간단치 않았다. 한국정부가 서둘러 중국과 수교를 하면서도 조선족동포들을 수용할 수 있는 아무런 준비를 하지 않은 탓이다. 그 결과

---

35) 당시 연변에 살고 있던 필자도 한족기사가 운전하는 택시에 승차했다가 한국인인 것을 확인한 후 내리라고 하여 하차했던 경험이 있다.

관계맺기 초기엔 대부분의 동포들이 불법체류자 신분으로 전락해 한국사회로부터의 냉대와 그로 인한 설움을 견디어야 했다. 그리고 동포로서의 권리를 찾기 위한 인정투쟁에 나섰다.

동포들이 한국사회를 향한 인정투쟁36)에서 요구한 것은 자유 방문과 자유 취업 두 가지였다. 즉, 동포로서의 지위를 보장해 달라는 것과 한국에서 자유롭게 일할 수 있게 해달라는 것이었다. 이 문제들은 재외동포법 개정(2004), 방문취업제 실시(2007), 재외동포비자(F-4) 자격 확대(2008), 60세 이상 동포 대상 재외동포비자 발급(2013), 4세대 이상의 동포를 포함하는 동포 범위 확대(2019) 등 일련의 동포정책이 정비됨으로써 개선됐다. 조선족사회에서도 이들 문제가 대체로 해결된 것으로 인식하고 있다.37)

재외동포정책과 관련된 제도가 개선되자 한국 내 조선족사회에서는 인정투쟁을 넘어 정치적 권리를 행사하기 위한 활동에 나섰다. 국내 거주 조선족동포들 가운데 투표권을 가진 사람들이 크게 늘어난 상황에서 동포들의 권익을 신장시키기 위해 필요하다고 판단한 것이다. 이들은 2012년 대선을 앞두고 재한중국동포유권자연맹을 조직, 발대식을 갖고 "국적을 취득한 사람뿐 아니라 한국에 사는 조선족 전체의 권익을 신장하기 위해 지속적인 유권자운동을 펼쳐나갈 것"이라는 포부를 밝히기도 했다.

2016년 국회의원 선거를 앞두고 조선족사회의 정치권을 향한 목소리는 더 커졌다. 2012년 국회의원 선거에서 필리핀계 이주민인 이자스민과 탈북자 출신 조명철이 비례대표로 국회의원이 되었기 때문이다. 이에 앞서 몽골 출신 경기도의원이 선출되기도 했으나 조선족 출신 정치인은 당시

---

36) 조선족동포들의 인정투쟁에 대해서는 박우, 2011, "한국 체류 조선족 '단체'의 변화와 인정투쟁에 관한 연구,"『경제와사회』 2011년 가을호(통권 제91호), 비판사회학회, 242-268쪽 참조.

37) 재외동포 정책 변화에 대해서는 김영술, 2019, "국내거주 조선족의 민족 정체성과 국가 정체성 형성과 변화 연구,"『동북아연구』 제34권2호, 조선대학교동북아연구소, 73-106쪽 참조.

까지 한 명도 나오지 않은 상황이었다. 따라서 한국 내 조선족사회에서는 유권자들을 중심으로 정치세력화를 시도하는 가운데 정치인 배출을 위한 꿈을 키웠다. 실제 조선족 단체장들 중에는 적지 않은 사람들이 자천타천으로 국회의원 후보로 거명되기도 했다. 그러나 조선족 출신 1호 국회의원을 만들려는 노력은 아직 성과를 거두지 못했다.

조선족 출신 1호 선출직 정치인은 경기도 안산시에서 나왔다. 2022년 5월 지방선거에서 안산시 기초비례에 더불어민주당 후보로 나선 황은화 씨가 주인공이다.[38] 흑룡강성 목단강시 출신인 그녀는 2018년에 이어 두 번째 도전 끝에 안산시 시의원으로 당선되었다. 황 의원은 7월 1일 안산시 의회에서 의정활동을 시작했다.

나. 한국 내 조선족사회의 친중국화 움직임

최근 한 동포 관련 매체가 오보에 대한 장문의 사과문을 게재했다.[39] 앞서 일부 조선족단체와 단체장들이 중국공산당 창립 100주년 기념행사를 개최하고 중국공산당을 찬양하는 언동을 했다고 보도했는데 그것이 잘못됐음을 사과하는 내용이다. 아직도 인터넷 상에 남아있는 원 기사와 사과문을 꼼꼼히 읽어 본 바로는 일부 조선족단체가 중국공산당 창립 기념행사를 개최한 것은 사실인 듯하다. 사상의 자유가 있는 대한민국에서 외교관계를 맺고 있는 나라의 지배 정당과 관련한 기념행사를 개최하는 것은 아무런 문제가 없다.

이 기사에서 주목된 것은 이제 한국 내 조선족사회에서 중국공산당을 찬양하는 행사를 공개적으로 개최하기 시작했다는 점이다. 이전에도 유사한 행사가 있었는지에 대해서는 확인하지 못했지만 이 행사로 인한 해프

---

38) 『연합뉴스』. 2022-06-14. 「외국인 최다거주 안산시 '1호 다문화 시의원' 황은화씨」.

39) 『중국동포신문』 홈페이지: http://www.dongponews.kr/news/articleView.html?idxno=41482(검색일자: 2022-08-07).

닝만으로도 한국 내 조선족사회 일각에서 친중국적 움직임이 나타나고 있음을 엿볼 수 있다. 사실 중국은 2000년대 후반 무렵부터 신화교 정책을 추진하는 가운데 한국 내 조선족동포들도 그 범주에 포함시켰던 것으로 알려졌다. 그로부터 십 수 년이 지났음에도 불구하고 위의 오보와 같은 해프닝이 있는 것을 보면 한국 내 조선족사회의 친중국화가 확산되지는 않은 듯하다.

조선족동포들의 민족 정체성이 흔들리는 것은 두가지 측면에서 인식할 수 있다. 하나는 한민족을 향한 민족 정체성보다 중국 공민을 지향하는 국민 정체성이 더 강하다는 점이다. 다른 하나는 중국이 중화민족 대가정론을 주창하며 중국 소수민족을 끌어안고 있는 상황에서 한민족 보다 중화민족을 선택하려는 경향이 늘고 있다는 점이다.

일부 학자들은 조선족동포들이 중화민족 정체성에 관심을 갖게 된 것은 한국인과의 접촉과 경험에서 비롯됐다고 분석한다.(안지연·양보균, 233-250) 그들은 한국에서 한국인과 관계를 맺으면서 서로 통하지 않는다는 것을 느꼈으며 서로 다른 정체성을 가지고 있음을 확인했다는 것이다. 또한 주로 3D 업종과 낙후된 지역에서 생활하는 조선족은 한국인과 보이지 않는 계층적 차이를 형성했고, 재한 조선족은 주류사회와 융합되지 못하고 중국에서 형성된 사회관계에 더욱 의존하게 되어, 조선족 자체로서의 정체성과 자아인식이 깊어졌다는 것이다. 결국 조선족동포들의 친중국화 움직임은 한국사회가 올바로 포용하지 못한 탓이라고 할 수 있다.

3. 한중 사이에 낀 조선족의 불편한 입장

우리는 어린아이들에게 무심코 "아빠가 좋아 엄마가 좋아"라는 질문을 하곤 한다. 아이들의 반응은 다양하지만 철이 좀 든 아이들은 곤혹스러워 하며 말을 아낀다. 재차 다그치면 마지못해 "둘 다"라고 답한다. 어린

아이에게 조차 양자 택일을 하는 것은 복잡하고 어려운 일이다. 그런데 조선족동포들은 일상 속에서 한국과 중국 사이에서 그런 선택을 강요받고 있다.

한중관계가 원만할 때는 선택을 강요하지도 않지만 선택할 때도 그다지 불편하지 않다. 모든 것을 다 이해할 수 있기 때문이다. 그러나 관계가 나쁠 때는 좀 다르다. 양쪽의 눈치를 봐야 하기 때문이다. 아이로니컬하게도 한중 수교 30주년에 즈음해 한중관계가 최악의 갈등 상황으로 치닫고 있는 지금, 조선족동포들은 은연중에 한국과 중국 중 어느 쪽이 더 문제인지를 선택하도록 강요받고 있다. 그래서 그들은 그 어느 때보다도 불편한 시간을 보내고 있다.

조선족동포들은 한중 관계가 삐걱거릴 때면 언제나 한국과 중국 사이에서 속앓이를 해 왔다. 때로는 전혀 예상치 못한 일로 속앓이를 할 때도 있다. 지난 2월 베이징동계올림픽에서의 한복 논란도 그런 사례이다. 한민족의 일원인 조선족이 민족 고유의 의상인 한복을 입고 그 아름다움을 전 세계에 알렸는데 한중 갈등의 또 다른 원인이 된 것이다. 한국과 중국 사이에 끼어있는 조선족의 숙명이라고 말하기엔 너무 가혹하다.

조선족동포들 스스로도 한국과 중국 사이에 끼어있는 존재임을 인식하고 그런 논리로 자신들을 설명해 왔다. 정체성과 관련한 며느리론 사과배론 박쥐론 등이 그것이다. 그런데 한국사회는 한국거주 조선족동포 '80만 명 시대'를 말하면서도 여전히 이들의 불편함을 헤아리지 못한 채 벼랑끝으로 내몰고 있다. 그래서 조선족동포들 사이에서는 민족 정체성 보다 중화민족 정체성에 관심을 가지려는 사람들이 늘고 있다는 지적이 있다.

V. 맺는 말: 한중관계 발전을 위한 당면 과제 및 한국의 역할

1. 한중관계 발전을 위한 당면 과제

한중수교 30주년을 맞이하는 분위기가 우울하다. 미래의 불확실성이 너무 커 보이기 때문이다. 앞에서 살펴본 바와 같이 한국과 중국은 여러 요인들에 의해 크고 작은 갈등을 보여 왔고 현재도 일련의 부정적 요인들이 관계 발전을 제약하고 있다. 보다 심각한 것은 국가 간의 관계뿐만 아니라 양국 국민들 사이에서도 상대측에 대한 불만과 부정적 인식이 증가하고 있다는 점이다. 국가 간 갈등으로 인해 국민들 사이에서도 상대를 폄훼하고 부정하려는 정서가 증가함으로써 갈등이 구조화되는 양상을 보이고 있다.

한중관계가 삐걱거리는 여러 가지 이유가 있지만 관계의 비정상성을 들 수 있을 것이다. 우선 한중관계는 겉과 속이 다른 이중적 모습이다. 표면적으로는 '전략적 협력동반자 관계'를 말하면서도 안으로는 상대의 입장을 고려하지 않고 일방적인 정책을 추구하거나 제재를 서슴지 않음으로써 갈등이 이어지고 있다. 다음으로 한중관계는 미중갈등에 종속되어 있다. 중국과 미국은 미래의 패권을 놓고 경쟁하는 가운데 한국으로 하여금 한쪽을 선택하도록 강요하고 있다. 그런 점에서 한중관계는 중국의 힘이 상대적으로 크게 작용하는, 중국 중심으로 전개되고 있다. 한중관계에 파열음이 나기 시작한 것이 중국이 강국으로 굴기한 후 유소작위적 태도를 보인 2000년대 이후부터라는 데서도 짐작할 수 있다.

한중관계의 발전적인 미래를 위해 한국과 중국은 새로운 돌파구를 찾아야 한다. 무엇보다도 동북아시아의 지정학적 리스크를 극복하는 것이 시급하다. 지금 동북아시아에서는 미국과 중국을 중심으로 경제전쟁이 벌어지고 있는 가운데 역내 유관국들을 놓고 편 가르기가 한창이다. 미중 갈등은 또 동북아시아에서 신냉전 질서의 구축으로 이어지고 있다. 안미경중에 안주해온 한국으로서는 어느 편도 택할 수 없는 딜레마에 빠져있다.

다음은 한국과 중국의 민(民)과 관(官)이 힘을 합해 다방면에서 교류 협력을 꾀함으로써 상대에 대한 부정적 인식을 불식시켜야 한다. 한중관계가 삐꺽거리면서 양국 국민들 사이에서 상대에 반감을 드러내는 혐중/혐한 분위기가 팽배해 있어 최근의 상황은 수교 이후 가깝고도 가까운 이웃으로 거듭나려던 수 십 년 간의 노력이 수포로 돌아가는 듯한 형국이다. 그 원인이 국가 간 갈등에서 비롯됐다는 점에 문제가 있다. 국가 차원에서는 물론 민간 부문에서도 활발한 교류와 협력을 통해 국민들 간의 정서적 친밀감을 확대해야 한다.

그리고 한국과 중국은 올바른 관계 발전을 위해 양자 관계를 탈정치적 상호의존 관계로 전환해야 한다. 한국과 중국은 이미 경제부문에서 최대 교역국으로 밀접한 관계를 형성해 왔을 뿐 아니라 연간 1천 만 명에 달하는 시민들이 상대국을 방문하여 왔다. 그럼에도 불구하고 정치관계가 모든 것을 지배함에 따라 위기 상황에서 기존의 관계망이 정상적인 기능을 발휘하지 못했다. 따라서 정치결정론적 구조로 되어 있는 한중관계를 탈정치적 상호의존적 구조로 전환하는 동시에 다면적·다층적으로 관계망을 구축해 갈등을 해소하는 것은 물로 사전에 예방함으로써 관계 발전을 도모해야 한다.

2. 미중 갈등에 대한 시각과 한국의 역할

탈냉전 이후 유일 초강대국 미국 중심의 질서가 형성되는 듯했으나 2000년대 들어서면서 상황이 크게 바뀌었다. 2001년이 분기점이다. 9.11 사태로 미국의 힘은 빠졌고 중국은 세계무역기구(WTO)에 가입해 고속

성장의 발판을 다졌다.[40] 그 결과 2006년부터 중국은 미국과 함께 강대국 반열에 올라서 G2로 불리기 시작했다. 최근엔 미국이 중국을 견제하기 위해 여러 가지 방법을 동원해 압박하고 있어도 맞서고 있다. 중국은 이미 국내총생산(GDP)에서 일본을 따라 잡아 세계 2위에 올라섰으며 조만간 미국도 따라잡게 될 것이라는 관측이 우세하다.

중국의 부상에 대해 가장 민감한 나라는 미국이다. 한때 미국에서도 중국위협론이 과장됐다고 말하는 사람들이 적지 않았으나 지금은 상황이 변했다. 실제로 미국은 2018년부터 중국을 상대로 경제전쟁을 전개하고 있다. 무역전쟁에 이어 환율전쟁과 기술전쟁으로 이어지고 있는 미중갈등은 최악의 상황을 향해 나아가고 있다. 이에 따라 해양세력인 미국과 대륙세력인 중국 사이에 끼어 지정학적 리스크를 안고 있는 한국은 미래의 승자가 누구인가를 점치고 그쪽을 선택하도록 강요받고 있다. 결국 한중갈등은 미중갈등의 산물이다.

미중갈등은 한반도를 중심으로 한 동북아시아 질서에 직접적인 영향을 미친다. 최근 국제정세의 불안정 속에서 신냉전이 시작돼 다시 남북한을 중심으로 한 세력구도가 형성될 것을 염려하는 목소리가 높다. 투키디데스의 함정 사례를 말하며 미중갈등이 전쟁으로 이어질 가능성이 높다는 주장도 있다. 냉전시대에 질곡의 역사를 경험한 한국으로서는 동북아시아에서 전쟁의 그림자가 드리우는 것을 더 이상 용납해서는 안된다. 한국은 세계 평화는 물론 동북아시아의 미래를 위해 미중갈등을 해결하는 데 앞장서야 한다. 그런 노력은 또한 한중관계의 발전을 위한 과정이 될 것이다.

코로나 사태를 겪으면서 국제사회는 커다란 도전에 직면하게 됐다. 미래에 대한 시각도 달라졌다. 미국의 승리를 전제로 한 팍스 아메리카나 II

---

40) 미국이 중국의 WTO 가입에 결정적인 역할을 했고 그에 따라 미국이 지금의 중국을 만들었다는 주장도 있다. 박승찬, 2022, 『국익의 길』, 서울: 체인지업, 35-43.

나 중국이 패권국가로 우뚝 서는 팍스 시니카라는 세계 질서도 허구로 끝날 공산이 크다.(문정인, 270) 그럼에도 불구하고 미국과 중국 사이에 끼어있는 한국으로서는 북한핵을 포함한 미래에 영향을 줄 많은 문제를 안고 있지만 무엇보다도 미중갈등의 향방으로부터 가장 큰 영향을 받을 수밖에 없다. 미중갈등 해결에 한국이 앞장서야 할 이유이다.

한국은 이제 국제사회에서 당당히 자신의 목소리를 낼 수 있는 선진국이다.[41] 스스로 운명을 결정할 힘을 가지고 있다.[42] 20세기에 겪은 슬픈 역사로 인해 분단국가로 살아가지만 인류 역사상 가장 짧은 시간 내에 민주주의와 경제발전을 동시에 이룬 나라로 세계의 주목을 받고 있다. 그런 만큼 한국은 동북아시아 역내에서 일어나고 있는 미중갈등을 지켜보는 구경꾼 혹은 방관자가 되어서는 안 된다. 한국은 동북아시아의 미래가 한중관계 발전에는 물론 한국의 미래에도 직접적인 영향을 미친다는 것을 직시하고 그에 합당한 역할을 해야 한다.

최근 일부 전문가들도 동북아시아의 지정학적 리스크를 완화하기 위해 한국이 보다 적극적으로 역할 해야 한다고 강조하고 있다.[43] 미중갈등과 동북아시아에서의 신냉전 질서의 실질적 피해자가 될 수밖에 없는 한국이 이 상황을 타개하기 위해 적극 나서야 한다는 것이다. 그 구체적 방법의 하나로 균형자론이 제기되고 있다. 미국과 중국을 중심으로 첨예하게

---

[41] 한국은 국토면적 세계 103위, 인구 세계 28위의 작은 나라이지만 GDP 규모에서 세계 10위에 랭크되어 있다. 2021년 실질적인 교역 순위는 세계 7위이다. 미국의 군사력 평가기관 글로벌 파이어파워(GFP)가 분석한 2021년 세계 군사력 순위에서 한국은 일본 다음으로 6위에, 미국 『US 뉴스 & 월드리포트』가 발표한 <2021년 세계 국력 순위> 보고서에서 한국은 프랑스에 이어 세계 8위에 올랐다.

[42] 한국은 경제적으로 인구 규모와 경제력을 갖춘 국가를 지칭하는 '30-50 클럽'에 가입한 7번째 국가이고 자체기술로 인공위성을 발사한 7번째 국가이다. 또 한류로 대표되는 소프트파워는 한국 스스로도 놀랄 만큼 전 세계의 주목의 대상이 되고 있다.

[43] 미중 갈등으로 동북아시아의 불안정성이 가중되는 상황에서 최근 한국이 균형자로서 역할해야 할 필요성을 제기하는 서적이 잇따라 출판됐다. 문정인, 2021, 『문정인의 미래 시나리오』; 김준형, 2022, 『대전환의 시대, 새로운 대한민국이 온다』; 박승찬, 2022, 『국익의 길』 등.

맞서있는 동북아시아에서 한국이 미국과 중국 사이에서 어느 한쪽 편에 서는 대신 힘의 균형을 맞추는 추(balancer)가 되어야 한다는 것이다.

균형자론은 노무현 정부 하에서 2005년 동북아 균형자론으로 제시돼 널리 알려졌다.[44] 그러나 당시엔 한미동맹이 강조되는 분위기 속에서 한국이 균형자로 역할하기에 역량이 부족하다는 등의 이유로 비판을 받았다. 국제정치학적 관점에서 보면 노무현대통령이 추진한 균형자론은 균형적 실용외교에 기초를 둔 연성 균형자(soft balancer)를 의미했다.(문정인, 300) 따라서 당시의 비판은 왜곡된 것이었다. 21세기의 첨예한 미중 신냉전 대결구도에서 한국이 강대국의 처분만 기다리는 수동적 국가로 남을 수는 없기에 "적극적 연성 균형자로서 새로운 질서를 만들"려는 시도였다. 그때와 비교할 때 지금은 상황이 많이 변했다. 그래서 미국과 중국의 갈등이 심화되고 있는 상황에서 다시 제기할 수 있는 구상이다.(김준형, 131) 또한 한국은 동북아시아의 미래를 위한 균형자로 역할 할 적임자이다.

한국은 장기간에 걸쳐 진행될 미중 간의 신냉전 구도에서 전략적 균형자가 되어 한중관계는 물론 동북아시아의 평화와 번영을 위한 새로운 활로를 개척해야 한다. 한국은 그렇게 할 수 있는 역량은 물론 균형자로서 역할 할 수 있는 지정학적·지경제적인 전략적 자산을 충분히 가지고 있다.(박승찬, 335-338) 한국은 경제발전 성공사례와 한류를 통해 어필된 소프트파워, 그리고 패권적 강대국들과 달리 위협적이지 않은 국가라는 장점(김준형, 358) 등을 가지고 있어 주변 국가들과 연대하는 데도 유리한 상황에 있다.

문제는 한국이 그렇게 할 의지가 있느냐의 문제이다. 즉, 한국이 대립하고 있는 미국과 중국 중 어느 한쪽을 선택하지 않고 양측이 협력하고 의존함으로써 상생의 길로 나가도록 설득할 수 있어야 한다. 한국에게는

---

44) 김기정, 2005, "21세기 한국 외교의 좌표와 과제: 동북아균형자론의 국제정치학적 의미를 중심으로," 『국가전략』 2005년 제11권 4호, 세종연구소, 140-174 참조.

주변국들과 연대하여 미중 양국을 설득할 제3지대(김형준, 17)를 만들거나, 미국과 중국 모두에 '이중적 위험 분산(double hedging)'(문정인, 272)을 하는 관계를 맺거나, 어떤 형태로든 미국과 중국이 함께 협력하는 메카니즘을 형성하기 위해 균형자로서 역할하는 것 외에 별다른 선택지가 없어 보인다. 현재의 미중갈등을 해소하지 못하면 한중관계의 미래 또한 암울할 수밖에 없다.

한중 경제협력과 조선족 동포의 역할 분석

김부용

I. 서론

한중 양국은 국교수립 이래 매우 빠른 속도로 각 분야에서 합작과 발전을 심화시켜 왔다. 1992년 수교 직후의 단순수교관계에서 6년 뒤인 1998년부터는 협력동반자관계로, 또 5년 후인 2003년부터는 전면적 협력동반자관계로 협력의 폭과 대상을 넓혔으며, 2008년부터는 이를 전략적 협력동반자관계로 격상시켰다. 2015년 6월에는 한중 FTA가 정식으로 서명됨으로써 전략적 협력 동반자 관계가 보다 강화되었다. 수교 이후 양국 관계의 심화 발전과 더불어 양국 간 경제협력도 크게 추진되었다.

본 연구에서는 한중 수교 이후 양국 간 경제협력이 무역과 투자의 측면에서 어떠한 발전을 가져왔으며, 이러한 경제협력 확대과정에서 조선족 동포가 어떠한 역할을 했는지 분석해보고자 한다. 이를 위해 무역의 측면에서 품목별 교역구조, 가공단계별 교역구조를 살펴보고 한국의 대중 수출의 지역별 분포 및 변화 등에 대해서도 분석한다. 가공단계별 분석을 위해서는 한국무역협회의 HS 6단위 무역데이터를 사용하였으며 이를 UN의 BEC 코드에 따라 분류하였다. 투자의 측면에서는 한국기업의 대중 제조업과 서비스업 투자, 지역별 투자, 투자목적별 투자 등으로 분석하여 보았다.

한중 경제협력에서 조선족 동포가 어떠한 역할을 수행하였는지에 관한 연구는 극히 드물다. 김태홍·김시중(1994)은 한중 수교 초기 한중 경제협력에서 조선족 동포의 역할에 대해 분석하였는데 이 연구가 사실 거의 유일하다고 볼 수 있다. 이들은 조선족 동포의 역할을 한국기업의 중국 진출과 국내 노동력 공급이라는 두 가지 측면에서 살펴보았으며 전자의 경우는 대외경제정책연구원의 북경주재 사무소를 통해 한국기업인과 조선족 종업원들을 대상으로 서로에 대해 어떻게 평가하는지 설문조사의 방식을 통해 분석하였다. 후자의 경우는 합법적 취업, 편법적 취업, 불법적 취업으로 나누어 살펴보고 있다. 이밖에 임수호 외 (2017)는 한국과 연변의 경제협력 현황을 분석함에 있어 한국 기업인과 연변 내 조선족과의 네트워크 형성에 대해 간단히 언급하고 있다.

김태홍·김시중(1994)의 뒤를 이어 본 연구도 한중 경제협력에서 수행한 조선족의 역할을 한국기업의 중국 진출과 한국 내 노동력 공급이라는 두 가지 측면에서 살펴보았다. 한국 내 노동력 공급의 측면에서 조선족의 역할을 분석함에 있어서는 통계청과 법무부의 관련 통계를 통해 한국에 입국 및 체류 중인 조선족의 수를 파악해보았다. 또한 한국에 들어온 1세대인 부모 세대와 비교하여 달라진 2세대의 위상과 역할을 살펴보기 위해 저자의 몇몇 지인들을 대상으로 설문조사를 진행하였다. 이를 통해 그들이 한국에서 어떠한 직업에 종사하고 어떠한 업무를 담당하고 있으며 이를 통해 한중 경제협력에서 어떠한 역할을 수행하고 있는지, 그 과정은 어떠했는지, 생존력의 원천과 지향하는 가치는 무엇인지 등을 파악해보고자 하였다. 이들은 교수, 변호사, 회사원, 펀드매니저 등으로 모두 전문직에 종사하고 있다.

본 연구는 4개의 절로 구성된다. 서론에 이어 2절에서는 한중 경제협력의 확대를 무역과 투자의 두 가지 측면에서 살펴본다. 이어 3절에서는 한중 경제협력에서의 조선족의 역할에 대해 한국기업의 중국진출과 국내 노동력 공급이라는 두 가지 측면에서 살펴본다. 끝으로 4절에서는 결론을 내리고 시사점을 제시해본다.

II. 한중 경제협력의 확대

1. 무역 측면

수교 이후 양국 관계의 심화 발전과 더불어 경제교류도 점차 밀접해지기 시작했다. 특히 2001년 말 중국이 WTO에 가입하면서 세계의 공장이 되고나서부터는 각자의 대외무역에서 차지하는 위상이 크게 격상되었다. 2003년부터 중국은 미국을 제치고 한국의 최대 수출시장이 되었으며, 2007년부터 중국은 일본을 제치고 한국의 최대 수입국가로 부상하였다. 다시 말해 현재 중국은 한국의 최대 교역대상국이다.

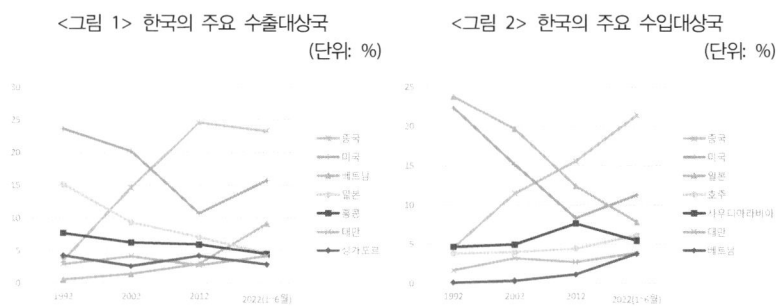

<그림 1> 한국의 주요 수출대상국
(단위: %)

<그림 2> 한국의 주요 수입대상국
(단위: %)

주: 1) 한국의 총수출에서 각국이 차지하는 비중임.
    2) 선정된 7개 국가(지역)는 2022년 6월 현재 기준 한국의 수출 상위국임.
자료: 한국무역협회.

주: 1) 한국의 총수입에서 각국이 차지하는 비중임.
    2) 선정된 7개 국가는 2022년 6월 현재 기준 한국의 수입 상위국임.
자료: 한국무역협회.

중국에 있어 한국 또한 중요한 무역대상국이다. 2022년 6월 현재 한국은 중국의 수출대상국 3위와[1] 수입대상국 2위로, 제3위의 교역대상국이다. 특히 중국의 수입시장에서 한국이 차지하는 위상은 1998년 일본과 대만에 이어 3위였으나, 2004과 2013년에 각각 대만과 일본을 제치고 1위를 차지하였으며, 2019년까지 중국의 최대 수입국 지위를 유지하였다.

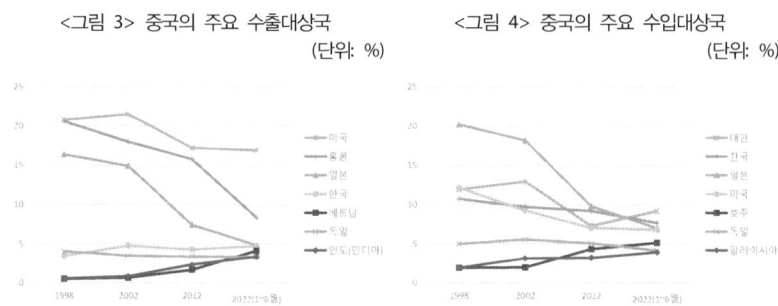

<그림 3> 중국의 주요 수출대상국 (단위: %) 　　　<그림 4> 중국의 주요 수입대상국 (단위: %)

주: 1) 중국의 총수출에서 각국이 차지하는 비중임. 2) 선정된 7개 국가(지역)는 2022년 6월 현재 기준 중국의 수출 상위국임. 3) 한국무역협회 및 중국국가통계국 사이트에서 제공되는 중국의 국가별 수출입 데이터는 1998년부터임.
자료: 한국무역협회.

주: 1) 중국의 총수입에서 각국이 차지하는 비중임. 2) 선정된 7개 국가는 2022년 6월 현재 기준 중국의 수입 상위국임. 3) 한국무역협회 및 중국국가통계국 사이트에서 제공되는 중국의 국가별 수출입 데이터는 1998년부터임.
자료: 한국무역협회.

한국의 대중 수출을 보다 구체적으로 살펴보면 우선 <표 1>에서 보듯 수교 이래 수출액이 급증하였는바, 1992년의 27억 달러에서 2021년에는 1,629억 달러로 60배 이상 증가하였다. 이에 따라 한국의 총수출에서 중국이 차지하는 비중도 1992년의 3.5%에서 2022년 6월 현재 23.2%로 크게 증가하여 한국의 전체 수출의 약 4분의 1을 차지하고 있다. 이러한 변화는 특히 2001년 중국이 WTO에 가입한 이후 두드러졌다.

---

1) 홍콩은 국가가 아닌 지역이므로 홍콩을 제외하면 3위임.

한편, 중국의 총수입에서 한국이 차지하는 비중은 2012년 11.6%로 정점을 찍은 이후 소폭씩 하락하여 2022년 6월 현재 8.5%에 이르고 있다. 한국은 2013년부터 2019년까지 7년 연속 중국 수입시장 점유율 1위를 유지했지만 2020년부터는 대만에 밀려 2위로 내려갔다. 이는 사드나 미중 무역분쟁과 같은 정치적 이슈가 작용하였을 것으로 짐작되며, 특히 미중 무역분쟁으로 중국이 대만산 반도체 수입을 늘리면서 나타난 결과로 볼 수 있다.

<표 1> 한국의 대중 수출 현황

(단위: 억 달러, %)

연도	한국의 대중 수출액	한국의 총수출에서 중국의 비중	중국의 총수입에서 한국의 비중
1992	27	3.5	-
1993	52	6.3	-
1994	62	6.5	-
1995	91	7.3	-
1996	114	8.8	-
1997	136	10.0	-
1998	119	9.0	10.7
1999	137	9.5	10.4
2000	185	10.7	10.3
2001	182	12.1	9.6
2002	238	14.6	9.7
2003	351	18.1	10.4
2004	498	19.6	11.1
2005	619	21.8	11.6
2006	695	21.3	11.3
2007	820	22.1	10.9
2008	914	21.7	9.9
2009	867	23.9	10.2
2010	1,168	25.1	9.9
2011	1,342	24.2	9.3
2012	1,343	24.5	9.2

연도	한국의 대중 수출액	한국의 총수출에서 중국의 비중	중국의 총수입에서 한국의 비중
2013	1,459	26.1	9.2
2014	1,453	25.4	9.7
2015	1,371	26.0	10.9
2016	1,244	25.1	10.4
2017	1,421	24.8	9.9
2018	1,621	26.8	9.7
2019	1,362	25.1	8.4
2020	1,326	25.9	8.4
2021	1,629	25.3	8.0
2022 (1~6월)	814	23.2	8.7

자료: 한국무역협회.

이어, 한국의 대중 주요 수출품목을 살펴보면 1992년에는 철강제품이 30% 이상으로 높은 비중을 차지한 가운데, 직물·가죽 및 모피제품·섬유원료·종이제품 등의 저부가가치 품목이 석유화학제품과 더불어 상위권을 차지하였다. 그러나 2022년 6월 현재 전자부품이 4할을 차지하고 있으며 석유화학제품과 더불어 정밀화학제품, 산업용전자제품 등 고부가가치 품목의 수출이 증가하였다. 한편 한국의 대중 수출품목과 수입품목을 수교 초기인 1992년과 2022년 두 연도로 비교해보면 최근에 와서 주요 수출입 품목이 일치하여 수평적 산업 내 무역이 많음을 알 수 있다.

<표 2> 한국의 대중 주요 수출입품목

(단위: %)

순번	수출				수입			
	1992		2022 (1~6월)		1992		2022 (1~6월)	
	품목명	비중	품목명	비중	품목명	비중	품목명	비중
1	철강제품	30.2	전자부품	41.6	농산물	28.4	전자부품	24.7
2	석유화학제품	17.3	석유화학제품	13.5	직물	15.4	산업용전자제품	12.4

순번	수출				수입			
	1992		2022 (1~6월)		1992		2022 (1~6월)	
	품목명	비중	품목명	비중	품목명	비중	품목명	비중
3	직물	10.1	정밀화학제품	7.8	광물성 연료	14.2	정밀화학 제품	10.9
4	가죽 및 모피제품	5.4	산업용전자제품	7.7	요업제품	6.6	철강제품	6.8
5	섬유원료	4.9	비철금속제품	3.4	철강제품	5.7	생활용품	4.8
6	산업기계	4.1	정밀기계	3.2	섬유사	4.1	전기기기	4.4
7	제지원료 및 종이제품	3.4	광물성연료	2.8	정밀화학 제품	4.1	가정용 전자제품	3.4
8	광물성연료	3.1	철강제품	2.7	섬유제품	2.8	석유화학 제품	3.2
9	전자부품	2.6	기초산업기계	2.6	축산물	2.5	섬유제품	3.1
10	정밀화학제품	2.1	플라스틱제품	1.9	가정용전 자제품	1.5	수송기계	2.9

주: MTI 2단위 기준임.
자료: 한국무역협회.

다음으로, 한국의 대중 수출을 가공단계별로 살펴보면 <표 3>에 나타나 있듯 중간재 위주의 수출구조를 가지고 있음을 알 수 있다. 한국의 대중 수출에서 절대적인 비중을 차지하는 중간재의 경우 2010년대 들어서도 지속적으로 증가하여 2020년에는 80%에 육박하고 있다. 이에 반해 중간재에 이어 두 번째로 큰 비중을 차지하는 자본재의 경우 비중이 지속적으로 하락하였다. 한편, 한국의 대중 수출에서 소비재가 차지하는 비중은 아직 5% 정도로 작지만 조금씩 증가하는 추세를 보이고 있다.

<표 3> 가공단계별 한국 제품의 대중 수출 현황

(단위: %)

연도	1차산품	중간재	자본재	소비재
2011	0.6	71.3	24.2	3.9
2012	0.6	72.4	23.7	3.2
2013	0.4	73.2	22.9	3.4
2014	0.4	74.6	21.2	3.8
2015	0.5	73.4	21.7	4.4
2016	0.4	73.9	20.0	5.6
2017	0.4	78.9	17.3	3.3
2018	0.4	79.5	16.6	3.4
2019	0.5	79.4	15.6	4.4
2020	0.5	79.8	14.3	5.3

자료: 한국무역협회.

　　마지막으로, 한국의 대중 수출을 성별로 살펴보면 <표 4>에서 볼 수 있듯 2022년 6월을 기준으로 강소성에 대한 수출이 전체의 4분의 1을 차지하여 가장 많고 이어 광동성, 상해시, 산동성, 절강성 등 동부 연해지역이 그 뒤를 잇고 있다. 전반적으로 한국의 대중 수출이 연해지역에 편중되어 있는 가운데 중부지역에서는 하남성·안휘성·호북성이, 서부지역에서는 중경시·사천성·섬서성이 여타 중서부 성·시들에 비해 상대적으로 수출이 많은 편이었다.

　　한편, 한국의 대중 지역별 수출의 시계열 추이를 살펴보면 1998년에는 광동성에 대한 수출이 전체의 3분의 1을 초과하여 절대적이었으나 이후 그 비중이 점차 하락하고 있음을 알 수 있다. 또한 북경시, 천진시, 하북성, 복건성, 산동성 등의 연해지역도 마찬가지로 한국의 대중 수출에서 차지하는 비중이 차츰 하락하였다. 이밖에 한국과 지리적으로 가깝고 조선족이 많이 거주하고 있는 요녕성, 길림성, 흑룡강성 등의 동북 3성도 초기에는 한국의 대중 지역별 수출에서 중상위권에 포진해 있었으나 현재는 연해지역인 요녕성을 제외하고는 모두 하위권에 머물러있다. 이에 반해 장강삼각주 지역인 상해시, 강소성, 절강성은 지속적으로 비중이 증가하였다. 안휘성, 하남성, 호북성, 중경시, 사천성, 섬서성 등의 중서부 지역도 1998년에는 한국의 수출이 미미하였으나 차츰 비중이 늘어나고 있다. 이러한 추세는 중국 수출시장이 확대됨과 동시에 지역적으로도 다양화되고 있음을 의미한다. 또한 중서부 내륙지역으로의 수출 비중 증가는 중국의 내수 중심 성장정책과도 관련된다. 중국은 2008년 글로벌 금융위기 이후 대외의존도를 낮추기 위해 내수 중심 및 산업고도화 성장정책을 펼치고 있으며, 이에 따라 중국의 수입구조도 가공무역에서 내수를 위한 일반무역으로 재편되고 있다.

<표 4> 한국 제품의 중국 지역별 수출 추이

(단위: %)

성·시·자치구	1998		2002		2012		2022 (1~6월)	
	비중	순위	비중	순위	비중	순위	비중	순위
감숙성	0.1	23	0	27	0	27	0.1	24
강서성	0.1	21	0.1	23	0.1	19	0.7	17
강소성	7.4	3	12.8	3	23.6	2	26.6	1
광동성	36.8	1	27.4	1	24.7	1	22.2	2
광서성	0.2	19	0.1	19	0.1	18	0.6	19
귀주성	0.1	26	0.2	17	0	30	0	26
길림성	0.4	14	0.3	14	0.2	17	0.2	22
내몽고자치구	0.1	25	0	26	0.1	22	0.4	21
복건성	6	7	5	9	1.9	11	1.6	14
북경시	4.7	9	3.6	10	5.7	7	1.5	15
사천성	0.3	18	0.3	15	1.7	12	2.8	10
산동성	15.6	2	14.6	2	10.7	3	7.1	4
산서성	0.1	24	0	25	0.1	21	0.4	20
상해시	7.1	4	9.4	6	10	4	10.3	3
섬서성	0.2	20	0.1	22	0.1	20	2.7	11
신강자치구	0.1	22	0	28	0	25	0	29

성·시·자치구	1998		2002		2012		2022 (1~6월)	
	비중	순위	비중	순위	비중	순위	비중	순위
안휘성	0.5	12	0.6	12	0.5	14	1.7	13
영하자치구	0	28	0	30	0	28	0	25
요녕성	5.8	8	5.7	8	2.3	10	1.9	12
운남성	0.1	27	0	24	0	26	0	27
절강성	3.8	10	6.9	7	4.9	8	5.2	5
중경시	0	-	0.1	21	0.5	13	3.8	9
천진시	7	5	9.8	4	9.2	5	3.9	7
청해성	0	29	0	31	0	29	0	31
티벳자치구	0	30	0	29	0	31	0	30
하남성	0.3	17	0.1	20	2.5	9	4	6
하북성	7	6	9.8	5	9.2	6	3.9	8
해남성	0.3	16	0.1	18	0.1	23	0.2	23
호남성	0.4	13	1	11	0.2	16	0.6	18
호북성	0.4	15	0.3	16	0.3	15	1.3	16
흑룡강성	0.9	11	0.5	13	0	24	0	28

주: 충칭은 2000년까지 쓰촨에 통합되었다가 2001년부터 직할시로 분리되어 나옴.
자료: 한국무역협회.

2. 투자 측면

한국기업의 대중 투자는 수교 전인 1988년부터 이루어졌다. 노태우 정부가 공산권과의 국교 정상화를 내세우며 추진한 북방정책과 중국의 개혁개방 정책이 맞물리면서 양국 간 무역이 늘어났을 뿐만 아니라 한국의 대중 직접투자가 허용되었다.

한국기업의 대중 투자는 1992년 남순강화로 불리는 중국의 대외개방 심화 그리고 한중 양국 간 수교를 계기로 빠르게 증대하다가 1997년 외환위기로 한국경제가 전체적인 침체기에 빠지면서 급격히 감소하였다. 2000년부터 한국이 경제 전반의 구조조정을 통해 경제위기를 극복하면서 한국의 대중 투자는 다시 증가하였다. 이후 2008~2009년의 글로벌 금융위기를 겪으면서 주춤하였으나 2010년부터 다시 증가하기 시작하였다.

그러다 2016년 사드 배치를 둘러싼 양국 간 관계의 냉각으로 한국의 대중 투자가 다소 하락하였으나 2018년부터 다시 또 회복되었다. 2022년 3월말 현재, 한국기업의 대중 투자는 누적기준으로 신규법인수는 28,370건, 투자금액으로는 867억 달러에 이르고 있다. 누적투자액 기준 중국은 한국의 대외투자의 12.4%를 차지하여 미국에 이은 2위의 투자대상국이며, 연도별 투자기준으로 보아도 한국의 대외투자에서 두 번째로 많은 비중을 차지하는 국가이다.

한국의 대외투자에서 중국이 중요한 투자대상국일 뿐만 아니라 중국의 외국인직접투자 유치에서도 한국은 중요한 위상을 갖고 있다. 2020년 기준 홍콩이 중국의 외국인직접투자 유치에서 85.3%로 절대적인 비중을 차지하고 있으며 한국은 싱가포르(6.2%)에 이어 세 번째로 많은 비중을 차지하고 있다(2.9%).

한국기업의 대중 투자는 제조업에 편중된 구조를 보이고 있는바, 제조업 투자가 전체 대중국 투자의 80%를 차지하고 있고 서비스업 투자는 20~30% 수준으로 아직 미미하다. 특히 최근 몇 년 미중 무역분쟁과 코로나19 팬데믹을 거치며 한국의 대중 투자에서 서비스업이 차지하는 비중은 더욱 하락하였으며, 중국의 제로 코로나 정책으로 봉쇄가 강화된 2022년 들어 서비스업 투자는 한국 대중 투자의 1.3%에 그치고 있다. 한국의 대중 투자가 제조업에 편중되었다는 것은 중국이 여전히 한국기업의 글로벌 생산기지로서의 역할을 하고 있음을 의미한다.

<그림 5> 한국의 대중국 직접투자 추이
(단위: 백만 달러, 건)

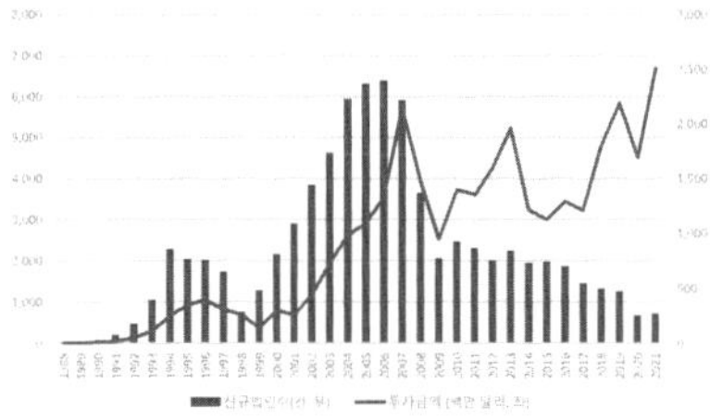

<그림 6> 한국의 대중 투자구조
(단위: %)

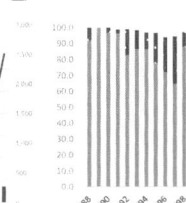

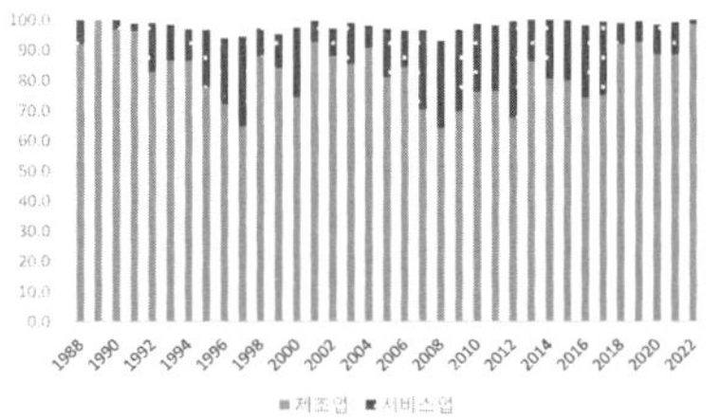

자료: 한국수출입은행 해외직접투자통계.

주: 투자금액 기준임.
자료: 한국수출입은행 해외직접투자통계.

  한국기업의 대중 투자를 지역별 및 시기별로 살펴보면 90년대에는 지리적으로 가까운 산동성에 대한 투자가 가장 많은 비중을 차지한 가운데 상해시, 강소성, 천진시, 북경시, 요녕성 등 연해지역에 대한 투자도 큰 비중을 차지하였다. 또한 한국과 지리적으로 가까울 뿐만 아니라 정서적으로도 친밀한 길림성, 흑룡강성 등 동북지역에 대한 투자도 여타 중서부 내륙지역과 비교하여 상대적으로 많은 편이었다. 그러나 2000년대, 특히 2000년대 중반으로 들어서면서 지리적으로 가까운 산동성이나 동북 3성, 천진시, 하북성 등 지역에 대한 투자 비중은 줄어든 반면 강소성이나 광동성과 같이 한국의 대중 수출이 많은 지역에 대한 투자 비중이 증가하는 추세를 보였다. 이밖에 섬서성, 사천성, 중경시, 호북성 등 내륙지역에 대한 투자도 증가하였다. 중서부 내륙지역으로의 투자 비중 증가는 앞서 언급한 중국의 내수 중심 성장정책과도 관련된다. 삼성전자, SK하이닉스, 현대자동차 등 한국 대기업들은 모두 2010년대 들어 중국 중서부지역으로 생산거점을 확대하였고 이러한 투자는 앞서 살펴보았듯 해당 지역으로의 수출 증가를 견인하기도 하였다.

<표 5> 한국기업의 중국 지역별 투자 추이

(단위: %)

성·시·자치구	1992~2001	2002~2011	2012~2021
감숙성	0.0	0.1	0.1
강서성	0.0	1.0	0.2
강소성	10.1	25.1	32.5
광동성	4.3	5.5	11.8
귀주성	0.0	0.1	0.0
길림성	3.1	1.9	1.1
복건성	0.5	0.5	0.2
북경시	7.8	12.2	10.2
사천성	0.2	0.3	3.7
산동성	28.2	20.9	8.5
산서성	0.0	0.6	0.6
상해시	10.7	6.2	5.4
섬서성	0.1	0.1	8.9
안휘성	0.2	0.4	0.5
요녕성	9.5	9.2	5.3
운남성	0.0	0.1	0.1
자치구	1.6	0.4	0.1
절강성	3.5	3.5	2.9
중경시	0.0	0.4	1.8
천진시	13.9	7.8	3.3
청해성	0.0	0.0	0.0
하남성	0.1	0.2	0.2
하북성	1.2	1.4	0.5
해남성	0.2	0.2	0.0
호남성	1.6	1.1	0.1
호북성	0.3	0.4	1.6
흑룡강성	2.6	0.5	0.1

주: 1) 시기별 누적 투자금액 기준임. 2) 자치구는 내몽고자치구, 신강자치구, 티벳자치구, 광서자치구, 영하자치구 등 5개 성급자치구를 의미함.
자료: 한국수출입은행 해외직접투자통계.

전술하였듯 중국이 글로벌 금융위기 이후 내수 중심 성장정책을 펼치면서 무역구조도 가공무역 중심에서 일반무역으로 전환되게 되었다. 여기에 경쟁이 격화되고 환경관련 비용과 인건비가 상승하면서 초기 노동집약과 임가공 중심의 산업 분야에 투자했던 한국 중소기업들의 탈중국화가 2000년대 중반부터 나타나기 시작하였다. 2000년대 중반을 기점으로 한국기업의 대중국 투자는 중소기업 중심에서 대기업 중심으로 바뀌게 되었는바, 이는 건당 투자액의 증가에서 알 수 있다. 또한 투자목적별로 구분하여 보면 중국 진출 초기에는 수출촉진 및 저임활용 목적의 투자 비중이 높았으나, 2000년대 중반 이후에는 확대되는 중국 내수시장을 겨냥한 현지시장 진출 목적의 투자 중심으로 변화하였다.

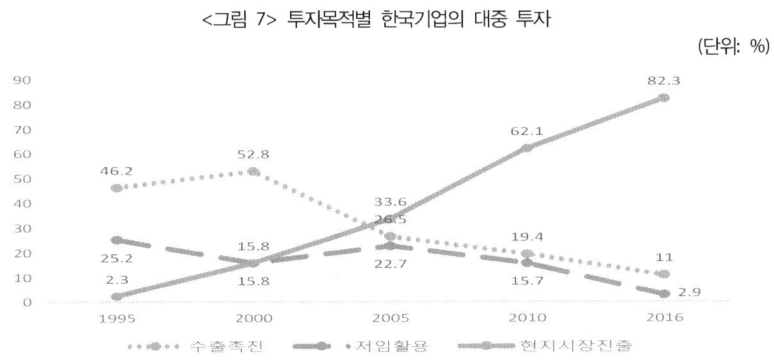

<그림 7> 투자목적별 한국기업의 대중 투자

(단위: %)

자료: 도현철·권기영(2017).

다음으로, 중국의 대한국 투자를 살펴보자. 중국은 2000년대 초반부터 추진한 해외투자 정책에 따라 2022년 6월말 현재 세계 3위의 투자국이 되었다. 그러나 중국의 대한국 투자는 여전히 매우 부진하며, 중국의 대외투자에서 한국이 차지하는 비중도 2% 좌우로 미미한 수준이다. 이는 한국의 대외투자에서 중국이 10% 이상을 차지하는 것과 대조적이다. 중국의 대외투자에서 아시아가 절대적인 부분을 차지하지만 주로 홍콩과 싱가포르를 중심으로 투자가 이루어지고 있다.

한편 중국의 대한국 투자는 서비스업 중심으로 제조업 투자가 부진하다. 2015년 중국의 대한국 투자가 18억 달러로 급증하였는데 이는 주로 부동산개발투자와 문화 콘텐츠 분야의 투자가 주도하였다.

<그림 8> 중국의 대한국 직접투자 추이

(단위: 백만 달러, %)

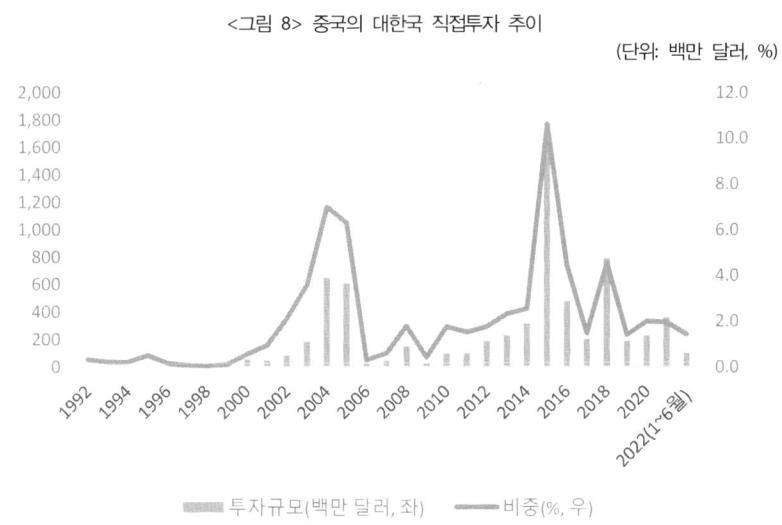

자료: 산업통상자원부 외국인투자통계.

III. 한중 경제협력에서 조선족의 역할

2절에서 살펴보았듯 수교 이래 한중 양국 간 경제협력은 무역과 투자 측면에서 모두 괄목할만한 성과를 거두었다. 한중 경제협력이 확대된 데에는 양국 간 관계의 발전, 중국의 WTO의 가입과 빠른 경제성장, 한국의 선진기술 등 다양한 요소가 있겠지만 조선족의 협력적 역할도 결코 무시할 수 없다.

한중 경제협력에서 조선족의 역할과 관련하여 일찍 김태홍·김시중 (1994)은 한중 수교 초기에 연구를 수행한 바 있다. 이들은 한중 경제협력에서 조선족의 역할과 문제점을 한국기업 중국진출과 국내노동력 공급이라는 두 가지 측면에서 분석하였다. 본 연구는 김태홍·김시중(1994)의 뒤를 이어 상기 두 가지 측면으로 한중 경제협력에서 조선족의 역할을 분석하고자 한다.

1. 한국기업 중국진출에서의 역할

한국기업의 중국진출에서 조선족들이 언어를 비롯한 여러 측면에서 협력자적 역할을 해왔다는 것은 널리 알려진 사실이다. 특히 초기에 진출한 한국 중소기업들의 경우 중국에 대한 사전 지식과 정보가 부족한 상태에서 중국에 정착하기 위해 조선족 동포들에 대한 의존성은 더욱 컸다.

김태홍·김시중(1994)은 조선족 노동자에 대한 한국 기업인들의 평가를 파악하기 위해 1994년 11~12월 기간 대외경제정책연구원의 북경주재원을 통해 중국 전역의 322개 한국기업인들에 대해 우편조사의 방식으로 설문조사를 수행한바 있다. 그들의 조사결과에 따르면 한국 기업인들의 초기 중국 진출과정에서 조선족 동포들이 큰 도움이 되었다고 응답한 업체 수가 43.9%를 차지하였고, 약간의 도움이 되었다는 업체 수가 47.4%를 차지하는 등 전체의 91.3%가 어떤 형태로든 도움이 있었다고 답변하였다. 구체적으로 어떤 도움이 있었는가 하는 설문에 다수가 단순통역과 관광안내의 도움을 받았다고 응답했으며 시장조사 및 관련정보 제공, 현지 기업인의 소개 알선, 상담과정의 구체적 자문 및 중계역할 등에도 도움을 받은 것으로 나타났다(김태홍·김시중 1994).

<표 6> 한국기업의 중국진출 시 조선족 동포의 역할과 협력유형

설문내용	비율 (%)
단순통역 및 관광안내	40.8
시장조사 및 관련정보 제공	17.3
현지 기업인의 소개 알선	13.3
현지 정부 상대의 로비활동 협조	7.1
상담과정의 구체적 자문 및 중계역할	12.2
기타	9.2

자료: 김태홍·김시중(1994).

상술한 근로자로서의 역할 외에도 많은 조선족들은 중국에 진출한 한국 고용주의 개인적인 일까지 도와주는 경우도 많았으며 이는 특히 소규모 한국기업의 경우 더욱 두드러졌다. 예를 들면 자녀입학, 은행업무, 우편업무 등이었다.

한편, 조선족 종업원들의 이직율은 다른 한족 종업원들과 비슷했으며 생산성도 결코 낮지 않은 것으로 나타나 한국기업인들이 조선족 종업원에 대해 대체로 만족하는 것으로 나타났다(김태홍·김시중 1994).

<표 7> 조선족 종업원의 이직율

설문내용	비율 (%)
다른 종업원에 비해 높다.	29.6
다른 종업원과 비슷하다.	46.3
다른 종업원에 비해 낮다.	24.1

자료: 김태홍·김시중(1994).

<표 8> 조선족 종업원의 생산성 기여도

설문내용	비율 (%)
다른 종업원에 비해 높다.	41.8
다른 종업원과 비슷하다.	54.5
다른 종업원에 비해 낮다.	3.6

김태홍·김시중(1994).

한국기업의 초기 중국 진출과정에서 조선족 노동자에 대한 한국기업들의 평가가 전반적으로 긍정적인 것으로 나타났지만 보다 구체적인 활용방안에 대한 설문에서는 문제점과 우려사항도 있는 것으로 지적되었다. 예를 들면 능력 있는 조선족 인력의 부족이라든가 불성실, 높은 이직률,

과도한 대우 요구 등이었으며 이러한 문제점은 중간관리자급 이상에서든 생산직 인력에서든 비슷한 것으로 나타났다(김태홍·김시중 1994).

<표 9> 중국진출 한국기업의 조선족 인력 활용상의 문제점

설문내용	비율 (%)	
	중간관리자급 이상	생산직 인력
능력 있는 조선족 인력의 부족	42.7	-
해당지역 내 조선족 인력의 부족 및 이동의 어려움 (호구문제 등)	-	31.8
조선족의 자세문제 (불성실, 높은 이직률, 과도한 대우 요구 등)	34.8	39.4
한족 종업원과의 갈등 우려	15.7	21.2
다른 한국기업의 스카우트 등 과당경쟁 우려	4.5	7.6
기타	2.2	0.0

자료: 김태홍·김시중(1994).

중간관리자급 이상 조선족 인력을 활용함에 있어 능력 있는 조선족 인력의 부족이 가장 큰 문제점으로 꼽힌 이유는 초기 중국에 진출한 한국 중소기업들에 취직된 조선족들 대부분이 학력이 낮고 전문직 경력이 없는 인력이었기 때문일 것으로 짐작된다. 주지하듯 중국 조선족들은 동북지역에 집거하면서 한편으로 우리 민족의 문화와 언어를 유지해왔으며, 다른 한편으로는 이로 인해 한족들에 비해 중국어 수준이 낮을 수밖에 없었다. 90년대 들어 중국의 개혁개방이 본격적으로 심화되면서 조선족들이 집거지였던 동북지역을 벗어나 경제적 기회가 보다 많은 동남 연해지역으로 이동하면서 지금에 와서는 우리 언어의 상실이 우려되는 상황이지만, 한국기업의 중국 진출 초기만 하더라도 대부분의 조선족들은 중국어를 사용할 기회가 많지 않았다. 또한 학력수준이 높다든지 전문직 경험이 있는 조선족들은 공무원이나 국유기업, 대기업 취업을 선호하다 보니 한국 중소기업들이 능력 있는 조선족 인력을 구하기 어려운 것은 어쩌면 당연한 일이었다.

조선족 동포의 활용에 있어 상술한 문제점들이 불거진 것 외에 조선족 근로자들과 한국 기업인들 사이에 갈등과 불신이 싹트기 시작한 것도 또 다른 문제점으로 꼽혔다. 여기에는 다양한 원인이 있는데 같은 언어를 기반으로 하지만 미묘하게 다른 언어적 차이, 같은 민족이지만 서로 다른 성장배경으로 인한 문화적 및 사고방식의 차이, 일부 조선족 및 한국인들의 개인적인 소양 부족, 중국에 대한 한국인들의 무지, 중국 및 중국인을 한수 아래로 보는 한국인들의 오만 등을 들 수 있다. 김태홍·김시중(1994)의 연구에서도 상술한 원인들이 한국기업인과 조선족 종업원 간 갈등의 원인인 것으로 조사되었다.

<표 10> 한국기업인과 조선족 종업원 간 갈등의 원인

설문내용	비율 (%)
문화적 (언어포함) 차이	32.7
중국 조선족의 소양 부족	22.8
한국인들의 오만과 무지	18.8
한국인의 조선족에 대한 과도한 의존	14.9
기타	9.9

자료: 김태홍·김시중(1994).

또한 최근에 와서 조선족 노동자와 한국기업인 간 갈등의 배경에는 중국의 경제발전도 한 몫을 한 것이라 생각된다. 중국은 글로벌 금융위기 이후에도 빠른 경제성장을 달성하며 세계경제를 견인하였고 2010년에는 일본을 제치고 명실상부한 G2가 되었다. 중국경제의 위상변화와 더불어 외자기업에 대한 우호환경도 변화하고 있는데 대기업의 투자를 선호하고 고부가가치 업종과 환경친화적인 업종에의 투자를 장려하고 있다. 임수호 외 (2017)에 따르면 외자기업에 대한 중국정부의 이같은 우호환경 변화는 한국인과 한국기업에 대한 호칭에까지 영향을 주면서 과거 '한국분'이라고 하던 호칭이 최근에는 '한국사람'으로 바뀐 것으로 나타났다.

2. 한국 내 노동력 공급에서의 역할

가. 한국 내 노동시장으로의 유입

1980년대 후반 3저 호황, 노동자대투쟁, 대규모 주택건설, 서울올림픽 등 일련의 사건을 겪으며 한국의 산업구조와 노동시장에는 큰 변화가 일어났다. 소비 확대와 더불어 서비스 산업이 확대되고, 임금수준이 큰 폭으로 상승하기 시작했으며, 건설부문의 임금수준이 급격히 상승하게 되었다. 저임금 산업의 버팀목이던 저임금 여성 노동자의 서비스업으로의 이탈이 본격화되고, 급여수준 및 작업환경이 상대적으로 열악한 부문의 남성 노동자의 건설부문으로의 이탈도 본격화되었다(최준영 2019). 이러한 결과 어렵고 더럽고 위험한 소위 3D 업종 기피 현상이 발생하게 되었으며, 섬유·전자·신발 등의 노동집약적 중소 제조업 부문과 농업·어업·광업 등 분야에서 심각한 인력난을 겪게 되었다.

이즈음 한중 관계가 개선되고 중국 조선족들의 한국 방문 기회가 확대되면서 한국에 입국하여 체류하기 시작하였고, 1992년 한중 수교 이후 이들은 한국 내 노동시장에 본격적으로 유입되기 시작하였다.

<그림 9>는 1993년 이래 한국에 입국한 조선족 수의 추이를 보여주고 있는데 그림에서 보듯 2000년대, 특히 2000년대 중후반 이후 빠르게 증가하는 모습을 볼 수 있다. 한중 수교 이후 한국에 입국한 조선족 수가 증가하였을 뿐만 아니라 한국에 체류하는 조선족 수 또한 지속적으로 증가해왔다. 한국에 거주하는 조선족 수는 관련 통계가 체계화된 2005년 이래 꾸준히 증가하여 2018년 71만 8천명으로 정점을 찍었다. 이후 최근 몇 년간 약간 줄어들어 2021년 61만 명에 달하고 있지만, 여전히 한국에 체류 중인 전체 외국인의 30% 이상을 차지해 가장 많은 비중을 보이고 있다.

<표 9> 한국 입국 조선족 수 추이 와 <표 10>

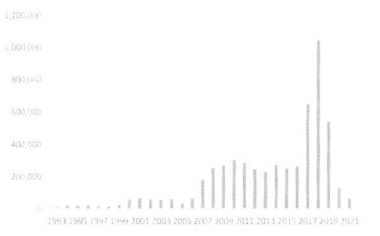

<그림 9> 한국 입국 조선족 수 추이
(단위: 명)

자료: 통계청.

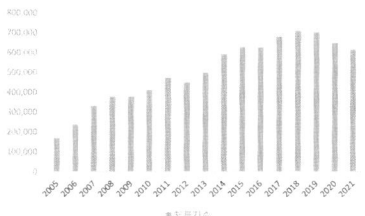

<그림 10> 한국 체류 조선족 수 추이
(단위: 명)

자료: 법무부 출입국 · 외국인정책본부.

 중국 조선족들은 재외동포, 방문취업, 결혼이민, 유학, 연수, 비전문취업, 기업투자, 무역경영, 교수, 연구, 선원취업, 구직 등 다양한 체류자격으로 한국에 머물고 있다. 이중 재외동포(F4) 자격으로 체류 중인 조선족이 가장 많은데 2021년 기준 약 35만 명이 재외동포 자격으로 한국에 거주하고 있어, 한국에 체류 중인 전체 조선족의 절반 이상을 차지한다. 그다음으로 방문취업(H2)과 영주(F5)가 각각 10만 8천명과 10만 1천명으로 많다.

<표 11> 체류자격별 한국 거주 조선족 현황 (2021년)

(단위: 명)

체류자격	체류인원수	체류자격	체류인원수
A1(외교)	0	E3(연구)	3
A2(공무)	0	E4(기술지도)	0
B1(사증면제)	0	E5(전문직업)	0
B2(관광통과)	36	E6(예술흥행)	0
C1(일시취재)	1	E7(특정활동)	11
C3(단기방문)	3,704	E8(계절근로)	0
C4(단기취업)	0	E9(비전문취업)	567
D1(문화예술)	2	E10(선원취업)	1
D2(유학)	758	F1(방문동거)	15,671
D3(기술연수)	217	F2(거주)	11,735

체류자격	체류인원수	체류자격	체류인원수
D4(일반연수)	49	F3(동반)	44
D5(취재)	1	F4(재외동포)	354,539
D6(종교)	1	F5(영주)	101,104
D7(주재)	8	F6(결혼이민)	17,136
D8(기업투자)	40	G1(기타)	248
D9(무역경영)	2	H1(관광취업)	0
D10(구직)	8	H2(방문취업)	107,592
E1(교수)	2	T1(관광상륙)	0
E2(회화)	0	기타	1,185

자료: 법무부 출입국·외국인정책본부.

여기서 잠깐 방문취업과 재외동포 체류자격에 대해 짚고 넘어갈 필요가 있다. 방문취업제는 중국 및 옛 소련 지역에서 태어난 동포들을 대상으로 한국에 연고자가 없어도 고국을 쉽게 방문하고 취업할 수 있도록 한 제도이다. 방문취업(H2) 자격으로 한국에서 체류할 수 있는 기한은 3년이며,[2] 기한이 만료되면 출국 후 재입국하는 식으로 연장해 일할 수 있다. 또한 재외동포는 방문취업 형태가 아닌 별도의 재외동포 체류자격(F4)으로 취업할 수도 있는데, 이 경우 단순노무 활동을 제외한 모든 업종의 취업이 가능하며, 5년에 한 번씩 계속 갱신할 수 있다. 2000년대 초반까지 한국에 거주하는 중국 조선족들은 불법체류자 신분이 많았지만 2007년 방문취업제가 시행되고 또 2009년부터 재외동포 체류자격이 확대 실시되면서 불법체류자가 급속도로 감소하게 되었다.

한중 수교 이후 중국 조선족들이 모국인 한국에 관심을 갖고 입국한 데에는 여러 가지 이유가 있는데 한편으론 앞서 언급했듯 당시 한국경제의 산업구조와 노동시장의 변화로 저임금 노동력이 부족했기 때문이며, 다른

---

[2] 고용주의 재고용 신청이 있는 경우 최장 체류기간 만료시점은 방문취업 비자로 최초 입국한 날로부터 혹은 국내에서 방문취업으로 체류자격을 변경한 날로부터 4년 10개월이 되는 시점이다.

한편으로 중국 조선족들이 한국에서 거주하는데 있어 언어소통에 지장이 없었고 또 무엇보다 한국과 중국의 수입격차가 컸기 때문이다. 몇 년 만 한국에서 일하면 중국 고향에서 아파트를 장만할 수 있었기 때문에 한국에서 부당한 대우를 받아도 참고 버텼다.

이들 중 다수는 주로 한국인들이 기피하는 사양산업과 농·임·어·광업 등의 3D 업종에 종사하고 있다. 이들은 현재 저출산으로 인해 경제활동인구가 감소하고 있는 한국사회에 노동력 공급자로서의 역할을 톡톡히하고 있다. 지난 7월 28일 통계청이 발표한 "2021년 인구주택총조사 인구부문 집계결과"에 따르면 지난해 한국의 총인구는 5,173만 8천명으로 전년 대비 9만 천명 감소하여 대한민국 정부 수립 이후 실시한 1949년 센서스 집계 이후 처음으로 감소한 것으로 나타났다. 인구성장률은 1960년 3.0%로 정점을 찍은 후 지속적으로 감소하여 1995년 이후부터는 1% 미만대로 떨어졌으나 2020년까지는 플러스 성장을 지속해오다 2021년 처음으로 마이너스 인구성장(-0.2%)을 기록하였다.

<그림 11> 한국의 총인구 및 연평균 증감률 추이

(단위: 천 명, %)

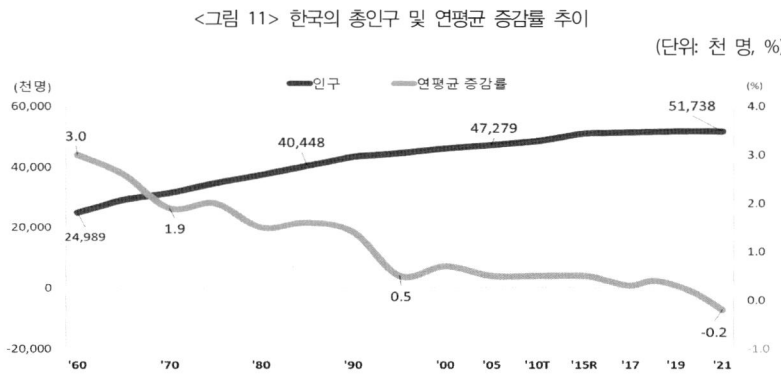

주: T는 전통적 현장조사 방식을, R는 등록센서스 방식을 의미함. 2010년까지는 전통적 현장조사 방식으로, 2015년부터는 등록센서스 방식으로 조사되었음.
자료: 통계청(2022).

연령별로는 15~64세 생산연령인구가 전년 대비 0.9%로 가장 많이 감소했고(-34만 4천명), 0~14세 유소년인구도 2.7% 감소한(16만 7천명) 반면 고령자인구는 5.1% 증가하였다(41만 9천명). 생산연령인구는 2018년 3,763만 2천명으로 최고치에 달한 뒤 점차 감소하여 2021년 3,694만 4천명에 달하고 있으며, 생산연령인구가 총인구에서 차지하는 비중은 2016년 73.6%로 정점에 달한 뒤 조금씩 줄어들기 시작하여 2021년 71.4%에 그치고 있다. 유소년인구와 생산연령인구의 감소로 생산연령인구 1백명당 부양해야 할 고령인구를 나타내는 노년부양비는 2005년의 12.9에서 2021년에는 23.6으로 크게 증가하였으며, 유소년인구 1백명당 고령인구를 나타내는 노령화지수도 같은 기간 48.6에서 143.0으로 급증하였다.

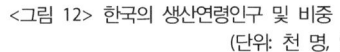

<그림 12> 한국의 생산연령인구 및 비중 (단위: 천 명, %)

<그림 13> 한국의 노년부양비와 노령화지수

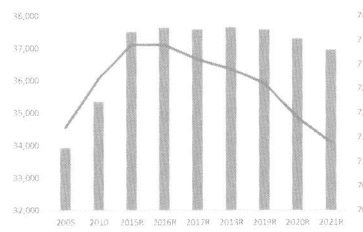

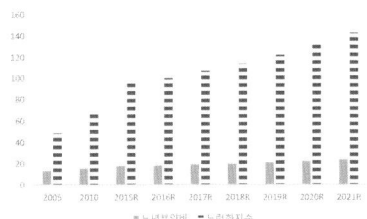

주: R는 등록센서스 조사방식을 의미함.
자료: 통계청(2022).

주: R는 등록센서스 조사방식을 의미함.
자료: 통계청(2022).

상술하였듯 중국 조선족들은 한중 수교 이래 한국 노동시장에서 현지인들이 꺼리는 일을 하면서 저임금의 노동력을 제공하여 왔다. 그리고 최근 들어서는 생산연령인구가 줄어들고 있는 한국에서 부족한 노동력을 충원하는 데에도 크게 기여하고 있다. 조선족들은 노동력을 제공하는 한편 기술과 자본을 조금씩 축적하게 되었는바, 한국 내 근무 경력의 증가로 숙련도가 향상되면서 생산현장이나 건설현장에서 중추적인 역할을 담당하는 경우도 많아지고 있다.

나. 조선족 노동자의 역할과 위상의 변화

한국에 온 중국 조선족들은 시대별로 차이가 존재한다. 한국을 찾은 1세대 조선족들은 주로 1950~70년대 출생으로 은퇴한 노동자와 무직업자, 농민 출신이 많았다. 이들은 주로 건설현장, 공장, 탄광, 식당, 요양원 등에서 현지인들이 꺼리는 힘든 일을 하면서 돈을 버는 경우가 많았다. 이들 중 일부는 한국에서 축적한 기술과 자본으로 부동산 투자를 하거나 사업을 해서 중산층으로 올라선 경우도 있지만 그 수가 많지 않고 또 성공하기까지 지난한 과정을 거쳤다. 이에 반해 주로 1970년대~90년대 출생인 2세대 조선족들은 부모 세대의 어려움을 답습하지 않고 다른 선택을 해 성공한 경우가 많다. 이들 2세대 조선족들은 부모 세대와 달리 교육수준이 높고 또 한국으로 유학 와 졸업한 뒤 한국에 남아 취직하는 경우도 많다보니 그들의 부모세대와는 다른 직종과 조건에서 근무하며 전문지식을 발휘하고 있다. 이들은 교수에서부터 회사임원, 변호사, 펀드매니저 등에 이르기까지 다양하다. 한국과 중국을 자유자재로 드나들며 출장을 가고 비즈니스를 하는 경우도 허다하다. 이번 소절에서는 한국에서 근무하는 2세대 조선족들의 사례를 통해 달라진 조선족 노동자의 역할과 위상을 살펴보기로 한다. 더불어 그들이 현재 위치에 오르기까지 어떠한 과정을 거쳤으며, 생존력의 원천 및 지향하는 가치는 무엇인지도 파악해보고자 한다. 이를 위해 2022년 7월 저자의 몇몇 지인들을 중심으로 이메일 방식의 설문조사를 실시하였다. 이들은 각각 회사원 L씨, 교수 H씨, 변호사 H씨, 변호사 L씨, 펀드매니저 Q씨이다. 아래 그들의 이야기를 들어보자.

1) 회사원 L씨

회사원 L씨는 현재 모 미국계 회사의 중국사업부 책임자로 근무하고 있으며 사업부 전략 기획과 운영, 마케팅, 콘텐츠 수급, 플랫폼 최적화 등 업무를 관장하고 있다. 가장 중요하게는 중국의 여러 가지 콘텐츠 (드라마, 영화, 예능, 뉴스, 다큐, 애니메이션 등) 판권을 구매하여 한국 콘텐츠와 더불어 북미시장에 서비스하고 있다. 미국과 캐나다에 거주하는 화교와 중국인 및 중국 콘텐츠에 관심 있는 현지인들에게 웹사이트와 APP을 통해 중국 콘텐츠 및 한국 콘텐츠를 시청할 수 있도록 하는 동영상 서비스 업무를 제공하는 것이다. 중국 콘텐츠 및 한국 콘텐츠를 북미에 서비스하고 있으므로 중국 문화 및 한국 문화의 해외 송출이라는 측면에서 중국과 한국 경제에 기여한다고 볼 수 있다.

현재 회사에 근무하기 전 한국 대형 엔터테인먼트회사 전략기획팀에서 5년간 근무하였으며 근무 당시 회사의 중국법인 및 일본법인 설립과 지원 업무를 담당하였다. 구체적으로는 법인 설립을 위한 시장조사, 사업계획 수립, 법인 설립 관련 행정업무, 설립 후 KPI 모니터링 등 업무를 담당하였다. 이후 한국 대형 전자회사의 스마트 TV 사업부에서 스카웃 제의가 들어와 이직하였으며 스마트 TV 런칭 업무에 합류하였다. 이직을 결심한 이유는 소프트웨어와 하드웨어가 결합된 TV가 그에게 신선한 분야로 다가왔고 또 본인의 커리어에 도움이 된다고 판단하였기 때문이다. 그의 합류로 당사는 경쟁사보다 빨리 스마트 TV를 출시할 수 있었고 이러한 업무 추진능력을 인정받아 빠르게 부장으로까지 승진할 수 있었다.

이처럼 다양한 회사에서 능력을 인정받으며 승승장구하기까지 사실 많은 어려움이 있었다. 중국에서 생활하면서 조선족 학교를 다니고 한국에 유학 와서 대학원을 졸업했지만 엔터테인먼트 회사 근무 시 보고서 작성에 어려움이 많았다. 보고서에 등장하는 단어와 문장이 익숙지 않고 보고서 작성도 처음 해보는지라 입사 초기에는 매일 밤늦게까지 선배들이 작성한 보고서와 품의서를 보면서 공부했다. 그렇게 1년간 노력을 거치고 나니 스스로 보고서를 작성할 수 있었다.

또 두 번째 직장인 전자회사에서 근무할 당시에는 중국에 특화된 시스템을 개발해야 하는데 내부 설득에 어려움이 있었다. 중국은 다른 국가들과 달리 정부정책의 영향을 크게 받기에 모든 콘텐츠는 서비스 전 관련부서의 검열을 받아야 한다. 내부 설득을 위해 임원과 실무진들을 모시고 수많은 출장을 다니면서 중국을 이해시키고 그러는 과정에서 드디어 중국 정부의 요구에 맞게 시스템을 구축해야 한다는 것을 설득할 수 있었다.

한국에서 살아남기 위해 한국인보다 더 치열하게 일하고, 작게는 팀에 크게는 회사에 필요한 능력을 키우고 화합하려 노력해온 것이 그의 성공 비결이다. 단순히 언어적인 우위뿐만 아니라 자기만의 전문성과 강점이 있어야 살아남을 수 있다고 그는 말한다.

2) 교수 H씨

교수 H씨는 현재 모 대학교 기술경영전문대학원에서 초빙교수로 일하고 있다. 해당 대학원의 중국인 박사과정 수강생들에게 기술경영통계, 디지털 전환의 이론과 실제 등 강의를 중국어로 진행하고 박사과정생들의 논문도 지도해줌으로써 해당 대학의 중국 유학생 유치에 기여하고 있다. 교수로서 한중 간 가교역할을 할 수 있는 훌륭한 인재들을 많이 양성하고 양국 간 기술협력에 어떤 식으로든 기여하겠다는 목표를 갖고 있다.

그는 이직 경험이 많은 편이다. 한국에서 박사학위를 받은 후 다른 대학교 국제학부에서 6년간 교수로 생활하면서 한국학생 및 유학생들을 대상으로 영어강의를 진행한바 있으며, 재직 기간 베스트 티처상을 수상하기도 하였다. 이후 개인적인 꿈을 위해 교수직을 그만두고 중국으로 돌아가 한중FTA연구센터 센터장을 맡았다. 한중 FTA 체결 후 기술무역장벽을 낮춰야 할 필요성을 인식하고 한중 양국 간 표준화 협력과 관련된 일들을 추진했다. 한중FTA연구센터 사업이 중단된 후 개인 기업을 설립하기도 했으나 정리하고 다시 한국으로 돌아와 교수직을 택했다. 비록 한중FTA연구센터 사업은 중단되었지만 최근 차세대 기술 분야에서의 국가 간 기술경쟁력 및 혁신생태계 비교연구도 시작하면서 향후 한중 간 차세대 기술 분야 협력에 기여하고 싶다고 생각을 갖고 있다.

그는 개인의 삶과 본인의 연구를 통해 얻은 깨달음을 연결시켜 개인과 공동체의 지속 가능한 성장을 이루는 것을 가장 중요한 가치로 지향하고 있다. '나'라는 존재로 돌아가 자신에게 가중 중요한 것을 마음으로 보고 용기 있게 선택하며 행동으로 옮김으로써 삶에서 부딪치는 현실적인 문제들을 해결하고자 노력한다. 성공과 실패를 떠나 그 과정에 대해 성찰하고 반성하며, 이를 통해 자신과 공동체가 지속가능한 성장을 하도록 한다는 것이다. 그는 2019년 초 <삶의 예술: 어떻게 행복하고 의미 있는 삶을 살 것인가>라는 책을 영문으로 아마존 닷컴에 출판하기도 하였다.

조선족으로서의 생존력의 원천에 대해 그는 할아버지 세대가 가난과 전쟁의 위험을 무릅쓰고 일본을 거쳐 중국으로 가서 정착했던 그 정신이 가장 중요하다고 한다. 또 한국에서 조선족으로서 더 당당하고 멋있게 살아야 하는 이유는 할아버지 세대를 거쳐 부모님 세대까지 지불했던 대가가 너무 컸기 때문이란다. 그밖에 한 개인으로서의 생존력의 원천은 자신의 소명의식이라고 보았다. 조선족으로 태어나서 다른 사람들이 볼 수 없는 것을 보고 할 수 없는 일을 할 수 있다는 믿음으로, 그 어떤 환경에서도 희망을 잃지 않고 자신의 길을 걸어왔고 앞으로도 그렇게 걸어갈 것이라고 그는 말한다.

3) 변호사 H씨

변호사 H씨는 한국 대형 로펌회사의 기업법무그룹에서 파트너 외국변호사로 근무하고 있다. 그가 맡은 변호사 업무는 크게 자문과 분쟁의 두 가지인데, 자문의 경우 한국기업의 중국 진출과 관련된 중국법 관련 업무와 중국에 진출한 한국기업의 중국 현지 법률 업무를 맡고 있다. 또한 역으로 중국기업의 한국 진출과 관련한 중국법 관련 업무와 한국 내 중국기업의 한국 법률 업무도 다루고 있다. 분쟁의 경우 한국기업의 중국에서의 소송업무와 중국기업의 한국에서의 소송업무, 그리고 한국기업과 중국기업 간 국제중재사건을 주로 처리하고 있다.

한국으로 오기 전 그는 북경 소재 법률사무소에서 1~4년차에는 상술한 것과 같은 변호사 업무를 담당하였으며 5~6년차에는 중국 자본시장 업무를 주로 수행하였다. 중국 로펌에서의 이러한 6년차 경력을 인정받아 현재 직장으로 스카웃되었고, 현 직장에서 2013년 말 승진 관련 운영위원회 전체회의 의결을 통과하여 2014년부터 파트너 외국변호사로 재직 중에 있다.

지금까지 일해 오면서 무엇이 가장 중요하게 작용했는가에 대해 그는 학부 재학 시절 법대에서 쌓은 탄탄한 기초실력과 그 시기 양성된 법적 마인드 그리고 중국 로펌에서 쌓아온 중국법 실무경험과 현 직장에서 쌓은 국경 간 법률업무 경험을 꼽았다.

그가 지향하는 가치는 한중 경제교류를 위해 법률적으로 양국 기업에게 가치가 있는 실질적인 도움을 주는 것이며, 이를 통해 한중 간 더 심도 있는 양질의 경제교류와 융합에 기여하는 것이다. 실제로 법률적인 관점에서 양국기업이 서로 상대국에 진출하면서 봉착하게 되는 법적문제를 해결해주고 이를 통해 심도 있는 경제교류가 이루어질 수 있도록 도움을 주고 있다.

한중 경제협력에서 조선족의 역할에 대해서는 단순한 언어소통의 역할에서 벗어나 각자의 분야에서 전문성을 가지고 자기가 몸 담그고 있는 기업과 조직의 한중 관련 경제활동에서 나름의 역할을 하는 것이라고 생각하고 있었다.

4) 변호사 L씨

또 다른 중국 파트너 변호사 L씨도 한국 대형 로펌 중국팀에서 근무하고 있다. 변호사 H씨와 비슷하게 그도 지금 직장에서 한국기업의 중국 내 법률자문과 중국기업의 한국 내 법률자문을 담당하고 있다. 현 직장으로 이직하기 전 두 번의 경력이 있었는데 모 증권사에서 기업상장 및 M&A 관련 법률업무를 주관하였으며, 다른 로펌에서 현재와 비슷한 법률자문 업무를 수행한 바 있다.

그는 중국 변호사로서 법률 자문을 통해 양국 간 기업들의 법률 리스크들을 최소화시키고 예상비용을 줄여주며 추후 분쟁 발생 시에도 피해가 덜 가게 하는 것을 한중 경제협력에서 자신이 하는 역할이라고 보았다.

변호사 H씨나 회사원 L씨와 마찬가지로 변호사 L씨도 한중 경제협력에서 조선족의 역할이 과거에 비해 업그레이드되고 있는 것으로 보았다. 과거에는 주로 통번역 업무를 통해 커뮤니케이션 역할을 하였다면 이젠 각 영역에서 전문가로서 한족이나 한국인과 대등하게 한중 경제협력을 발전시켜야 하며 그러기 위해 각자 전문성을 강화해야 한다고 생각하고 있었다.

5) 펀드매니저 Q씨

펀드매니저 Q씨는 한국 모 증권사에서 투자상품을 운용하고 있으며 VIP 고객을 상대로 투자 자문 업무를 하고 있다. 중국경제의 성장으로부터 수혜를 볼 수 있는 모든 기업이 투자대상이므로, 중국기업 뿐만 아니라 중국 비중이 어느 정도 되는 한국기업들도 투자 포트폴리오에 많이 들어가 있다. 중국 조선족 가운데 한국 증권업계에서 애널리스트로 일하는 사람은 일부 있지만 주식운용을 담당하는 사람은 그가 사실상 처음이고 지금도 거의 없다고 한다. 현 직장에서 근무하기 전 두 곳의 다른 증권사에서 근무한 경력이 있는데 우수한 수익률로 뉴스에 몇 번 보도되기도 하였다.

이러한 성과를 이루기까지 쉽지 많은 않았다. 경험이나 자본주의 사고방식이 부족하여 초반에는 많은 고생을 하였지만 남들보다 더 열심히 그리고 더 많이 고민한 결과, 10년 정도 지난 지금은 남들을 추월할 수 있었다.

한중 경제협력에 있어서 자신의 역할에 대해 그는 자본시장에 15년 넘게 있으면서 한국이 중국을 정확하게 이해하는 데 도움을 준 것이라고 생각하였다. 경제적으로는 중국펀드를 만들어서 한국 투자자들에게 실질적인 도움을 주었으며, 회사에서는 팀을 이끌고 중국 탐방을 다니면서 중국 및 중국경제의 실상을 알리는 데에도 역할을 했다.

사례에서 살펴본 조선족들은 모두 성실성과 삶에 대한 열망, 일에 대한 즐거움을 가지고 자신이 하는 일에 최선을 다했으며 그러는 과정에서 자연스럽게 한중 경제협력에서 각자 나름의 역할을 잘 수행하고 있었다. 한중 경제협력에서 조선족의 역할에 대해 이들은 이구동성으로 과거의 언어적 강점을 내세운 의사소통 중개자 내지 단순한 정보 제공자로서의 역할에서 벗어나 전문성을 내세우는 방향으로 가야하며 또 그렇게 가고 있다고 말했다. 한중 간 경제교류와 인적교류의 증가로 한국어가 가능한 중국 인력 그리고 중국어가 가능한 한국 인력이 풍부해짐에 따라 과거와 같이 단순히 의사소통 중개자의 역할만 해서는 경쟁력을 내세우기 어렵다고 보았다. 또 이들은 대부분 조선족이라는 이미지를 굳이 내세울 필요가 없다고 생각하고 있었다. 그보다는 본인의 업무에 충실하고 직장에서 본인의 역할을 다하며, 경제적·사회적·인간적으로 긍정적인 에너지를 발산하는 것이 보다 중요하다고 보았다. 교수 H씨는 "조선족으로서가 아니라 한 인간으로서 자신의 삶이 행복해야 하고 또한 의미 있는 일을 할 때 자연스럽게 한중 경제협력 뿐만 아니라 동북아를 넘어 전 인류가 보편적으로 직면하는 문제 해결에도 기여할 수 있다고 생각한다"고 역설하였다. 이렇듯 한국에 체류 중인 2세대 조선족들은 직업, 직위, 가치관 등 다방면에서 부모 세대와 차이를 보이며 한층 높아진 한국 내 조선족 노동자의 위상을 보여주고 있었다.

IV. 결론 및 시사점

1992년 한중 수교 이래 양국 관계의 심화 발전과 더불어 경제교류가 점차 밀접해지면서 무역과 투자 모두 크게 증가하였다. 무역의 측면에서 보면 중국은 한국의 최대 수출시장으로 한국의 전체 대외수출의 약 4분의 1을 차지하고 있다. 중국에 있어 한국 또한 중요한 무역대상국으로 현재 한국은 중국의 수출대상국 3위, 수입대상국 2위 국가이다.

이처럼 한중 수교 이래 양국 간 교역이 크게 증가하였지만 한국의 대중 수출에는 몇 가지 새로운 패러다임이 생겨나고 있다. 우선 최근 몇 년 들어 중국 수입시장에서 차지하는 한국제품의 점유율이 줄어든 것이다. 여기에는 크게 두 가지가 작용했을 것으로 보인다. 첫째는 사드나 미중 무역분쟁과 같은 정치적 이슈가 작용했다고 볼 수 있다. 사드 배치를 둘러싼 양국 간 정치적 냉각은 경제 분야에도 영향을 미쳐 한국 소비재의 대중 수출 감소로 이어졌다. 여기에 2018년부터 불거진 미중 무역분쟁으로 중국이 대만산 반도체 수입을 늘리면서 한국제품의 중국 수입시장 내 점유율이 대만에 밀려난 것으로 보인다. 둘째는 변화하는 중국의 무역구조에 한국이 적절하게 대응하지 못한 것과도 관련된다. 중국은 2008년의 글로벌 금융위기 이후 내수 중심의 성장 정책을 펼치고 있으며 이에 따라 중국의 무역구조도 가공무역 중심에서 내수용을 위한 일반무역으로 빠르게 변화하고 있다. 그러나 한국의 대중 수출구조는 여전히 중간재가 절대적인 비중을 차지하고 있으며 2010년대 들어 중간재의 비중은 오히려 증가하는 등 중국의 변화하는 성장 패러다임과 무역구조를 따라가지 못하고 있다.

다음으로 한중 간 교역구조가 과거의 수평적 무역에서 수직적 산업 내 무역으로 변화하면서 가공단계별 분업구조가 장착되고 있다는 점이다. 여기에 중간재에서 중국기업들의 경쟁력이 크게 상승하며 과거 한국제품을 수입하던 것에서 현지조달로 바뀌는 등 중간재를 둘러싼 경쟁구도가 향후 보다 치열해질 것으로 전망된다.

투자의 측면에서 보면 한국기업의 대중 투자는 수교 이후 본격화되기 시작하였으며 아시아 외환위기 시기, 글로벌 금융위기 시기, 사드로 인한 정치적 냉각 시기 등 몇몇 시기를 제외하면 대체로 증가하였다. 비록 최근 몇 년 한국이 베트남, 인도 등 동남아 지역에 대한 투자를 늘리며 수출과 더불어 투자 다변화를 꾀하고 있지만 아직 이들 지역이 중국시장을 대체하기에는 한계가 있는 것이 사실이다. 한국에 있어 중국은 여전히 미국에 이은 2위의 투자대상국이다.

그러나 한국기업의 대중 투자는 30년이 지난 지금도 여전히 제조업에 편중된 구조를 보이고 있으며 서비스업 투자는 20~30% 수준으로 미미하다. 한편, 한국기업의 대중 투자는 2000년대 중반 이후 성숙기에 진입하였는바 중소기업 중심의 가공무역형 투자에서 대기업 중심의 내수형 투자로 전환하였다.

상술한 분석 결과는 한국의 대중 경제협력에 몇 가지 시사점을 안겨준다. 첫째, 한국은 지나치게 중간재에 지나치게 편중된 현재의 대중 수출구조를 개선하여 소비재 수출을 늘려야 한다. 미중 간 갈등과 코로나 팬데믹으로 중국이 쌍순환 전략을 추진하며 내수 중심에 보다 방점을 둘 것으로 전망되는바 한국은 확대되는 중국의 소비재 시장 진출을 가속화하기 위한 노력이 필요하다. 둘째, 제조업에 지나치게 편중된 현재의 대중 투자구조를 개선하여 서비스 시장 진출을 가속화해야 한다. 중국의 내수 육성 정책에 따라 소비재 시장과 더불어 향후 중국 서비스 시장이 크게 확대될 전망인바, 이를 선점하기 위한 노력이 필요하다. 이를 위해서는 한중 FTA를 적극 활용함과 동시에 한중 FTA 후속협상을 조속히 마무리해야 할 것이다. 셋째, 양국 간 정치적 갈등이 발생했을 때 이를 완화하기 위한 정부 차원의 노력 또한 필요하다. 이를테면 정치와 경제를 분리하여 접근하기 위한 중앙 정부 간 협상을 진행한다든지, 중국 각 지방 정부와의 우호적인 관계를 지속하기 위한 문화교류 행사를 주기적으로 진행하는 등이다.

향후 한중 경제협력은 한층 업그레이드된 방향으로 진행될 전망이다. 과거에는 주로 중국을 가공무역기지로 활용하면서 미국과 유럽시장을 겨냥하는 협력 방식이 주를 이루었다면 향후에는 이와 더불어 중국 내수시장과 세계시장을 무대로 4차 산업혁명과 관련된 신산업 분야, 에너지 분야, 친환경 분야, 금융 분야 등을 둘러싼 협력이 강화될 전망이다. 물론 중국의 산업구조가 업그레이드되고 산업경쟁력이 강화되고 있어 일부 구체적인 분야에서는 경쟁도 불가피하겠지만, 일부 분야에서는 분업 방식이나 지분 참여 방식과 같은 협력도 분명 가능하다.

이 과정에서 향후 조선족의 역할 또한 기대되고 있다. 한중 수교 이후 조선족은 한국기업의 초기 중국 진출에 있어 단순통역에서부터 시장조사 및 관련정보 제공에 이르기까지 다방면으로 제 역할을 수행해 왔다. 또한 조선족은 수교 이후 한국에 들어와 현지인들이 기피하는 분야에서 저임금의 노동력을 제공하여 왔으며, 최근 들어 저출산으로 급속한 고령화 사회에 진입한 한국의 노동력 충족에 첨병 역할을 하고 있다. 향후 신산업, 친환경, 금융 등 새로운 분야에서 한중 경제협력이 확대될 전망인바 이 과정에서 부모 세대와 비교하여 교육수준이 높고 전문성을 갖춘 조선족 신세대들의 활약이 기대되고 있다.

한중 경제협력에서 조선족의 역할을 극대화하기 위해서, 그리고 한국이 조선족을 국내 노동력으로 잘 활용하기 위해서는 한국인과 조선족 간 서로의 입장을 이해하고 상호 융합하려는 노력이 필요하다. 또한 한국정부 차원에서는 동포 정책을 지속적으로 모니터링하고 개선해나가야 할 것이다. 한국에 체류 중인 외국인 중 조선족이 30% 이상을 차지하는 상황에서 일각에서 얘기하듯 중국 동포 전담부서의 신설도 필요해 보인다.

'행동의 언어'로 이주사와 시작품 다시 읽기

─한중수교 30년, 조선족 인식의 변화과정

전은주

I. 서론: 조선족의 역사적 트라우마와 인식

조선족 관련 담론에서 늘 대두되는 문제는 그들이 처했던 자연적이고 역사적인 극한 상황과 그 상황을 통해 그들의 의식에 강하게 새겨진 '정신적 외상'에 대한 것이다. 조선족은 간도 이주 초기부터 자연재해에 의한 기근과 청조의 봉금령, 청조 관리와 토박이들의 횡포, 만주국 설립을 통한 일제의 전횡과 폭압, 국민당의 착취 등과 같은 갖은 험난한 고초를 겪으며 살아왔다. 그들은 그러한 자연재해와 권력의 폭력에 무방비로 노출되고 정치적인 소외와 경제적인 궁핍 같은 처절한 상황에 의해 디아스포라의 서러움을 뼛속 깊이 간직한 존재로 파악된다. 그리하여 그들은 정치권력의 조직적 횡포에 일방적으로 당할 수밖에 없었고, 자기혐오나 자기부정에 빠져 자신에게 가해지는 차별이나 냉대에 쉽게 좌절하거나 과민하게 반응하여 분노와 증오를 표출하게 된다. 이러한 그들의 정신적 외상을 '역사적 트라우마'로 부를 수 있다. 역사적 트라우마는 특정한 역사 사건을 공유하는 어떤 집단의 욕망이 좌절 또는 억압을 겪으면서 생성되는 트라우마로서 이민사의 직접적인 경험자인 이주 1, 2세대만이 아니라 이주 3, 4세대에게도 전승된다. 김종곤 외(2012)에 따르면 조선족의 역사적 트라우마는 '식민'이라는 근원적 트라우마를 기점으로 하여 '이산'과 '분단'

이라는 두 가지의 트라우마들이 착종되어 있는 위상학적 구조를 가지고 있다.

한중수교 30년, 재한조선족 인구수는 70만 명에 달하지만, 조선족들은 치유되지 못한 정신적 외상을 지닌 채 중국인도 아니고 한국인도 아닌, 경계인으로서의 정체성을 지니고 위태롭게 살고 있다. 이는 점차적으로 연변 조선족 공동체의 해체, 반한 정서에 기반을 둔 재한조선족 공동체의 게토화 같은 사회적 위기를 초래하고 있다. 이러한 것들은 그들이 지닌 역사적 트라우마의 '부정적 반응'에 속한다. 물론 그들의 역사적 트라우마가 부정적인 반응만으로 실행된 것은 아니다. 신중국 건설의 '공헌자'라는 자부심으로 연변조선족자치주를 설립하고, 조선족끼리 단결하여 민족 문화를 고수하고 말과 글 그리고 전통을 계승-보존해오면서 중국 땅에서 '조선족으로 살아남은 것', 또한 오늘날 한국 땅에서 그들만의 새로운 '조선족타운'을 형성하는 것, 이런 것들은 긍정적 실천 반응이라고 볼 수 있다.[1]

그렇다면 비극적 역사라는 '외적 상황'에서 초래한 트라우마가 무엇 때문에 상반된 실천 반응으로 나타나는지에 대한 근원을 살펴볼 필요가 있다. 김종곤 (2014)에 따르면 역사적 트라우마에 대한 분석은 구체적인 과거의 역사적 사건을 거슬러 올라가 그곳에서부터 시작해야 하기 때문이다. 따라서 본 연구는 재한조선족의 인식의 변화과정을 밝히기 위해, 그 근원을 재조명하여 트라우마가 연유된 근거를 객관화하여 살펴보고자 한다. 다시 말하면 그 근원이 되는, 조선인이 중국조선족이 되는 과정, 중국조선족이 다시 재한조선족이 되는 전반적인 과정을 통해 그들의 인식을 분석하고자 한다.

---

1) 필자는 트라우마를 극복하기 위한 다양한 방식들의 기제들을 통합하여 '행동의 언어'에 초점을 맞추어 그 '행동'이 객관세계에서 평가되는 기준에 따라 '긍정적인 실천 반응'과 '부정적 실천 반응' 두 가지로 나누어 검토하고자 한다.

이를 통해 조선족들이 족쇄처럼 지니고 있는 역사적 트라우마에 기인한 '피해의식'과 그들의 삶을 규정하는 비극성의 굴레에서 벗어나, 그들의 인식을 '종속'에서 '주체'로 전환하는 방안을 모색하고자 한다.

II. '소급적 읽기'와 '행동의 언어'

E.H. 카 (1997)가 말한 것처럼, 역사는 과거의 사건들과 미래의 목적들 사이의 대화라는 점에서, 역사를 읽을 경우, 과거에 대한 해석은 '역사가'가 그 사실을 어떻게 수용하느냐에 따라 달라진다. 이를 통해 역사에 대한 과거의 해석은 부정될 수도 있고, 새롭게 재해석될 수도 있다. 이런 의미에서 본 연구에서는 그들을 '비극적 주인공'으로 규정지은 조선족의 이주사와 그와 연관된 시작품을 새롭게 읽어보고자 한다. 이는 종전에 형성된 담론 또는 트라우마를 부정하여 성급하게 수정하려는 것이 아니다. 트라우마를 유발시킨 상황을 다시 읽어 '상흔의 역사'를 '치유의 역사'로 전환하고자 하는 것이다. 이는 라카프라(2008)가 제안한 '역사학의 윤리적 전환'을 통해, 미래와 후손들이 현명한 역사적 선택을 하는데 참조가 되는 튼튼하고 이성적인 '기억의 역사창고'를 창조-보존하는 것과 같은 맥락이다.

이 지점에서 연구의 텍스트인 이주사와 시문학에 내재된 요소를 새롭게 읽을 수 있는 독서법에 대한 방법론적 모색이 필요하다. 텍스트에 내재하고 있는 정보를 순서에 따라 읽어가는 '발견적 읽기'로는 조선족이 지닌 상반된 실천 반응의 모순을 설명하기가 힘들다. 그들이 맞닥뜨린 위기의 상황에 대한 정서나 생각이 그들이 선택한 '행동'과 서로 모순된 채로 양립되어 있기 때문이다. 그러므로 텍스트에 내재된 모순을 '대조'하며 다시 소급하여 읽음으로써 그 모순을 통해 재해석할 수 있는 리파테르의 '소급적 읽기'(retroactive reading)가 필요하다. 강창민(1984)에 따르며 리파테르의 독서법은 일반적인 독서법인 '발견적 읽기'와 달리 자신이 지닌 '기대'가 잘못이라는 것을 깨닫고 다시 소급해서 '대조'하면서 읽는 것을 말한다. 이는 텍스트에 '간접화'된 여러 요소들 속에서 모체(matrix)를 발견하고, 이를 통해 모순된 의미들을 새로운 체계로 꿰음으로써 새로운 의미를 창출하는 의의(signification)를 찾는다는 뜻이다. 따라서 본 연구에서는, 조선족의 이주사와 그와 연관된 시작품 속에 내재된 행동과 서로 모순되는 상황, 정서, 생각 그리고 역사적 상황 등을 규명하기 위하여 '소급적 읽기'를 통해 '행동의 언어'를 해석할 것이다.

조선족의 이주사는 19세기 중반기의 조선왕조의 국내 상황과 그 이후의 국제 정치적 상황이 빚어낸 왜곡된 역사의 소산으로 해석되어, 그들의 이주는 '비자발적이며 어쩔 수 없는 것'이라고 규정되어 있다. 그러나 '자발적'과 '비자발적'의 경계는 모호하다. '상황'이라는 조건에 초점을 맞추면 그들의 이주는 '비자발적'이 되지만, '행동'하는 주체에 초점을 맞추면 '자발적'이 된다. 후자의 조건에서 보면, 가혹한 상황 속에서도 '행동'을 한 것은 '주체의 선택'이 된다. 다시 말하면 조선왕조의 가혹하고 척박하고 절망적인 상황에서 주저앉아 굶어 죽거나 다른 굴종의 길을 택할 수도 있었지만, 두려움과 불안감과 생명의 위협을 느끼더라도 이주라는 행동을 그들 자신이 '선택'한 것이다. 이러한 '선택'은 의식 차원에 국한되는 것이 아니라 무의식 차원까지 포괄한 전(全)의식을 통해 이루어지는 것이다.

인간의 삶은 주관적으로는 '상황', '감정', '생각'이 중요한 부분을 차지하고 있지만, 삶 또는 역사는 '행동'에 의해 평가되고 판단된다. 이를테면 춘원 이광수는 반민특위 이후 시「인과」를 통해 자신의 감정과 생각으로는 조국에 대한 애틋함과 조국의 안위에 대한 걱정에서 한 일이라고 말한다. 그러나 역사는 그의 '감정'이나 '생각'에 근거하여 평가하는 것이 아니라 그의 반민족적 친일 '행위(행동)'를 평가한다. '상황'이라는 조건에서는 35년 동안 식민지로 있었기 때문에 그가 '잘못된 판단'을 했다고 평가할 수도 있지만, 역사가 그를 판단하는 기준은 결국 '행동의 언어'이다.[2] 감정이나 생각은 참고 사항은 될 수 있으나 그 결과인 '행동'을 정당화시킬 수 없다.

그런 의미에서 조선족의 이주사와 시문학의 안팎에서 드러나는 '행동의 언어'를 읽어보면 조선족의 선조들은 혼란과 궁핍의 시대에 스스로가 살 길을 찾아 두만강을 건너 봉금령이 내려진 청나라로 잠입하는 '과감성'을 보였고, 낯설고 척박한 이주지에서는 황무지를 개척하여 논을 일구고 밭을 가꾸면서 삶의 터전을 마련하는 '적극성'과 '진취성'을 통해 '개척자'의 삶을 살았다. 온갖 위험이 도사리고 있는 이국땅에서 살아야 하는 위태로운 삶은 척박한 자연환경뿐만이 아니라 일본 제국주의의 핍박, 거주국의 정치적 횡포 같은 무수한 외적 요인들이 장애로 작용했다. 그러나 그들은 적극적이고 능동적인 대응을 통해 '조선인'에서 출발하여 '조선족'으로 살아남는다. 그것이 그들이 선택한 '행동의 결과'이다. 그러므로 '객관적인 상황'에 초점을 맞추면 '비극적'으로 규정되고, '감성의 차원'에 초점을 맞추면 위기감, 공포감, 불안감을 지닌 채 살아야 하는 '가련한 유이민'으로 규정될 수 있다. 그러나 '행동의 차원'에 조건을 두면 그들의 '선택'은 과감성, 진취성, 적극성을 지닌 '개척자'로 평가될 것이다.

조선족의 이주사에 내재된 핵심적 요소를 '비극적'이라고 획일화하는 '규정' 또는 '인식'은 조선족의 '역사적 트라우마'를 기정사실화할 가능성이 크다. 따라서 그러한 자기규정은 조선족을 상황에 종속되고, 행동력이 없는 비극의 감상적 주인공으로 평가 절하시킬 것이다. 이러한 해석은 '식

---

2) 모든 객관적 평가나 해석은 '행동'에 의해 이루어지며 '상황', '감정', '생각'은 그 '행동'의 진실성을 설명하거나 그것이 일관된 것임을 입증해주는 참고 사항에 속한다. 이주사와 시작품에는 그러한 행동의 언어가 내재되어 있다. 이육사는 시를 생각하는 것조차도 행동이라고 했다.

민사관³⁾에서 비롯된 것으로 보인다. 오늘날 많은 조선족들은 또 다시 세계화라는 '상황' 속에서 이주의 길로 나서고 있다. 그러나 이들을 '어쩔 수 없이', '상황에 떠밀려', '비자발적으로', '상황에 종속되어' 삶을 산다고 규정하게 내버려둘 수는 없다.

디아스포라의 어원은 '씨 뿌리다'와 '흩어짐'이라는 두 가지 의미를 내포하고 있다. 여기에는 '정착과 흩어짐'과 '거주와 뿌리 뽑힘'이라는 이중성이 내포되어 있다. 그러나 어느 '조건'에 주목하는 가에 따라 디아스포라의 운명도 두 갈래로 나뉜다. 본 연구에서는 '비참하고 기구한' 디아스포라로 규정되었던 '타자로서의 삶을', 그들의 이주사와 이와 관련된 시작품에 나타난 '행동의 언어'를 재정립함으로써, 그들의 역사적 트라우마를 치유하여 '주체로서의 삶'을 살 수 있는 가능성을 찾아보고자 한다.

물론 역사를 새롭게 읽는다고 과거에 형성된 트라우마가 일시에 사라지는 것은 아니지만 그들 존재의 새로운 위상을 밝힘으로써, 그들의 인식이 전환되어, 그들의 인식을 속박해 왔던 트라우마에서 벗어날 수 있을 것이다. 인식은 상황의 성격을 규정하고, 감정과 생각과 행동의 가치를 결정한다. 그러므로 본 연구에서는 역사를 행동의 언어로 재조명하여, 역사적 트라우마의 치유 방안을 제시함으로써 그동안 그들이 머물렀던 '상황', '감정', '생각'이 아니라 '행동의 언어'에 가치를 부여하고자 한다.

이를 위해서는 우선 조선족 스스로가 자신들의 '트라우마'에 대한 이해와 성찰이 필요하다. 물론 큰 틀에서 그들의 트라우마를 결정짓는 사항들이 국가 간의 힘의 알력이나 법적 제도와 같은 외부적 사항의 변화에 있다

---

3) '식민사관'은 일제 강점기에 한국 식민지배를 정당화하고 통치를 용이하게 하기 위해 일제가 조작한 역사관이다. 조선인은 자신의 힘으로 스스로 독립할 수 없고 강대국의 지배를 받아야 한다는 논리이다. 이는 자기혐오나 자기부정으로 이어지는데 그 대표적인 사례로 1922년 5월 이광수가 『개벽』(개벽사, 1920 - 1926)에 발표한 「민족개조론」을 들 수 있다. 이 글은 당시의 지사들과 청년들의 공분을 샀다. 조선족 이주사에 대한 비극성의 강조나 그들을 '상황에 종속된 비자발적인 타자'로 파악하는 것도 식민사관의 결과로 볼 수 있다.

고 하지만, 무엇보다도 조선족 개인 혹은 집단의 의식/무의식적 자기규정 때문이었음을 깨달아야 한다. 자신들이 어떤 트라우마를 지니고 있고, 그 것이 자신들에게 어떤 영향을 끼치는지를 성찰함으로써 '자아'의 숨겨진 측면과 만나야 한다는 것이다. 다시 말하면 한국사회의 동포 관련 제도, 한국인의 조선족에 대한 사회적 인식의 개선 등의 사항들을 개선하려는 노력도 중요하지만, 조선족 스스로의 '인식의 전환'이 우선시 되어야 한다.

따라서 본 연구는 이주사와 시작품을 재조명하여, 그들이 실천한 행동 을 통한 '선택의 중요성'을 이해시킴으로써 그들이 '장애'로 지니고 있던 '트라우마'의 요소들을 '치유의 에너지'로 삼고, 나아가 정체성의 재정립이 나 아비투스의 혁신으로 나아갈 수 있는 길을 모색하려는 것이다. 부르디 외(2015)는 '아비투스의 혁신'의 방안 중의 하나가 교육이라고 설명한다. 교육은 체계적 논리를 통한 설득이므로 본 연구의 '재조명의 논리'는 설득 을 위한 기초작업에 해당한다.

III. 미지의 세계를 향한 '선택'으로의 이주

19세기말 조선인들이 간도로 이주한[4] 역사적 배경에는 자연재해로 인 한 생태학적 영향과 조선왕조의 정치적 혼란 또는 지배계층의 착취 및 일 본제국주의의 강제이주 정책 같은 '구조적 폭력'이 존재했다. 따라서 고향 을 떠나 낯선 땅으로 이주한 조선인들은 간도 지역을 중심으로 끊임없이 벌어진 불안정한 정치-사회적 상황 속에서 고통스럽고 불안한 삶을 살았 다. 그러나 '행동의 언어'로 분석해보면 외적 상황이 폭력적이고 불안정했

---

4) 조선인의 중국 이주에 대해서는 토착민족설, 원말·명초설, 명말·청초설 등 다양한 견해가 있다. 그러나 학자들의 공통 의견은 조선인이 중국으로 이주한 시기를 대체적으로 19세기 중엽 이후로 본다.

지만 그들은 그에 맞서 고난을 견디고, 난관을 극복하고, 척박한 환경을 스스로 개척하는 '개척자로서의 삶'을 살았다.

1. 유이민기: 도전과 개척정신

조선인의 이주는 청 왕조의 입적조치에 따라 잠입기와 초간기로 나뉜다. 중국을 통일한 청 왕조(1644년)는 백두산과 압록강 및 두만강 이북 지역 천여 리를 청 왕조의 발상지로 삼아 봉금령(1677년-1877년)을 내려 타민족의 이주를 금지시켰다. 그러나 한반도 북부의 연속된 흉년과 지방 탐관오리들의 학정 때문에 두만강 남안에 거주하고 있던 조선인들은 청 왕조의 엄한 봉금령에도 불구하고 '과감히' 월경하여 조경모귀(早耕暮歸), 춘경추귀(春耕秋歸)를 시도했다. 당시에 월경하는 조선인에게 청 왕조의 변방군은 사정없이 총포를 놓았고, 조선에서도 '월강죄'를 물어 엄하게 다스렸지만 그들은 그러한 공포에 굴하지 않고 강을 '건넜다'.

> (전략) 70년전 륙진에 큰 흉년이 들어서/ 샛섬을 건너는 적/ 두만강
> 은 주검을 싣고 오열하였느니라는…/ 그리고 건너선 김참봉 이선달은
> 갈 곳 없고/ 이깔나무에 까마귀 울었으니라는…// 월강죄는 무서워도/
> 하나 둘 한 떼 두 떼 주린 배는 검은 흙을 탐내어/ 오랑캐령 넘어서 남
> 강, 북강, 서강이라는 곳/ 진동나무 속 귀틀집 막사리에/ 솔 강불 피우
> 고 묵은 데를 떠서/ 감자씨를 박았단다./ 보리씨를 박았단다.// 그러니
> 대지를 밟고선 그들을 뉘가 건드렸으랴?…검은 구름이 떠돌던 어느날/
> 입적령은 내려서/ 광지바위 황풍헌은 변발역복하고/ 땅짚을 탔지/ 허나
> 완고한 우리 할아버지는 주자만 맡아서 곱주자만 물었단다// 10년이면
> 강산도 변하건만/ 굳센 절개를 변치 않고/ 절개 지켜온 할아버지는/ 그
> 렇게 근근히 살아야만 했다/ 이 마을 90호가 짓는 늪골논 용산밭 백날
> 갈이에/ 그 어른들 손톱이 닳고 발꿈치 닳았다…
>
> -리욱 「옛말」 부분, 『북두성』(1947)

이 시는 조선족 시문학의 정초시인 리욱의 작품이다. 이 시는 참담한 시절의 절박한 상황과 '어쩔 수 없이' 험지로 나서야 하는 사람들의 불안하고 절박한 정서를 형상화한 것으로 읽을 수 있다. 그러나 그런 독서법으로는 감자씨와 보리씨를 박고 대지를 밟고 '우뚝 선 그들'의 '과감한 선택'을 설명하기에 충분하지 않다. 월강죄에 걸려 목숨을 잃느냐, 굶주려 죽느냐 하는 절박한 순간에도 두만강을 건너기로 선택한 주체의 '행동'에 초점을 맞추어야 한다. 그들이 건너야 할 두만강은 주검들을 싣고 흐르고 있었고, 건너간다고 해도 어디로 가야 할지 막막한 상황이었지만, 그들은 죽음을 불사하고 강을 건넜다. 그 험지를 선택하는 것은 미지의 세계에 대한 '도전적 행동' 없이는 불가능한 것이었다. 최악의 상황에서 벗어나 더 나은 기회를 꿈꾸며 월강을 선택한 사람들은 하나, 둘, 오랑캐령을 넘어 간도의 남강, 북강, 서강에 가서 새로운 땅을 일구고 씨를 뿌리며 생존을 위해 억척같이 땅을 '갈았다'.

그렇게 조선인들의 이주의 개척사가 전개된다. 따라서 그들의 이주는 애초부터 죽음의 공포를 무릅쓰고 강을 건너는 용기 있는 행동에서 시작되었다. 그러므로 조선인들의 최초의 이주는 삶의 절박감과 죽음의 공포감을 뛰어넘는 용기와 자신의 삶을 스스로 선택하려는 삶의 주체로서의 '개척정신'에 근거한 것이었다. 시인은 그들의 기개를 "그러니 대지를 밟고선 그들을 뉘가 건드렸으랴?" 하고 노래한다.

1883년 청 왕조는 러시아의 침략을 저지시키기 위한 군량미 조달과 세원을 확보하기 위해 200여 년간 지속해온 봉금령을 폐지하고 '이민실변정책'을 실시하여 조선인들의 개간을 허락했다.[5] 그리하여 합법적인 정책 하에 조선인들은 적극적으로 두만강을 건너가 타고난 부지런함과 끈기로

---

5) 이 정책에서 두만강 이북 (길이 700여리, 너비 50여리) 지역을 조선인들의 개간구역으로 결정한다. 이렇게 만들어진 조선인 개간구역은 이후 연변이라는 조선족의 집거 지역이 형성될 수 있는 밑바탕이 된다.

황무지를 개간하여 옥토로 바꾸어 놓았다. 강을 건너는 조선인들의 규모가 커지고 마을이 생겨나자 청 왕조는 그들의 세력에 두려움을 느껴 경계하기 시작했다. 그리하여 '치발역복, 귀화입적'이라는 강압적인 동화정책을 시행했다. 즉, 만주족의 옷을 입고, 만주족의 머리를 할 것을 요구하고 이를 따르지 않을 경우에는 토지소유권을 박탈하고 추방한다고 했다. 그러나 앞의 시에 등장하는 '할아버지'처럼 조선인들은 그러한 강요에 굴복하는 것을 수치로 여겨 거의 대부분의 사람들이 귀화 입적을 거부했다. 그리하여 곱절의 세금을 물면서 근근이 허덕이며 살아야 했지만 그들은 그러한 절개를 지켜 조선인으로 사는 것을 자랑스러워했다.

2. 식민지기: 자발적 이주와 강제 이주 사이

1910년 한일합방으로 조선이 국권을 잃게 되자 뜻있는 지식인, 독립운동가, 의병들이 정치적 이주를 시작했다. 당시 한반도에는, "공부를 하려면 도쿄로 가고 독립운동을 하려면 간도로 가라"는 말이 유행될 정도로 조국의 독립과 민족의 해방을 위한 지사들의 이주가 적극적으로 이루어졌다. 독립군들은 간도에서 살던 조선인들의 환대와 지원을 받으며 봉오동 전투, 청산리 대첩 같은 항일 전투에서 혁혁한 전과를 거두기도 했다. 비록 나라를 잃은 암흑기였지만 그들은 고향상실에 대한 절망감이나 미래에 대한 불안감이나 토박이들의 위협에 좌절하지 않고, 간도라는 낯선 땅에서 조국의 독립을 위해 서로 격려하고 함께 힘을 모으며 '당당한 기개'를 잃지 않았다.

1932년 일제에 의해 급조된 위성국가 만주국이 등장했다. 일제는 만주를 대륙침략의 전략기지로 삼기 위해 조선인 100만 세대를 만주로 강제 이주시키는 정책을 추진했다. 또한 만주를 효율적으로 통제하기 위해 조선인을 한 지역에다 집중적으로 이주시켜 집단부락을 형성하게 했다. 그리하여 광복 전까지 만주에 사는 조선인 이주민이 이백만 명을 넘어섰고, 수많은 조선인 부락들이 들어섰다. 비록 이 모든 것이 일제의 계략에 의한 강제 이주라고 하지만, 그곳으로 '간'(행동) 주체는 조선인 농부들이었다. 그러므로 그들은 그 속에서도 희망을 잃지 않고 열심히 농토를 '일구고' 집을 지어 조선인 마을을 '형성했다'.

> 참다운 삶은 모름직이/ 쓰린 가운데 있으리니/ 갈래 많은 길섶에서 망설이는/ 철 못 든 외로운 길손 하나/ 구태여 가린들 무삼하리/ 온 세상은 그다지도 복잡하더냐/ 가거라 발 가는 곳으로/ 가면은 다 같을 지니/ 슬픈 울음을 삼키면서/ 설은 웃음을 웃을 줄 알어라
> -심연수, 「슬픈 웃음」 부분, 『심연수 원본대조 시전집』(2007)

'강제이주'라는 역사적 배경은 비자발적으로 떠날 수밖에 없는 '상황'이었지만, 그 강압적인 위계 속에서도 그들은 '어쩔 수 없는 이주'를 자신의 삶으로 받아들이려고 시도했다. 시인은 '참다운 삶은 모름직이/ 쓰린 가운데 있으리니'라는 인식을 통해, 그 이주를 자신의 '참다운 삶'으로 자발적으로 받아들이려는 적극성을 보여준다. 그는 또 나라 잃은 '외로운 길손'인 조선인들에게 "구태여 가린들 무삼하리"라고 되묻는다. 이는 피할 수 없는 상황을 구태여 외면하지 말고 적극적이고 긍정적인 자세로 받아들이자는 진취적인 인식의 표출이다. 그리하여 시인은 슬픈 울음은 삼키고, 비록 기쁨에서 우러난 것은 아니지만 '설은 웃음'이라도 지으면서 그 이주를 자신의 선택으로 받아들이고자 노력한다. '슬픈 울음'과 '설은 웃음'의 병기는, 강압적인 상황에 종속되어 슬픈 울음을 삼키는 디아스포라가 될 것인가, 아직은 마음 깊은 곳에서 번지는 기쁨의 웃음이 아닐지라도 '설은 웃음'이라도 지으며, '삶의 주체되기'를 연습해나가는 디아스포라가 될 것인가 하는, '선택'에 대한 문제였다.

강제에 의하든 선택에 의하든 고향을 떠나온 디아스포라에게 고향은 언제나 '그리움의 대상'이자 '귀환의 대상'이었다. 이주지에서 새롭게 개척한 삶이 험난하고 고통스러울수록 떠나온 고향은 더욱 미화되고, 귀환의 욕망은 더욱 커졌을 것이다. 조선인 이주민의 후손으로 용정에서 태어난 시인 윤동주의 작품에 '고향'이 중층의 이미지로 등장하는 것도 그런 연유 때문일 것이다. 간도는 윤동주가 태어나 자란 고장이므로 의심할 바 없는 고향이다. 그러나 시「다시 돌아온 고향」에서처럼 '고향'에 돌아오면 이상하게 쓸쓸해지고 또 다른 고향이 그리워진다. 그가 그리워한 고향은 태어나서 자란 용정이라기보다는 자신의 뿌리를 되새겨주는 한반도라는 근원적 고향일 것이다. 이주자들은 고향을 떠나 이역의 거친 땅을 개척하면서도 정신적으로는 늘 떠나온 고향에 대한 그리움을 간직하고 있었다.

이 경우가 디아스포라들에게 가장 혼란스러운 지점이 된다. 흔히 이전의 거주지를 고향이라고 보고 당시의 이주지를 임시 거주지로 보는 이유는 그리움 때문이라고 할 수 있다. 다시 말하면 이전의 거주지를 '고향'이라고 여기고 그곳에 대한 '그리움'의 정서를 지니는 것은 인지상정일 것이다. 그러나 '행동의 언어'를 통해 보면 지금 현재 사는 곳이 자신이 의식/무의식에서 욕망했던 곳이다. 그러므로 지금 살고 있는 공간이 자신의 '고향(장소)이 될 가능성이 있다는 것을 인지해야 된다. 과거의 고향(장소)으로의 회귀는 불가역적이므로 고향에 돌아가도 그 고향은 공간으로서의 기능으로 작용하게 되므로 디아스포라들은 영원히 '고향'에 안주하지 못할 수도 있다.

그 당시 만주에 살았던 조선인들의 장례 절차에는 '혼 보내기'가 있었다. 상여행렬이 두만강 강가를 지나갈 적에, 고인이 남자였으면 신었던 신발을, 여자였으면 꽂았던 비녀를 두만강 물에 띄어 보냈다.

간도벌 묵밭에 무엇 보러 떠나와서/ 동토에 얼어붙어 발을 못 떼나/
백두산 영마루 울면서 넘어왔듯/ 고무신이라도 웃으면서 넘어 가소/ 두
만강 줄기 울면서 저어왔듯/ 비녀를 노 삼아 웃으면서 저어가소/ 아리
랑 아리랑 아라리요/ 아리랑 아리랑 아라리요/ 아리랑고개로 넘어간다

이는 '혼 보내기' 절차에서 불려졌던 「변조 아리랑」이다. 고향에 대한
그리움을 간직한 조선인 이주자들에게 이 한 맺힌 아리랑 가락은 '귀환의
소망'을 읊은 애절한 표현이었다.[6] 비록 낯선 이주지에서 살지만 혼이 되
어서라도 돌아가고 싶은 곳이 바로 '고향'이었다. 그곳은 언젠가는 꼭 되
돌아가야 할 그리움의 장소였다. 그러나 그들은 그 그리움의 감상에만 젖
어 있을 수는 없었다. 그리하여 낯선 이주지에서 고향과의 정신적 유대를
이어가는 '행동'을 선택했다. 그것은 민족의 전통과 언어와 풍습을 보존하
고 한민족으로서의 정체성을 유지하는 것이었다. 이는 이주한 조선인들이
보여준 '실천적 행동'의 구체적인 결과였다.

3. 중화인민공화국 성립 및 이후: 중국 조선족으로 거듭나기

광복 직후 중국 동북지역에는 200만 명이 넘는 조선인이 거주했다. 국
공내전이 끝나지 않은 상황에서 당시 국민당은 조선인을 일제의 패잔병
으로 몰아 정착을 권유하기보다는 강제성을 띤 귀환을 종용했다.[7] 그러나
공산당은 연변지역의 주도권을 확보하기 위한 전략적 차원에서 조선인의
지지를 얻어야 했다. 그리하여 연변에 거주하는 조선인의 이중국적을 승

---

6) 2001년 「최후의 분대장」의 작가 김학철 선생이 자신의 유골함에 '김학철(홍성걸) 원산 앞바
다행'이라는 꼬리표를 붙여 두만강에 띄워달라는 유언을 남겼다. 이주한 모든 조선인들이 가
졌던 귀환의 열망도 이처럼 간절했다.
7) 동북지역의 중국인들은 조선인에 대해 미운 감정을 지니고 있었다. 조선인들이 일제의 앞잡
이가 되어 중국인을 천시하며 학대했다고 여겼다. 또한 조선인들이 동북지역으로 이주해 오
면서 많은 중국인들이 일제에 의해 사유지를 헐값에 넘겨야 했기 때문이다.

인하고 토지개혁을 시행하여 토지를 분배해주는 등, 조선인을 존중하는 정책을 펼쳤다. 조선인 이주민의 대다수가 대토하여 벼농사를 짓는 가난한 농민이었기 때문에 자신들에게 토지를 분배해준 공산당의 개혁에 열광했다. 그리하여 조선인들은 만주에서 얻은 자신의 땅을 보호하기 위하여 '자발적'으로 공산당을 도우려고 의용군에 입대하여 신중국의 탄생을 위해 목숨을 내걸고 싸웠다. 1949년 중화인민공화국 건국 직전인 9월 말, 북경에서 '중국인민정치협상회의'가 열렸는데 주덕해[8]가 동북 조선인의 대표로 그 회의에 참석하면서 동북지방에 거주하는 '조선인'은 공식적으로 중화인민공화국의 국민인 '조선족'이 되었다. 이는 이주 이후 그들이 개척지 간도의 진정한 주인이 된 감격적인 사건이었고, 그들이 이룬 '행동의 결과'였다.

> 이 나라에 봄이 오면, 꽃 피는 봄이 오면/ 양자강가에도 봄은 정녕 찾아오리니/ 오래 두고 우짖던 동토는 화창히 풀려 흐를 것이고/ 궂었던 비바람의 하늘도 맑게 개여/ 휘영한 낯색을 보이리라// 끝없는 래일과 악수하는/ 실로 크고 아름다운 우리들의 봄이/ 저기 꽃다발을 안고 사뿐히 걸어온다
> -설인, 「양자강가에 봄이 오면」 부분, 『고향사람들』(2010)

시인은 이 시를 1949년 공산당이 국민당 정부의 수도(남경)를 함락했다는 소식을 듣고 쓴 것이라는 주석을 남겼다. 그는 바야흐로 탄생할 신중국의 미래에 대한 희망을 노래했다. 주목할 점은 시인이 공산당의 승리를 '우리'의 승리로 인식하고 '우리들의 봄'이라고 감격스러워한다는 것이다. 그럴 만한 것이 김춘선(2012)의 자료에 따르면 그 당시 110만 명 정

---

8) 항일전쟁과 해방전쟁에 큰 공을 세운 주덕해는 이후 연변조선족자치주 초대 주장이 된다. 그러나 문화대혁명 기간에 숙청되어 비참한 최후를 맞이했다.

도로 추산되는 조선인 중에서 6만5천여 명이 참군했고, 12만 여명이 민병대에 지원했다. 그 많은 조선인들이 신중국의 탄생을 위해 목숨을 걸고 싸웠기 때문에 당연히 '우리들의 승리'라고 볼 수 있었다. 그리하여 많은 조선인들은 신중국의 탄생을 열광해마지 않았다.

조선인들이 신중국 건설 과정에서 행동으로 보여준 적극적인 참여는 이후 '주체'로서의 권리를 주장할 수 있는 정당한 근거로 작동했다. 다시 말하면 '조선인'에서 '조선족'으로 되는 과정은 그들이 적극적인 행동을 통해 스스로 획득한 정당한 권리였다. 이러한 경험은, 그들 스스로가 낯선 땅에서 행동을 통해 주체가 되어 권리를 획득하고, 모국과 분리된 곳에서도 모국과의 연결성을 강화하면서 민족 정체성을 굳건하게 지켰다는 '자부심'으로 발전되었다.

이러한 자부심은 1950년 한국전쟁 당시, "중국 경내에 거주하는 조선 인민들이 귀국해 조국을 보위하고 조국의 건설 사업에 참가하는 일은 그들의 정당한 권리이자 신성한 책임"이라는 중국정부의 참전 독려와 맞물리면서 조국에 대한 민족애를 분출시켰다. 조선족들은 중국정부가 내세운 '항미원조(抗美援朝) 보가위국(保家衛國)'에서 '항미'는 타당하지만, 조선인이 자기의 조국을 위해 지원하는 것이므로 '원조'는 타당하지 않다는 논리로 '항미', '보가위국'에 나선다.[9] 이는 조선족들이 비록 공식적으로 '중국인'이기는 하지만 정신적으로는 자신들이 '조선인'이라는 것을 행동으로 보여준 증거였다.

그러나 이러한 민족적 자부심이, 개척과 투쟁을 통해 쟁취한 주체로서의 지위가 훼손되는 계기를 만난다. 1957년부터 중국 정부에서는 이중국적 제도를 철폐하고 친중국 성향의 조선족들을 고위관리에 등용시키며

---

9) '항미'를 목적으로 참여한 전쟁이지만 결국 같은 동족인 한국(인)과의 싸움이었고, 조선족들이 중공군이 되어 한국(인)을 침략한 과거는 한국(인)들에게 부정적이고 적대적인 분단트라우마로 작용한다.

점차 조선족의 중국화를 도모하기 시작했다. 이어서 시작된 '반우파투쟁'과 '문화대혁명' 같은 국가적 폭력이 동원된 계급투쟁은 조선족의 현실 상황을 급변시켰다. 조선족에게 허용되었던 문화적 이질성이나 다원성은 정치 비판의 대상이 되었고, 조선족의 전통문화와 민속, 언어, 교육이 모두 폐지되는 동화정책이 추진되었다. 주덕해를 비롯한 대다수의 조선족 지도자들이 간첩이나 민족주의자로 몰려 숙청당했다. 중국 정부는 이러한 계급투쟁의 일선에 조선족을 내세웠고, 결과적으로는 민족상잔의 참상이 전개되고 말았다.

> 목놓아 울고퍼도 웃지 못하고/ 앙천대소 웃고퍼도 울지 못하고/ 줄에 매여 살아온 꼭두각시/ 매여삶이 고질이 된 꼭두각시// 혈관을 질주하던 피는 엉키고/ 사색이 약동하던 대뇌는 굳어/ 시키는 일만 하고 살아온 그대/ 시키는 말만 하고 늙어온 그대
>
> -정철, 「꼭두각시」 부분, 『들장미 (1990)

이 시는 계급투쟁이 끝난 이후 문화대혁명의 하수인이었던 시인이 자신을 냉소적으로 희화하며 자아비판을 한 작품이다. 그의 고백과 자아비판은 시인 개인의 문제가 아닌 전반 조선족 사회가 지닌 소수민족의 처지와 비애를 효과적으로 환기시켰다는 점에서 의미를 부여할 수 있다. 이처럼 자아비판의 형태 즉 과거의 행적이나 내면의 상처를 고백하고 반성하는 행동은 새로운 삶으로 나아가는 정화과정이기도 했다. 그러나 이러한 자아비판과 반성 역시 중국 정부가 앞장서서 시행했다는 점에 주목할 필요가 있다. '꼭두각시'의 삶이 정치적 역학 구조 속에서 생존을 위한 선택이었다면, '꼭두각시'의 자아비판 역시 정치적 수정정책의 일환이었다. 그러나 그 행동을 한 주체가 조선족이었다는 점은 아이러니하다.

살자, 살자 살자 기를 쓰고 살자/ 푸른들 푸른땅 푸른강이 차례지지
않는다면/ 진득진득한 습한 진흙속에서라도 살자/ 살자, 살자 살자 기
를 펴고 살자

-한창선, 「지렁이」 부분, 『송화강』(1986)

오랜 계급투쟁은 조선족들의 인식 속에 새겨진 중국에서의 터전을, 푸
른 땅, 푸른 강 대신 '진득진득한 습한 진흙'으로 바꿔놓았다. 애초에 그들
이 지녔던 공산당 및 중국 국가에 대한 '고마움'은 소수민족에 대한 차별
과 탄압이라는 국가폭력에 의해 '두려움' 또는 '반감'으로 바뀌고 말았다.
그리고 조선족 내부에서 일어났던 친중국파와 민족주의자 간의 끔찍한
투쟁은 민족상잔의 뼈아픈 상처로 남겨졌다. 그럼에도 그들은 다시 '기를
쓰고 살자'는 의지를 내비치고 그 상흔을 보듬기 시작했다. 차별과 탄압에
의해 빛이 안 보이는 습한 땅속에서 살더라도 자신만의 정체성을 지니고
기를 펴고 살 것을 염원했다. 특히 시의 첫 연에 세 번 반복되는 '살자'에
대한 강조는 그들이 실천적 행동으로 보여주었던 개척정신과 굴하지 않
는 투쟁정신으로 읽힌다.

그리하여 적어도 1970년대 말, 중국이 개혁개방 정책으로 문호를 개방
하기 이전까지, 조선족들은 국가폭력이라는 '외적 상황'으로 인하여 큰 대
가를 치르며 언제 어떻게 표변할지 모르는 정치권력의 지배력에 대한 두
려움, 공포감, 반감 및 상잔의 자책, 자기혐오감을 지니게 되었다. 또한 소
수민족에 대한 숨겨진 차별과 배제로 인한 소외감, 체념, 이기주의 같은
'부정적 실천 반응'도 동시에 지니게 되었다.

물론 '오기', '반발', '투쟁정신' 같은 성향들을 극대화시켜 정치 체제에
'순응'하면서도, 다른 한편으로 자신들만의 민족성을 고수하는 문화적 정
신세계를 구축했다. 이는 그들의 아픈 상처를 행동으로써 치유하는 방편
이었을 것이다. 이를테면 지속적으로 중국의 주류 종족인 한족과의 경계

를 설정하고, 한족과 조선족은 위계적 형태로 배열될 수 없는, 원초적으로 다른 존재라는 점을 '정립'시켜왔다. 박영균 (2014)에 따르면 그들은 한족과의 비교를 통해 '부지런함/게으름, 깨끗함/더러움, 베풂/인색함, 교양/무지' 같은 이항 대립적 도식들을 설정했다. 이는 한족에게 뒤쳐진 정치-경제의 측면에 의해 유발된 사회적 열등감, 즉 '결핍감'을 '정신적 도식'을 통해 보상받고자 한 방어기제였다.

Ⅳ. 모국으로의 귀환과 새로운 '집 짓기'

개혁개방과 한중수교 이후 상대적으로 고립되어 있던 '연변'이 열리기 시작되면서 조선족들의 상황은 급변했다. 개혁개방 이전까지는 국가 정책상 '연변'이라는 거주지를 벗어날 수 없었기 때문에, 그들은 자신들만의 거주지에서 다양한 '행동력'을 통해 '조선족 공동체'인 고향을 만들어갔다. 그러나 개방을 통한 세계화라는 '열린 상황'은 조선족들의 '도전정신'과 '개척정신'과 맞물려 미지의 세계로 향하는 이주(행동)를 더욱 촉진시켰다. 특히나 개혁개방 정책의 범주에서 소외된 연변의 경제력이 점차 피폐해지고 있었기 때문에 그들의 이동은 더욱 신속히 진행되었다. 그러한 시점에 한중수교로 열린 한국행은 그들이 오래 동안 상상을 통해 갈망했던 '상상속의 고향'으로의 '귀환'이기도 했다.10)

---

10) 이때의 고향은 호미바바(2011)가 말한 것처럼 상상을 통해 모든 것이 다시 시작되는 때 묻지 않은 열린 장소, 즉 '완벽한 고향'이 된다.

1. 한중수교 초기: 상상 속의 고향과 정체성의 혼란

조선족의 공식적인 한국 이주는 '친척방문'에서부터 시작되었다. 이는 독립유공자 후손들을 위한 귀환대책의 일환으로 조선족을 '한민족', '동포'라는 관점에서 실행한 한국 정부의 정책이었다. 당시 초청된 조선족들은 내·외적으로 조화로운 상황에서 한국으로 입국했다. 즉 초청한 한국인들은 어느 정도 경제력이 갖추어져 있어서 조선족 혈육에게 도움을 줄 수 있었고, 국가정책도 혈연주의에 입각하여 조선족들의 한국 귀환을 환영했다.

> "여보세요, 여긴 한국 서울이예요." / "반갑습니다, 여긴 중국 연길입니다."// 서로 목메여 뒤말을 잇지 못하는/ 무형의 전화선 사이로/ 흐르는 것은/ 뜨거운 피와 피//(중략)/ 끊어졌던 피줄이 다시 이어져/ 서로 꿈결마냥 오갈 수 있는/ 천구백구십이년 팔월/ 감격의 아침
> -리성비, 「고국 전화」 부분, 『이슬 꿰는 빛』(1997)

오랫동안 '끊어졌던 피줄', '뜨거운 피와 피'가 다시 이어졌다. 조선족들은 꿈에서라도 가고 싶던 고향을 '꿈결마냥 오갈 수 있는' 현실에 감격스러워했다. 한중수교 이전까지 그들에게 '고향'은 죽어서 혼이 되어야 갈 수 있는 그리움과 간절함의 대명사였다. 이는 한국에 대한 직접적인 경험이 없는, 중국에서 태어나서 자란 조선족 3, 4세들에게도 전이되어 한국은 아버지 혹은 할아버지가 생전에 돌아가고 싶다고 옛말처럼 외던 '조상의 고향으로', '그리움의 고향'이었다. 또한 모국으로의 귀환은 그들이 중국에서 소수민족으로 살면서도 주류인 한족에게 동화되지 않고, 지켜온 정체성의 재확인이었다.

> 그 이름 때문이 아니라면 어디에 가서/ 누구와 몸을 섞으며 어떻게 살던 무슨 대수랴/ 먼지 털 듯 훅 털어버리고/ 잊으면 그만인 것을/ 잊

지 못해 버리지 못해/ 수십 년 모대기며 살아왔다/ 비 오고 바람 불고
눈보라 치는 날과/ 검은 구름 몰려드는 날을 근심하고 걱정하며/ 강자
와는 맞설 엄두조차 못 내고/ 자신을 낮추기도 하고 감추기도 하고 변
명도 하면서/ 어찌해도 그 이름 하나만을 놓아버리지 않으려고/ 모지름
써온 날과 날들이여 …/ 구슬처럼 간직해온/ 아, 겨레란 이름 하나

-강효삼, 「그 이름 하나」 부분, 『동포문학』(2013)

겨레란 그 이름은, 자신들의 정체성을 잃지 않으려는 자랑스러운 긍지
이자 '정신적 존재감'이었다. 일제와 중국이 총칼을 들이대며 버리라고 강
요하던 것, 또는 누가 강요하지 않아도 뼛속 깊이 새겨 감추어 보듬어 '구
슬처럼 간직해온' 생존의 유산이었다. 따라서 한중수교로 시작된 한국으
로의 이주는 그들에게 감격적인 귀향일 뿐만 아니라 이국 타향에서 한민
족 정체성을 지켜왔다는 긍지감에 대한 위로와 보상을 받을 수 있는 기회
라고 여겼다. 그리하여 한국은 그들에게 "잃어버린 자궁이자 내 가난한
목숨의 비상구"(곽미란)였다.

에돌고 에돌며/ 거스르고 또 거스르는/ 꿀단지라도 묻어두고 왔나/
애인이라도 기다리고 있나// 아득히 멀고 먼 가시덤불로 엉킨/ 온몸은
찢기고 부서지고 헤져/ 각축전 겪고 난 듯한 모습// 설령 종착역 아닌
미완성의/ 슬픈 나그네 되더라도/ 이를 악물고 회귀하는 / 저 몸짓/ …/
개똥벌레 깜빡이는 아늑한/ 할아버지의 할아버지 넋이/ 살아 숨 쉬는/
그곳

-주해봉, 「연어」 부분, 『동포문학』(2020)

시인이 한국으로 이주하는 조선족들을 강을 거슬러 고향을 찾아가는
'연어'에 비유했듯이 "온 몸이 찢기고 부서지고 헤져도", "슬픈 나그네 되
더라도" 오로지 "할아버지의 할아버지 넋이 살아 숨 쉬는" 고향이라는 이

유로 그들은 이를 악물고 회귀했다. 그러나 조상의 땅이자 자신들의 근원지로 돌아왔다는 그 감격은 얼마 가지 못하고 곧 모국의 민낯과 만났다. 태생지로 돌아온 연어를 기다리는 것이 그들을 잡아채는 곰들이나 어부의 작살과 그물이었던 것이다. '상상속의 고향'과 '실재의 고향'은 그 대차가 컸다.[11]

> 미국 여권 본 항공 아가씨/ 고운 눈빛이 반짝/ 차이나 여권 본 항공
> 아가씨/ 경멸의 눈빛 싸늘했지// 자유자재 바닷물고기/ 한 물에서 자랐
> 건만/ 여권 따라 몸값도 달라/ 아른아른 어리는/ 고운 눈빛, 경멸의 눈
> 빛// 아, 슬픈 비린내여
>
> -최세만, 「물고기 여권」 부분, 『동포문학』(2016)

'한 물에서 자란 물고기'지만 어느 나라 어선에 잡히는가에 따라서 한국산 또는 중국산이 되듯이, 같은 혈통을 지녔지만, 한국에서 그들의 신분은 국적에 의하여 '중국인'으로 규정될 수밖에 없었다. 그리하여 재한조선족은 한국사회가 그들을 동포가 아닌 외국인으로 간주하고 차별하고 냉대한다고 인식했다. 한국사회는 친척방문이나 고향방문과 같은 단순한 차원이 아닌, 돈 벌이를 위해 몰려드는 조선족들을 '동포애'로만 맞이하기에는 법적인 체제나 정서적인 준비가 갖추어지지 않았다. 또한 반만년의 역사 동안 단일민족주의를 유지해온 한국인들에게는 '국가=민족=국민'이었기 때문에, 국적을 물으면 자신을 중국인이라고 밝히는 조선족들에게 그들 역시 상당한 당혹감과 이질감을 느꼈을 것이다. 그 밖에도 그들 사이를 가로막는 역사적 트라우마를 비롯하여, 경제적인 격차 같은 문제들은 상상이나 감상적 민족 개념으로 쉽게 극복될 수 있는 것이 아니었다.

---

11) 그들이 경험하는 실재 '고향(모국)'은 그리움의 대상이지 귀환의 대상이 아니었다. '상상속의 고향'의 시간성은 정지되어 있지만 '실재하는 고향'은 수많은 시간이 흘러 이미 바뀐 '낯선 고향'이 되어 있다. 따라서 상상과 실재와의 괴리는 혼란과 갈등의 요소를 내포하고 있다.

이 과정에서 재한조선족은 그들이 지닌 모국에 대한 그리움이 '상상적 허구'였음을 자각하기 시작했다. 그리하여 그들은 그러한 현실적 감성을 시작품에서 좌절감이나 절망감으로 형상화했다. "한 부모 형제건만 어쩐지 서먹하다/ 고국이 타국인 듯 입양아 돌아온 듯/ 이름도 제대로 없다 서글프다 나그네"(배정순)라고 시화하거나, "형제여, 자매여// 나에게 입구자 □이 늘어 먹이를 빼앗긴다고 남이라 하십니다"(김추월)라고 서러움을 토로했다. 이는 시간의 경과에 따라 점차 차별과 소외의 고통으로 변하기 시작했다. 그리하여 스스로를 "슬픈 족속"(박동찬), "성도 이름도 없는 H2"(윤하섭), "짝사랑을 안고 가는 노숙자"(이문호) 등으로 형상화했다.

모국에서 이루려던 한민족으로서의 '동일성 회복의 욕망'과 '자본의 욕망', 이 두 가지 모두 실패하자, 그들은 중국 사회에서 타자 또는 소수민족으로 소외되었던 서러움까지 더해 분노하기에 이르렀다. 애초에 모국에 대한 환상과 기대가 컸기 때문에 모국(인)이 왜 자신들을 냉대하는지, 모국이 왜 아름답고 편안한 '상상속의 고향'이 아닌지에 대한 '현실적 이유'와 대면하려고 들지 않고, 감정과 생각의 차원에 머물면서 자신들이 불행해진 이유를 전적으로 물질만능주의로 변해버린 모국사회의 책임이라고 보았다.[12] 결국 그 분노는 "우리가 남이다!"(김추월)라는, 모국이 그들을 '타자'로 취급하는 것에 대한 가슴 아픈 섭섭함으로 각인되었다. 그리하여 그들이 상상이나 감성으로 구축했던 민족적 동일성은, '낯선 한국'이라는 현실과 부딪치면서 "차라리 한글을 몰랐으면 좋겠다"(박수산)고 한탄할 정도로, 모국에 대한 '상상적 기대'는 서럽고 싸늘하게 식고 오히려 현실적 환멸로 바뀌었다. 따라서 시작품에서도 한국을 '징그럽고 간교한 협잡

---

12) 조선족의 이주 관련 수기에서 종종 나타나는 '남 탓'이라는 견해는 애초에는 한국 정부의 법적인 배제로 '어쩔 수 없이' 불법 체류자, 위장결혼, 브로커를 통한 밀입국을 시도했다고 한다. 또한 합법적 이주시기 자신들의 선택에 대해서도 '중국에서 차별 받으니까', '모국에서 더욱 더 잘 살아보려고', '먹고 살기 위하여' '어쩔 수 없었다'는 식으로 외부의 탓으로 돌리는 경우가 허다했다.

꾼'(이문호), '황량한 도시'(김추월), '낯선 둥지'(전하연)로 표상했다. 그 순간에 바로 그들의 삶에 내재되어 있던 '비극성'과 '피해의식'이라는 '역사적 트라우마'가 다시 작동되기 시작한 것이다.

정체성의 혼란과 모국에 대한 분노와 증오 등의 반작용을 통해 일부 조선족 3, 4세대는 그들의 '현실적 고향'인 연변으로 되돌아가기도 했다. 그러나 연변도 이미 '낯선 고향'이었다. "순이는 종적마저 감추었고/ 형님은 소식이 없고/ 누님은 또 서울로 갔고"(허창열), "작년에 귀국한 금씨네 큰아들은 간암 말기로 올 봄에 죽고/ 고중 다니던 아들놈 대학 가자/ 마누라 찾아 한국 간 맹철이는 웬일인지 혼자 월세 산다"(해암)는, 뿔뿔이 흩어져버린 고향 사람들의 소식만 남아있었다. "임자 없는 제비둥지"(허창열)가 된 조선족 마을도 이미 경계가 허물어져 한족들이 들어와 살고 있었다.

간혹 한국에서 고된 노동으로 번 돈으로 아파트를 장만해서, 서울의 아파트처럼 "호화로운 이국풍의 인테리어에/ 칸칸히 고급 가구들과 귀한 공예품"(이성철)으로 장식했어도, 그곳은 이미 가족의 사랑과 온기가 결여된 썰렁한 '빈 집'이었다.

그들은 한국과 연변에서, 모두 상상 속의 고향의 해체를 실감했다. 그러나 그들은 좌절하지 않고 다시 일어나 자신들만의 독특한 도전 정신으로 새롭게 '고향(집) 찾기'에 나섰다. 이는 태생이 디아스포라인 그들이 지닌 '욕망의 성향'이라고도 볼 수 있다. 또는 그들의 선조들이 북간도의 각박한 상황을 극복해냈던 그 개척정신의 발현이기도 하다. 그러므로 그들은 자신의 처지를 체념하거나 좌절하여 주저앉지 않고 새로운 길을 모색하기 시작했다. 물론 그것은 언제나 처절한 자기성찰을 통해 이루어졌다. 자기성찰은 성찰의 대상인 자신을 철저하게 대상화하는 것에서 출발한다. 즉 성찰하는 주체와 성찰되는 대상이 분리되어야 한다. 그러므로 자기를 냉정하게 객관화시킬 수 있어야 가능해진다.

일상의 영양사로 응결된 고독/ 하얀 석쇠에 올려놓고 굽다/ 혼자 구
어야 제맛이다, 깊은 야밤/ 꼬챙이를 들고 조용히 뒤적거린다// 자글자
글 희노의 기름이 끓고/ 노릿노릿 애락이 불길에 익는/ 바라지도 못할,
오지도 않을 그리움을/ 한 폭의 그림으로 훈향에 떠올린다// 타자만이
향수 할 수 있는 이 맛/ 고독을 굽다, 설익지도 태우지도 않은/ 짜릿하
게 느끼는 한 자락 마음/ 한 꼬치의 시다!

-이문호, 「고독을 굽다」 전문, 『동포문학』(2015)

자기성찰은 반드시 가혹하게 표상되어야 하는 것은 아니다. 자신에 대
해 객관성을 유지하며, 자신들을 석쇠 위에서 익는 고기처럼 냉철하게 그
릴 수도 있다. 물론 다 그런 것은 아니다. 한국 사회에서 그들이 만난 자
신들의 모습은 '남루한 저고리 너펄너펄한 허수아비'로 '유독 불쌍한 건
나'(림금철)이기도 했다. 이는 시인의 처절한 현실 인식에서 비롯된다. 한
국 생활이 힘들어질수록 가족과 친지들에 대한 그리움이 커져 시인은 밤
마다 꿈속에서 그들을 불러온다. 그러나 아무리 그리워도 꿈속에서는 그
들을 껴안지도, 만질 수도 없다. 그러한 그리움의 허망함 뒤에 찾아오는
것은 애절한 '고독'과 '슬픔'일 수밖에 없다.

그러나 시인은 슬픔이나 고독에 종속된 자신과 그 상황을 만들어 준 현
실을 원망하기보다는 자신을 객체화시켜 '양꼬치를 굽듯'이 "일상의 영양
사"가 되어 꼬챙이에 고독을 굽는 행위를 한다. 그는 '이 맛'은 오로지 "타
자만이 향수 할 수 있는 맛"이라며, 그걸 자신들만의 특별한 것으로 받아
들이는 순간 그건 바로 '한 꼬치의 시'가 된다고 말한다.

이는 "한국 땅에 피면 한국화/ 중국 땅에 피면 중국화/ (…) 고국도 있
고 조국도 있어/ 타국이 되고 이국이 되어 버린/ 불쌍한 슬픈 조선족 국
화"(박영진)였던 존재로 자신을 바라보며, 현실 한탄과 원망만 하던 인식
에서부터 자신들이 만난 현실을 그 자체로 수용하며 대응해나가는 인식

으로 전환시키고 있음을 보여준다. '불쌍하고 슬픈 조선족'은 그들 스스로가 '상황'에 종속된 자신들을 경계 짓는 이름일 뿐이다.

한국과 중국이라는 두 집단에서 서로 다른 이질성을 내세워 동시에 배척당하는 존재가 될 것인가, 두 경계를 넘나드는 자유로운 존재가 될 것인가 하는 것은, 그들이 자신을 규정짓는 그들의 인식과 연결된 문제이다.[13]

여기서도/ 자기 사람이라 반기고/ 저기서도 / 자기 사람이라 모시니/
시라도 한 번 잘 쓰자/ 태어난 곳이 무슨 상관이랴/ 오늘 밤 달은 둥글다
-박춘혁, 「윤동주가 부럽다」, 『동포문학』(2019)

그들은 이제 '태어난 곳'이 문제가 아니라, 자신들이 규정짓는 인식에 따라서 자신의 존재와 위상이 달라짐을 '윤동주'에 비유하여 노래한다. 이 시는, 연변에서 태어났다는 그 상황이 조선족을 '타자'로 또는 '불쌍한 존재'로 만드는 것이 아님을 표상한다. 윤동주는 연변 땅에서 태어났지만 여기서도 저기서도 '자기 사람'이라고 반기고 서로 모셔가기 바쁘다. 조선족 모두가 '윤동주'가 되지 말라는 법은 없다. 그리하여 이 시는, 이제 조선족 개개인이 자신들만의 특별한 '윤동주'를 발견해내야 할 것임을 역설한다. 또한 이미 그들이 주체적 자각을 시작했음을 의미한다.

---

13) 벤야민은 '자기규정' 즉 자신이 누구이며 자신이 속해 있는 공동체가 어떤 것인가에 대한 탐구는 모든 문화가 실천하는 활동 가운데의 하나라고 했다. 조선족의 자기규정은, 한국사회에서 그들의 삶이 '타자의 삶'인가, '주체의 삶'인가 하는 현실적인 문제와 직결된다. 발터 벤야민 지음, 최성만 옮김, 2008, 『역사의 개념에 대하여 외』, 길, 23쪽 참조.

2. 한중수교 후기: 주체되기 및 새로운 '집 짓기'

조선족의 역사적 트라우마는, 애초 그들이 디아스포라가 된 이유가 조선조의 열악한 상황 탓, 그리고 일제로부터 고향을 빼앗겼다는 '피해의식'에서 출발했다. 이 피해의식은 척박한 중국 땅에서 온몸으로 그들의 삶을 개척해야 한다는 절박함과 그 이후 중국 사회의 급격한 정치적 변화에 대한 두려움과 예측할 수 없는 자신의 위상에 대한 불안감과 맞물려 있다. 그리하여 그들은 모든 사태의 책임을 늘 외부에서 찾아왔다. 따라서 한중수교 이후 한국으로 이주한 그들은 모국에서 정체성의 혼란을 경험하고, 그 원인을 신자본주의 체제인 한국사회가 지니는 구조적 문제로 보았고, 직접 원인으로 한국사회가 자신들을 '타자화'[14]시킨 것 때문이라고 파악했다.

그러나 한국에서의 정착 기간이 길어지면서, 몇몇 시인들은 자기성찰을 통해 자신들의 그러한 태도가 본질적으로 잘못되었다는 것을 자각하기 시작했다. 타자화가 자기 인식이 만들어낸 허상임을, 그러므로 자신의 인식이 바뀌지 않는 한 그 타자화의 종속적인 틀에서 벗어날 수 없다는 것을 각성하기 시작했다.[15] 나아가서 객관적 상황이 자신들을 타자화시키는 것이 아니라, 자기 스스로가 자신을 타자화시켰다는 것을 자각했다.

> 현장에 일찍 출근해 보면/ 안전교육장에서 혈압을 재보느라 분주하
> 다/ 정상으로 나올 때면 아무 말 없다가/ 간혹 혈압이 높거나 낮으면/
> 저마다 자동혈압계기가 문제가 있다고 우긴다// (중략) // 생각해보면/

---

14) 타자화는 대상의 이질적인 면만 부각시켜 공동체에서 소외시키고, 스스로의 목소리를 잃게 만든다. 그리하여 타자화된 대상은 주체 세력 또는 상황에 종속되어 불행한 삶을 살 수밖에 없게 된다고 본다. 박종성, 2006, 『탈식민주의에 대한 성찰 – 푸코, 파농, 사이드, 바바, 스피박』, 살림, 29~35쪽.

15) 인식이 바뀌지 않는 한, 격렬하게 저항하고 반발한다고 해도 그것은 종속관계의 도식 안에서 이루어지기 때문에 종속적 관계에서 기필코 벗어날 수가 없다.

> 자신을 뒤집어 보지 않고/ 항상 남을 가해자로 생각하는 우리/ 그래서
> 충돌에 휘청거리고/ 고착에 목을 매고 있지 않을까/ 깊이 고민해본다
>
> -박수산, 「혈압재기」, 부분, 『동포문학』(2017)

　시인은 혈압을 재는 평범한 일에서, 그 '우기는 사람들'을 통해 자신들의 인식을 살폈다. 그래서 "항상 남을 가해자로 생각하는 우리"가 혈압기 탓이라고 우기는 사람들과 전혀 다르지 않음을 발견했다. 그리하여 시인은 우리 자신을 억압하는 사태의 원인을 '내 탓'이 아니라 외부에 있다고 보는 것은, 그 사태에 대해 책임을 지지 않으려 드는 무책임한 태도이자, 바로 자신을 타자로 보는 인식에서 연유됨을 자각했다. 그 인식에서는 모든 것이 '상황' 탓이고, 정치 탓이고, 팔자 탓이고, 한국사회의 탓이 된다. 그러나 중요한 것은 그 탓을 모두 외부에 둔다고 하더라도 결국 그 고통은 고스란히 자신들이 받아야 한다는 점이다.[16]

　시인은 조선족을 타자화시킨 것은, 자신을 '가해자'가 아닌 '피해자'라고 우기는 '자신들의 인식' 때문이었음을 깨닫는다. 그리하여 시인은 이제 "자신을 뒤집어 보기"로 했다.

> 나 또한 어떤 족속인가/ 싸늘한 새벽녘에 다만/ 참지 못할 허기를
> 구실 삼아/ 잠자고 있는 남의 가택을/ 비틀어 열고/ 거리낌 없이 들어
> 갔다가/ 애꿎은 딜레마에 빠졌다고/ 동녘을 향해/ 고래고래 울부짖어야
> 성에 찰 것일까?
>
> -박만해, 「국외인」 부분, 『동포문학』(2021)

　시인은 '나 또한 어떤 족속인가'를 자문하며, 자신들의 '행동'에 대해서

---

16) 타자와 주체의 이분법이 본질적으로 허구이듯이, 가해자와 피해자와의 관계도 각자가 지닌 인식의 문제로 연결된다. 물론 객관세계에서는 가해자와 피해자를 구별하여 '책임 문제'와 직결시킨다. 이 경우에 이분법은 엄연히 존재한다. 그러나 주관 세계에서는 모든 책임이나 고통은 결국 '인식의 이분법'에 의한 것이므로 그것은 허구이다.

객관적인 성찰을 시도했다. 자신들의 한국 이주를 한민족 동일성 회복이라는 감성적인 차원으로 규정하는 데서, "허기를 구실 삼아/ 잠자고 있는 남의 가택을 비틀어 열고/ 거리낌없이 들어"왔다는 표현으로, 행동 그 자체에 초점을 맞춘 것이다. 그리하여 시인은 우리가 '애꿎은 딜레마'에 빠진 것은 스스로가 남의 가택을 열고 들어왔기 때문인데도, "동녘만 향해 고래고래 울부짖는다"는 각성을 했다. 이는 자신들이 지닌 피해의식 때문에 모든 상황을 '남 탓'이라고 우기는 자신들의 인식에 대한 자기성찰이다. 이러한 성찰을 통해 시인은 주관적인 인식에서 벗어나 한국인의 처지가 되어 자신의 모습을 바라볼 수 있게 된다. 이러한 과정을 통해 조선족은 한국사회에 대해 가졌던 '일방적인 기대'를 되돌아보고, 한국사회와 재한조선족과의 모순을 상황과 행동의 언어로 구분할 수 있게 될 것이다.

재한조선족 시인들의 이러한 인식의 변화는 그들에게 내재화되었던, 호미바바의 '기괴한 낯섦의 능력'을 상기시킨다. 이것은 어디에서나 그곳을 고향처럼 만들 수 있는 능력인데, 그들의 선조들은 이 능력을 통해 낯선 중국 땅에 연변이라는 자신들만의 고향을 만들었다. 그들도 이 능력을 통해 낯선 한국이라고 보던 그 인식에서부터 벗어나 스스로 '친숙한 것'을 찾아내고, 다름에서 같음을 받아들이기 시작하려 한다. 그리하여 "연길강 같은 무심천을 보고", "우리말을 하면서 모아산 같은 우암산에 오르기"도 하며 "고향이 어딘가 물으니 저도 모르게 청주"(림금철)라고 답하기도 한다. 자신이 주체가 되어 받아들이는 순간, 그 공간은 낯선 한국이 아닌 친숙하고 익숙한 새로운 고향으로 거듭나게 된 것이다.

> 인심 좋고 살기 좋아 마음 편한 곳/ 터 잡으면 고향이오 이웃인 것을/ 어차피 하나로 뭉친 한겨레인데/ 생활의 즐거움 진정 있다면/ 여기는 내 삶의 보금터라오
> -최종원, 「타향도 정이 들면 고향이라오」 부분, 『동포문학』(2019)

재한조선족의 자기성찰에 따른 주체되기의 필요성에 대한 자각은 그들 스스로가 한국이라는 동일한 상황을 전혀 다르게 해석하게 만든다. '타자적 인식'을 통해 바라본 한국은 '징그럽고 간교한 협잡꾼'(이문호), '황량한 도시'(김추월), '낯선 둥지'(전하연)였다. 그러나 '주체적 인식'을 통해 바라본 한국은 '인심 좋고 살기 좋아 마음이 편한 삶의 보금터'(최종원)가 되었다. 이는 동일한 공간도 인식에 따라 재구성될 수 있음을 뜻한다.

> 　강을 넘어/ 북상한 이들은/ 폭풍과 추위를 헤가르며/ 밭을 갈고 씨앗을 뿌렸다// 한숨 돌리기 전/ 터전 잃은 투사들은/ 대흥안령, 청산리, 백두에서/ 총성을 울리고 피를 흩날렸다// (…) 다시 남하한 후손들은/ 대림의 12번 출구에서/ 판소리 여섯 마당을 일궈낸다// 조상의 뿌리와/ 후손의 정동이 만나/ 디아스포라 숲의 신록이/ 우거져가고 있다.
> 　　　　　　　　-이위, 「대림에게 숲을」 부분, 『동포문학』(2021)

　이 시에 등장하는 재한조선족은 더 이상 "7호선 대림역 12번 출구/ 박춘봉은 이곳에 없다/ 이곳의 모두는 박 아무개가 되었다/ 불쌍한/ 불안한/ 그리고 불편한 사람"(박동찬)들이 아니다. 그동안 그들이 '박아무개'인 듯 웅크리고 살았던 것은 한국사회가 그들을 '박춘봉'과 동일시한다고 여기고, 자신들의 불행을 전적으로 한국사회의 탓으로만 돌리며, 스스로의 '몫'을 각성하지 않았기 때문이다. 모든 책임을 상황 탓이라고 떠미는 순간 조선족은 한국적 상황에 종속된 타자로 전락되어 자신들의 소중한 개척정신과 도전정신마저 잃어버리게 된다. 그러나 몇몇 시인을 중심으로 시작된 자기성찰과 주체되기에 대한 각성은, 조선족 스스로가 지닌 개척정신과 삶의 주체적 능력을 되찾게 했다.

　그리하여 이 시의 재한조선족은 "폭풍과 추위를 헤가르며, 밭을 갈고 씨앗을 뿌려" 고향을 건설했던 그들의 선조들로부터 강인한 개척정신을 물려받은 자랑스러운 '후손'들로 등장한다. 이제 그 후손들은 조상의 뿌리와 만나 나란히 손잡고 새로운 판소리 한마당을 뽑아내고 있다.

재한조선족의 자각 여부와 상관없이 애초 그들의 귀환 목적은 지리적 실체로서의 고향 공간으로 귀환이나 자본의 축적이 아닌, 민족 동일성 회복을 통한 존재론적 위상을 되찾기 위함이었다. 그러므로 그들이 염원하던 고향 땅에 도착하였거나, 또는 부를 축적하여 '조선족타운'이라고 일컫는 물리적 공간인 대림동 전체를 지배한다고 해도, 그들의 인식의 확장이나 전환이 이루어지지 않으면 한국사회와의 충돌과 혼란은 끊임없이 계속될 것이다.

그런 점에서 몇몇 시인을 중심으로 시작된 이러한 자기성찰과 인식의 확장을 통한 주체되기로의 각성은 그들의 숨겨진 개척의 능력을 상기시켜 주고, 그들 자신을 타자의 위치에서 주체로의 위치로 전환시킬 수 있게 해 줄 것이다. 그리고 무엇보다 재한조선족 디아스포라의 긴 여정 속에서 자신의 '정체성'을 재정립할 수 있게 할 것이다.

V. 결론: 인식의 전환 (불)가능성에 대하여

조선족 디아스포라의 운명은 많은 시작품 속에서 '민들레'에 비유된다. 민들레 홀씨는 '바람'에 날려 모체로부터 떨어져나가 낯선 곳에 '가서' 뿌리를 내린다. 그 '바람'은 조선족에게 닥쳤던 혹독하고 척박한 간도의 자연 환경이기도 하고, 일제의 가혹한 착취와 탄압이기도 하고, 위기와 공포로 표상되는 정치적 탄압이기도 했다. 그리고 개혁개방 이후 소외되고 차별받는 소수민족의 경제적 궁핍 같은 상황이기도 하고, 오늘날 한국에서는 민족주의나 혈연주의가 배제된 냉담한 자본주의 현실 같은 것이기도

했다. 조선족들은 오랫동안 그 변화무쌍하고 위력적인 '바람'에 의해 정처 없이 날려 다녔다고 느끼고, 또 어딘가에서 뿌리 뽑히거나 센 바람에 휩쓸려 날려갈지 모른다는 위기감이나 불안감을 항상 안고 지내왔다. 그러나 그 감정이나 생각은 그들의 행동에 내재된 흔들림일 뿐이다. 만약 그들을 '민들레'에 비유한다면 그 '바람'을 타거나 어느 곳에 '착지'하는 것은 그들의 '선택사항'에 해당된다.

조선족 이주사를 살펴보면 그들은 민들레의 속성처럼 바람에 흩날려 도착한 땅이, 마른 땅이든 궂은 땅이든, 심지어 돌 틈이라 할지라도 다시 '강력한 생명력'으로 뿌리를 내리고 싹을 피웠다. 그런 점에서 민들레는 그 어떤 다른 꽃들보다 먼저 바람을 타고 미지의 세계를 향해 날아가 새로운 땅에 뿌리를 내리려는 강한 '행동력'을 지닌 꽃일 것이다.

그러므로 조선족을 민들레에 비유하려면, 태생적으로 지닌 민들레의 운명을 부정하거나 외면하기보다는 차라리 스스로가 적극적으로 '민들레 되기'(디아스포라 되기)를 선택할 필요가 있다.

조선족들은 소수민족 동화정책에 순응하여 명맥만 유지한 채 말과 글을 잃어버린 기타 소수민족과는 다른 정체성을 지니고 있다. 그리고 한글을 잃어버린 해외의 기타 코리언들과 다른 정체성을 지니고 있으면서 실천적인 '행동'을 통해 자신들만의 독특한 세계를 구축해왔다. 비록 그들이 인지하지 못하더라도 이미 '긍정적 실천 반응'을 행동으로 실현해왔다. 그러므로 '모체와의 분리'라는 정신적 외상의 후유증이 오랫동안 '역사적 트라우마'로 작용했다고 해도 그들의 인식을 비극적 상황이라는 부정적 속성에 머무르게 할 수는 없다. '식민사관'의 독소로 파악되는 자기혐오나 자기부정은 인식을 전환함으로써 해소될 수 있다. 이러한 '인식의 전환'은 상황에 종속된 '타자'의 지위에서 벗어나 능동적이고 적극적인 '주체'로 환원시킬 수 있을 것이다. 그러한 '주체'들은 자신의 '역사적 트라우마'와 직접 대면할 원동력을 얻어 트라우마를 치유할 수 있을 것이다.

본 연구는 이주사와 시작품을 다시 읽는 작업만으로도 그들이 지닌 트라우마에 대한 성찰이 진행될 것이라고 본다. 이는 라카프라가 말하는 '성찰적 극복하기'에 해당한다. 과거를 바람직한 방법으로 성찰적으로 극복한다는 것은 완성된 상태가 아니라 완성을 향한 과정에 속한다. 그러므로 조선족의 이주사와 시작품 다시 읽기는 조선족의 역사 인식 속에 깊숙이 들어와 정상화되어 버린 수많은 문제적 요소들을 비판적으로 검토해가는 지속적인 노력에 해당된다. 이러한 시도를 통해 미래지향적인 역사 변혁의 주도자로서의 조선족의 정체성을 새롭게 획득할 것이다.

한중수교 30주년, 재외동포정책 회고와 향후 과제

곽재석

Ⅰ. 재외동포 간 차별은 정당했는가?

지금으로부터 23년 전인 1999년 『재외동포의 출입국과 법적 지위에 관한 법률』(일명, 재외동포법) 제정 당시, 모국으로서의 대한민국이 1948년 대한민국 정부 수립 이전에 해외로 이주한 동포 및 그 직계비속, 즉 중국 조선족 동포 및 CIS 고려인 동포, 그리고 무국적자인 조선적 재일동포를 재외동포법의 적용대상에서 제외한 것은 정당하였는가? 결론적으로 말하자면 당시 IMF 외환위기로 만신창이가 되었던 한국경제 상황에서 내국인 일자리 보호 등의 이유 때문에 이들을 제외한 것은 현실적으로는 정당했다고 할 수 있다. 그러나 정의의 관점에서 그리고 법적으로 결코 정당하지는 못했다는 것은 헌법재판소가 동 법률에 "차별이 존재하고 이러한 차별의 목적이 정당하고 적합하며 적정하여야 한다"고 판결한 내용에서 확인할 수 있다. 동 법률 제정 이후 국내 체류 중국 조선족 동포들이 "인간의 존엄과 가치 및 행복추구권, 평등권 등을 침해"당하였다고 주장하면서 위헌확인을 구하는 헌법소원심판이 청구되었고, 헌법재판소는 『이 사건의 경우 정부수립 이후 이주동포와 수립 이전과 이후동포를 차별하면서 그들이 절실히 필요로 하는 출입국기회와 대한민국 내에서의 취업기회를 차단당하였다. 암울했던 역사적 상황으로 인하여 어쩔 수 없이 조국을 떠나야 했던 동포들을 돕지는 못할망정, 오히려 법적으로 차별하는 정책을 취하는 외국의 예를 찾을 수 없고 이 사건에서의 차별은 민족적 입장을 차치하고라도 인도적 견지에서조차 정당성을 인정받을 수 없다. 따라서 본 입법은 헌법 제11조의 평등원칙에 위배된다』라고 판결하였다.

이러한 정당하지 못한 법적 차별은 무엇보다도 재외동포 업무의 소관을 둘러싼 정부 부처의 지혜롭지 못한 대안 마련 실패의 결과로 보인다. 애초에 혈통주의 원칙에서 작성된 법무부 초안이 입법 과정에서 재외동포 업무의 소관을 주장하는 외교부와 마찰을 빚었고 결국 중국과의 외교적 마찰 가능성에 대한 우려 및 인종, 민족 등에 따른 차별을 금지하는 국제법 등을 이유로 과거국적주의의 적용을 주장하는 외교부의 입장이 관철되었다.(국회, 1999) 그러나 실상 법 제정 당시 정부조직법 제29조 제1항[1])에 따르면 외교통상부장관은 "재외국민의 보호·지원과 이민"에 관한 사무만을 장리하도록 되어 있어 명확하게 보자면 법적으로 외국인인 외국국적동포의 "대한민국" 출입국과 "대한민국 내"에서의 법적 지위에 관해서는 법무부가 소관부처라고 할 수 있었다. 그러나 결국 중국동포 등을 동법의 적용대상에서 제외시키는 법률안이 국회를 통과하게 된다. 아쉬운 점은 이러한 결정이 향후 국내 정치에 어떠한 결과를 초래할 지에 대한 깊은 고려가 있었다면 소관부처의 갈등을 넘어서는 대안 마련이 가능하지 않았나 생각해 본다. 사실 외교부의 외교적 마찰 우려 및 차별을 금지하는 국제법 문제도 있지만 되돌아 보면 지금까지 실제 외교적 이의를 제기한 국가는 중국 외에는 없으며[2]) 오히려 중국을 비롯하여 적지 않은 국가는 실제 동포를 우대하는 제도나 정책을 취하고 있는 상황이다. (이철우, 2005) 동 법에서 중국 조선족 동포 등을 제외시키면서 결국 한중수교

---

1) 정부조직법 제29조 (외교통상부) 제1항, "외교통상부장관은 외교, 외국과의 통상교섭 및 통상교섭에 관한 총괄·조정, 조약 기타 국제협정, 재외국민의 보호·지원, 국제사정조사 및 이민에 관한 사무를 장리한다."
2) 중국은 사실상 이중국적을 위한 조치라는 이유에서 재외동포법을 반대하였다. 이진영. 2002.

이전부터 한국에 입국하여 체류하고 있던 중국 조선족 동포들에 의한 권리투쟁이 촉발되면서 중국 조선족 동포는 포용될 수 없는 한국사회의 정치사회적 소수자로 전락하게 된다. 국제법적 차별에 대한 비현실적 우려가 국내법적으로는 실질적으로 차별을 받는 매우 갈등적인 소수자 집단을 만들어 낸 것이다.

그러나 동 법 제정 이후 한국 정부는 중국 조선족 동포들에 대한 법적 차별을 근본적으로 해소하지 못하고 지속적으로 우회적인 방법을 통하여 동포들의 모국 체류상의 안정성을 해소하려는 정책을 취하게 된다. 이러한 동포들에 대한 행정편의주의적 유화정책은 오히려 중국 조선족 동포의 지속적인 한국 입국을 유인하면서 한국 체류 중국 조선족 동포의 자연스러운 증가를 초래했고 급기야 오늘날 이들의 체류규모가 한국 전체 체류 외국인의 절반 정도를 차지하게 되었다. 한중수교 30주년 그리고 재외동포법 시행 23년이 경과한 오늘까지도 중국 조선족 동포에 대한 정부의 차별적 정책은 여전히 변화하지 않고 있으며, 오늘날 한국 체류 중국 조선족 동포들은 정치, 경제, 사회 등 제반 차원에서 한국사회로 통합되지 못하고 소외되어 있는 상황을 초래하고 있다.

II. 차별 유화정책은 적절했는가?

1999년 재외동포법의 시행 이후 오늘날까지 중국 조선족 동포에 대한 정부정책이 엄밀한 의미에서 '민족포용' 정책이었던 적은 없었다. 대한민국 모국은 재외동포법 시행 이후 중국 조선족 동포들에게 마땅히 부여해야 할 재외동포(F-4) 체류자격을 주지 않는 차별의 문제를 근본적으로 해소하지 못하고 이들 동포를 단기순환원칙이 적용된 외국인력으로 처우함으로써 결국 중국 조선족 동포들을 한국사회에 통합하기 위한 적절한 정책을 마련하지 못하고 있다.

헌법불합치 결정에 따라 2003년 11월 30일 입법개선이 이루어져 재외동포법 규정 자체의 차별적 조항은 개정되었지만 정부는 출입국관리법 시행령과 시행 규칙을 통해서 소위 "사증발급신청 등 첨부서류에 관한 고시" 국가(일명, 불법체류다발고시국가)3)에 거주하는 동포에 대해서는 재외동포(F-4) 비자 발급요건을 강화하는 등 차별적인 법적용을 여전히 엄격하게 시행하였다. 당연히 이와 같은 조치에 대해 동포사회와 시민단체들의 지속적인 개선요구가 이어졌다. 이에 법무부는 2002년 3월 불법체류자종합방지대책을 발표한다. 정책에 따르면 한국에서 불법체류 중인 중국 조선족 동포들이 자진신고하면 일단 1년 후인 2003년 3월 31일까지 한국에 계속 체류하도록 허용하고, 기한 내에 자진 출국하면 향후 한국의 재입국을 보장하고 입국 후 동포들의 서비스분야 취업이 가능한 소위 취업관리제를 통해 한국에서 합법적으로 취업하도록 한 것이다. 이렇게 2002년 12월부터 도입된 취업관리제는 중국 및 구 소련동포들이 모국에서 3년간 합법적으로 체류 및 취업할 수 있도록 허용하였지만 오히려 이를 통해 중국 조선족 동포들이 한국사회에서 본격적으로 외국인력으로 관리되는 계기를 마련하게 되었다.4)

취업관리제를 통하여 동포들은 입국일로부터 최장 2년까지만 체류가 가능하였으며,5) 노동시장 유연성의 원칙 내지는 보충성의 원칙에 따라 엄

---

3) 법무부장관은 한국에 체류하는 외국인들의 해당 국가별 불법체류율, 국민소득, 실업률 등을 종합 고려하여 불법체류다발국가를 고시한다. 중국 등의 불법체류다발국가에 거주하는 동포는 출입국관리법 시행령 23조 제3항에 따라 국내에서 단순노무행위에 종사하지 아니할 것임을 소명하는 서류를 추가적으로 제출하도록 하였다.

4) 2002년 12월 6일 노동부 지침인 "방문동거자의 고용관리에 관한 규정"이 제정되고 법무부에서는 취업관리제의 시행 대상인 방문동거 체류자격(F-1-4)으로 입국한 중국 조선족 동포에 대한 국내 취업허용 근거를 마련하기 위해 2002년 11월 16일 출입국관리법 시행령 제12조 별표 1 체류자격 기호 26 방문동거(F-1) 란의 나목에 "외국국적을 취득한 동포로서 법무부장관이 특별히 국내 체류허가한 자(재외동포 자격에 해당하는 자는 제외)를 추가하였다.

격한 업종별 쿼터와 사업장 규모별로 중국 조선족 동포를 고용할 수 있는 허용인원을 정하여 운영하는 등 '내국인 고용보호의 원칙'이 철저히 적용되었다. 취업관리제 취업허용업종 및 취업허용업종별 정원 조정은 외국인산업인력정책심의위원회 심의조정을 거쳐서 결정되는데 인력 도입규모는 국내 노동시장, 산업별 인력수급현황 및 내국인 대체 가능성 등을 고려하고, 정주화 및 내국인과의 마찰에 따른 사회적 추가비용이 발생하지 않도록 경제활동인구 2%를 넘지 않는 범위 내에서 결정되도록 하였다. 취업허용업종도 최초 도입할 당시에는 서비스업에 한하여 취업을 허용하였으며, 추후에 건설업 등이 추가 포함되었다.

이어서 정부는 2004년 8월 17일 외국인 고용허가제를 실시하면서 취업관리제를 본격적으로 외국인근로자 정책(고용허가제) 안에 편입시키고 그 명칭을 '특례고용허가제'로 바꾸면서 중국 조선족 동포들을 외국인력으로 관리하기 시작하였다.[6] 기존의 취업관리제 하에서는 법무부차관이 위원장인 외국인산업인력정책심의위원회에서 허용업종과 업종별 정원 등을 최종 조정하였으나, 고용허가제가 도입되면서 중국 조선족 동포를 포함한 단순노무 외국인근로자를 국무총리 소속의 외국인력정책위원회에서 정한 규모, 업종 등에 따라 해당 사업장의 사용자가 고용할 수 있도록 하였다.

동포를 "다른 외국인과 다르게 포용"해야 할 대상으로 보지 않고 외국

---

5) 이후에 3년으로 연장하였다.

6) 노동부 소관 통칭 "고용허가제법"은 의원입법형식으로 2003년 8월 제정, 2004년 8월17일부터 시행되었는데 취업관리제 대상 동포는 동법 제12조 소정의 특례 규정에 흡수되어 특례고용허가제로 명칭을 변경하였다. 외국국적 재외동포는 '방문동거'(F-1) 또는 '단기종합'(C-3) 비자로 입국한 후, '취업관리'(F-1-4) 체류자격으로 외국인 등록을 하여야 하고, 국내에서 취업할 경우 '비전문취업'(E-9)으로 비자를 바꾸어 입국한 날로부터 최장 3년까지 체류할 수 있게 되었다. 특례고용허가제에서 취업이 허용되었던 업종은 2004년 8월에는 건설업과 서비스업이었으나, 2006년 1월부터는 제조업과 농축산업을 포함한 19개 업종으로 확대되었다. 고용허가제법의 시행으로 달라 진 내용은 체류자격외 활동허가 추천서를 발급받아 체류자격외활동허가를 거쳐 취업할 수 있었던 종전의 취업관리제의 업종을 나누어서 서비스업 사용자에 대해서는 고용허가서 발급, 건설업 근로자에 대해서는 취업허가인정서 발급 등의 절차를 거쳐 중국 조선족 동포를 고용할 수 있도록 하였다.

인력 관리 차원에서만 취급하게 되면서 고용허가제법 제12조에 따라 외국인근로자의 고용특례에 해당하는 동포들은 단지 친척방문(F-1-4)을 위해서만 한국에 입국할 수 있으며, 입국 후 취업을 하기 위해서는 고용허가제에 따른 외국인근로자 취업교육을 이수하고, 노동부 고용지원센터에 구직 신청하도록 하며, 취업 시에는 반드시 고용주와 외국인근로자 근로계약을 체결한 후, 외국인근로자 체류자격(E-9)으로 체류자격 변경하도록 하였다. 따라서 국내 호적·친척이 있는 중국 조선족 동포들만 대한민국 국민인 친척의 초청을 받고 입국할 수 있었으며, 그렇지 못한 경우에는 애초에 한국 입국이 불가능하였다. 결국 이런 체류 절차는 중국 조선족 동포를 대상으로 하는 불법 브로커에게 거액의 돈을 주고 국내 친척을 수소문하거나 관련 서류를 만드는 데 많은 비용을 지불해야만 비자를 받을 수 있는 구조를 발생시켰고, 국민 초청장을 받지 못하는 동포는 부득이 관광·유학·결혼 등으로 입국 후 불법 체류하는 등의 부작용을 초래하였다. 또한 외국인고용 허가신청 등 사용절차가 복잡하거나, 체류자격 변경 및 체류기간연장 시 고용주의 신원보증서 제출을 의무화하는 등 번거로운 고용절차로 인해 음식점 및 영세 건설업체 등의 사용자가 동포 사용을 기피하게 되고, 다수의 중국 조선족 동포들이 이러 절차를 회피한 방법으로 불법 취업 및 불법체류하는 등의 문제를 야기하였다.[7]

이에 노무현 정부는 2006년 법무부에 중국 조선족 동포 법적 차별문제를 해소하기 위한 업무를 관장하기 위해 외국국적동포과를 신설하고, 2007년 3월 4일부터 선진국 동포에 비해 차별과 상대적 불이익을 받고 있는 중국 및 CIS동포를 대상으로 입국문호를 대폭 확대하고 국내 취업 조건과 환경을 자유화하는 방문취업제를 도입했다. 방문취업제는 만 25세

---

[7] 방문취업제도 시행 기반을 조성하기 위해 국내에서 불법체류 중인 동포들에 대해 자진 귀국할 경우 1년 경과 후 다시 입국할 수 있는 기회를 제공하는 등의 동포자진귀국정책을 시행으로 2005년 3,5000여 명 2006년 25000 여명 등 6만여 명의 동포들이 불법체류 상태를 해소할 수 있게 되었다.

이상의 일정한 요건을 갖춘 이들 지역의 동포들에 대해 국민 친인척 초청과 관계없이 동포이면 누구든지 5년 체류기한의 방문취업 복수비자(H-2)를 발급하고, 비자 유효기간 범위 내에서 자유로운 출입국을 할 수 있도록 하였다.[8] 그럼에도 불구하고 이 제도 역시 동포들이 취업을 원할 경우 노동부 소관『외국인근로자의 고용 등에 관한 법률』에 정한 절차에 따라 취업교육을 이수하는 등의 절차를 마친 후 취업하도록 하는 등 외국인근로자 고용허가제의 틀 내에서 취업하도록 규제하였다.[9]

어쨌든 방문취업제는 지금까지 한국 입국의 길이 원천적으로 제한되어 있던 중국 및 CIS 지역 동포들에게 친척 초청과는 상관없이 모국 입국을 허용함으로써 긍정적인 평가를 받았다. 방문취업제 시행으로 중국 동포사회의 한민족 정체성 고양과 한국에 대한 이미지 제고 등에 큰 효과를 가져왔다고 평가되기도 하였다.(이진영, 2008) 자연스럽게 국내에 체류하는 방문취업(H-2) 중국 조선족 동포 인구도 급증하여 제도 시행 이전에 130,000 여명에 불과하던 것이 2년 만인 2009년 3월 31일에는 318,581명까지 급증하였다. 동포들에게 5년간 자유로운 출입국을 보장함에 따라, 모국과 중국 조선족 동포사회 간 순환적 출입국을 통한 활발한 교류와 네트워크 기반을 구축함과 동시에 불법체류의 요인도 억제하는 순기능의 역할도 하였다.

그럼에도 불구하고 방문취업제도 또한 동포들에 대한 외국인력관리의 틀을 벗어나지 못하였던 것이고 결국 한국 경제 상황에 따라 비자발급 규모 및 체류 기간 등의 제한 등 갖가지 규제가 있을 수밖에 없었다. 이러한

---

8) 단, 고용주의 재고용 요청이 있는 경우에는 입국일로부터 4년 10개월 범위 내에서 체류하도록 허가한다.

9) 취업절차와 관련하여 방문취업(H-2)자격 해당자로 취업을 원하는 자는 취업교육 이수 및 구직신청 후, 자율구직 또는 고용지원센터의 알선을 받아 취업하도록 하였다. 이 경우 노동부 장관으로부터 특례고용가능확인서를 발급받은 사업체에서만 취업이 가능하며, 취업 후 고용된 날로부터 14일 이내에 취업개시신고를 하도록 하였다. 근무처 변경 시에도 변경된 날로부터 14일 이내에 관할 출입국관리사무소 또는 출장소에 신고가 필요하다.

한계성은 이명박정부가 들어서고 1999년 세계경제위기로 말미암아 한국 경제 또한 된서리를 맞게 되면서 외국인력정책으로서의 본질을 노정하게 된다. 2008년 글로벌 경제위기 이후 정부는 내국인 고용보호를 이유로 외국인력 규모를 적정규모로 유지한다는 원칙을 정하고 이에 따라 방문취업제로 입국하는 중국 조선족 동포들의 입국 규모를 총량쿼타제(국내 총 체류규모 30.3만명)로 규제하고, 방문취업 자격 만기출국자의 모국 재입국을 억제하며, 친척초청을 제한하는 등의 조치를 취한다. 그리고 2009년부터 재외동포법의 차별문제를 해결하기 위해 중국 조선족 동포 한국 입국과 체류 정책을 담당하던 법무부 출입국외국인정책본부의 외국국적동포과마저 폐지시킨다.

재외동포법 시행 이후 10여 년간 정부에 의해 점진적으로 추진되어 오던 중국 조선족 동포 차별 완화정책과 안정적인 사회통합 및 체류를 책임지던 실무조직의 폐지로 중국 및 CIS 동포들의 모국 자유왕래와 안정적인 체류는 악화의 길로 들어서게 된다. 개악적 중국 조선족 동포정책의 첫 단추는 방문취업 기술연수제도이다. 이명박 정부에 의한 중국 조선족 동포 입국 규제 조치로 가장 큰 타격을 받은 집단은 방문취업제 하에서 한국입국을 위해 한국어시험을 보고 합격한 후 추첨이 되지 못하여 비자를 발급받지 못하고 대기하고 있던 9만 여명의 중국 조선족 동포들이었다.[10] 이에 법무부는 '단기사증입국 동포에 대한 단계별 체류자격 변경' 정책[11]을 통해 2010년 8월부터 이들을 우선 단기비자로 입국하도록 하고

---

10) 전산추첨대기자인 2008년 13회, 14회 2009년 15회, 16회 2010년 17회에 걸친 한국어시험 합격자 9만 여명이었다.

11) 2010년 7월 법무부 출입국·외국인정책본부 연계기관인 '재외동포기술연수관리단(현, 동포기술교육단)'이 개설되었다. 연수관리단은 방문취업(H-2) 전산추첨대기자 중 C-3-M 비자로 입국한 동포들이 기술연수를 선택할 경우 그 관련 업무를 총괄하는 기관이다. 연수관리단은 동포들이 연수관리단이 지정한 연수기관에 기술연수를 신청할 경우 일반연수자격(D-4)으로의 자격변경 추천, 연수생이 국가기술자격을 취득할 경우 방문취업(H-2) 자격변경 추천, 연수기관 배정 및 연수생 수료증 발급, 기술연수생 연수(출석) 지도, 감독 업무 등을 담당하고 있다. 기술연수기관(학원)은 법무부가 고시한 기술직종 중 연수관리단에 가입하고

이들이 국내의 직업학원 등에서 일정 기간 기술연수를 하거나 관련 자격증을 획득하는 경우 방문취업(H-2) 체류자격으로 변경하는 <방문취업 기술연수제도>를 시행하였다.

2019년 3월 폐지되면서 근 10여 년간 진행되어 온 <방문취업 기술연수제도>는 한국에 단기비자로 입국한 동포들이 수개월간 불안정한 체류상태에서 자기 비용 수백만 원을 사용하며 한국에서 자신이 선택하지도 않은 기술교육을 받은 후, 해당 교육이수증을 첨부해야만 방문취업(H-2) 체류자격으로 변경해 주는 그야말로 한국에 체류하는 그 어느 국적의 외국인에게도 적용되지 않는 착취적인 방법으로 동포들의 고혈을 짜냄으로써 이들의 건전한 민족정체성 확립은 커녕 모국에 대한 원망만을 쌓아가는 적폐로 전락하게 되었다.

그리고 이와 같은 <방문취업 기술연수제도>의 적폐는 한중수교 30년이 되는 지금까지도 중국 조선족 동포들에 대한 국가기술자격증 취득을 통한 재외동포 체류자격(F-4) 변경 제도로 존속하고 있다. 정부는 2009년 3월부터 제조업 및 농축산어업 등 내국인력이 부족한 업종에 동포인력을 활용하기 위하여 일정기간 근속하면 재외동포(F-4) 자격 및 영주 자격 변경이 가능하도록 하였고, 2009년 12월 국내 단순노무 취업 가능성이 없는 중국거주 동포에게 재외동포(F-4) 사증을 발급하였으며, 또한 2012년 4월부터 기능사자격 취득자에게도 재외동포(F-4) 자격을 부여하기 시작했다. 이러한 중국 및 CIS 동포에게 재외동포(F-4) 자격 부여 확대는 재외동포 간 거주국에 따른 법적 차별 해소라는 측면에서 바람직한 정책이기 하지만 여전히 선진국 동포의 경우 과거국적주의에 따라 부모 또는 조부모의 일방이 과거에 대한민국 국적을 보유하였던 자로서 외국국적을 취득에

연수관리단이 추천한 기관으로 구성된다. C-3-M 비자로 입국한 동포가 연수관리단에서 인정한 연수과정을 연수하는 경우, 체류자격을 D-4로 변경하고 1년간 기술연수를 위한 학원 수강을 하면서 체류자격외 활동을 통해 주 20시간 이내의 취업활동도 보장하였다.

해당하기만 하면 재외동포(F-4) 체류자격을 부여하고, 반면에 중국 조선족 동포의 경우 국가기능사자격증 취득, 제조업 등 특정산업분야에 2년간 근속, 단순노무행위에 비종사 서약 등의 절차를 통해서만 재외동포(F-4) 체류자격을 부여받는 차별적 출입국 체류정책을 여전히 적용하고 있는 것이다.

말하자면, 재외동포법에 따라 당연히 포용해야 할 대상으로서 이들에게 재외동포(F-4) 체류자격을 부여한 것이 아니고, 단지 중국 조선족 동포들이 한국사회의 3D 업종에서 일정 기간 수고하여 한국의 국가발전에 도움을 주었기 때문에, 소위 "국익기여자"에 대한 보상적 차원에서 주어진 정책이라는 점에서 순수한 동포포용정책이라고는 보기 어려운 것이다. 한민족의 같은 핏줄로서 "동포에 대한 당연한 우대"라기 보다는 아예 애초에 그 대상이 되지는 않는 동포들과 모국인 한국 정부와의 거래적인 성격을 가진 정책이었다.

그리고 이러한 차별적 정책의 지속에도 불구하고 재외동포(F-4) 체류자격자의 국내 체류가 증가하면서 이전에 방문취업(H-2) 자격자들의 내국인 일자리 침해시비가 이제는 중국 조선족 동포 재외동포(F-4) 체류자격자들에게로 전이되어 가는 현상이 나타나고 있다. 방문취업(H-2) 체류자격자들이 국내에 계속 체류하기 위해 국가기술자격(기능사 이상)을 취득하는 방법으로 재외동포(F-4) 자격으로 변경하면서 실제 본인이 취득한 자격증과는 관계없는 원래 방문취업(H-2)자격으로 종사하던 업종에 그대로 종사하는 현상이 나타나고 있는 것이다. 가령 버섯종균 기능사자격을 취득하여 재외동포(F-4) 체류자격으로 변경한 후 버섯종균과 관계없는 건설업에 취업하는 것이다.

III. 차별이 가져온 소외는 정의로운 것인가?

1. 직업자유의 소외

1992년 한중수교 이후 지난 30 여 년 동안 중국 조선족 동포들은 한국에서 주로 건설 현장이나 식당, 공장 등에서 단순노무 종사 외국인근로자로 체류해왔다. 중국 조선족 동포들의 이러한 직업선택의 제한은 물론 중국 조선족 동포들 인적 자원 수준이 뒷받침되지 못한 것도 이유가 될 수 있지만 보다 근본적으로는 이들의 자유로운 한국 시장 진입을 제한하는 출입국정책 상의 규제가 더 큰 원인이다. 한국에서 외국인근로자 체류 자격으로 살아가는 중국 조선족 동포들은 한국의 저숙련 3D 일자리의 부족한 인력수요를 채우는 역할만을 담당하도록 규제되어 왔다. 한국 사회에서 장기간에 걸쳐 경제적 하층계급을 형성해 오면서 한국 사회에서는 중국 조선족 동포들에 대해 차별적인 고정관념이 형성되어졌다. 그리고 이러한 직업적 계층화로 인해 한국 사람들의 중국 조선족 동포에 대한 차별과 편견은 사회문화적 영역까지 폭넓게 확산되고 있다. 북한이탈주민, 조선족 중국 동포, 일반 외국인근로자 세 그룹에 대한 내국인의 혐오감 분석에서 한국인들은 같은 민족인 중국 조선족 동포를 가장 혐오하는 것으로 나타나고 있다.(가상준. 2014)

2007년부터 시행된 방문취업제 시행 이후 이들 동포도 한국에서 취업할 때는 고용센터에 구직신청서를 제출하고 고용센터를 통해 직업을 알선 받거나 또는 자율구직이 가능하도록 되어있다. 그러나 실제 동포들이 취업을 할 때 고용센터를 통해 하는 경우는 거의 없는 것이 현실이다. 현실과 법제도가 전혀 딴판으로 진행되고 있는 것이다. 중국 조선족 동포는 법률상으로는 고용허가제 하에서 "특례외국인근로자"이지만, 현실적으로는 한국 사회에서는 "동포"로서 생활하고 있기 때문이다. 즉 한국 입국 이후 국내 노동시장에서 정부가 허용한 48개 단순노무 업종 내에서만 개인이 자유롭게 자기 직업을 선택하는 것이다.

한국정부가 2012년 4월부터 기능사 자격을 취득한 중국 조선족 동포에게 재외동포(F-4) 체류 자격을 부여하는 정책을 시행하면서 모국에서의 안정적인 장기체류를 원하는 방문취업 동포를 중심으로 국가기능사 자격 취득 열풍도 급증하게 되었다. 그러나 기능사 자격증 취득자에게 재외동포(F-4) 자격을 부여하는 법무부 제도는 기술학원시장으로의 동포의 비정상적인 유입 현상을 적절하게 관리하고 통제하는 시스템이 전혀 없으므로 인해 다양한 폐해를 노정했다. 체류 자격변경을 원하는 중국 조선족 동포들이 시장의 산업인력수요와는 무관하게 자격증 취득이 용이한 일부 기술 직종에 편중되면서 산업현장에서 요구되는 기능사자격증이 동포의 모국 체류 및 취업 허가증으로 변질되어 버린 것이다. 현행 재외동포 국가기술자격증 취득제도는 실제 노동 시장의 수요와 밀접히 연관되는 커리큘럼을 통해 교육생의 인적 자원 개발을 도모하지 못하고 있다. 자기 인적 자원 개발을 원하는 동포 당사자가 자율적으로 선택한 생애개발 목표에 적합한 기술교육과 이에 따른 취업이 이루어지지 못하고 있다.

2. 가족권 및 교육권의 소외

중국 조선족 동포에 대한 차별적 입국 및 취업 제한은 대를 이어 이들의 자녀세대에게로 전수되면서 재외동포 차세대의 계급화를 초래하고 있다. 중국 조선족 동포 자녀들에게는 부모와 함께 재외동포(F-4) 체류자격으로 한국에 입국할 수 있는 길이 근본적으로 차단되어 있었다. 이러한 이유로 부모와 헤어져 부모의 얼굴도 잘 기억하지 못하고 조부모의 손에서 외롭게 자라는 경우가 빈번하였다. 차세대의 한민족 정체성 고양은 커녕 인간으로서의 정상적인 성장마저 저해된 이들 중국 조선족 동포 차세대에 대해 정부는 한중수교 20년이 지난 2012년 4월부터 만19세 미만 자녀에 대해서도 방문동거(F-1) 자격으로 장기 동반 체류를 허용하였고, 한중수교 30주년이 되는 2022년 1월부터 비로소 중국 조선족 동포 차세대들이 재외동포(F-4) 체류자격을 부여받으면서 이들의 한국 장기체류 환경이 조성되게 되었다.

통계청과 법무부가 작성한 '2019년 이민자체류실태 및 고용조사결과'에 따른 국내 상주 외국인(귀화자제외)의 가구특성을 보면 배우자가 있는 외국인 가구가 806.3천명으로 전체 외국인 상주 인주의 61.0%이며 이 중에 41.2%인 약 545.2천명이 배우자와 국내에 함께 거주하고 있으며, 또한 자녀가 있는 외국인은 763천명으로 전체 외국인 상주인구가구의 57.7%인데 이 중에 28.8%인 380.9천명이 자녀가 모두 국내에 거주하는 것으로 나타나고 있다. 국내 체류 외국인의 상당 규모는 단순히 단기순환에 원칙에 따라 조만간 자국으로 귀국할 사람들이 아니라 것을 알 수 있다. 한국에 배우자와 자녀들로 구성된 가족형태의 가구를 구성하여 지역사회의 주민으로서 생활하며 체류하고 있는 것이다.

한중수교 이후 한 세대가 지난 세월이 흐른 뒤에야 비로소 뒤늦게 부모와 자식이 함께 모국에서 함께 거주할 수 있는 환경이 주어지면서 중국 및 국내 조선족 동포사회에는 조선족 동포 차세대의 교육소외의 문제가 발생하였다. 부모세대의 한국 유입으로 공동화된 중국 조선족사회의 학교 시스템의 붕괴로 우리말 교육과 문화 등에 생소한 세대가 만들어지게 되었고 최근에는 혈통으로는 동포이지만 문화 언어적으로는 중국 한족화된 동포 차세대들이 한국에 유입되면서 한국사회와의 통합성 수준이 이전 세대에 비해서는 매우 낮은 모습을 보이고 있다.

그러나 더욱 큰 문제는 명백히 한국 정부가 가족권을 인정해서 한국에 체류 중인 가족의 초청을 받아 입국한 부부 및 자녀가 정작 한국에 체류 중에는 전혀 가족권을 인정을 받지 못하고 있다는 것이다. 정부의 앞뒤가

맞지 않는 정책으로 인해 한 지붕 밑에 살면서도 개별적인 구성원으로 처우를 받게 되고 결국 한 가구당 다수의 건강보험료 납부고지서를 받는 일들이 발생하고 있다. 또한 한국 거주 동포 가족의 청소년들이 부모 중 일방이 다문화가족지원법에 따른 대한민국 국민의 가족이 아니라는 이유로 다문화가족 출신(결혼이민자 가족 배경)의 청소년들과는 차별되는 체류 상황에 방기되어져있다. 정부가 안정적인 체류신분을 부여하기는 하였지만 실제 체류 중에 이들 재외동포 차세대는 한국의 다문화가족지원법, 재한외국인처우기본법 등 정부의 다양한 복지지원과 서비스 대상에서 제외되어 있는 까닭에 한국사회 정착을 위한 인프라가 부족한 상황에 있다. 한국어능력 부족, 문화적 격차, 교육시스템의 차이 등으로 말미암아 한국의 정상적인 직업교육이나 공교육 시스템에 진입하지 못하고 장기간 방치되어 있어 이에 대응한 정책적 대응이 절실한 실정이다. 다문화가족에 포함되지 못하는 이들 동포 차세대 자녀들에 대한 차별적 가족건강권, 교육권의 제한은 동포 차세대의 인적 자원개발에 장애를 초래하여, 결국 모국에서 사회적 하층계급에 머물던 동포 1세대의 빈곤과 지위가 이들의 자녀세대에게로 전수되면서 꿈을 잃어버린 계급사회의 고착화를 초래하고 있다.(곽재석. 2019)

3. 주거복지의 소외

한국 국적을 가지지 않은 방문취업(H-2) 체류자격, 재외동포(F-4) 체류자격 등의 동포는 취약계층에 대한 주거안정을 위한 정부의 각종 지원 대상에서 제외되어 있다. 전세금안심대출 등의 경우 다문화가족은 대상에 포함되어 할인까지 지원받지만 동포는 아예 그 대상이 되지 못하고 있다. 이러한 차별은 주택 분양에서도 적용되어 있는데 다문화가족의 구성원으로서 배우자와 3년 이상 같은 주소지에서 거주한 무주택세대구성원인 자에게는 1세대 1주택의 기준으로 국민주택 건설량의 10%의 범위에서 특별공급 받을 수 있도록 지원하고 있다.[12] 동일한 혜택은 북한이탈주민들에게도 적용되고 있다. 북한이탈주민은「북한이탈주민의 보호 및 정착지원에 관한 법률」에 따라 특별한 결격사유가 없는 한, 연령과 세대구성 등에 따라 전용면적 85㎡ 이하의 주택을 무상으로 제공받거나 임대보증금 등 주거에 필요한 주거지원자금을 1인 세대를 기준으로 1,300만원까지 지원하고 있다.[13] 이들이 법령에 따라 대상이 되는 경우, 국민주택 및 공공건설임대주택 등의 분양이나 임대에서 특별공급을 받을 수 있다.[14] 또한 무주택세대구성원이 탈북민인 경우 영구임대주택에 입주할 수 있으며[15] 주거가 지원되는 경우 공동생활시설 지원도 받을 수 있다.[16]

특히 중국 조선족 출신 국적회복 고령 동포들의 경우 사할린동포나 탈북동포들과 마찬가지로 모국을 그리워하여 기꺼이 귀환했으면서도 이들 동포들과는 달리 정부 주거지원정책의 사각지대에 놓여 상대적으로 차별을 받고 있다. 이들이 한국 귀환 이후 겪은 가장 큰 어려움으로 주거열악이 과반(54.8%)을 차지하고 있다. 중국 조선족 출신 국적회복 고령 동포들은 평균연령이 70세 이상으로 월세(20~30만원)의 쪽방에서 정부의 기초수급에 의존해 살아가고 있는 형편이다.(국적회복동포생활개선위원회. 2010)

---

12) 시·도지사 등이 국민주택 등에 해당하는 주택의 공급계획을 수립하거나 민간업체의 국민주택 공급계획에 대하여 승인할 때 다문화가족의 수요범위 내에서 최대한 다문화가족에 대한 특별 분양이 될 수 있도록 추진하도록 하며 이 경우에는 10%를 초과하여 특별공급 받을 수 있다. (「주택공급에 관한 규칙」 제35조제1항 제18호).

13) 「북한이탈주민의 보호 및 정착지원에 관한 법률」 제20조제1항 및 「북한이탈주민의 보호 및 정착지원에 관한 법률 시행령」 제38조제1항 본문

14) 「북한이탈주민의 보호 및 정착지원에 관한 법률 시행령」 제38조제4항 및 「주택공급에 관한 규칙」 제35조제1항 제9호

15) 「공공주책 특별법 시행규칙」 제13조제1항 및 별표 3

16) 「북한이탈주민의 보호 및 정착지원에 관한 법률」 제20조제4항 및 「북한이탈주민의 보호 및 정착지원에 관한 법률 시행령」 제38조의2제1항)

4. 의료 복지의 소외

정부가 2019년 7월부터 "외국인의 도덕적 해이 방지"와 "내외국인 형평성 제고"를 명분으로 국내 체류 외국인 대상 건강보험제도를 개정하면서 국내 거주 재외동포들의 지역 건강보험 가입 요건이 까다로워지고, 과도한 보험료가 책정되는 등 건강보험제도 상의 차별이 심화되고 있다. 2019년 7월 16일부터 6개월 이상 국내에 합법적으로 체류하는 경우에만 건강보험 가입이 의무화되면서 재외동포들이 일반적으로 겪는 변경된 건강보험제도 상의 어려움을 넘어 특히 모국 체류기한 3년의 중국 조선족 방문 취업(H-2)동포들은 체류기간 중에 건강보험 급여가 중단되거나, 월소득에 비해 과도한 건강보험료가 징수되고, 이를 체납하는 경우 강제출국을 당하는 등 동포로서 모국에서 도저히 당하지 말아야 할 어려움을 당하고 있는 실정이다.

건강보험제도 상의 동포들이 당하는 차별은 다음과 같다.(이한숙 외. 2020)

① 건강보험 지역가입 시 국민은 소득과 재산에 따라 보험료가 산정·부과되나, 동포는 본인의 소득과 재산에 따라 산정된 보험료와 전년도 세대 당 평균보험료 중 높은 금액으로 보험료가 부과됨. 단, 영주(F-5)와 결혼이민(F-6) 체류자격 소지자에 한해 내국인과 동일한 기준으로 보험료가 부과됨

② 국민 지역가입자의 경우, 섬·벽지·농어촌 거주자, 65세 이상 노인, 등록 장애인, 실직자, 그밖에 생활이 어려운 사람 등에게 보험료를 경감하고 있음. 또, 소득과 재산이 일정 기준에 미치지 못하는 미성년자는 보험료 납부의무가 면제됨. 그러나 동포의 경우 이러한 사정은 보험료 경감이나 면제의 사유가 되지 못함. 다만, 재외동포(F-4) 체류자격으로 재학 중인 경우 보험료 50% 경감 적용할 뿐임

③ 국민은 지역가입자인 세대주와 동일 세대로 인정되는 범위가 세대주의 직계존비속, 미혼인 형제자매, 배우자, 배우자의 직계존속 등으로 폭이 넓은 반면, 동포 지역가입자는 세대주의 배우자와 미성년 자녀만 동일 세대원으로 등록 가능

④ 동포 가족의 피부양자 또는 세대원 등록을 위해 건강보험공단이 요구하는 가족관계 증명서류들이 국가에 따라 발급이 불가능하거나 발급에 막대한 비용이 들어, 실제 가족임에도 피부양자나 세대원으로 등록하지 못하는 경우 빈발

⑤ 국민 가입자는 보험료를 체납했더라도 체납 횟수가 6회 미만이거나, 공단으로부터 분할납부 승인을 받고 그 승인된 보험료를 1회 이상 내면 보험급여 실시. 그러나 동포가입자가 보험료를 체납한 경우, 체납한 보험료를 완납할 때까지 보험급여 중단. 나아가 출입국 당국은 보험료 체납 동포에게 3회 체납까지는 체류기간을 6개월 이내로 제한하고, 4회 이상 체납하면 체류를 불허하겠다는 방침을 발표

⑥ 동포가 건강보험 지역가입자가 되기 위해서는 국내 체류기간이 6개월 이상이어야 하며, 방문취업(H-2)동포가 체류기간 갱신을 위해 본국에 다녀오는 경우 다시 6개월을 기다려야 지역가입을 허용하고 있어 건강보험 공백 기간이 반복적으로 발생하고 있음. 지금까지 국내에 3개월 이상 체류한 외국인(직장가입자 및 직장 피부양자 제외)은 본인의 필요에 따라 건강보험에 지역가입자로 가입할 수 있었으나, 6개월 이상 체류한 경우 지역가입자로 당연(의무)가입하도록 변경하여 건강보험에 가입하지 않아 적시에 의료서비스를 받지 못하는 의료보장의 사각지대에 밀리는 동포들이 많이 발생하고 있음.

5. 노령복지의 소외

이주민 인구구조를 살펴보면 2011년도의 경우 15세 미만이 5.2만 명이었으나 점차 증가하여 2019년의 경우 12.7만 명으로 젊은세대의 유입이 약 2.5배 증가하였음을 알 수 있다. 그러나 반면에 이민자사회의 노령화도 상당히 빠르게 진행되어 60세 이상 노령인구가 2011년 9만 명이었다가 2019년에는 26.6만 명으로 노령인구가 약 3배 이상 증가하여 한국이민사회의 젊은 세대 유입보다 노령화의 진척이 오히려 더 빠른 것으로 나타났다. 그럼에도 한국의 외국인정책은 국민의 저출산 고령화 극복의 도구로서 이민자를 활용하는 데는 골몰하면서도 정작 한국사회를 위해 활용되어지는 이민자 인력의 고령화의 문제에는 매우 관심이 없는 행태를 보여주고 있다.

<표 1> 체류 외국인 연령별 분포

시점	계	합계	15세 미만	15~19세	0세 미만	40세 미만	50세 미만	60세 미만	60세 이상
2011	계	1,395,077	52,530	29,858	407,400	337,231	281,713	196,064	90,281
	남자	779,746	27,112	14,291	226,317	216,056	154,581	96,142	45,247
	여자	615,331	25,418	15,567	181,083	121,175	127,132	99,922	45,034
2013	계	1,576,034	59,584	32,304	466,629	377,626	287,556	224,379	127,956
	남자	870,176	30,579	15,273	261,145	236,659	156,912	107,595	62,013
	여자	705,858	29,005	17,031	205,484	140,967	130,644	116,784	65,943
2015	계	1,899,519	79,727	39,673	525,912	462,669	322,198	290,757	178,583
	남자	1,044,986	40,294	18,492	293,982	285,847	180,965	140,882	84,524
	여자	854,533	39,433	21,181	231,930	176,822	141,233	149,875	94,059
2017	계	2,180,498	103,419	53,798	573,428	561,355	357,582	310,308	220,608
	남자	1,191,294	52,434	25,209	317,624	338,276	201,428	153,014	103,309
	여자	989,204	50,985	28,589	255,804	223,079	156,154	157,294	117,299
2019	계	2,524,656	127,556	65,661	648,248	663,259	405,057	348,783	266,092
	남자	1,346,134	64,636	28,815	347,431	383,396	224,684	173,526	123,646
	여자	1,178,521	62,920	36,846	300,816	279,863	180,373	175,257	142,446

출처: 통계청. 2019.『이민자 체류실태 및 고용조사 결과』.
https://www.kostat.go.kr/portal/korea/kor_nw/1/3/4/index.board

그러나 한국 이민자사회의 급속한 고령화는 한국 정부의 중국 동포 유입정책과 밀접한 관련이 있다. 한국정부는 중국 및 고려인 동포에 대해서는 재외동포(F-4)을 부여하지 않고 방문취업(H-2) 체류자격을 부여하는 차별적 정책을 시행하면서 모국과의 현격한 소득 격차 등으로 한국 입국 수요가 많고 또한 그 목적도 주로 단순노무업종에서의 취업에 있다는 이유로 한·중수교 이후 친척방문 연령을 60세 이상으로 한정하는 등 매우 엄격한 규제정책을 시행하였다.(곽재석, 2012) 고연령층 동포에게만 한국 입국을 허용하는 정부의 정책은 2년 후인 1994년에는 50세로 낮추는 등 천천히 완화되다가 한중수교 후 12년이 지난 2004년, 고용허가제가 시행되는 해에 가서야 25세 이상의 젊은 연령층 입국이 가능하도록 낮추어졌다.(법무부, 2004) 만18세 중국 조선족 동포의 한국 입국과 취업은 겨우 2018년부터 가능해졌는데 이런 점에서 고용허가제 외국인근로자 입국의 입국제한 연령이 2004년 제도 시행 초기부터 만 18세에서 39세였던 점을 감안하면 젊은 연령층 중국 조선족 동포에 대한 입국제한은 매우 형평성을 잃은 정책이지 않을 수 없다.

국민의 일자리 보호를 위해 가족이산을 감내하면서 중년 또는 고령의 나이에 한국에 입국하여 한국의 단순노무 인력시장에서 평생을 고생한 중국동포 이주민들이 이제 한국사회에서 여생을 보내고자 하지만 한국정부는 여전히 이들의 모국귀환권을 부정하고 선진국 체류 동포와는 차별적인 출입국 체류정책으로 이들의 한국 체류를 위험에 빠트리고 있다.

Ⅳ. 차별과 소외가 가져온 분열은 합리적인가?

1. 정책의 분열

법무부 작성 통계에 따르면 2022년 6월 현재, 체류외국인은 약 205만 여 명이며, 외국국적동포는 777,245명으로 전체 체류외국인(2,056,041명) 의 37.8%를 차지하고 있다. 국내 장기 체류 외국인은 2019년 12월, 252 만 명까지 대체적으로 지속 증가했지만 2020년도에는 코로나 19 팬데믹 의 영향으로 대폭 감소하였다. 그러나 특이한 현상은 이러한 코로나19로 인한 외국인의 전반적인 감소에도 불구하고 재외동포의 한국 체류는 코 로나19의 영향에도 끄떡하지 않고 오히려 국내 체류 증가세를 보여주고 있다. 2007년 3.4만 명에 불과했던 재외동포(F-4) 거소신고자는 2011년 13.5만 명, 2013년 23.3만 명, 2015년 32.5만 명, 2017년에는 41.1만 명, 그리고 2022년 6월 현재에는 78만 여명으로 지속해서 가파른 증가세를 나타내고 있다. 이처럼 재외동포의 국내 장기체류 증가가 국내 체류 외국 인의 증가에 중심적인 역할을 하고 있음을 알 수 있다.

<표 2> 외국국적동포 체류자격별 현황 (2022.06.30. 현재)

자격 계	재외동포 (F-4)	방문취업 (H-2)	영주 (F-5)	방문동거 (F-1)	기타
777,245	487,989	113,390	117,632	22,119	36,115

출처: 법무부. 2020.06.『출입국통계월보』. http://www.immigration.go.kr

한편, 동포의 국적별 체류 현황을 보면 중국이 619,048명으로 전체 체 류동포의 79.68%의 절대적 다수를 점유하고 있으며, 미국 44,176명, 우즈 베키스탄34,586명 등의 순서를 타내고 있다. 자격 및 국적별로 보면 방문 취업 체류자격(H-2)의 경우 중국이 97,677명(전체 방문취업 체류자격의

86%)으로 가장 많고 다음으로 우즈베키스탄(18,529명), 카자흐스탄(5,817명) 순서이다. 재외동포(F-4)체류자격의 국적별 현황 역시 중국이 353,926명으로 압도적인 비율을 보여 전체의 72,5%를 차지하였고 그 다음으로 미국(43,619명), 러시아(26,737명), 캐나다(17,135명) 순이다. 영주(F-5)자격의 외국국적동포의 국적별 현황 또한 중국이 전체의 97.4%인 114,6471명으로 나타났으며 그 다음이 러시아, 우즈베키스탄, 미국, 캐나다로서 각각 855명, 825명, 555명, 2435명으로 나타나고 있다.

국내 체류 동포와 또한 그 중에서 차지하는 중국 조선족 동포의 체류가 이처럼 압도적임에도 불구하고 정부는 다문화 외국인 중심의 출입국 이민정책을 고집하고 있다. 이러한 정부의 다문화 외국인정책 또한 매우 분열적인 모습을 보여주고 있다. 다수의 법령[17]이 각기 소관부처별로 집행·관리되고 있는데 외국인의 입국, 체류 및 국적정책은 법무부, 다문화가족정책은 여가부, 단순기능 외국인력정책은 고용부 등이 맡고 있다. 이러한 분산된 외국인정책 시스템의 비효율성이 늘 지적되어 왔다. 새정부 들어 법무부를 중심으로 이민청의 신설 또한 외교부를 중심으로 재외동포청의 신설 등이 논의되고 있지만 그 어느 곳에서도 국내 체류 재외동포 그리고 중국 조선족 동포들에 대한 정책부서의 설치 필요성을 논의하고 있다는 이야기는 들리지 않는다. 외국인범죄, 국민과의 갈등, 외국인사회통합 등의 문제가 불거져 나올 때마다 중국 조선족 동포들이 문제의 본거지인 듯 폄훼하면서도 동포정책의 콘트롤타워와 마스터 플랜이 부재한 실정이다.

강한 귀소본능과 함께 정부의 점진적 정책개선으로 모국에 입국하여 정주화하기 시작한 대규모의 중국 조선족 동포들이 동포로서 모국사회에 응당 포용되어야 했지만 포용될 수 없어 이리저리 내둘린 결과 오늘날과

---

17) 출입국관리법·재한외국인처우기본법과, 외국인고용법, 다문화가족지원법, 재외동포법, 해외이주법, 난민법, 여권법, 결혼중개업법 등

같은 혼란을 야기하고 있다. 이러한 혼란과 갈등, 즉 외국인범죄, 지역 커뮤니티 다문화 갈등, 쓰레기 등의 기초질서의 문제, 중도입국 청소년 문제 등은 중국 조선족 동포들이 초래한 것이 아니라 이를 적절히 포용하고 수습하지 못한 모국 정부가 근본적인 책임을 져야 한다.

중국 조선족 동포는 일반외국인근로자와는 달리 한국에서 가족을 형성하고 한국사회의 커뮤니티의 일원으로 내국인과 일상을 공유하며 살아가고 있다. 일상에서, 산업현장에서, 우리가 만나는 다문화 갈등은 대개 이러한 동포와의 갈등으로 나타나고 있다. 그럼에도 불구하고 아직도 정부는 정작 국내 체류 외국인의 40%를 점유하는 국내 체류 동포들에 대해서 관련 소관부처도 하나도 없이, 예산이나, 프로그램 그리고 지원센터 한 개 없이 이들 문제로 전전긍긍하고 있다. 정책 실무자들과의 대화에서 이러한 문제를 지적하면 문제의 본질을 인정하면서도 "국민들의 중국 조선족 동포에 대한 여론이 좋지 않아서" 섣불리 지원정책이나 규제완화의 카드를 꺼내들기 어렵다는 입장이다. 정부에 의해 중국 조선족 동포에 대한 차별적 법 시행이 지난 수십년 간 중국 조선족 동포 소수자 집단에 의한 국내 정치 분야에 어떠한 갈등을 불러 왔는지, 그리고 그 동안의 미봉적 동포 정책이 다문화 외국인 관련 정부의 엄청난 예산 투입과 노력에도 불구하고 오히려 극심한 외국인혐오와 다문화 갈등 현상만을 초래하고 있는지에 대하여 대한민국 모국 사회는 아직 이에 대한 깊은 반성이 전혀 보이지 않는다.

2. 커뮤니티의 분열

국내 체류 중국 조선족 동포는 주거비용이 저렴하고 교통이 편리한 특정지역을 중심으로 밀집 거주하여 체류하고 있다. 사정이 이러함에도 불구하고 중국 조선족 동포 밀집지역의 지방자치단체의 경우에 대개가 다문화정책의 일환으로 결혼이민자나 또는 한국 국적취득 가정을 중심으로 사회통합정책을 시행하고 있어 실제 지역사회의 다수 외국인 주민으로 존재하는 중국 조선족 동포의 한국사회 통합과 정착을 지원하기 위한 사업과 프로그램을 제대로 펼치지 못하고 있다. 한국사회에 적절히 통합되지 못하고 배제되어 체류하는 중국 조선족 동포들은 범죄, 쓰레기 불법투기 등의 문제로 내국인 주민과 잦은 충돌을 일으키며 국내 외국인 혐오주의의 축으로 변질되어 가는 매우 위험한 상황이 진행되고 있다.

범죄는 한국사회의 중국 조선족 동포 혐오현상의 가장 큰 원인으로 지목되고 있다. 20017년에 개봉한 영화 '청년경찰', '범죄도시' 등에서 중국 조선족 동포를 강력범죄자로 묘사하고, 이들의 밀집거주지역인 대림동, 가리봉동을 범죄로 매우 위험한 지역으로 표현하면서 중국 조선족 동포 커뮤니티의 강력한 반발이 있었다. '여권 없는 중국인이 많아서 밤에 칼부림이 자주 나는 곳'이라거나, '경찰도 무서워 손을 못 대는 곳'이라는 노골적인 대사와 여성을 납치하여 불법적으로 난자를 채취하는 인신매매 범죄조직원으로 중국 조선족 동포들이 묘사되었다. 오원춘 살인사건을 정점으로 한국사회에서 중국 조선족 동포는 무자비한 범죄자로 묘사되면서 한국사람들의 의식에 매우 부정적인 집단으로 존재하고 있다.

그런데 중국 조선족 동포의 잔혹한 범죄와 이를 과장해 묘사하는 영화 등 대중매체를 통해 길거리의 중국 조선족 동포는 너나없이 예비범죄자로 인식되고 있지만 실상은 반대다. 최근 경찰청의 통계에 따르면 중국 조선족 동포들이 한국사회에서 안정적인 정착을 도모하면서 오히려 최근 2년간 외국인범죄가 감소하는 현상이 나타나고 있다. 외국인이 국내에서 범죄를 저지른 경우는 2016년 4만1,004명으로 정점을 찍고 2017년과 2018년 각각 3만3,905명과 3만4,832명을 기록해 하향 안정세로 나타나고 있다. 같은 기간 국내 체류 외국인 수가 8.6% 증가한 점을 고려하면 실제로는 줄고 있다. 중국 조선족 동포의 범죄 가능성은 오히려 내국인에 비해서 낮다. 2017년 기준 내국인 대비 외국인 범죄자 비중은 2%에 그쳤다. 한국에서 범죄 100건이 발생할 때 외국인 범죄는 2건이라는 얘기다. 그리고 현실은 이와 오히려 정반대이다. 체류 지위가 불안정한 동포들이 내국인의 범죄에 노출되어 있다. 최근에 발생한 청담동 주식부자 이희진 부모의 살인사건의 경우처럼 동포들이 살인사건, 폭행과 사기 등 각종 범죄의 먹잇감이 되고 있다.[18]

문제는 한국사회 소수집단으로서 중국 조선족 동포에게 향한 혐오와 차별은 개인적 경험에 기초한 감정을 넘어 지역 커뮤니티의 심각한 분열현상으로 확대되고 있다.[19] 먼저 인적네트워크의 단절이다. 중국 조선족 동포들이 한국인 주민들에게 동일 커뮤니티의 구성원으로서 다가가고자 하지만 한국인 주민들이 오히려 중국 조선족 동포들을 강하게 배척하고 있다.[20] 중국 조선족 동포는 한국인 주민이 자기와 동일한 점이 많다고 생각하지만 한국인 주민들은 중국 조선족 동포를 자기와 다른 존재로 생각하고 있는 우월적 의식을 나타내고 있다. 더욱 큰 문제는 성인들의 중국 조선족 동포에 대한 차별적 배타의식이 자녀세대로 대물림되고 있다는 것이다. 한국인 자녀와 중국 조선족 동포 자녀가 함께 학교를 다니는 것이 서로에게 도움이 된다고 생각하는 것에 대하여 중국 조선족 동포는 4점

---

18) [외국인 정책 이대로 좋은가]통계조차 없는 외국인 대상 범죄..."8만여명 사각지대서 신음", 서울경제, 2019. 3. 19. (https://www.sedaily.com/NewsView/1VGNGFFGPX)

19) 이하 분석은, 윤인진, "서울서남권 중국 조선족 동포 밀집지역 발전방안: 지역주민 사회통합과 지역발전 방안의 모색," 2016년 11월 18일. 고려대학교 한민족공동체연구센터 정책위크숍 자료집에서 인용함.

20) 서울 서남권 동일 커뮤니티 내의 한국인주민 중 알고 지내는 중국 조선족 동포가 있는 비율 36.8%은 한국국적 중국 조선족 동포가 알고 지내는 한국인이 있다는 비율 96.9%에 비해 1/3 가량이나 낮다. 그리고 이러한 사회적 거리감의 원인은 중국 조선족 동포들의 원인이라기보다는 한국인 주민들의 배타성이 그 원인 것으로 나타났다. 중국 조선족 동포가 한국인 주민과 한 동네에 사는 것(90.3%), 이웃으로 지내는 것(94.3%), 직장동료로 지내는 것(89.4), 절친한 친구로 지내는 것(88.4%)에 우호적인 반면, 한국인 주민은 중국 조선족 동포에 대해 각각 57.3%, 50.0%, 55.5%, 32.3%로 매우 배타적인 거리감을 보였다.(출처: 서울서베이)

만점에 3.76점을 나타냈지만 한국인 주민은 2.90점으로 나타났다. 실제 영등포구 대림동 지역의 경우 중국 조선족 동포 자녀들이 급증하면서 자녀교육을 위해 타 커뮤니티로 이주하는 한국인 주민들이 증가하고 있다.

3. 민족의 분열

우리 국민들의 재외동포에 대한 일반적 인식은 "검은머리 외국인", "원정출산자", "이중국적" 등의 용어에서 보듯이 매우 부정적이다. 재외동포에 대한 국민인식을 조사한 연구결과에서 우리 일반국민들은 "재외동포"보다 결혼이민자 등 일반 다문화집단에 대해서 더욱 친밀도를 느끼는 것으로 나타나고 있다.(윤인진. 2015) 특히 중국 조선족 동포들의 경우에는 "중국X" 등 매우 부정적이고 차별적인 이미지로 정형화되어 나타나고 있다. 매스미디어 등이 중심이 되어 중국 조선족 동포 희화화 등 동포에 대한 부정적 선입견을 조장하여 중국 조선족 동포에 대한 한국 일반 국민들의 인식은 위험한 수준까지 도달해 있다. 한국 국민들의 중국 조선족 동포에 대한 부정적인 이미지는 이들이 가진 정체성, 즉 동포라기보다는 중국인으로서 "조선족"이라는 정체성에 대한 의구심과 함께 이들이 한국사회에 의해 외국인근로자로 한국인들이 꺼려하는 3D 노동시장에서 생존할 수밖에 없었던 환경과 긴밀히 연관되어 있다.(동북아공동체연구회. 2010)

내국인들의 이러한 차별의식은 동포들의 모국에 대한 친밀감과 민족정체성에 매우 부정적인 영향을 초래하고 있다. 일반적으로 재외동포들은 한국 입국 전 한국에 대해 긍정적 이미지를 가지고 있다가 한국 입국 후에는 전체적으로 부정인식이 높아지는 경향을 보여주고 있으며 이런 경향은 선진국 재외동포보다 중국 조선족 동포들에게 더욱 심하게 나타나고 있다.[21]

이러한 상황에도 불구하고 초중등교육과정에서 다문화이해교육은 시행하고 있으나 정작 재외동포 관련해서는 명확한 콘텐츠와 교과개설 등이 부재한 상황이다. 재외동포재단에서 내국인에 대한 재외동포 인식 제고사업의 일환으로 전국 대학 및 고등학생, 공무원 등을 대상으로 "찾아가는 재외동포 이해교육" 사업을 추진하고 있으나 시범적 사업에 머무르고 있다. 정부의 동포 자녀 부모동반 입국 자유화 조치 이후 동포 청소년의 지역 유입이 다문화가족의 중도입국자녀보다 더욱 증가하고 있는 상황이지만 이들 중국 조선족 동포 중도입국 청소년들은 다문화가족지원법 등 정부의 다문화 청소년 복지지원과 서비스 대상에서 제외되어 있는 민족 및 모국 정체성 혼란, 한국어능력 부족, 문화적 격차 등의 문제에 직면하고 있다.[22]

V. 한중수교 30주년은
동포차별의 해묵은 숙제를 해결할 적기

국내 체류 중국 조선족 동포 규모의 확대 및 체류 형태의 다양화와 정주화에도 불구하고 이들이 모국에서 직면하고 있는 다양한 어려움과 정

---

21) 선진국 재외동포의 긍정인식은 57.3%로 입국 전(55.1%)에 비해 2.2% 증가하였으며 부정인식(18.0%) 또한 입국 전(10.2%)에 비해 7.8% 증가한 것으로 나타났으나 중국 조선족 동포의 모국에 대한 긍정적 인식은 13.5%(68.3% → 54.8%) 하락한 반면, 부정적 인식은 9.6%(4.8% → 14.4%)나 증가하고 있다. 곽재석,『재외동포의 이주현황과 향후 정책방향』법무부 정책연구용역, 2011. 12. pp. 90-91.

22) 이주배경 청소년 지원에서 국내체류 동포청소년들을 지원하는 법적 근거가 없는 현실이다. 다문화가족지원법 제2조 제1항의 대한민국 국적을 취득한 자로 이루어진 "다문화가족" 가족, 제2항의 결혼이민자 및 국제결혼을 통해 귀화허가를 받은 "결혼이민자등"에게만 가능하며, 재외동포재단법 제2조 제2항에 따라 "국적에 관계없이 한민족(韓民族)의 혈통을 지닌 사람으로서 오직 외국에서 거주·생활하는 사람"에게만 지원이 가능하고, 재한외국인처우기본법 또한 국내 체류 동포에 대한 지원을 국가의 의무로 규정하고 있지 않다.

책적 문제는 정부 동포정책의 변화를 절실히 필요로 하고 있다. 동포의 체류규모가 확대되면 내국인 고용보호가 침해될 우려가 있다고 해서 도입규모를 제한하고 출입국을 제한하는 등의 외국인력정책 차원의 규제적 접근만으로는 이러한 문제를 해결할 수 없게 되었다. 이제 한국사회는 동포를 단기간의 한국 체류 이후 중국으로 귀환하는 외국인력으로서만 대우하던 과거의 정책패턴을 벗어나서 동포를 한국사회의 주요 구성원으로서 이들의 인적자원을 어떻게 활용하고 개발하며, 한국 체류를 통하여 국가발전과 함께 동포사회의 발전을 상생적으로 함께 도모할 수 있을 것인가는 사회통합정책의 차원에서 정책목표와 과제를 모색해야 할 단계에 왔다.

국내 체류 동포의 국내 경제활동참가율은 방문취업(H-2) 동포가 82.5%, 재외동포(F-4)는 66.9%로 꽤 큰 차이를 보이고 있다. 이는 재외동포(F-4) 자격 소지자의 경제활동이 크게 제한받고 있음을 의미하는데, 이는 법무부 정책에 따라 재외동포(F-4)에게 과도하게 비전문직종(42개 단순노무 직종) 및 고령동포 취업이 제한되어 있기 때문으로 보인다. 고용률 역시 경제활동참가율과 유사하게 방문취업(H-2)이 76.3%로 재외동포(F-4) 62.3%보다 높다.

<표 3> 체류자격별 경제활동인구

체류자격별	2021					
	15세 이상 인구 (천명)	경제활동 인구 (천명)	취업자 (천명)	비경제 활동인구 (천명)	경제활동 참가율 (%)	고용률 (%)
방문취업(H-2)	122.8	101.7	93.7	21.1	82.8	76.3
재외동포(F-4)	380.0	254.1	236.8	125.9	66.9	62.3

자료: 통계청·법무부. 2021. 『2021년 이민자 체류실태 및 고용조사』

방문취업(H-2) 및 재외동포(F-4) 체류자격에서 공통으로 월 평균임금이 200만 원~300만 원 미만 수준이라고 응답한 비율이 절반 이상을 차지하고 있다. 300만 원 이상의 월 평균임금은 양 체류자격에서 모두 15% 수준 정도로 매우 저조하여 체류자격에 따른 임금상승의 효과 없이 동포들이 전반적으로 한국의 저임금 노무시장에 종사하고 있음을 알 수 있다. 따라서 재외동포(F-4) 체류자격으로의 변경이 동포들의 임금상승을 유발함으로써 해당 단순노무 산업 분야의 경쟁력을 저하시켜서 산업 생존에 위협을 가할 수 있다는 우려는 근거없는 것으로 판단된다.

<표 4> 체류자격별 동포 취업자의 월 평균 임금 분포, 2020

구분	방문 취업 (H-2)	재외 동포 (F-4)
사례수	1,511	2,100
100만원 미만	3.4	3.4
100~200만원 미만	27.0	26.0
200~300만원 미만	**54.5**	**54.9**
300만원 이상	15.0	15.8
전체	100.0	100.0
F	0.58	

자료: 통계청 · 법무부, 2020년. 『이민자 체류실태 및 고용조사』

재외동포의 체류자격변경 이후에도 지속되는 저임금 고용현황은 동포의 인적자원개발을 위한 교육 및 지원이 필요함을 보여주고 있다. 방문취업(H-2) 이나 재외동포(F-4) 체류자격 모두 저임금의 고된 노동으로 인해 이직을 희망하고 있는 비율이 매우 높게 나타나고 있다.

<표 5> 이직 희망 여부 및 이직 희망 이유

구 분			2021								
			합계 (%)	이직 희망함 (%)	임금이 낮아서 (%)	일이 힘들거 나 위험해 서 (%)	숙소 또는 작업환 경이 안 좋아서 (%)	본국 출신 등 아는 사람과 함께 일하고 싶어서 (%)	직장에 특별한 불만은 없지만 더 좋은 일자리가 생겨서 (%)	기타 (%)	이직 희망하 지 않음 (%)
체 류 자 격 별	계	소계	100.0	12.0	34.6	23.5	0.9	0.9	14.4	25.8	87.9
	H2	소계	100.0	12.5	25.7	23.8	-	2.0	17.8	30.7	87.5
		남자	100.0	14.4	24.4	24.4	-	2.6	17.9	29.5	85.6
		여자	100.0	9.0	29.2	20.8	-	-	16.7	33.3	91.4
	F4	소계	100.0	11.9	38.3	23.3	1.3	0.4	13.3	23.8	88.2
		남자	100.0	11.8	36.9	23.4	2.1	0.7	12.8	24.1	88.2
		여자	100.0	11.9	40.4	22.2	-	-	14.1	23.2	88.1

자료: 통계청 · 법무부. 2021. 2021년 이민자 체류실태 및 고용조사」

취업상태에 있는 동포들의 종사상의 지위를 살펴보면, 방문취업(H-2)의 98.8%, 재외동포(F-4)의 93.5%가 임금근로자인 것으로 나타나서 체류자격과 무관하게 여전히 불안정한 노동시장 통합수준을 보여 주고 있다. 하지만, 임금근로자 중 상용근로자의 비율을 보면 재외동포(F-4)가 50.0%로 방문취업(H-2) 37.5% 보다 훨씬 높은 비율을 보이며 안정적인 취업 지위를 유지하고 있음을 알 수 있다. 두 체류자격간의 비임금근로자의 비교를 살펴보면 재외동포(F-4)가 6.5%로서 방문취업(H-2) 1.2% 보다 높은 비율의 자영업 비율을 보여주고 있어 재외동포(F-4) 체류자격으로의 변경이 동포로 하여금 한국사회 정착 노력에 방아쇠 역할을 하고 있음을 알 수 있다.

(단위: 명, %)

구분		방문취업 (H-2)	재외동포 (F-4)
사례수		1,529	2,246
임금 근로자	상용근로자	37.5	50.0
	임시근로자	26.8	23.1
	일용근로자	34.5	20.4
	소계	98.8	93.5
비임금 근로자	고용원이 있는 자영업	0.2	1.6
	고용원이 없는 자영업	0.8	4.2
	무급가족 종사자	0.2	0.7
	소계	1.2	6.5
전체		100.0	100.0
Chi2		164.5501***	

자료: 통계청·법무부. 2020. 『2020년 이민자 체류실태 및 고용조사』
*** p<.001 ** p<.01 * p<.05

동포 취업자의 산업별 취업 분포를 살펴보면 광제조업 분야가 방문취업(H-2) 34.6%, 재외동포(F-4) 41.4%로 두 체류자격 모두에서 가장 높은 종사 비율을 보이는 등 방문취업(H-2)과 재외동포(F-4) 두 체류자격에서 산업별 분포 비율 순위의 변동이 나타나고 있지 않고 있음을 알 수 있다. 즉 방문취업(H-2)과 재외동포(F-4) 체류자격의 구분이 내국인 일자리 보호, 상시인력부족 산업에 대한 인력공급 등에 실제 크게 영향을 미치지 않음을 알 수 있다.

건설업 분야에서 방문취업(H-2) 체류자격이 24.3%로 재외동포 11.8%에 비해 두 배 이상 높은 비율을 보임으로서 재외동포(F-4) 체류자격변경이 건설업 분야 내국인 일자리 침해 효과가 전혀 없거나 또는 내국인 취약계층 일자리 보호에 긍정적인 영향을 미치고 있음을 보여 주고 있다. 방문취업(H-2) 체류자격보다 재외동포(F-4) 체류자격에서 건설업 종사 동포들이 현저한 비율로 감소하는 것은 건설업이 단순 노무로 분류되어 재외동포(F-4) 체류자격의 해당업종 진입이 어렵기 때문이라고 해석할 수도 있으나 실제 현장에서는 건설업 전문자격증 취득 등을 통하여 짧은 기간 내에 손쉽게 합법적인 취업이 가능하도록 제도화되어 있다. 법무부는 철근공, 콘크리트공, 타설원, 거푸집설치원·준비원은 건설업 단순노무자가 아닌 것으로 유권해석하고 있으며, 그 외에도 한국표준직업분류 상 건설 관련기능종사자(대분류7)에 해당하는 약 40개의 직종은 국내 법령에 따라 일정한 자격을 갖추면 건설현장 취업이 가능하도록 하고 있다.

또한, 방문취업(H-2)과 재외동포(F-4) 두 체류자격 취업자의 종사상 지위에 관한 위의 표에서 마찬가지로 재외동포(F-4)는 사업·개인·공공서비스업 종사자가 22.0%로 방문취업자(14.2%)보다 높게 나타나면서 동포들의 체류자격 변경으로 국내 일자리 창출 효과가 매우 큰 사업·개인·공공서비스업 분야 등이 활성화되고 있는 것으로 나타나고 있다.

<표 7> 체류자격별 중국 및 고려인 동포 취업자의 산업 분포, 2020

구분	방문 취업(H-2)	재외동포(F-4)
사례수	1,529 명	2,246 명
농림어업	1.4	1.0
광제조업	34.6	41.4
건설업	24.3	11.8
도소매·음식·숙박업	25.1	21.6
전기·운수·통신·금융업	0.5	2.3
사업·개인·공공서비스업	14.2	22.0
전체	100.0	100.0
Chi2	150.9424***	

자료: 통계청·법무부. 2020. 『2020년 이민자 체류실태 및 고용조사』
*** p<.001 ** p<.01 * p<.05

노동시장에서의 동포들의 표준근로계약서 작성 및 고용보험 가입 등을 통한 안정성을 살펴보면, 재외동포(F-4) 체류자격의 경우 표준근로계약서 작성 비율이 미세하지만 다소 증가하고 있다.

<표 8> 직장(사업체) 사업주(고용주)와 표준근로계약서 작성여부

구 분		2021		
		합계 (%)	표준근로계약서 작성함 (%)	표준근로계약서 작성하지 않음 (%)
성별	계	100.0	50.1	49.8
	남자	100.0	53.8	46.2
	여자	100.0	45.4	54.6
체류자격별	계	100.0	50.1	49.8
	방문취업(H-2)	100.0	49.3	50.7
	재외동포(F-4)	100.0	50.5	49.5

자료: 통계청·법무부. 2021. 『2021년 이민자 체류실태 및 고용조사』

또한, 국내 체류 동포의 고용보험 및 산재보험 가입상태를 살펴보면, 재외동포(F-4) 체류자격의 경우 모두 유의미한 수치로 증가하였음을 알 수 있다(산재보험 가입:57.4% → 60.7%, 고용보험 가입: 48.8% → 53.8%)

<표 9> 동포의 산재보험 및 고용보험 가입 상태, 2021. (단위: 천명, %)

	전체 임금근로자		고용보험			산재보험		
			가입	미가입	모르겠음	가입	미가입	모르겠음
방문취업(H-2)	92.8	(100.0)	(48.8)	(43.8)	(7.4)	(57.4)	(35.0)	(7.5)
재외동포(F-4)	221.9	(100.0)	(53.8)	(41.1)	(5.1)	(60.7)	(32.5)	(6.7)

출처 : 통계청.법무부. 2021. 『2021년 이민자체류실태 및 고용조사』

재외동포(F-4) 체류자격으로의 변경으로 동포의 21.9%가 임금이 상승되었으며 또한 17.3%의 동포들이 담당업무에서 더욱 숙련 전문화된 업무를 담당할 수 있는 기회를 제공하고 있는 것으로 나타나고 있다.

그럼에도, 업무 난이도에서 방문취업(H-2)에서 재외동포(F-4)로 체류자격을 변경한 후에 담당 업무 난이도의 변화는 동일한 업무 담당(76.6%)이 가장 많았으며, 임금 및 보수도 동일(73.0%)한 경우가 가장 많음으로 나타나서 재외동포(F-4) 체류자격 변경으로 인한 노동시장의 혼란은 크지 않을 것으로 판단된다.

<표 10> 방문취업(H-2), 재외동포(F-4) 모두 취업한 경험과 방문취업(H-2)에서 재외동포(F-4)로 체류자격 변경 후 담당업무 및 임금 또는 보수 변동

		2021											
		합계 (%)	방문취업·재외동포 모두 취업함	담당업무 변동 유무				임금 또는 보수 변동 유무					방문취업 일 때만 취업함 (%)	재외동포 일 때만 취업함 (%)
				동일한 업무 담당 (%)	더 숙련된 업무 담당 (%)	더 단순한 업무 담당 (%)	기타 (%)		임금 또는 보수 동일 (%)	임금 또는 보수 상승 (%)	임금 또는 보수 하락 (%)	기타 (%)		
체류 자격	F-4	100	85.5	76.6	17.3	5.3	0.8	100	73	21.9	4.7	0.4	7.9	6.6
성별	남자	100	89.2	76.8	17.4	5	0.8	100	72.1	22.8	4.6	0.6	5.2	5.5
	여자	100	80.8	76.3	17.2	5.5	0.9	100	74.5	20.8	4.8	0.2	11.1	8.1

자료: 통계청·법무부. 2021. 『2021년 이민자 체류실태 및 고용조사』

VI. 결론: 동포 차별정책에 대한 모국사회의 공론화가 필요하다

올해는 한중수교 30주년이다. 이제 한국은 모국으로서 중국동포에게 모국으로의 온전한 귀환권을 보장하기 위한 정치사회적 논의를 본격적으로 진행해야 한다. 한국에 거주하는 재외동포(F-4) 중에도 중국 출신 동포들이 50% 이상을 점유하고 있는 실정으로 부자유로운 체류와 취업으로 여러가지 문제가 일어나고 있는 현실을 부정할 수는 없다. 따라서 동포(들이 모국에서 더욱 안정적 체류 여건을 활용하여 지금까지의 저숙련 노동시장보다는 기술 및 기능요구분야로 이동할 수 있도록 유도하여야 한다.

하지만 동포에 대한 온전한 재외동포(F-4) 자격부여는 재외동포와 한국인의 일자리 보호 등 노동문제와 가장 큰 관련하여 극히 민감한 정치사회적 이슈임에는 분명하다. 이를 위해서 외교부-법무부-고용노동부-행정안전부 등 재외동포 관련 부처 간 상시협의채널을 가동해야 하며, 재외동포정책위원회와 외국인정책위원회 간 합동회의가 개최될 필요가 있다. 또한 재외동포(F-4) 체류자격에 대한 전면적 도입은 다양한 정책 설명회, 합법화의 이점 그리고 지속적 정책에 대한 홍보로 양질의 동포를 유입하고 합법 취업의 문화를 고양시키는 것에 초점이 이루어져야 한다.

방문취업(H-2) 자격 소지자를 대상으로 재외동포(F-4) 자격 전환을 확대하게 되면 기존의 취업규제에 관한 사항을 어떤 방식으로 적용할 것인지 논의가 필요하다. 재외동포정책 운영의 목적에 부합하도록 이들의 국내 경제활동을 최대한 허용하되, 국민 일자리를 침해할 소지가 있다고 판단되는 분야(업종 혹은 직종)에 대해서는 동포 취업을 제한하는 방안을 고려할 수도 있다.

또한 동포 정주 규모 확대에 대응하여 중앙정부 및 지방정부에 동포 전담조직을 설치하고 이들의 한국사회 정착을 위한 사회통합 예산을 확보하도록 해야 한다. 국내 체류 65만 여명의 동포는 주거비용이 저렴하고 교통이 편리하지만 생활환경이 열악한 특정지역을 중심으로 밀집거주하여 체류하고 있다. 사정이 이러함에도 중국 조선족 동포 밀집지역의 지방자치단체의 경우에 대개가 다문화정책의 일환으로 결혼이민자나 또는 한국 국적취득 가정을 중심으로 사회통합정책을 시행하고 있어 실제 지역사회의 다수 외국인 주민으로 존재하는 중국 및 구소련지역 출신 동포의 한국사회 통합과 정착을 지원하기 위한 사업과 프로그램을 제대로 펼치지 못하고 있다.

현재 정부는 외국인정책기본계획에 따라 국내 체류하는 다양한 이민자의 사회통합을 위한 정책을 각 정부부처별로 시행하고 있으며 각 부처별로 지원체계를 마련하여 예산 및 인원 지원하고 있으나 정작 동포 전담 사회통합 과제나 프로그램, 예산 책정은 전무하다. 따라서, 국내 동포의 지역사회 안정적인 정착을 위한 사회통합지원 체계 설치 및 사업 확충하여 밀집지역 중심 동포체류지원센터 내실화를 위한 예산 및 프로그램 지원하고, 동포지원 관련 중앙정부 및 지자체 조직 설치 및 동포 밀집지역 지자체 동포 관련 조례 제정 등을 추진하도록 해야 한다. 또한 밀집 지역 거주 동포의 지역사회 참여와 네트워크를 형성하여 동포로 하여금 지역사회 활동 참여 기여 기회 제공을 통한 소속감 및 지역통합 사업 실시하며, 내국인 주민과 동포들과 네트워크 구축 (지역봉사활동 공동참여 등)하도록 하여야 한다.

무엇보다도 위와 같은 국내 체류 동포지원 체제 및 사업 예산 확보를 위해서는 법적인 근거를 마련하는 것이 중요하다. 21대 국회에서는 국내에 체류하는 80만 여명의 재외동포에 관한 정책을 체계적·종합적으로 마련하고 이를 중장기적으로 추진하며, 재외동포들이 대한민국에서 안정적으로 정착하도록 지원할 필요성에 따라『재외동포기본법』의 제정이 논의 중에 있다. 그러나 법무부는 재외동포정책 중 재외동포의 '대한민국에서의 권익 신장'과 관련하여 국내 거주(체류)하고 있는 재외동포에 관하여 이미 명문 및 실질적인 기본법으로서의 역할을 하고 있는 「재한외국인 처우 기본법」과 「재외동포의 출입국과 법적 지위에 관한 법률」이 시행되고 있는 점을 들어 법체계상의 중복, 행정력 및 예산의 낭비가 초래될 수 있다는 우려 등으로 인해 제정안과 같은 기본법 제정에 대하여 부정적인 입장" 이다.

그럼에도 현재『재외동포의 출입국과 법적지위에 관한 법률』에서 대한민국에의 출입국과 대한민국 안에서의 법적 지위를 보장함을 규정하고 있으나 국내에서 체류하는 다양한 체류자격의 동포에 대한 지원 및 통합에 관한 사항이 명확히 규정되지 않아 체계적인 정책 수립·집행 역할에 한계가 있는 것은 사실이다. 따라서 『재외동포의 출입국과 법적지위에 관한 법률』을 개정하든지 아니면 『재외동포기본법』을 제정하든지 부처 간에 협의하여 재외동포를 체계적으로 지원하고 보호함으로써 재외동포의 모국에 대한 귀속감을 높이고 국민과의 통합성을 제고하며, 재외동포정책의 체계적·종합적·중장기적 추진을 위한 법률적 기반을 마련하는 것은 매우 시급한 과제이다.

한중문화 논란에 대한 심층 분석

정인갑

Ⅰ. 서론

1987년 10월 필자가 처음 한국을 방문했을 때 한국국민은 중국에 대해 매우 우호적이었다. 중국의 좋은 것도 좋다, 나쁜 것도 좋다고 하므로 중국국민인 필자가 아주 송구스러울 정도였다. 한번은 필자가 서울의 6촌 매부와 같이 서울시를 거닐었다. 노량진 부근을 지날 때 매부가 친구 한 분을 만나보고 가자고 하여 들렀다. 주위에는 마대를 메어 나르는 사람 20~30명이 분주히 일하고 있었다. 중국손님이 왔다고 하니 그들은 멨던 마대를 내려놓고 필자를 에워싸고 필자더러 중국 이야기를 해달라는 요구를 한다. 필자가 '중국의 어떤 이야기를 듣고 싶은가'고 물으니 이구동성으로 먼저 '중국에 실업자가 있는가, 없는가를 이야기하라'고 하였다.

필자는 '중국에 실업자가 있다면 많고 없다면 없다'고 하니 무슨 뜻인지 설명하라는 것이었다. 나는 설명하였다. '근로자가 1,000명인 한개 공장이 있다고 가정하자. 해마다 이 공장 종업원의 자식 30명이 고등학교를 졸업하는데 그중 10명은 대학에 붙었고 20명은 대학에 붙지 못했다. 대학에 못 붙은 20명 중 10명은 스스로 직업을 찾았지만 직업을 찾지 못한 자가 10명이다. 그러면 이 10명을 공장에 취직시킨다. 혹은 공장에서 자금을 대어 작은 회사나 가게를 차려주지만 적자를 보면 공장에서 안는다. 결국은 본래 1,000명이 먹던 밥을 1010명이 먹는 셈이다. 한 해에 10명이면 10년이면 100명이 아닌가? 이 100명은 실업자와 무엇이 다른가? 그러므로 실업자가 있다면 많고 없다면 없다.' 그들은 일제히 대 환호를 하였다. '아하! 세상에 이렇게 좋은 나라도 있네. 우리도 중국에 가서 살았으면 좋겠다.' 나는 그들을 반박하였다. '그러므로 중국은 못 살며 잘 살아보려고 지금 개혁개방을 하고 있다.' 그들은 말하였다. '좀 못 살 지언 정 그것이 더 좋다. 제발 개혁개방을 하지 말라.'

이뿐이 아니다. 건국 30년 동안 중국공산당과 모택동이 저지른 착오를 말하면 그들은 필자를 반박한다. '중국공산당과 모택동이 어쨌든 10억 인구를 먹여 살리지 않았는가? 여기에 비기면 그 잘난 과오는 과오도 아니다.' 심지어 인류역사상 전대미문의 문혁의 착오도 한국의 많은 국민들은 착오로 인정하지 않으려 하였다.

1987년 당시 한중 두 나라는 상호 적성 국가였다. 게다가 중국과 혈맹인 북한이 중간에 끼어있어 한중 두 나라의 거래나 수교는 거의 불가능하였다. 1983년 5월 5일 테러분자 6명이 심양에서 상해로 가는 민항기를 납치하여 서울에 갔으며 이 사건의 해결을 위해 중국민항 국장 심도(沈圖)가 서울에 간 것이 1949년10월부터 그 때까지 34년 만에 한국과 중국의 정부 간 공식접촉이 이 한번 뿐일 것이다. 많은 한국국민들은 한중수교를 학수고대하고 있었다: '우리가 중국과 수교하면 얼마나 좋겠는가? 중국의 한 개 성이라도 우리에게 문을 열어주어도 우리의 경제상황은 퍽 좋아지며 잘 살 수 있다. 제발 한 개 성이라도 열어주기 바란다.' 그때 만약 여론조사를 했더라면 중국에 호감을 가지는 자가 한국국민의 90%에 접근하였을지 모른다.

그때로부터 불과 5년 후에 한국은 중국과 수교되었다. 중국의 한 개 성이 아니라 전 중국을 한국에 개방하여 한국 경제인이 마음대로 중국과 경제교류를 할 수 있게 하였다. 수교한 지 30년 간에 한중 수출입은 한국 총 수출입의 25%을 차지하는데 이르렀다. 30년 간에 한국의 1인당 GDP

가 8천여 달러로부터 3만여 달러로 제고된 것은 중국과의 경제교류가 큰 작용을 하였다.

그러나 한국국민의 중국에 대한 선호도는 수교 이후 점점 떨어졌으며 미국 모 여론업체의 조사에 따르면 2022년 초 중국을 혐오하는 한국인은 한국국민의 77%를 차지하는데 이르렀으며 이는 일본을 혐오하는 비율을 훨씬 초과한다. 그렇다면 중국에 호감을 가진 한국국민은 23%이하로 떨어졌다는 것이 아닌가? 수교 30년간 한중관계는 경제상 아주 좋았고 정치상에서 적어도 현상유지를 하고 있는데 왜 중국에 대한 선호도는 오히려 떨어지고 있는가? 아무리 생각해도 이해가 가지 않는다.

필자는 한국인을 상대로 여론 조사도 많이 해보았다. 확실한 답안을 얻지는 못하였지만 중국을 혐오하는 원인 여러 가지를 찾아내었다: 1) 중국의 홍콩에 대한 조치에 의견이 많다. 2) 중국 신강(新彊)의 인권에 대해 불만이 크다. 3) 중국 동북공정에 대해 적개심이 강하다. 4) 중국이 유네스코에 등록한 비물질 문화유산에 대해 거부적이다. 5) 중국이 한국을 병탄(併呑)할 우려 때문이다. 6) 한국 언론이 한중관계에 끼친 악영향이 크다. 7) 중국의 한국 사드배치에 대한 보복 때문이다. 8) 중국이 코로나19 바이러스를 방출하여 한국을 포함한 전 세계를 괴롭히고 있다. 9) 중국의 습근평은 장기집권을 노리고 있다.

이상의 9 가지 불만이 중국을 혐오하게 만든 원인인 것만은 사실이다.

아래 본론에서 우선 그 중 1)~6)까지 여섯 가지를 먼저 심층 분석해 본다. 이 6가지 문제에 관한 기본 재료를 나열하는데 중점을 두고 모종 견해에 치우치는 것과 필자의 평가도 되도록 자제한다.

II. 여섯 가지 혐오 이슈에 대한 분석

1. 홍콩문제에 관하여

(1) 홍콩의 근대사

홍콩 문제를 이야기할 때 홍콩의 역사를 이야기하지 않을 수 없다.

한(漢)나라 때부터 1820년까지 중국은 세계에서 가장 부유한 나라였다. 저명한 경제학자 매디슨(Angus Maddison)은 당나라 때 중국의 GDP는 전 세계 GDP의 58%를 차지하였고 청나라 초기와 중기(1664~1820년)는 33%를 차지한다고 하였다.[1] 그때 세계경제를 GDP로 평가하는 관행이 없어 완전히 믿을 수는 없지만 그사이 중국이 세계에서 가장 부유한 국가임은 틀림없었다.

한나라 때부터 세계 각국의 상인들이 중국에 운집하였으며 당, 송, 원, 명 때는 더욱 많았다. 그때 중국에 온 외국인은 서역, 아라비아국가 사람이 위주였다. 명나라 말, 청나라 초기부터는 유럽인이 점점 많아지기 시작하였다. 이때 포르투갈, 스페인, 네덜란드 및 영국이 세계 및 아시아로 팽창하기 시작하였기 때문이며 영국이 식민지 인도에 동인도회사를 운영하고 있었으므로 중국에 온 영국인이 급증하였다.

그때 외국인 중국입국의 창구는 광주(廣州)였다. 외국인이 광주에 도착하면 조정의 규정에 따라 외국인의 이력서를 작성하여 조정에 보고서를 올리곤 하였다. 조정에서는 보통 자연과학자와 미술가는 신병을 북경에 올려 보내게 하고 나머지는 본국으로 돌려보내라고 한다. 만약 본국으로 돌아가지 않고 떼질 쓰며 불법체류하면 선교사는 마카오에, 일반인은 홍콩에 보내 연금시켰다.[2] 한 번은 홍콩에 있어야 할 한 영국인이 몰래 대

---

[1] 매디슨(Angus Maddison) 2001,『세계경제 천년 사』와『중국경제의 장원한 표현』.
[2] 『청나라 중기 초기 서양천주교의 재중국활동 당안사료(清中前期西洋天主教在華活動檔案史料)』

륙에 들어갔으므로 체포령을 내려 전국적인 수배를 벌였다. 3년 동안의 수배 끝에 이미 붙잡혀 홍콩으로 추방된 다른 사람과 이름자를 달리 쓴 사람임을 확인하고서야 수배를 종결하였다.3) 홍콩에 머무른 외국 불법체류자를 청(淸)정부는 반 죄수로 취급하였다는 말이 된다.

당, 송, 원, 명, 청 때 외국상인이 중국과 무역거래를 하였지만 중국에 물산이 풍부하므로 팔 수 있는 물품은 별로 없었다. 유럽에서 들여올 물품은 사치품, 자명종(自鳴鐘), 거울 등 몇 가지뿐이며 교역량이 많지 않았다. 입쌀, 향료, 해삼, 상어지느러미 등도 있었지만 이는 동남아와 일본에서 수입하였으며 역시 교역량이 많지 않았다. 외국 상인이 중국에서 수입할 물품은 생사(生絲), 사직품(絲織品), 도자기, 차엽(茶葉) 등이며 그 양이 엄청 많았다.

그러므로 각 국과 중국의 무역은 적자무역이었고 해마다 중국으로 들어오는 백은은 부지기수이다. 건륭(乾隆) 5년(1740) 영국으로 수출된 중국의 차(茶)는 1.4만석이었고, 건륭 25년부터는 해마다 4~5만석이었다. 건륭 15~25년 10년간 차 관세수입이 4,755,312냥이고 건륭 45~55년의 관세수입은 9,271,536냥이다. 1820년 이전 세계 각국, 특히 유럽과 영국의 백은은 부지기수로 중국으로 들어왔다. 중영무역에서 중국은 엄청 많은 흑자를 보았고 영국이 본 적자는 천문학적 숫자였다.

영국이 적자무역을 흑자무역으로 반전시키기 위해 많은 노력을 해봤지만 모두 역전시키지 못했다. 마지막으로 채택한 방법이 바로 중국에 아편을 밀수하는 것이다. 영국은 청나라 초기부터 중국에 아편을 수출하였다. 그러나 아편이 약재이므로 일반 상품과 같이 취급하였으며 양도 적었다.

제1책. 본 사료집은 미국 샌프란시스코 마데오·리치 중서역사연구소의 요구에 응해 중국 제1역사당안관에서 편찬하고 중화서국에서 2003년에 출판한 책이다. 16절지, 400~500페이지의 4책으로 돼 있다. 본인은 이 책의 편집에 참여하였다. 주요하게 순치(順治) 원년(1644년)부터 도광(道光) 30년(1850년)까지 서양 천주교가 중국에서 선교활동을 한 내용을 반영하였다.

3) 동상서 제3책.

원래 중국에는 아편이 없다가 7세기경에 외국으로부터 들어왔고 8세기부터는 사천(四川)에서 재배하기 시작하여 운남(雲南)으로 확산되었다. 아부용(阿芙蓉) 또는 미낭화(米囊花), 앵속(罌粟)이라 불렀으며 이질(痢疾), 일사병(日射病), 감기. 천식과 통증의 치료에 썼다. 아편은 앵속화의 꽃꼭지를 베어 흰 즙을 뽑아내어 말린 검은 덩어리이다. 흰 즙이 왜 검어졌는가? 아편을 전혀 모르는 중국인은 까마귀 머리를 빻아 흰 즙에 넣어 반죽해서 말렸기 때문에 검은 색이 되었다고 오해하였다. 까마귀는 검은 색이니까 흰 즙이 검게 된다고 생각했다. 그래서 까마귀 이름 '오아(烏鴉)'의 '鴉'자를 빌려 '아편(鴉片)'이라 이름 지었다.4) 원래 중국에 아편이 없었음을 알 수 있다.

중국에로의 아편 매매는 포르투갈 상인이 먼저 시작하였고 네덜란드상인이 뒤를 이었다. 그때는 의약품이었으며 공식무역 품목이었다. 영국은 1767년부터 시작하였고 의약품이 아닌 마약으로 밀수에 뛰어들어 점점 포르투갈, 네덜란드 상인을 대체하였다. 영국은 식민지 인도에서 재배한 아편을 해적의 방법도 마다하며 중국에 대량 밀수하여 폭리를 보았으며 무역 적자를 흑자로 역전시키는데 성공하였다. 아편전쟁 전 영국은 심지어 무장밀수까지 감행하였으며 공공연히 광주 호문(虎門)에 아편 도매점을 차리는데 이르렀다. 아편전쟁 전의 40년간에 영국이 중국에 밀수한 아편이 모두 419,000상자나 된다. 이렇듯 많은 숫자의 아편이 앗아간 중국의 백은은 천문학적 숫자에 달했고 중국인 생명에 경악할 정도의 손상을 끼쳤으며 도덕상의 괴멸을 초래하였다. 중국사회에 아편 중독이라는 폭풍을 일으켰다.

가경(嘉慶) 4년(1800) 양광총독 길경(吉慶)은 조정에 아편을 금지시키자는 상주문을 올렸다: '외국인이 더러운 아편으로 중국의 화물과 금전을

---

4) 서경호 2020. 『아편전쟁』. 서울: ㈜일조각. 148쪽.

바꾸어 감은 분노할 일이다. 흡연하는 내지의 민중이 점점 많아진다. 그들은 세월을 허망하게 보내고 폐업되었으며 가산을 탕진하므로 아편 판매를 금지시키기 바란다. 아편 매매를 범한 죄인은 엄격히 처벌해야 하며 유배와 교살로 다스려야 한다.'

조정은 금연을 위해 흠차대신 양광총독 임칙서(林則徐)를 광주에 파견하였다. 1839년 3월 10일 임칙서는 광주 호문에 도착하여 노획한 아편을 모두—19,187상자 외 2,119마대 총 1,188,127킬로를 태워버렸다. 임칙서의 단호한 조치에 불만을 품은 영국은 군함 47대, 육군 4천 명을 투입하여 전쟁을 발동하였으며 청군은 패배하였다. 이것이 1840~1842년에 있은 제1차 아편전쟁이며 1842년 8월 29일 중영『남경조약』을 체결하였다. 중국이 영국에게 광주, 하문(廈門), 복주(福州), 영파(寧波), 상해(上海) 다섯 개 항구를 개방하고, 홍콩을 영국에게 할양하며, 2,100만 냥의 백은을 배상한다는 내용이다. 이것이 150년간 홍콩이 영국의 식민지로 된 시작이다. 영국군통수 엘리엇이 홍콩을 영구히 영국 영토로 귀속시킬 것을 요구했지만 청나라 관료 기선(琦善)은 황제의 면목을 살려야 한다며 동의하지 않아 다행히 영국영토로 넘어가지는 않았다.

1856년 10월~1860년 11월 영국은 제2차 아편전쟁을 도발하였다. 역시 청군의 실패로 끝났고 중영『북경조약』『천진조약』을 체결하였으며 홍콩 섬의 이북 구룡반도(九龙半岛) 계한가(界限街) 이남의 지역을 영국에 할양하였다. 1898年6월 9일 영국은 또 청정부를 강박하여『전탁향항계지전조(展拓香港界址專條)』를 체결하여 구룡반도 계한가 이북~심천하(深圳河) 이남지역 및 200여 개의 크고 작은 도서(島嶼)를 차지하였으며 임대기한을 99년으로 하였다.

(2) 2차 대전 후의 홍콩

2차 대전 당시 일본은 홍콩을 점령하였다. 일본이 투항한 이후『카이로 선언』과『포츠담선언』에 따르면 북위 16도 이북은 전승국 중국이 패전국 일본이 점령했던 지역을 접수하기로 규정되었으며 홍콩은 북위 16도 이북에 위치해 있다. 맥아더가 투항접수 1호 명령을 발표하자 장개석은 장발규(張發奎)를 임명하여 신1군과 13군을 인솔하여 홍콩 보안(寶安)지역에 집결하여 홍콩을 접수할 준비를 하고 있었다. 바로 그때 필리핀에 있던 영국 해군이 홍콩에 등륙하여 군정부를 설립하였다. 사태가 이렇게 되자 미국도 영국의 편을 들어주었다. 홍콩은 다시 영국의 손에 넘어가고 말았다.

1949년 중화인민공화국이 성립되기 직전 중공은 '중화인민공화국은 반드시 철저히 제국주의국가가 중국에서 누리고 있는 일체 특권을 무효화한다. …국민당정부가 외국정부와 체결한 각항 협정과 조약에 대해 중화인민공화국 정부는 응당 심사를 거쳐 그의 내용에 따라 분별하여 승인, 폐지, 수정 또는 다시 체결한다.'고 하였다.[5] 2차 대전 이전 외국이 불평등조약으로 중국에 설치한 조차지(租借地)가 17개나 있었는데 2차 대전 당시 모두 일본에 의해 강점되었다. 일본이 투항함과 동시에 이런 조차지는 모두 전승국 중화민국의 손에 들어왔다. 그러나 홍콩은 아직 영국의 손에 장악돼 있었다. 중공은 당시 국제정세와 세계 속에서 중국이 처한 처지를 감안하여 홍콩을 이내 접수하지 않고 청정부와 영국의 계약 연한이 찰 때까지 참아주었다.

영국인은 자기들이 홍콩의 역사에 저질은 죄행을 다만 얼마라도 기억하고 마땅히 중국에 미안한 심정으로 감지덕지하게 생각하며 숨을 죽이고 있어야 할 처지이다. 그렇지만 영국과 미국은 홍콩에 많은 스파이기관

---

5) 1949년 신중국이 정식으로 건립될 때 중국공산당이 제정한 임시헌법『중국인민정치협상회의 공동강령(中國人民政治協商會議共同綱領)』.

을 설치하고 반 대륙의 죄행을 감행하였다. 또한 많은 대륙의 범죄자들이 홍콩에 숨어 살았으며 홍콩은 그들을 감싸주었다. 홍콩이 중국에 반환되어 1국가 2체제를 실시하였음에도 불구하고 이런 죄행을 멈추지 않았으며 심지어 홍콩을 독립시킬 시도까지 획책하였다.

(3) 홍콩의 반정부 시위

2019년 2월 홍콩에서 특수한 사건 한 건이 터졌다. 한 쌍의 홍콩 젊은 커플이 대만에 관광 갔다가 진 씨 성의 남자가 반 씨 성의 여자 친구를 살해한 후 시체를 숨기고 홍콩으로 돌아왔다. 2월 중순 피의자는 홍콩경찰에 검거되었고 죄행 사실도 자백하였으며 대만에서 피해자의 시체도 찾아냈다. 그러나 홍콩의 법에 범죄자 인도조례가 없으므로 그를 대만에 보내 판결 받게 하지 않고 단지 신용카드 도용죄의 처벌로 몇 개월의 실형밖에 내리지 않았다. 홍콩은 대륙뿐만 아니라 세계 다수국가와 범죄자 인도 조약을 체결하지 않았다. 그러므로 홍콩은 전 세계 범죄자의 천당이다. 1949년 중공정부가 설립되기 직전 많은 범죄자들이 홍콩으로 도망갔다. 중공정부가 설립된 후 대륙 각지, 각 기관의 중대한 범죄자들도 육속 홍콩으로 도망갔다. 그러나 홍콩에 도피한 범죄자를 추궁할 방법이 없다. 황당하기 그지없다.

2019년 2월 15일 홍콩 특구정부의 보안국은 입법회에 『도망 범인 조례』 및 『형사법 상호협조 조례』의 수정을 건의하였다. 이 건의는 홍콩사회의 큰 파동을 초래하였으며 반대파들이 발광적인 공격을 일으켰다. 대만독립세력도 이에 참여하여 호응하였으며 미국, 영국, 유럽연맹 및 홍콩거주 각 외국기관들도 간섭해 나섰다. 본래 간단한 사안이 격렬한 정치투쟁의 소용돌이로 변질되었다.

3월 15일 홍콩의 반정부조직은 연대를 맺고 특구정부의 총본부를 공격하며 정부를 압박하여 『범죄자 조례』 수정안을 철회시켰다. 이것을 시작으로 홍콩에 수십만 명의 반정부 동란이 발생하였으며 폭란 수위가 점점 높아졌다. 거리에 장애물을 설치하고 연소탄도 뿌리며 지하철역을 불태우는 일도 자행하였다. 미국, 영국 등 외국의 스파이기관들도 대거 동원되어 지지해 나섰으며 홍콩독립까지 획책하는데 이르렀다.

수십만 명의 군중은 자발적으로 반정부시위에 가담한 것이 아니다. 그들은 돈을 주며 동원된 홍콩의 '폐청'(廢靑: 별 수입이 없이 떠도는 청년)들이다. 시위에 나선 폐청들에게 일당 1,000홍콩달러를 발급했으며 앞장서는 자들은 곱으로 주었다. 게다가 후근 보급비용과 장비도 대주어야 하므로 매일 쓰는 경비가 수억 달러를 초과하였다. 몇 개월에 댄 경비가 수백 억 홍콩달러이다. 이런 경비를 누가 댔는가? 미국 폼페이오 국무장관 산하 조직이 1500만 달러를 제공하였고 다른 허다한 미국의 인권단체들도 기부하였으나 이상은 적은 숫자에 불과하다. 더 큰 돈은 대륙에서 거금을 횡령하고 홍콩으로 도망친 탐관오리들이 대었다. 그 당시 중국공안에 장악된 홍콩 도피 범죄분자는 300여명이며 대부분의 경비는 그들이 대었다. 그들의 천당인 홍콩의 법 조례를 지키기 위해 천문학적 숫자의 돈을 퍼부은 것이다. 2019년 『도망 범인 조례』 및 『형사법 상호협조 조례』의 수정을 거부한 자체가 1국가 2체제의 원칙에 위배되며 인류의 보편적인 법칙에 위배된다. 게다가 미국, 영국의 사주와 돈을 받고 법률조례 수정을 반대한 동란은 용인할 수 없는 죄행이다.

2020년 6월 30일 제13계 전국인민대표대회 상무위원회 제20차 회의의 규정으로 중국정부는 『홍콩보안법』을 제정하였다. 『홍콩보안법』은 홍콩의 1국가 2체제를 수호하기 위한 법규이다. 이는 홍콩에서 테러활동을 조직, 실시하며 외국세력과 결탁하여 국가의 안전을 위협하는 범죄행위, 국가를 분열시키고 국가정권을 전복하는 행위 등을 제지하고 처벌하기 위한 법규이다. 이런 법규도 실행하지 않으면 어떻게 1국가라고 말할 수 있는가?

즉 홍콩은 a. 우선 1660년대부터 약 160년간 중국에 와서 불법체류 하는 영국인의 연금(軟禁) 지역이었다. b. 영국이 중국과의 적자 무역을 면하고자 아편을 밀수하는데 홍콩을 주요한 소굴과 근거지로 이용하였다. c. 아편 마약의 밀수가 금지 당하자 전쟁을 발동하여 홍콩을 빼앗았고 계속 아편마약으로 중국인을 독해하였다. d. 2차 대전이 끝난 후에는 미국과 결탁하여 중국에 귀환되어야 할 홍콩을 억지로 차지하였다. e. 중공정부가 설립된 후에는 물러갔어야 할 홍콩에 계속 주저앉아 있었다.

홍콩의 역사를 감안하면 영국제국주의가 한 짓은 천인이 공노할 죄행이다. 영국은 홍콩의 역사문제로 항상 죄책감을 가지고 숨을 죽이며 속죄의 마음으로 살아야 당연할 것이다. 그런데 오히려 홍콩 사람을 사주하여 반중국의 음모를 획책하였다. 그들이 홍콩을 단독국가로 분리시키려는 망상은 절대 용서할 수 없다. 많은 한국국민은 홍콩의 역사를 잘 알지 못하며 특히 범죄자 인도의 법이 없는 것도 잘 모르고 있다. 한국의 언론에서 이런 내용을 보도한 적이 없다. 그러므로 한국국민이 홍콩의 사태로 중국을 혐오할 수도 있다. 이제는 홍콩의 역사와 현실을 여실히 알고 홍콩문제로 중국을 혐오하는 인식을 바꿔야 할 때가 되었다.

2. 신강의 인권문제

신강의 인권문제에 대해 구미의 공격과 중국정부의 반격이 첨예하게 대립되고 있다. 단순히 공격과 반격을 운운해서는 별 의미가 없을 것 같다. 본문에서는 필자가 신강과 신강 위그르족을 접촉하며 직접 겪은 경험을 위주로 간단히 말해 보고자 한다.

필자가 인지하건대 중국 55가지 소수민족 중 가장 사나운 민족은 신강 위그르족이고 가장 점잖은 민족은 조선족이다. 따라서 중국정부는 신강 위그르족에 대한 정책이 가장 관대하고 조선족에 대한 정책은 많이 각박하다. 한국인들이 중국 동북삼성, 연변을 돌아보며 중국의 소수민족정책에 대해 찬사를 아끼지 않는다. 만약 신강에 가서 위그르족 정책에 대해 체험하면 중국의 소수민족정책에 대하여 더 많은 찬사를 아끼지 않을지도 모른다.

신강 위그르족이 왜 가장 사나운 민족인가? 필자로선 아마 위그르족은 특성상 그런 민족일 것이라고 밖에 이해할 수 없다. 조선족은 왜 가장 점잖은 민족인가? 아마 두 가지 원인 때문일 것이다. 하나는 조선족은 교육을 받은 평균수준이 중국 56가지 민족 중 가장 높다. 1950년대에 조선족은 거의 100%가 초등학교를 졸업했고 1960년대에는 거의 100%가 중등학교를 졸업했으며 1970년대에는 거의 80%가 고등학교를 졸업한 상태이며 대학 입학률도 56개 민족 중 가장 높다. 주체민족 한족도 조선족에 비해 교육을 받은 수준이 많이 낮다. 문화가 높으면 자연히 점잖아지기 마련이다.

둘째는 해외에 우리민족의 나라—북한과 남한이 있기 때문이다. 그러므로 큰 시비꺼리에서 자칫하면 오해가 생기기 쉽다. 1959년 요녕성 모 큰 도시에서 이런 사건이 발생했다. 대중영화관에서 영화를 방영했는데 6·25전쟁에 관한 영화였다. 관중석의 약 1/3정도가 조선족이었으며 그중 북한교민도 꽤나 많았을 것이다. 한 지원군 출신의 한족이 제 딴에는 북한 전문가로 자처하고 영화를 보며 갖은 헛소리를 하였다. 주위의 조선족들은 귀에 거슬리는 말을 들으면서도 가까스로 참았다.

그러다가 옆에 앉은 다른 한족이 그에게 '조선 여자들은 왜 그리 치마를 입기 좋아하나'고 묻자(그때까지만 하여도 중국 한족 여자들은 치마를 그리 입지 않았다) 그는 '아, 당연 원인이 있지. 그들은 대부분 치마만 입고 안에 바지를 안 입고, 심지어 많이는 팬티도 안 입는다. 오줌이 매려우면 앉자마자 누울 수 있고 남자와 재미를 보기도 매우 쉽지 않겠는가?'라고 질벌 거렸다. 이에 조선족들이 그에게 대들었으며 격분한 나머지 사정

없이 내리패었다. 그러자 영화관 안의 다른 한족들이 달려들고, 또 다른 조선족이 달려들고…관중들은 조선족과 한족 두 패거리로 갈라졌다. 조선족은 1/3밖에 되지 않지만 싸움에 매우 용맹하기 때문에 2/3의 한족도 질 가능성이 많다. 영화관 밖은 한족이 한 불 에워싸고 그 밖은 또 조선족이 한 불 에워싸고…이렇게 대형 유혈사건이 일어날 조짐이었다. 다행히 시 공안국 수백 명의 경찰이 동원돼 유혈사태가 빚어지지는 않았다.

만약 유혈사태가 일어났으면 해외에 북한과 남한이 있기 때문에 일이 어떻게 꼬일지 모른다. 그때 그 도시에는 북한국적의 사람도 꽤나 많이 살고 있었는데 조선족과 별 차별 없이 섞여 살았다. '조선족이 한족을 때리는데 외국인이 참여했다'라는 유언비어가 떠돌 수 있으며 이 유언비어는 계속 부풀어 '외국인이 부추겨 일어난 사건이다' '외국의 지령을 받은 외국인이 조작한 사건이다' '… ….' 등으로 끊임없이 발화될 가능성이 많다. 싸움에 참여한 조선족들의 처지가 난처해진다. 그러므로 조선족은 이렇듯 큰 시비의 소지가 있는 사사건건에 말려들기 싫어하며 피하기 일쑤이다.

그러나 위그르족은 조선족처럼 조심스럽게 살지 않는다. 대학 다닐 때 1978년 10월부터 북경대학에서는 사교무(社交舞: 댄스)를 추는 바람이 불었다. 그런데 필자의 반은 여학생이 5명밖에 없으며 그중의 한 명은 댄스를 절대 추지 않으며 무도장에 가지도 않는다. 여학생이 적어서 우리 반 학생은 댄스를 출 수 없었다. 반 학생들은 당지부서기인 필자더러 방법을 대어 댄스를 추게끔 해달라는 요구가 간절하였다. 필자는 중앙민족대학에 가서 위그르족 여학생을 10여 명 불러다 무도회를 조직하였다. 위그르족은 열통이 크기 때문에 그 무시무시한 문혁 때도 댄스를 추었으므로 댄스를 아주 잘 춘다. 반 남학생들에게 무도회가 끝날 때 반드시 그들에게 1인당 맥주 한 병에 빵 두 개씩 사서 대접하기로 약속하고 청해온 것이다. 그때 수입이 없는 남학생들이 자기 먹을 것 외에 위그르족 여학생의 몫도 갖춰주기는 좀 부담스러운 일이었다.

문제는 위그르족 여학생 10명이 오는데 번마다 남학생 넷이 따라와 같이 춤을 추지 않겠는가? 네 남학생들에게도 당연 맥주와 빵을 대접받는다. 또한 그들 때문에 여학생이 많이 모자랐다. 우리 반 남학생들은 남학생이 따라오지 말게끔 하면 어떤가 한다. 알고 보니 여학생과 연애관계의 남학생인데 댄스 추다가 여자 친구를 북경대학 남학생에게 빼앗길까봐 걱정되어 따라온 것이다. 나는 감히 그 네 남학생더러 오지 말라는 말을 하지 못했다. 왜냐하면 위그르족은 아주 사나운 민족이며 수틀리면 장화 안에 꽂고 다니는 비수를 꺼내 사람을 찌른다는 것으로 알고 있기 때문이다. 그들의 장화 목을 자세히 살피니 마치 비수가 꽂혀 있는 듯하였다.

필자는 1995년 한국『경향신문』북경특파원 신영수와 같이 유라시아브리지(강소성 연운항[連運港]에서 네덜란드 암스테르담까지의 철도 중 중국 구간의 철도)를 취재하며 신강의 소수민족지역을 낱낱이 취재한 적이 있다. 국가의 위그르족에 대한 정책은 매우 관대하였으며 신강은 봉급을 중국 다른 지역에 비해 20%정도 더 많이 준다. 위그르족은 사나운 민족이라는 것을 누구나 다 잘 알고 있으므로 그들을 경원(敬遠)한다. 신강에서 위그르족의 인권을 무시하며 경멸한다는 것은 도저히 불가능하다. 위그르족의 인권을 탄압하고 강제노동 시키고 심지어 인종세탁을 한다는 것은 도저히 있을 수 없는 일이다. 조금만 푸대접해도 폭란이 일어날 것이니 말이다.

1995년 신강의 방방곡곡을 낱낱이 취재하며 안 바와 느낀 점은 아래와 같다.

a. 신강의 위그르족에 대한 인상은 아주 나빴다. 무릇 위그르족이 집거하는 곳은 다 위생이 엉망이며 경제도 볼 것 없고 사회는 삭막해 보였다. 신강에서 가장 인상이 좋은 곳은 규둔(奎屯)이며 한족만 사는 지역이다. 도시는 질서정연하고 깨끗하며 전반 도시가 융성 발전하는 모습이다. 한

족은 거의 없고 위그르족만 사는 투루판(吐魯番) 등은 규둔과 반대로 더럽고 삭막해 보였다.

b. 위그르족은 낙후하며 도리도 모르는 것 같다. 투루판에서 국가 간부의 취재를 끝내고 그의 안내 하에 이슬람교의 공동묘지를 견학하려 하는데 공동묘지를 지키는 위그르족 당직자가 돈을 내라고 한다. '정부 관원이 무료로 견학시킨다고 하였는데 당신 왜 돈을 받는가?' 물으니 아무런 대꾸도 없이 무작정 돈을 내라고 하며 얼굴표정도 매우 험상궂었다. 만약 우리가 계속 시비를 걸면 싸움하자고 접어들 것 같으며 장화에 꽂아둔 비수를 들고 달려들 것 같아서 우리는 할 수 없이 공동묘지 견학을 포기하였다. 우리를 안내한 외사담당 관원에게 이야기하니 그도 무가내라는 표정이다.

c. 1995년 전후 위그르족은 돈을 모아 호주로 이민 가는 바람이 한창 불 때이다. 이미 17만 명이 호주로 이민 갔었다. 이미 간 사람이 자기의 친척을 초청하여 이민 가는데 사돈에 팔촌까지 다 초청이 가능하므로 누구나 맘만 먹으면 이민 갈 수 있으며 이민을 갈 경비가 모아지는 족족 너도나도 간다고 한다. 신영수 특파원의 말에 의하면 호주의 초원은 융단(絨緞)을 깔아놓은 듯이 푹신푹신한 초원이고 신강은 1미터 거리에 풀이 서너 포기 있을 정도로 삭막하고 어설픈 '초원'이다. 호주의 양과 말은 호강이고 신강의 양과 말은 거지신세라고 한다.

d. 신강 북부, 중부 지역의 위그루족은 목축업을 하여 윤택하게 잘 산다. 그들은 거금을 들여 고급스러운 텐트를 짓고 전기가 없어도 자그마한 발전기를 텐트 밖에 놓고 산다. 그런 연후에 텔레비전, 냉장고, 세탁기, 오디오 등 수요되는 가전제품을 갖추어 놓으면 더 이상 바랄 것이 없단다. 그 이상 벌은 돈은 절대 은행에 저축하지 않고 뭉텅이로 텐트 안 구석에 처박아놓고 산다. 남쪽 지역은 농사를 짓는데 아주 가난하다. 그들은 농사를 잘 지어 좀 더 잘 살아보려는 생각은 없고 봄, 여름, 가을 3절기에 하

루 종일 꼰두를 논다고 한다. 가난에 시달려 밸을 쓰다가 걸핏하면 폭력을 감행한다. 마을사람이건, 촌장이건, 향장이건 수틀리면 때린다.

e. 1995년 경 한 위그르족 여성이 미국에 이민 가서 살며 반 중국정부 조직을 만들어 중국을 공격하고 있으며 신강의 일부 반정부 활동은 그가 경비를 대어주며 사주하여 일으킨 것이다. 트럼프 때는 이르트·빌(伊勒特·比尔)이라 부르는 위그르족 여자가 백안관에서 국가안전위원회 중국 사업주임을 담당한 적이 있다. 그는 신강에서 태어나 터키에 이민 가서 살다가 미국유학에 박사학위까지 수여받은 사람이다. 중국관련 정치, 무역, 인권 문제에 많은 참여를 하고 있는 것으로 알려졌다.

f. 『인민중국』은 북경에서 출간되고 있는 일본어 월간지이다. 2021년 6월 해당 월간지가 일본 요코야마 국립대학 명예교수 무라다(村田忠禧)교수를 취재할 때 그는 이렇게 말했다: '오늘날 신강이 번영할 수 있은 원인은 중국이 건립한 섬세한 민족구역 자치제도에 힘입은 것이며 서방의 신강에 대한 먹칠은 편견과 무지의 산생물이다.'

g. 2009년 3월 26일 광동 소관(韶關)의 욱일(旭日) 완구공장에서 싸움이 일어났다. 이 공장은 홍콩 기업인이 투자한 완구공장이고 종업원이 1만 명이며 신강 위그르족이 800명이나 된다. 이 공장의 위그르족 종업원 6명이 2명의 여성을 강간했다는 요언으로 대형 유혈충돌이 벌어졌으며 80여 명의 위그르족이 부상당하였다. 2009년 7월 5일 신강 우루무치시에서 위그르족의 폭동이 일어났는데 소관 가구공장에서 당한 보복으로 일으킨 것이다. 197명을 죽였고(죽은 사람은 주로 한족), 1,700명이 부상당했으며 200대의 차량을 불태웠다.[6] 이것이 이른바 욱일완구공장의 싸움에서 80명이 부상당한데 대한 보복이다. 적어도 130명은 사형을 언도받았고, 500명은 실형을 받고 감옥살이를 하고 있다. 어쨌든 위그르족은 기

---

6) 『짱깨주의의 탄생』413에 따르면 197명이 사망했고 1,700명이 부상당했다.

질이 사나우며 폭력을 일삼으므로 법적 제재를 받는 자가 다른 민족보다 많기 마련이다. 감옥살이를 하는 죄수는 당연 고된 노동을 하게 된다. 이것을 두고 신강에서 인종을 세탁하고 위그르족의 인권을 무시하며 강제노동을 시킨다는 것인지 모르겠다. 범죄자에게 노동을 시키는 것은 당연한 일이며, 또한 범죄자들은 실형이 떨어진 후 노동에 참가하기를 원하며, 이것을 두고 인권을 탄압한다는 것은 어불성설이다.

지금 전 세계가 신강의 인권문제를 대서특필하는데 이는 구미 국가들의 음모조작이라고 본다. 한국인이 신강문제로 중국을 혐오하는 것은 신강과 위그르족의 진상을 잘 몰라 오해하기 때문이다. 이 문제의 진상을 알면 한국국민의 견해도 꼭 바뀌어질 것이라고 믿는다.

3. 고구려공정 문제

(1) 국사는 국토본위

지금까지 발해를 중국은 중국국사에 넣고 한국은 한국국사에 넣는다. 필자는 발해를 당연 중국국사에 넣어야 바람직하다고 본다. 우선 국사는 '국토본위(國土本位)'인가, '민족본위(民族本位)'인가의 문제에 대해 정확한 인식을 가져야 한다.

국토본위는 한 나라의 국사는 그 나라가 차지하고 있는 판도(版圖) 안의 역사만을 말하며 판도 밖의 역사는 외국국사이다. 부동한 역사시기 한 나라의 판도는 다르기 때문에 그 나라 국사에 포함되는 범위도 다르다. 현재 전 세계는 일반적으로 2차 대전 후 형성된 국토에 준한다. 대한민국의 국사는 현유 대한민국(북한 포함)의 판도—21만 평방킬로미터 안의 역사만을 말한다. 이 판도 밖 나라의 역사는 비록 옛날 한국국사인 적이 있어도 외국국사로 취급되어야 맞다. 중화인민공화국의 국사는 현유 중국판도 안의 역사만을 말하며 그 밖의 나라는 옛날 중국의 판도 안의 나라이

지만 외국국사로 취급된다. 전 세계 사학계는 기본적으로 국사를 국토본
위로 인식하고 있다.

민족본위는 한 나라의 국사와 민족사를 동등하게 보고 있다. 그 나라의
판도가 어떤가를 불문하고, B나라의 민족과 A나라의 민족이 같으면 B나
라의 국사를 A나라의 국사에, 또는 A나라의 국사를 B나라의 국사에 귀속
시킨다. 한국사학계는 민족본위의 국사관을 내세운다.

발해국은 698년 진국(震國)이라는 국호로부터 발족하여 926년에 멸망
할 때까지 228년간 존속하였다. 발해국은 속말(粟末) 이갈족(肵鞨族)을 주
체로 하고 일부 고구려 유민과 연합하여 건립된 나라[7]라고 하나 아마 상
층에는 고구려 유민이 꽤나 있었고 하층 서민에는 이갈족이 위주였을 것
이다. 고구려는 나당연합군에 의해 멸망하였으므로 신라를 원수로 생각하
였을 것은 당연하다. 그러므로 당시 신라와 고려는 발해의 건국을 몰랐으
며 오랜 시간이 지나서야 알게 되었고, 발해를 '북국', 고려를 '남국'으로
부르자는데 이르렀다. 고려사에 발해인 중 고구려유민이 고려로 도망왔다
는 기록은 많으나 고려와 발해가 국가 차원에서 거래했다는 기록은 없다.
발해가 한반도로 향하는 향심력은 거의 없었다고 볼 수 있겠다.

그러나 일본과는 친선관계가 돈독했다. 대무예(大武藝) 인안(仁安) 8년
(727)부터 대인선(大諲譔) 13년(919)까지 발해국은 일본을 34차 방문하였
고 방문 인원이 많을 때는 제7차에 325명, 제11차에 359명이었으며 746
년에는 최고로 1,100명이나 된다.[8] 아마 백제와 고구려는 같이 나당연합
군과 싸우다가 망한 난형난제이기 때문일 것이다. 망한 후 많은 백제 유
민이 일본으로 건너갔으며 심지어 임나라는 나라까지 세웠기 때문일 것
이다. 미국 하버드대학의 어느 학자는 한때 발해를 일본국사에 귀속시킨

---

7) 2004.『발해국사화(渤海國史話)』1페이지. 길림인민출판사(吉林人民出版社).
8) 동상서 168, 171페이지.

적도 있다고 한다. 698년부터 926년까지의 역사시기에도 발해국을 한반도 국가의 국사에 넣는 것에는 좀 무리가 있다. 하물며 지금 발해를 한국국사에 넣는 것은 더욱 무리이다.

현대사에 와서는 발해국의 영토가 거의 다 중국 판도에 있기 때문에 국토본위론에 근거하면 발해국은 당연 중국국사에 넣어야 맞다. 민족의 차원에서 발해를 한민족사에 넣을 수는 있다.

한국사학계와 한국국민은 국사를 국토본위로 하는데 대해 이해하지 못하거나 심지어 거부감이 강하므로 좀 더 언급해보련다. 만약 국사가 민족본위면 중국인이 세운 싱가포르는 중국사에 넣어야 한다. 고조선의 기(箕)씨 조선, 위씨조선, 삼한의 진한을 중국사에 넣어야 한다. 동이민족이 세운 상나라를 한국사에 넣을 수도 있겠다. 백제 유민이 세운 일본의 임나도 한국사에 넣어야 한다. 만약 남북 아메리카의 인디언이 고조선인의 후손이라면 남북 아메리카 수십 개 나라를 한국 국사에 넣을 수 있다. 영국인과 프랑스인이 세운 미국, 캐나다, 호주, 뉴질랜드를 영국국사 또는 프랑스국사에 넣어야 한다. 황당하기 그지없다. 민족본위론의 국사관은 세계 각 나라의 국사를 혼잡하게 만들며 세계 평화에 큰 위협이 될 수 있다. 그러므로 국토본위의 국사관은 전 세계사학계의 통념으로 되고 있다.

지금 중국 사학계는 한국이 발해를 한국 국사에 넣는데 대해 아무런 반응도 보이지 않고 있다. 발해를 한국 국사에 넣는 것이 정확하기 때문이 아니라 너무나 역사학 상식에 어긋나는 행위이기 때문이다. 중국 사학계 학자는 이에 대해 비판할 추호의 가치도 없다 생각한다.

(2) 고구려문제의 연혁과정

BC 1세기 말에 편찬된 중국의 첫 역사서 『사기(史記)』로부터 시작된 중국 『이십사사(二十四史)』와 『청사고(清史稿)』에 한반도 모든 나라의 역사가 중국역사의 『열전(列傳)』에 편입돼 있다. 『조선열전』『고구려열전』 『백제열전』『신라열전』『고려열전』『조선열전』 등이다. 1897년 조선이 청의 속국으로부터 탈퇴하여 독립국으로 된 후 중국은 한반도 국가의 역사를 중국국사에서 빼어 외국국사로 취급한다.

중공정부가 수립된 후에는 국토본위를 국사편찬의 원칙으로 함에 따라 현유 중국판도 밖의 모든 지역은 그가 옛날 중국에 속하였다 하더라도 중국국사에서 빼내어 외국국사에 편입시켰다. 가장 전형적인 예로 몽고는 1946년 1월 5일에야 중화민국 정부가 독립국가로 인정하였고, 1949년 10월 16일에야 중공정부가 독립 국가로 인정하였다. 그러나 몽고를 외국국사에 넣었지 종래로 중국국사에 넣은 적이 없다. 그러나 절반은 중국영토 안에 있고 절반은 중국영토밖에 있었던 고구려에 관해서는 중국국사에 넣었다, 중국국사에서 뺐다 하며 엇갈리는 양상을 보여 왔다.

1949년 중공정부 성립부터 1960년대까지 중국의 모든 출판물과 역사 교과서에 고구려는 외국역사 즉 조선역사로 돼 있었다. 역사학 대가 곽말약(郭沫若), 당란(唐蘭)과 전백찬(翦伯贊) 등이 집필한 모든 역사책과 역사 교과서에다 이렇게 취급돼 있다.[9]

1960년대 북한 인사들을 만난 자리에서 주은래 총리는 말하였다: 요하(遼河)와 송화강(松花江) 일대에 고대조선민족이 거주하고 있었다. 중국왕조가 조선을 침략하여 '당신네 땅이 너무 좁아졌다. 우리는 조상을 대신하여 당신들에게 사과한다.' '두만강, 압록강의 서쪽이 종래로 중국의 땅이라고 역사를 왜곡하면 안 된다.'[10] 모택동도 이야기하였다: '당신네 땅을 내가 점령한 것이 아니다. 수양제(隋煬帝), 당태종(唐太宗)과 무칙천(武則天)이 한 일이다. 봉건주의가 당신네 변경이 요하 동쪽인 것을 압록강 변

9) 1995.6. 『설홍학술논집(薛虹學术論集)』, 길림문사출판사吉林文史出版社, www.baidu. com의 '동북공정', '고구려', '발해' 등 조례.
10) 1963. 『외사공작통보(外事工作通報)』 제10기, 『주은래 총리의 중조 관계에 관한 담화』.

으로 밀어냈기 때문이다."[11)

　1960년대에 북한의 고고학자와 중국의 고고학자는 중국 동북삼성에서 고구려 유적지에 대한 대규모의 합동 발굴을 두 차례 진행했다. 발굴된 고구려 문화재를 모두 북한에 주었다. 고구려가 조선역사에 속하기 때문이었다. 『발해국지장편(渤海國志長編)』을 집필한 김육보(金毓黼)가 1960년대에 처음으로 고구려가 중국역사상의 지방소수민족정권이라는 견해를 내놓았다.[12) 그러나 당시의 국내, 국제정세와 문혁 등 정치동란 때문에 이 견해가 학술계와 사회에 영향을 끼치지는 못했다.[13)

　1978년 필자가 북경대학에서 중국통사를 배울 때 교과서에 처음으로 고구려는 당나라 시대 중국의 지방소수민족정권으로 돼 있었다.[14) 고구려를 중국 역사에 편입시키기는 아마 이때가 시작이라고 짐작된다. 그러나 일부 학자의 개인 견해였지 국가 차원의 견해는 아니었다. 1979년 필자가 중국 주재 북한대사관 김영남[15)과 같이 중국통사 강의를 들을 때 장전희(張傳喜) 교수는 고구려 부분을 뛰어넘고 강의하지 않았다. 앞에 앉아 강의를 듣는 김영남을 염두에 두고 한 처사인지, 아니면 고구려를 중국국사에 편입시키는 견해에 동의되지 않아서인지 둘 중의 하나일 것이다. 1980년대까지만 하여도 고구려의 중국역사 편입을 주장하는 학자는 몇 안 되었다. 중국의 교육법에 고등학교까지의 교과서는 엄격히 국정교과서만 써야 하고 대학은 일개 교수의 개인견해로도 교과서를 편찬하여 쓸 수 있었다.

---

11) 1964. 『외사공작통보』 제12기, 『모택동 주석의 중조 관계에 관한 담화』.

12) 2001.12. 조덕전(曹德全) 『고구려사탐미(高句麗史探微)』, 중화국제출판사(中華國際出版社).

13) 중국은 1960~62년간의 자연재해, 1966~1976년의 문혁으로 일체 업무가 마비, 정지 상태에 처했었다. 또한 1960년대 전반에 중국과 소련의 대립 때문 북한을 중국 편에 끌어들이기 위해 북한에 대해 회유정책을 썼으며 무상 경제 지원도 대량적으로 실행했다. 심지화(沈志華): 『1962년 중조변경조약 체결에 대한 역사적 고찰』, 『21세기』2011년 4월호 34~51페이지.

14) 1978. 북경대학 역사학과 용 『중국통사』.

15) 현 북한 국회의장 김영남은 1978년 9월부터 1979년 7월까지 필자의 반과 같이 중국통사 과목을 1년간 연수하였다. 그때 김영남은 북경 주재 북한 대사관 1등 서기관이었다.

1993년 8월 중국 길림성 집안시(集安市)에서 고구려 문화 세미나가 열렸을 때의 일이다. 그 번 세미나에 한국인 80여 명, 북한인 4명 및 중국인 30여 명이 참가했으며 필자도 참가했다. 세 나라의 학자가 모두 고구려를 자기 나라의 역사와 문화라고 주장하는데 연변대학 조선족 교원들이 교묘하게 그런 내용을 빼버리며 통역하여 처음 이틀은 회의가 순조롭게 잘 진행되었다.

사흘째 날 집안시 문물관리국장 경철화(耿鐵華)의 발언 때 사건이 터지고야 말았다. 경철화의 책에 '高句麗是中國歷史上地方少數民族政權(고구려는 중국역사상의 지방소수민족정권이다)'라는 대목이 있었다. 한국 모 역사학교수가 한자를 알므로 그 뜻을 대충 터득하고 '이것 무슨 뜻인가'고 질문하였다. 경철화는 '중국 역사상의 한나라인이 꼭 지금의 한족이라 단정하기 어렵고 일본 역사상의 아이누족이 꼭 지금의 일본인이라 단정하기 어렵듯이 역사상의 고구려인이 꼭 지금의 한국인·조선인이라고 단정하기 어렵지 않은가? 고구려역사가 지금의 어느 나라 역사인가에 집착하지 말고 인류 공동의 문화재라고 보며 보존, 연구하는 것이 중요하다.'라고 답하였다. 이 말도 다소 왜곡하며 통역돼 그럭저럭 넘어 가 한국인이나 북한인에게서 무슨 반응이 없었다.

침묵을 지켜왔던 필자는 이때 참지 못하고 발언했다: '내가 알기로는 중국사학계에서 고구려가 중국역사상의 지방소수민족정권으로 돼 있는데 금방 당신이 한 말은 당신 개인의 견해인가, 아니면 중국 사학계의 견해와 결정이 변했는가?' 필자는 이 발언을 중국어로 한번, 한국어로 한번, 두번 하였다. 필자의 질문에 경철화는 '당연 고구려는 중국 역사상의 지방소수민족정권이다. 중국 사학계의 견해나 내 개인의 견해도 이러하다.'라고 답하였고 이 말만은 왜곡할 수 없어 제대로 통역되었다.

이때 북한학자 박시형(朴時亨)[16]이 단상에 나타나 아주 격렬한 어조로 발언했다: '당신 그걸 말이라고 하는가? 중국이 종래로 고구려를 조선역사로 취급하다가 지금 무슨 수작을 피우는가? 수양제가 고구려를 침략하다가 연속 패하고 그 때문에 수나라가 망했다. 당태종도 고구려 침략전쟁에서 패했다. 세상에 이런 지방정권이 있을 수 있는가?' 장내의 한국인들은 일제히 박수를 보내주었다. 이때 요녕성사회과학원 역사학자 손진기(孫進己)가 단상에 올라 박시형보다 더 격동된 발언을 했다. '고구려는 틀림없이 중국 역사상 지방소수민족정권이다. 고구려인과 지금의 조선·한국인은 아무런 관계도 없다. 장래 DNA과학이 발전하면 중국인의 몸에서는 고구려인의 피가 검색될 수 있을지언정 조선·한국인의 몸에서는 고구려인의 피가 검색되지 않을 것이다.' 손진기는 왼쪽 팔소매를 걷어 올리고 오른손 식지로 자기 팔의 혈관을 내리 짚으며 말하였다. 회의는 격렬한 싸움으로 이어질 조짐이었다.

중국조선사학회 비서장(사무총장) 풍홍지(馮鴻志)는 부득불 휴식을 선포하였다. 조금 지나 손진기는 실신되려 하여 응급차를 불러 병원으로 실려 갔다. 풍홍지는 필자를 자기의 호텔방으로 데려가 격분한 어조로 필자를 나무랐다: '당신 때문에 회의가 파탄됐다. 다시 수습하기는 어려워졌다. 더 하다가는 싸움으로 이어질 수밖에 없다. 우리가 연변대학 조선족 강사들과 사전에 짜고 책략적으로 통역을 잘 해 무사할 줄 알았는데 당신 발언 한 방에 다 수포로 돌아갔다…' '그러면 왜 사전에 나에게 알리지 않았나? 고구려를 중국 역사에 편입시킴이 떳떳하면 왜 조선인·한국인 앞에서 감히 말 못하는가? 마치 남의 예쁜 마누라를 훔쳐 살며 거들먹거리다가 그의 남편이 나타나니 뒷방에 숨겨놓는 것과 무엇이 다른가? 역사는 과학이므로 실사구시 해야 한다. 나는 당신네가 하는 행위에 동의할 수 없다.' 필자의 주장이다.

---

16) 그번 회의 때 박시형이 제출한 논문 제목은 『금해병서를 통하여 본 고구려의 대외관계』이었다. 논문 표지에 씌어진 박시형의 타이틀은 김일성종합대학 역사학부, 원사·교수·박사이다.

'사실 중국의 세계사학계는 100% 고구려를 조선국사로 취급한다. 중국 사학계도 거의 다 조선국사로 취급한다. 김육보와 그의 제자 네댓뿐만 중국국사라고 우긴다. 그러나 냉전이 종식된 후 민족 간의 전쟁이 빈발하여 한 개 나라가 여러 개 나라로 갈라지기까지 하니 중앙의 정치인들이 고구려 중국사화(化)를 선호하는데 우리들 무슨 수가 있나? 우리는 그저 함구하고 있을 따름이다.' 풍홍지의 해석이다.

그 후 고구려 문제에 관한 논쟁은 끊임없으나 고구려 문제를 백가쟁명(百家爭鳴)의 차원에서 학술논쟁으로 취급하였지 국가에서 공식 태도표시를 한 적은 없었다. 그러다가 2000년 10월 중국정부가 처음으로 고구려에 관한 공식입장을 발표했다: '앞으로 중국출판 도서에 "고구려는 우리나라 고대 동북소수민족지방정권이다" 로 표기해야 한다.'[17) 그로부터 1년 4개월 후인 2002년 2월 동북공정이 출범했으며 고구려 문제를 정식 국가 프로젝트로 다루기 시작했다.

고구려 문제의 유래와 발전을 요약하면: a. 1949년부터 1960년대까지 고구려를 조선사로 보았다. b. 1960년대에 일부 학자 중 고구려를 중국 역사상의 지방소수민족정권으로 보는 견해가 생기기 시작했지만 학계에 영향을 끼치지 못했다. c. 1970년대 중반부터 중국 역사교과서에 고구려를 중국 지방소수민족정권으로 취급하는 내용이 등장하기 시작했다. 역시 개별 학자의 견해에서 생긴 것이다. d. 2000년 10월 이전까지 고구려에 관해 중국 역사학자들은 각자 견해가 제 나름이었다. 고구려를 중국사로 보는 자는 극소수이고 조선사로 보는 자가 절대다수였다. e. 2000년 10월 고구려를 중국역사상의 지방소수민족정권으로 보는 견해를 국가공식견해로 규정지었다. f. 고구려를 중국 역사상의 지방소수민족정권으로 보는 국

---

17) 2000.10.18. '사서(辭書) 중 올림말 "고구려"에 대한 해석은 역사사실을 존중하며 실사구시해야 한다.' 중국신문출판총서(中國新聞出版總署) 산하 도서출판관리사(司) 『총편집통신(總編輯通訊)』 제5기.

책의 관철을 위해 2002년 2월 본격적인 작업—고구려 공정을 출범시켰다.

(3) 고구려공정의 출범

2002년 2월 중국은 동북공정을 정식 가동시켰다. 동북공정의 공식명칭은 '동북변방 역사와 현황 계열연구공정(東北邊疆歷史與現狀系列研究工程)'이다. 구체 내용에는 동북지방사, 동북민족사, 고조선사·고구려사·발해사, 중조관계사, 동북과 러시아 원동간의 관계, 동북지역사회안정전략 등 6가지 내용의 연구이다. 5년을 기한으로 하고 1500만 위안(약 한화 27억 원)의 예산을 투입했다. 고구려 문제는 동북공정의 한 개 내용에 속한다.

중공중앙정치국위원·중국사회과학원장 이철영(李鐵映)과 재정부장 항회성(項懷誠)을 고문으로 하고, 사회과학원 부원장 왕낙림(王洛林)을 총책임자로 하였다. 그리고 중국변방사지(史地)연구중심 연구원 마대정(馬大正)을 주임으로 하는 18인 전문가위원회를 조성하였다. 그 밑에 중국사회과학원과 동북삼성 사회과학원의 연구원 및 대학교수 등으로 방대한 연구팀을 조성했다. 이로부터 시작하여 고구려를 중국사에 편입시키자는 사학자가 네댓이던 것이 갑자기 수십 명으로 불어났다. 중국은 동북공정을 출범시킨 이유를 아래와 같이 규정지었다: '한국은 경제성장을 이룩한 1970년대부터 민족정서가 고양되었다. 일부 소장파 학자들은 한국역사상 가장 강성했던 고구려를 민족 자부심을 과시하는 버팀목으로 사용하려 한다. 1990년대 말 중국학자들은 한국학술계의 이런 동태를 파악한 후 역사에 대한 과오를 시정할 절박성을 느껴 동북공정을 출범시켜 고구려 문제에 착안하게 되었다.' 동북공정에 6가지 내용이 있으며 고구려 문제는 그 중 한 가지인 1/6에 불과하다고 중국학자들은 강조한다. 한국인들이 마치 동북공정=고구려공정으로 왜곡하며 과민한 반응을 보인다고 비난한다. 그러나 고구려 문제가 동북공정의 핵심이므로 본문에서 이하 '고구려 공정'으로 부르련다. 한국학자들도 앞으로 '고구려공정'으로 불러주었으면 하는 바람이다.

2004년 6월 24일 『광명일보(光明日报)』에 『고구려 역사연구의 몇 가지 문제를 논함(試論高句麗歷史研究的幾個問題)』이란 제목의 문장을 발표하였다. 저자 필명 변중(邊衆)의 본 문에서 '고구려 정권의 성격을 마땅히 중국 중원왕조의 제약을 받으며 지방정권이 관할한 중국고대변방민족정권으로 보아야 한다.'라고 단정하였다. 이 문장이 발표되자마자 한국의 학계와 매체의 큰 파문과 강렬한 반발을 유발하였다. 한국은 고구려공정에 대한 총공격을 단행하였으며 이른바 고구려 역사 '보위전'이 발동되었다. 한양대학 교수 신용하(愼鏞廈)는 고구려공정을 '역사제국주의 작업'이라 점찍었고, 한국외교부차관 이수혁(李秀赫)은 '한국정부는 강경태도로 중국의 고구려 역사 왜곡에 대응할 것이며 모든 대가를 아끼지 말아야 한다. 심지어 미국과 대만 카드의 사용도 마다하지 않겠다.'라고 하였다. 2003년 12월 9일 한국 고대사학회, 고고학회 등 17개 학회가 서울역사박물관에서 연합성명을 발표했다. '중국은 마땅히 고구려 역사를 중국역사에 편입시키려는 왜곡 행위를 즉각 정지해야 한다.'고 호소하였다.

2004년 9월 17일 중국 측의 제의로 한중 두 나라의 학자가 서울에서 고구려 역사의 귀속에 관한 학술포럼이 개최되었다. 고구려공정의 창시자인 손진기는 '고구려의 주체가 중국에서 발생했고, 원 고구려의 2/3영토가 중국에 있으며, 3/4의 인구가 중국에 귀순했다'라는 세 가지 이유를 내놓으며 고구려가 중국지방정권임을 역설하였다. 당나라가 고구려를 합병했고 신라가 백제를 합병했으므로 고구려가 통일신라에 포함되지 않았으니 당연 한국사에 넣을 수 없다'라며 한국사학자들의 주장을 반박했다. 한국사학자들은 고구려가 한국국사에 속하여야 한다는 많은 이유를 제시했다. 이번 회의는 아무런 결과도 얻지 못하고 말았다. 한국은 또한 대중 선전수단을 총동원하여 고구려공정에 반격을 가하였다. 이를테면 역사극『주몽』『태왕사신기』『연개소문』및『대조영』등을 제작, 방영하였다. 그중『주몽』은 2006년 5월에 개봉한 후 연속 25주간 시청률 최고이며 2006년 시청률이 가장 높은 역사극이었다. 그 해에 상영한 인기극『궁』과 2년 전에 상영한『대장금』의 시청률을 초월하였다.

이 문제에서 북한도 한국과 입장을 같이 하였다. 북한『역사과학』은 2008년 창간호에 '고구려는 조선민족의 국가였다. 우리나라 인민은 시종일관하게 고구려를 조선역사체계 중의 한 부분이라고 본다.'라고 강조하였다. 그러나 어떤 대국이 역사를 왜곡한다고 하였지 '중국' 국명을 거론하지는 않았다.

(4) 고구려공정의 폐막

1980년대까지만 하여도 고구려 중국역사 설을 주장하는 학자가 김육보의 제자 네댓 정도이던 것이 고구려공정을 시작하여서부터 엄청 많이 불어났다. 그러나 다른 중국학자들의 고구려 공정에 대한 불만도 만만치 않았다. 이런 부류 학자들의 문장을 신문, 학술지 등 출판물에 게재할 수 없었지만 사석에서 많은 반대 의견을 토로하였다: 고구려를 중국국사에 넣을 근거가 전혀 없는 것은 아니지만 종합적으로 검토하면 고구려를 응당 조선·한국 국사로 보아야 바람직하다. 중국이 고구려를 중국국사에 편입시켜서 얻는 것은 별로 없다. 이 문제로 조선, 한국과 등지면 중국이 보는 손해가 엄청나게 클 것이다. 그렇지 않아도 중국의 급부상에 주변 국가 및 세계 많은 나라들이 의구심을 가지고 민감하게 반응하는데 이렇게 처사하면 그들은 단합하여 중국을 경계하거나 반대하고 고립시키는 세력으로 뭉칠 것이다.

필자의 개인 견해는 이러하다: a. 중국이 현유 960만 평방 킬로 안의 역사만 국사로 취급한다고 하면서 절반이 960만 평방 킬로 밖에 있는, 심지어 수도가 중국국토 밖에 있는 고구려를 중국 국사에 넣는 것은 자가당착이다. 중국의 영토본위론 주장이 맞다 하여도 고구려는 적어도 중국 국사이면서도 한국 국사라고 하여야 맞다. b. 역사는 국토본위이지만 이것이 결코 유일표준이 아니다. 국토본위 밖에 다른 표준도 보아야 한다. 고구려는 한반도인과 같은 민족이고 한반도에로의 향심력이 강한 나라이다. c. 고구려가 멸망한 후 고구려유민은 화학반응으로 중화민족에 스며든 것이 아니라 물리반응으로 중화민족에게 강제 동화되었다. 화학반응으로 중국에 동화된 다른 민족과 다르다. 그러므로 고구려를 한국(조선) 국사에 넣어야 맞다 본다.

2007년 당시 중국 외교부 부장 이조성(李肇星)은 고구려공정에 참가한 학자들의 좌담회를 소집하고 고구려공정을 취소한다는 결정을 통보하였다. 좌담회에서 이조성은 고구려를 중국역사에 넣으려 하지만 이론상 분쟁이 심하고 오히려 인근국가의 반발만 초래하니 이제부터 고구려공정을 취소한다는 국가의 규정이다. 고구려공정은 5년의 단명短命으로 막을 내리었다.

1960년대 중소대립 때에는 북한을 끌어들여 중국의 편으로 만들기 위해 '고구려는 조선의 국사다'라고 피력하더니 이제는 다민족국가가 민족모순으로 인하여 분열될 위험이 있으니 다시 '고구려는 중국의 지방소수민족정권이었다'라고 주장한다. 전형적인 현 정치를 위해 역사를 이렇게 또는 저렇게 왜곡하는 행위이다. 좌담회의에 참가한 자들은 강력히 반발하였으며 앞으로 고구려공정 작업을 계속 하겠다고 우겼다. 이조성은 '하려면 하라, 그러나 이는 당신네 개인의 연구 활동이지 국가차원에서 하는 것은 아니다.'라고 단언하였다. '앞으로 고구려 주제로 한국학계와의 접촉을 피할 것, 접촉을 하여도 각자 자기 견해만 말하지 상대방을 부정, 비판하는 행동은 자제하라'고 하였다. 후에 중국과 한국의 역사학자들이 고구려 문제로 포럼을 국가에서 규정한 방식대로 두어 번 하였지만 너무나 재미없어 다시는 하지 않았다. 그러나 고구려공정의 몇몇 골수분자들은 계속하고 있다. 대표적인 인물이 손진기, 유자명(劉子明) 그리고 묘위(苗威) 등이다.

손진기(1931~2014)는 동북아연구중심 주임, 요녕사회과학원 연구원, 중국 조선사사학회 고문 등을 역임하였다. 그는 평생 고구려 문제를 연구한 학자며 고구려를 중국사학화하는 급선봉이다. 1993년 집안에서 열린 고구려역사포럼 때 그는 북한의 이시형을 반박하는 발언을 하였다. 그는 『고구려역사 종술(綜述)』,『고구려의 귀속 연구』등의 저서가 있다. 유자명(1938-2011)은 연변대학 역사계 교수, 동북고대지방사 및 중조일 고대관계사의 연구에 종사했으며『고구려역사 연구』,『고구려 대신무왕(大神武王) 연구』등의 저서가 있다. 묘위(1968~)는 여성학자이며 연변대학 석·박사를 취득한 후 현재 동북사범대학 역사계 교수이다. 동북사, 한반도 고대사 연구에 열중하며『고조선 연구』,『고구려 이민 연구』및『중국 정사 중의 조선사료』등의 저서가 있다. 최근 묘위는 중앙정부에 고구려 문제 연구에 관심을 기울여달라는 편지를 썼으며 모 영도자 개인의 배려로 자금을 지원받아 고구려연구를 계속 진행하고 있다고 한다.

고구려공정의 골수분자들이 이전에 하던 일을 계속 한다고는 하지만 2003~2007년의 고구려공정과는 질적으로 다르다. 첫째는 고구려공정 주제의 이름으로 국가예산의 지원을 받을 수 없다. 둘째는 고구려공정에 관한 저서를 중국 어느 출판사에서도 출판할 수 없다. 게다가 골수분자이며 원로학자인 손진기와 유자명은 이미 별세하였다. 그러므로 고구려공정은 중국 사학계에서 막을 내렸다고 볼 수 있다. 2007~2008년 필자가 근무하는 중화서국(中華書局: 한국의 국사편찬위원회에 해당함)의 중등학교 (중국 고등학교는 역사과목이 없음) 중국역사교과서 편찬에 필자도 참여하였는데 이미 고구려를 중국국사에서 빼어버렸다. 중고등학교 역사교과서는 교육부의 역사교과서 편찬 표준을 엄격히 준수하여야 하며 이를 중국교육부의 지시로 보아야 한다.

(5) 고구려공정 취소 후 한국인이 취해야 할 자세

중국의 고구려공정이 취소된 지 장장 15년이나 지났는데 한국사학계나 한국국민의 의식은 아직 15여 년 전의 정도에 머물러 있다. 이는 유감이 아닐 수 없다. 한국사학계나 한국국민은 반드시 새로운 변화에 따라 자기의 인식과 자세를 바꾸어야 한다.

첫째, 너무 중국의 고구려공정을 물고 늘어지지 말았으면 한다. 필자는 자주 한국인에게 중국문화에 관한 특강을 한다. 특강 때 청중자들의 질문을 받고 해답하는 절차에 자주 고구려공정에 관한 질문이 올라온다. 질문하면서 중국정부를 한바탕 욕하는 사람도 있다. 중국이 이미 고구려공정을 잘못된 일이라고 인식하고 취소한 지 15년이 지났다. 또한 잘못을 시인한 인식을 실천에 옮기고 있다. 이는 중국정부가 잘못을 승인했다는 의미이다. 그런데도 이런 질문이 올라온다. 중국정부, 또는 중국 역사학계의 책임자가 한국에 찾아와 공개사과나 반성이라도 해야 한단 말인가? 필자는 이전의 것은 없는 것으로 하고 앞을 내다보며 우의를 증진시키는 것이 바람직하다고 본다.

둘째, 한국인들이 중국에 가서 고구려에 관한 방자한 말들을 삼가 했으면 한다. 사실 중국이 고구려공정을 실행한 객관적 원인 중 한국인의 요소가 없는 것이 아니다. 1980년대 후반부터 많은 한국인들이 중국 동북삼성을 드나들며 걸핏하면 '이거 다 옛 고구려 땅 아니가? 앞으로 우리 한국이 이 땅을 꼭 다시 빼앗아야지.' '당신네 조선족들 힘을 키워! 우리가 고구려 옛 땅을 되찾을 때 조선족들이 앞장서야 하지 않겠나!'라는 말을 식은 죽 먹듯이 하곤 하였다. 중국이 고구려공정을 가동한 데는 한국인의 이런 발언과도 무관하지 않다. 이는 극히 오류적인 언론이고 매우 위험한 행위이며 또한 한국과 조선족에게 엄청난 피해가 생길 수 있는 무모한 행위이다.

셋째, 중국의 일부 학자가 개인적으로 고구려역사의 중국역사화를 고집하는 것을 윤허하여야 한다. 모든 학술문제는 백화제방(百花齊放), 백가쟁명(百家爭鳴)의 방법으로 같지 않은 견해를 충분히 발표하고 토론하게 하여야 한다. 진리는 변론할수록 명백해진다. 무릇 실사구시의 역사에 거역되는 인식은 결국은 역사 흐름의 대하에서 서서히 가라앉고 말 것이다. 하물며 중국이 고구려역사의 중국역사화뿐만 아니라 다른 성과들도 많이 이룩하였다. 이를테면 고구려의 복잡한 지명, 사건 발생지 등을 일일이 연구 고증하고, 지방지·민간전설 등과도 결합시켜 마침내 고구려의 역사지도를 복원한 것을 예로 들 수 있다. 필자의 고향 무순시(撫順市) 지명을 해명한 예가 아주 전형적이지만 편폭관계로 할애한다. 이런 연구 결과는 다 우리민족의 역사연구에 대한 공헌이기도 하다. 어쩌면 화가 복이 된 셈일지도 모른다. 우리 한국인이 중국에 가서 이런 연구를 하자면 얼마나 많은 시간과 경비를 탕진하여야 할지 모른다. 전혀 불가능한 일이라 볼 수도 있다. 중국학자들이 이런 연구를 많이 하였으며 우리는 그들과 우호적인관계를 맺고 이런 연구 성과를 우리 민족역사의 연구에 활용해야 한다.

일언이폐지(一言以蔽之)하면 한국인이 발해를 한국국사에 넣는 것은 잘못이다. 중국인이 고구려를 중국국사에 넣는 것은 잘못이지만 전혀 근거가 없는 것은 아니다. 또한 그 잘못을 2000년 10월부터 범하였다가 2007년 8월경에 시정하였다. 그러면 고구려 문제를 가지고 너무 물고 늘어지며 중국을 혐오하면 그리 올바른 처사는 아니다.

4. 한중 인류구전무형문화재 문제

한중 두 나라의 인류구전 및 무형문화유산은 대부분 고대로 올라갈수록 네 것, 내 것이 아닌 우리의 것으로 보는 것이 바람직하다. 간혹 네 것, 내 것으로 분별될 수 있는 것도 있지만 칼로 가를 정도의 네 것, 내 것이 아니다. 그중 '김치'는 '내 것'이라고 말할 수 있지만 단오절, 한복 등은 딱 부러지게 '내 것'이라 말하기 곤란하다.

(1) 농악무 문제

2009년 10월 무용 농악무가 중국문화의 신분으로 유네스코의 인류구전무형문화재로 등록되었다. 이에 대하여 한국국민은 반발이 심했다. '중국이 한민족의 문화를 빼앗아서 자기의 문화로 만드는 것은 일본이 독도를 빼앗아서 자기의 영토로 만들려는 것과 본질상 다를 바 없다'고까지 한 사람이 있다. 이것 역시 한국인이 중국을 혐오하는 한 가지 이유이다.

중국 소수민족의 문화유산을 유네스코에 신청하는 책임자가 필자의 중학 후배 조선족—중앙민족대학 문일환(文日煥)교수이므로 필자는 이 문제에 대하여 잘 알고 있다. 농악무를 유네스코에 신청하는 서류는 이러하다: '농악무는 조선반도에서 생겨난 것이다. 중국조선족은 조선반도로부터 이주하여 올 때 해당 문화를 지니고 왔으며 100여 년간 이 문화를 계승 발전시켜 왔다. 전승인(傳承人)은 길림성 왕청현(汪淸縣) 노인농악무예술단 김명춘(金明春)이다.' 중국 각 급의 문화재로 등록된 서류내용도 모두 이와 대동소이하다고 한다. 법적으로는 빼앗은 것이 아니고 하자가 없으며 조선족이 미안한 짓을 하였다고 볼 수 없다. 다만 우리겨레 문화의 변두리에 있는 조선족이 해당 문화의 주인행세를 하니 좀 외람되었다는 감이다. 또 7,000만 겨레의 공동재산을 내가 써 먹으니 좀 꺼림칙하다. 중국 8개 소수민족이 모두 같은 민족의 주변 국가와 이런 상황이 존재한다. 앞으로 이런 국가들과 공동 신청하려 한다지만 다른 민족은 모르겠으나 조선족의 경우 남북한이 자존심상 공동신청을 거부할 것은 뻔하다.

조선족은 신청하지 않을 수 없다. 중국 각 민족은 저마다 자기의 문화재를 등록하느라 혈안이 돼 있는데 문화가 가장 발전한 조선족이 남북한의 눈치를 보며 신청하지 못하다가 문화 불모지라는 말을 들어야 한단 말인가? 등록되면 경비가 조달된다. 또한 관광객들이 찾아오므로 짭짤한 수입의 재미도 본다. 조선족도 이런 경비를 조달받고 관광수입도 챙겨야 할 것이 아닌가? 부자동네인 한국이 조선족의 문화 사업을 발전시키라고 경비상 얼마 도와 줬길래 이런 신청을 막을 자격이 있겠는가?

문제는 이 정도에서 그치는 것이 아니다. 워낙 세련된 조선족문화의 모든 것이 중국인의 눈에 희귀하게 보여 진다. 그러므로 웬만한 것도 신청하면 등록된다. 큰 농악무, 아리랑으로부터 작은 아기 돌잔치, 퉁소, 짚신까지다. 이미 등록된 것이 유네스코 급 1개, 국가 급 14개, 성 급 25개, 주·시·현 급13개, 합계 53개가 되며 불원간에 100개를 바라보게 된다. 우리 겨레의 모든 것이 중국의 문화재로 등록될 것이다. 수십 년 또는 수백 년 후 '우리 겨레의 문화는 조선반도에서는 벌써 없어졌고 다만 조선족이 민족정책의 혜택을 입어 계승하였다'라고 왜곡될 우려가 있다. 그러면 중국이 우리겨레 문화의 종주국으로 되는 셈이겠다. 심사숙고할 일이다. 그러나 농악무의 유네스코 신청으로 중국을 혐오한다는 것은 한국인의 불찰로 밖에 볼 수 없다.

(2) 단오절 문제

2005년 강릉단오제가 유네스코의 인류 구전 및 무형 문화유산으로 등록된 후 중국인들의 반발이 거세었다. 한국이 중국의 단오절을 표절하였다는 것이다. 그때 필자의 직장 중화서국의 지도자가 필자에게 원고 한편을 주며『문사지식』잡지에 투고(投稿) 들어온 원고인데 쓸 만한가 보아 달라고 하였다.

단오절을 '표절'한 한국인의 '졸렬한 행위'를 비판하는 문장이었다. 필자는 쓸 가치가 없다고 하였다. 단오절 기원의 정설은 춘추시대 초나라 애국 시인 굴원(屈原)을 기념하기 위하여 생긴 명절이다. 굴원은 약 기원전 340~278년의 사람이다. 그때 동아시아 지역은 주(周)나라라는 큰 우산 밑에 한반도를 포함한 수백 개의 제후국으로 돼 있었다. 이 지역의 황하문화는 인류 4대 고대문명 중의 하나이다. 황하문화는 동아시아 지역의 중하(中夏), 동이(東夷), 서융(西戎), 북적(北狄), 남만(南蠻) 다섯 갈래로 나뉘는 수백 가지 민족이 더불어 창조한 문화이다. 우리 한민족은 동이민족의 후손이므로 당연 중화문화를 창조하고 발전시킨 장본인 중의 하나이다.

2천여 연간 동아시아 각 지역에서 지역별로 그 내용과 형식이 조금씩 다르기는 하지만 모두 단오절을 쇠어 왔다. 현대, 당대로 오며 중국 대륙에서는 이 단오절이 점점 유야무야 되어 지금은 단오 날 종자(粽子: 대나무 잎이나 갈대 잎에 싸서 찧은 찰밥)를 먹는 것이 고작이다. 용주(龍舟: 앞에 나무로 조각한 용이 있는 배) 경기를 하는 개별적 지역도 있다. 그러나 한민족은 지금까지 이 명절을 중시해왔고 전 민족적으로 쇠어 왔다. 특히 강릉단오제는 그야말로 사람들을 놀라게 할 정도로 장관을 이루는 대축제이다. 한민족은 단오절문화를 창조한 장본인 중의 한 성원이고, 또한 지금까지 이 문화를 중국인이 괄목할 정도로 발전시켜 왔는데 표절이라고 할 수 있는가? 중화서국의 지도자는 필자의 말에 일리가 있다며『문사지식』에 실어주지 않았다.

문제는 필자가 이 일을 한국의 역사학교수나 문화인에게 말하였다가 큰 냉대를 받았다. '우리 한국이 어떻게 황하문화권에 속한단 말인가? 우리는 황하문화권과 별개인 배달-단군문화권이다.'라고 하지 않겠는가? 실은 많은 한국인들이 지금 이런 견해를 주장하고 있다. 필자는 아연실색하며 반문하였다: '전 세계가 다 4대 고대문명이라고 하는데 당신이 배달-단군문명을 합쳐 5대문명설을 주장하는 저서를 써서 세계인의 인정을 받을 만한가?' 만약 이런 한국인의 말대로라면 네팔도 인더스문명과 별개의 문명으로 운운할 수 있다. 하물며 불교의 창시자 석가모니가 네팔에서 출생하지 않았는가? 메소포타미아문명도 이라크문명, 요르단문명, 시리아문명, 리비아문명…등으로 가를 수 있다. 『성경』에 이 지역 여러 개 나라의 고사(故事)가 등장하지 않는가? 그러면 인류의 고대문명은 4개가 아니라 다섯 개, 여섯 개, 일곱 개…등으로 많아지게 된다. 황당하기 그지없다.

한국과 중국은 고대로 거슬러 올라갈수록 네 것, 내 것을 가르기 어렵다. 네 것, 내 것이 아닌 공동한 우리의 것이기 때문이다. 앞으로 한중 역사문화상 서로 충돌될 사안이 많을 것으로 예상된다. 단군은 13세기에 씌어진 『삼국유사』에 비로소 나타나는, 고고학적, 문헌적 고증을 할 수 없는 전설적, 신화적 인물에 불과하다. 문자기록만 하여도 3,500년이나 긴 황하문명권과 대등, 대립시키기에는 너무나 역부족이다. 한국문화를 황하문명권에서 분리시키면 민족자존심이 강해지는 것 같지만 황하문명의 창조권, 발명권을 포기하는 셈이니 오히려 민족의 역사공로를 부정하는 역사허무주의로 돼버리지 않겠는가?

(3) 한복문제

이번 북경 동계올림픽 개막식으로 인한 한복 파동이 일어난 후 이른바 옳은 견해는 '한복은 우리 한민족의 의상문화이다. 우리와 같은 한민족인 조선족이 한복을 입었다고 왈가왈부할 수 없다.'라는 것이 올바른 인식의 전부이다. 그러나 이 정도로만 인식하는 것은 아직 부족하다. 마땅히 좀 더 깊이 한복의 역사를 캐볼 필요가 있다.

중국 하남성(河南省) 남양시(南陽市)에 한화석(漢畵石)박물관이 있다. 그 박물관 안에 문짝만큼 큰 얇은 석판에 각종 그림을 조각한 유물들이 진열돼 있다. 호족(豪族)지주계급이 죽을 때 자기의 생전 생활상을 그린 석판을 무덤에 같이 매장한 것들을 발굴, 집중시켜 만든 박물관이다. 호족지주계급은 동노(童奴) 수백 명·심지어 천여 명 정도 거느리고, 소유한 토지가 두어 개 읍 정도 되며, 가문이 몇 세대에 거쳐 삼공(三公) 급 고위층관료를 한, 이런 대지주를 말한다. 중국은 동한(東漢: 25~220년) 때가 호족지주계급이 왕성한 시기이며 호족지주계급의 대부분이 하남성 남양 지역에 집중돼 있었다. 아마 동한의 초대황제 유수(劉秀)가 남양인이므로 가능했을 것이다. 그러므로 남양에 한화석박물관이 생길 수 있다.

한화석박물관에 진열된 문물을 본 필자는 깜짝 놀랐다. 그림 안의 사람들이 입은 의상이 우리 한복과 거의 같지 않은가? 세 가지 가능성이 있다. a. 2천 년 전 한반도와 중원이 제각기 의상을 해 입었는데 우연히 같았다. b. 고조선 정치·경제·문화의 중심지 악랑군·현도군·대방군·요동군 등 한사군은 500여 년간(한무제가 고조선을 멸망시키고 한사군을 설립한 기원전 108년부터 남북조[南北朝]의 시작 직전인 419년까지) 중원민족의 통치를 받는데 그때 한반도사람이 중원의 의상을 배워 입었다. c. 500여 년간 통치할 때 한반도의 의상이 중원의 의상보다 더 훌륭하고 세련되었으므로 중원사람들이 한반도의 의상을 배워서 중원에 전파시켰을 것이다. a. b. c 세 가지 중 어느 가능성이 가장 클까? 필자는 b의 가능성이 가장 크다고 본다. 그때 중원지역은 문화적으로 한반도와 비교도 안 될 정도로 발전하였다. 당연 중원의 의상이 한반도보다 더 세련되었으면 세련되었지 후지지는 않았을 것이다. 지금 한국인이 선진국 일본이나 미국에 5박 6일 정도 관광 갔다가 돌아올 때 그곳의 의상을 사다 입고 우쭐대기 일쑤인데 500여 년간 중원민족의 통치를 받으며 중원의 의상을 배워 입었을 가능성은 충분하다.

중원민족의 의상은 후세에 큰 변화가 일어났다. 그 변화는 크게 3가지로 귀결시킬 수 있다. a. 왼쪽 겨드랑이에서 밑으로 드리우던 옷 섭이 가슴과 배의 한 가운데로 옮겨옴. b. 옷 섭 양쪽을 봉합하던 헝겊 고름이 단추로 바뀜. c. 웃옷이 길어 무릎까지 드리우던 것이 점점 짧아짐. 이렇게 변화된 옷은 북방 소수민족의 의상이므로 호복(胡服)이라고도 일컬었으며 전국시기 조(趙)나라 무령왕(武靈王: 기원전 325~기원전 299년) 때 이미 호복이 중원에 나타나기 시작했으나 대폭적인 변화는 북위(北魏) 효문제(孝文帝: 471~475년) 때이다. 471~475년부터 시작하여 중국의 의상은 서서히 위의 세 가지 면으로 변화되었다. 그러나 한반도의 의상은 2천여 년 전부터 지금까지 큰 변화가 없다. 필자는 잘 모르겠으나 약 30년 전부터인지 개량한복, 특히 개량된 남자한복이 나타나고 있는데 필자가 지금 소장하고 있으며 가끔 입는 한복은 개량한복이다. 웃옷이 짧고 옷 섭을 가슴과 배의 가운데서 단추로 채운다.

현 시점에서 말하면 한복을 한민족의 복장이라고 말할 수 있다. 그러나 좀 더 정확히 말하면 '한복'은 '2천여 년 전 동북아 각국 사람이 보편적으로 입던 복장이었는데 중원에서는 서서히 없어졌고 한반도에만 남은 복장이다.'라고 말하는 것이 더 정확할 것이다. 역시 동아시아 각 지역의 문화는 고대로 거슬러 올라갈수록 네 것, 내 것이 아니라 우리의 것이라는 결론에 떨어진다. 한복의 역사를 알면 한복이 우리의 문화라고 하여 중국을 극히 혐오하며 심지어 증오하는 것은 너무 심하지 않은가?

(4) 김치 문제

최근 중국의 인터넷 사이트에 한국의 김치는 원조가 중국이라는 설이 있다. 그 근거로 두 가지를 제시했다. 하나는 3천 년 전 『시경(詩經)·신남산(信南山)』의 '中田有盧, 彊場有瓜. 是剝是菹, 獻之皇祖.' 중의 '菹'가

'김치'라는 것이다. 다른 하나는 나당연합군 설인귀(薛仁貴)장군이 전쟁 후 고구려 지역으로 귀향 보내졌는데 그를 따라간 중경(重慶) 강북현(江北縣) 사람이 고향의 음식 김치를 한국에 전파했다는 것이다.[18]

중국을 포함한 세계 어느 나라, 어떤 민족이나 다 야채를 소금에 절여 먹을 것이다. 위의 '菹'는 소금에 절인 채소 '짠지'라는 뜻이다. 그러나 절여먹는 방법이나 습관이 일치하지 않으며 그 맛도 다를 것이다. 한국의 김치는 중국의 짠지와 질적으로 완전히 다른 별개의 음식이다. 중국의 짠지와 한국의 김치는 4가지로 구분된다. a. 중국의 짠지는 한국의 김치보다 퍽 짜며 좀 과장 표현하면 변태적인 소금이다. b. 중국의 짠지는 발효시키지 않았고 한국의 김치는 발효시켰다. c. 중국의 짠지는 거의 양념을 넣지 않으며 고작해야 산초를 좀 넣는다. 한국의 김치는 마늘, 고추, 새우장을 주성분으로 하는 다양한 양념을 넣는다. d. 중국의 짠지는 맛이 없으므로 반찬구실을 하지 못하고 한국의 김치는 맛있으며 끼마다 없어서는 안 되는 중요한 반찬이다.

'김치'를 고대 한국에서 '팀채(沉菜)'라 하였다. '딤채'의 '채'자의 모음은 'ㅐ'가 아니라 복모음 'ㆍㅣ'이며 모음 'ㆍ'가 사라지며 복모음 'ㆍㅣ'는 단모음 'ㅣ' 'ㅜ'또는 'ㅐ'로 변하였으므로 '菜'는 '치', '추' 또는 '채'로 변하였다. '배추', '생채', '시금치' 등 어휘가 그것이다. '딤채'는 복잡한 어음변화를 거쳐 마침내 오늘날의 '김치'로 변화되었다.

『삼국사기』, 『삼국유사』에는 '沉(沈)菜'란 단어가 한 번도 나타나지 않는다. 고려시대 문헌에 '沉(沈)菜'란 말은 거의 없다. 단지 고려말기 이색(李穡)의 『목은시고(牧隱詩藁)』13권에 '개성 유구가 우엉, 대파, 무, 및 김치와 장을 보내왔다(柳開城呴送牛蒡、蔥、蘿蔔幷沈菜、醬)'라는 기록이 두 번 나타난다. 한국의 김치가 고려말-조선 초에 생겨났음을 엿볼 수 있

18) 중국 인터넷 baidu.

다. 조선시대의 문헌에는 '김치(沈菜)'라는 단어가 많이 등장한다. 『목민심서』의 『부임(赴任)・계행(啓行)』에 한 번, 『율기(律己)・절용(節用)』에 한 번, 두 번 등장한다. 그 외 『경자연행잡지(庚子燕行雜識)』, 『계산기정(薊山紀程)』, 『기측체의(氣測體義)』, 『녹문집(鹿門集)』, 『조선왕조실록』, 『승정원일기』, 『일성록』, 『매월당집(梅月堂集)』, 『옥계집(玉溪集)』, 『격몽요결(擊蒙要訣)』, 『예기집설대전(禮記集說大全)』… 등에 모두 '김치沉(沈)菜'가 여러 번 게재돼 있다.

고서에는 '김치(沈菜)'가 등장할 뿐만 아니라 '김치'의 질에 관한 기록도 있다.

'自戊申以後,…嗜利無恥者攀附左腹, 罔有紀極。至有雜菜尙書、沈菜政丞之語行于世。蓋以雜菜、沈菜進御而得幸也。(무신년 이후로… 이[利]를 즐기고 염치가 없는 자는 내시에게 붙어 못 한 짓이 없다. 심지어 '잡채상서', '김치정승'이라는 말이 세상에 유행하였다. 아마 잡채와 김치를 임금에게 바치는 것으로써 총애를 받았을 것이다.)[19] 김치를 임금에게 뇌물로 바쳤다는 말인데 만약 야채를 거저 소금에 절인 정도의 저질 음식이면 뇌물이 될 수 없다. 갖은 양념을 한 고급스럽고 귀한 음식이었을 것이다.

'我東則淡菹曰淡薤, 醎菹曰醎薤, 雜醯、菜沈菹曰交沈薤, 總名曰沈菜.(우리나라에서는 싱거운 저를 '담제'라 하고, 짠 저를 '함제'라 하며, 젓갈과 나물을 섞어서 담근 저가 '교침제'인데, 통칭 '김치'라 한다.)[20] 여기에서 말한 나물은 아마 마늘, 고추 등일 것이다. (한국 고문헌에 절인 음식을 '저[菹]', '제[薤]'라고도 하였다.)

'…[中國]沈菜味甚醎, 故沈水退鹽, 細切吃之。芥沈菜、菘沈菜到處有之, 味惡而醎, 亦有各樣醬瓜而味不好。或通官家倣我國沈菜法, 味頗佳云。(…

---

19) 『대동야초(大同野草)・향촌잡록(鄕村雜錄)』.
20) 『오주연문장전산고(五洲衍文長箋散稿)』.

[중국]의 짠지는 맛이 매우 짜기 때문에 물에 담가 두었다가 소금기가 빠진 뒤에 가늘게 썰어서 먹는다. 개침채(芥沈菜: 갓짠지)·송침채[菘沈菜: 배추짠지]는 가는 곳마다 있는데 맛이 나쁘면서 짜고, 또한 갖가지 장아찌도 맛이 좋지 못하다. 혹 통역의 집은 우리나라의 김치 만드는 법을 모방하여 맛이 꽤 좋다고 말한다.)'[21)]

『계산기정(薊山紀程)』은 조선 사절단이 북경으로 가는 연도의 목격담이다. 이 기사를 통해 중국의 짠지와 조선의 김치가 어떻게 다른가를 여실히 알 수 있다. 수백 년 전부터 지금까지 중국의 짠지와 조선의 김치는 완전히 별개이다. 김치는 자고로부터 한국 독유의 음식이다. 김치를 중국의 음식문화에 귀속시키는 것은 무리이다.

한국의 김치를 중국의 전통음식으로 우기는 처사는 당연 혐오할만한 일이다.

5. 중국의 '한국병탄'설

필자는 2015년 2월 10일에 설립한 (사단법인)'통일건국연합'의 고문직을 한 적이 있다. 한 번은 해당 연합의 이사장직을 맡고 있는 유명 정치인 박세일 교수와 이야기를 나눈 적이 있다. 필자 문: '한국인은 왜 중국을 혐오하나?' 박교수 답: '중국이 급성장하여 강대국이 되면 한국을 병탄(倂呑)할 위험이 있기 때문에 한국은 항상 중국을 경계해야 한다.' 문: '지금 미국이 초대강국이며 한국을 병탄할 수 있지만 왜 미국은 혐오하지 않고 중국을 혐오하나?' 답: '미국은 초대강국이지만 한국과 넓은 태평양을 사이에 두고 있으므로 한국을 병탄할 수 없다. 그러나 중국은 우리와 인접해 있기 때문에 한국을 쉽사리 병탄할 수 있다.' 이것이 한국이 중국을 혐오하는 원인 중의 하나일 수 있다. 걸핏 보기에는 그럴듯한 원인 같지

---

21) 『계산기정(薊山紀程)』.

만 심층 분석해보면 딱 그렇지는 않을 것이라는 결론이다.

중국공산당은 'a. 우리는 다른 나라의 내정을 간섭하지 않는다.' 'b. 우리는 영원토록 패권을 하지 않는다.'라는 국정의 두 가지 원칙이 있으며 지금까지 실천에 옮기었으며 엄격히 준수하여 왔다.

정권이 설립된 후 1948~1960년대에 북한 고위층에는 남로당파, 소련파, [중국]연안파, 갑산파 및 김일성파 등 다섯 가지 정치 파벌이 있었다. 1956년 남로당파 박헌영을 척결한 후 기타 파벌에 칼을 대기 시작하였다. 당연 먼저 소련파에게 칼을 대었다. 그때 스탈린이 모택동과의 전화에서 '당신네 군사 수십만이 북한에 있으니 알아서 선처해보라'고 하였다.[22] 중국이 군사력으로 김일성을 제지하거나 심지어 제거하라는 뜻이다. 그러나 모택동은 그렇게 하지 않았다. 1959년 북한은 연안파를 숙청하였다. 숙청 당한 자들은 다 중공 건국 1세대의 당·정·군 고위층관료의 친구들이다. 다행히 그들은 숙청당하기 직전 중국으로 망명하였다. 중공은 역시 이 일로 김일성을 다치지 않았다.

1992년 중한수교 이후 북한은 중국에 갖은 욕설을 하였고 국제사회에서 중국에 해로운 일을 일삼았다. 6·25전쟁(북한은 이를 '조국해방전쟁'이라 칭함) 기념관에 '중국' 내용이 없다고 한다. 말하자면 6·25전쟁은 자기 혼자 치른 것이지 중국의 도움을 받지 않았다는 예기다. 듣는 말에 의하면 중국관을 조그마하게 해놓고 일반 손님에게는 개관하지 않고 중국 손님을 접대할 때만 개관한다고 한다. 또한 북한의 고위층관료를 배출하는 만경대학원 복도에는 '중국은 우리의 철천지원수다'라는 슬로건이 걸려 있다고 한다. 중국이 맘만 먹으면 북한을 일거에 제거할 수 있다. 그러나 중국은 '내정간섭을 하지 않고 패권을 하지 않는다'는 원칙을 고수하며 북한을 건드리지 않는다.

---

22) 2003. 심지화(沈志華), 『毛泽东、斯大林与朝鲜战争(모택동, 스탈린과 조선전쟁)』, 广东人民出版社(광동인민출판사).

1962년 국경분쟁으로 중국과 인도 두 나라간 전쟁이 발생한 후에도 중국군이 대승하였지만 승승장구로 계속 진격한 것이 아니라 1개월 만에 군사를 철회하고 담판으로 분쟁을 마무리 지었다. 이에 대해 인도는 감사하게 생각하고 있다.

베트남의 남북통일 전쟁에 중공은 사심 없는 지원을 하였다. 남북이 통일된 후 베트남은 은혜를 갚기는 고사하고 중국에 반기를 들었다. 베트남 거주 화교의 재산을 빼앗고, 화교를 내쫓았으며, 중·벹 국경선에서 중국에 도발하는 등 레드라인을 밟으며 못할 짓이란 못할 짓을 다 하였다. 그때 중국과 소련이 적대관계였는데 소련에 잘 보이려고 한 짓이었다. 약이 오른 중국은 더는 참을 수 없어 '좀 혼내주어 정신을 차리게 한다'는 차원에서 베트남을 진공하였다. 1979년 2월 17일 진공을 시작하여 3월 16일에 군사를 철수하였다.

이상의 상황을 감안하면 중국의 한국병탄설은 너무 과한 의심이다. 또한 중국은 1990년부터 지금까지, 일대일로를 외치며 많은 후진국, 약소국을 진출하며 30여 년간 이데올로기 수출을 하지 않았다. '중한병탄설'로 중국을 혐오하는 것 역시 한국인의 과민한 반응이라고 본다.

6. 한중관계에 악영향을 끼친 주역은 한국의 언론

이상 다섯 가지 면으로 살펴보면 한국인이 중국을 다소 혐오할 수는 있다. 어떤 것은 혐오할만한 일이고(고구려공정, 김치 등), 어떤 것은 구체상황을 잘 몰라 오해한 것이다. 종합적으로 보면 일본 이상으로 혐오할 수 있다는 근거를 찾자볼 수 없다는 결론이다. 그런데 왜 한국인이 중국을 그토록 혐오하는가? 필자는 한국의 언론에 문제가 있다는 생각을 항상 하여 왔지만 결론을 짓지 못하고 있었다. 최근 출판된 책 김희교 교수의 『짱깨주의의 탄생』을 보고 필자는 깜짝 놀랐다. 그사이 주요로 한국의

TV를 보고 종이 신문은 별로 보지 않아서 몰랐는데 한국 언론이 이 정도로 요언, 과장, 모함, 모독을 일삼으며 중국을 공격한 줄 몰랐다. 한국인이 중국을 이 정도로 혐오하게 만든 주역은 한국의 언론임을 확신하게 되었다.

(1) 철면피한 요언으로 중국에 먹칠하기

우선 2018년 크리스마스에 즈음하여 한국 신문들이 중국을 어떻게 요언으로 먹칠하였는가를 살펴보자.

a. 2018.12.19.『한국일보』: '중국엔 산타 못 간다…올해도 크리스마스 금지령'.

b. 『아시아경제』: '크리스마스 때 중국인이 서로 주고받던 "사과까지 단속의 대상"이 되었다'.

c. 12.19.『조선일보』: '이번 크리스마스에 산타는 중국에 못 들르게 됐다'.

d. 12.25.『중앙일보』: '크리스마스 캐럴 부르면 징역 5년형 받는 나라'.

이상은 모두 『남중국신보(南中國晨報: South China Morning Post)』를 인용.

e. 『중앙일보』: '일단 올해는 중국 거리에서 산타클로스 인형을 찾아볼 수 없을 것 같습니다. 지난 10월 열린 공산당 전국대표대회에서 시진핑 주석이 "중국문명의 위대한 부활"을 주장하며 종교사상 통제를 강화하겠다는 의지를 내비쳤기 때문입니다.'

f. 『조선일보』: 크리스마스 분위기가 이전과 달라졌다는 것을 보도하며 시진핑 집권 이후 중국에서 더욱 가혹한 통치가 이루어진다고 강조했다.

g. 『국민일보』: '고요한 밤, 거룩한 밤이 아니라 쓸쓸한 밤, 무서운 밤이다. 어둠에 갇힌 중국인의 모습이 떠오른다. 중국의 안티크리스마스가 시주석의 장기집권, 우상화 작업과 관련이 없는 것이 아닐 것이다.'[23]

이런 기사를 읽은 한국 네티즌들의 반응은 이러했다: '짱깨들은 그렇지.' '미국이 중국보다 낫다.' 트럼프가 '이번 기회에 중국을 붕괴시켜 버려야 한다.'…

상기 한국 신문들 기사의 출처는 어디인가? 『남중국신보』이다: a. 하북 랑방시에서 크리스마스트리를 세우지 못하게 하고 길거리에서 종교관련 행사를 못 하게 했다는 것. b. 중국 지방정부가 각 학교에 공문을 보내 크리스마스 축제를 엄격하게 금지하고 학생들이 크리스마스 활동에 참가하지 말고 선물도 주고받지 말도록 지시했다는 것. c. 최근 북경시 시온교회를 포함한 유명 지하 교회 3곳이 폐쇄되었다는 것.

사실은 이 세 가지도 요언 반, 진실 반이었다. 하북성 낭방시(廊坊市)에서 크리스마스트리를 길가에 세워 교통문란을 조성하지 말라는 것이 중국 정부차원에서 내린 크리스마스에 관한 유일한 지시였다. 그 외 2018년 12월 중국의 일부 네티즌들이 인터넷에 '서양명절 크리스마스를 대단히 쇨 필요가 있나? 그 이튿날인 모택동의 생일을 더 중요시하자'라는 건의사항을 제출했을 뿐이다. 이 정도의 내용을 『남중국신보』가 절반의 외곡을 가하여 20정도로 부풀려 기사화 했고 한국 기자들이 그것에 요언을 보태 100정도로 발효시킨 기사를 만든 것이다.

그래 이런 기사를 본 한국 국민들이 중국을 혐오하지 않을 수 있겠는가. 『짱깨주의의 탄생』저자 김희교 교수는 사실 여부의 확인을 위하여 12월 23일 직접 북경에 들려 상황 포착을 하여보았다. 그런데 웬 말이냐? 북경시의 방방곳곳에서 크리스마스를 예년 못지않게 쇠고 있었다. 그러면 상기 신문들이 짤막하나마 며칠 전 '중국이 금년부터 크리스마스를 쇠지 않는다고 보도하였는데 사실은 크리스마스를 예전처럼 쇠더라.'라는 기사라도 냈어야 바람직하지 않은가? 거짓말을 하고도 뻔뻔스럽게 끔쩍도 안

---

23) 김희교 『짱깨주의의 탄생』 22페이지. 1922. 4. 25. 보리 출판사.

하는 한국 기자들이 안쓰럽다.

(2) 중국 혐오 기사의 확대재생산 작전

'한국 언론은 중국을 공격할 때 마치 누군가가 좌표를 설정하고 움직인다는 의심이 들 만큼 집중 보도하며 짱깨주의 프레임을 확대재생산한다.'[24] 중국의 '전랑(戰狼) 외교', '싼샤댐'에 대한 보도를 이렇게 하였다. 2015년 2월 19일 중국과 프랑스의 합작으로 『狼圖騰(늑대 토템)』이란 영화를 제작한 적이 있다. 이 영화는 성공적이었으며 세계적으로 많은 청중의 이목을 끌었다. 5년이 지난 2015년 한국의 언론은 난데없이 중국의 정치와 외교를 '늑대정치', '늑대외교'로 비하하여 엄청 많은 뉴스를 방출해 냈다. 2020년 4월 28일 『연합뉴스』의 '늑대' 기사를 시작으로 몇 달 사이에 수십편의 '늑대'기사가 유포되었다.

1. 2020.4.28. 『'중, 늑대전사처럼 코로나 외교' 세계 각국서』. 『연합뉴스』.
2. 5.18. 『중국 마스크 외교 효과는 글쎄…'생색내기에 늑대전사의 거친 말 탓'』, 『경향신문』.
3. 5.20. 『'도광양회' 몸 낮추던 중국 외교, 왜 늑대처럼 사나워졌나』. 『중앙일보』.
4. 5.20. 『코로나19에 전랑외교로 선회한 중국…지도부 코너 몰려 분석도』. 『서울신문』.
5. 5.25. 『중국의 늑대전사 외교, 국제적 고립을 초래하다』. 『주간조선』.
6. 5.26. 『도광양회 외치던 중국의 돌변…영화 전랑처럼 거칠어졌다』. 『중앙일보』.
7. 5.27. 『홍콩의 보안법과 중국의 전랑외교』. 『국민일보』.
8. 5.27. 『중국의 늑대외교가 심상치 않다』. 『한국경제』.

---

24) 김희교 『짱깨주의의 탄생』 400~401페이지.

9. 6.10.『한국 때리듯 호주 패고 있는 중, 미와 뭐가 다른가』.『뉴스1』.

10. 6.11.『늑대전사 뭐길래…중 호주에 유학도 가지 마』.『머니투데이』.

11. 6.14.『코로나 틈타 영토갈등 불 지핀 중…영유권 회복인가, 패권국 야욕인가』.『파이낸셜 뉴스』

12. 6.22.『중국발 위험에 관심 가져야』.『국민일보』.

13. 7.6『중국의 늑대외교…대륙의 민심 얻고 세계의 인심 잃다』.『중앙일보』.

14. 7.18.『중 철의 여인 욕먹는 문제 해결 멀었다…중국 강경외교 예고』.『동아일보』.

15. 8.1.『중국 싫다…세계 각국서 반중감정 최고조』.『세계일보』.

16. 8.27.『중앙일보』『라이스와 맞장 뜬 최고 싸움닭…중국판 람보 새 대변인 떴다』.

17. '20.8『머니투데이』전랑외교특집

　-『'내 거 건드리지 마' 사방을 적으로 만드는 중국』.

　-『'건드리면 물어뜯는다'…중국은 왜 늑대가 됐나』.

　-『홍콩 다음은 대만…잔뜩 벼르고 있는 중국』.

　-『도광양회 버리고 중국몽 대국굴기 택한 시진핑』.

　-『신강 위그르·티베트…중 영토 25%는 어둠의 땅』.

　-『홍콩 무릎 꿇린 중, '42년 만에 미와 밀착' 대만 노린다』.

중국을 혐오하는 거리가 생겼다 하면 파리 떼처럼 달려들어 너도 나도 서로 베끼며 확대재생산한다. 그러나 중국의 정치가 왜 늑대정치이고 중국의 외교가 왜 늑대외교인가의 확실한 근거는 말하지 않고 무작정 '늑대정치', '늑대외교'라고만 몰아 부친다. 중국 사자성어에 삼인성호(三人成虎)라는 말이 있다. 거짓말도 세 사람이 연거푸 곱씹으면 진짜로 변한다는 뜻이다. 중국의 정치, 외교가 '늑대정치', '늑대외교'라 수십 번 곱씹으니 국민들은 이에 세뇌될 수밖에 없다.

(3) 비루하기 짝이 없는 모함과 모독

중국 혐오의 수법에는 이상의 두 가지만이 아니다. 비루하고 수치스러운 모독도 마다하지 않는다. 비교적 전형적인 예가 『한겨레』신문의 '부채의 덫'이라 일컫는 기사이다.[25]

a. 2019. 『한겨레』 『중국, '차관 무기'로 남태평양 진출…'부채의 덫' 우려』.

b. 2020.9. 『한겨레』 『일대일로에 뛰어든 라오스도 '중국 부채의 덫'에 빠졌나』.

『한겨레』의 '부채의 덫'이라는 이 두 기사는 2018년 10월 미국 부통령이 허드슨연구소에서 연설을 할 때 썼던 말이다. 사실 이는 중국 자본과 경쟁관계에 있는 미국과 영국을 중심으로 한 금융자본 국가들의 대표적인 프레임이다. 『한겨레』는 중국이 후진국에 주는 융자가 왜 부채의 덫인지 아무런 근거도 제시하지 않고 무작정 '부채의 덫'이라 모독한 것이다.

최근 50여 년간 중국이 후진국에 주는 융자의 기본 상황은 만천하가 다 아는 사실이다. 가난하여 갚을 능력이 없는 나라에 융자를 주거나 이런 나라의 이윤 창출이 아주 느린 도로, 교량, 철도 건설 프로젝트에 투자하는 것이다. 구미 선진국은 이런 국가의 이런 프로젝트에 전혀 투자하지도, 융자를 주지도 않는다. 그러나 중국은 '인류운명 공동체'의 차원에서 융자도 주고 투자도 하였다. 또한 추호의 정치조건도 걸지 않았으며 투자 접수국의 부담을 되도록 줄이기에 노력하였다. 중국 거금 해외투자의 첫 시작이 1972년 아프리카의 탄자니아와 잠비아를 잇는 철도건설 프로젝트였다. 그 철도건설에 참가한 중국인들이 면세가격으로 담배를 사서 피웠는데 주은래 총리가 이 일을 알고 면세 액수에 해당되는 돈을 거두어 탄자니아 정부에 바쳤다. 세계에 이런 나라가 또 있는가? 위에 『한겨레』의 기사에 거론된 라오스는 중국 융자로 중국과 잇는 고속철도를 건설하여

---

25) 김희교 『짱깨주의의 탄생』 198~199페이지.

현재 큰 이익을 보고 있다. 앞으로 이 철도를 태국과 캄보디아까지 연장하여 엄청난 경제교류의 이익을 창출하게 된다.

선진국들은 이런 나라에 투자를 하지 않을 뿐만 아니라 중국의 투자를 방해하는 꼼수는 잘 피운다. 중국과 후진국간에 어떤 프로젝트의 투자 계약을 맺고 시작할 무렵 그 후진국을 꼬여서 자기네가 투자한다며 중국을 배격해버린다. 그리고는 몇 년간 질질 끌며 착공하지 않는다. 알고 보면 사실은 투자하려는 것이 아니라 중국의 투자를 막거나 파탄시키자는 것이 그들의 목적이다. 손해 보는 것은 투자 접수국 자체이다. 브라질과 베트남의 고속철도 건설도 일본이 끼워들어 중국과 체결한 계약을 무산시키고 철도를 가설하였지만 두 곳 모두 철도가 붕괴되는 참사를 당하였다.

7. 기타 문제

기타 문제란 앞에서 제기한 '7) 중국의 한국 사드배치에 대한 보복. 8) 중국이 코로나19 바이러스를 방출하여 한국을 포함한 전 세계를 괴롭히고 있다' 9) 중국의 습근평은 장기집권을 노리고 있다. 이 세 가지 문제이다.

습근평의 장기집권문제는 중국의 내정이다. 내정간섭으로 왈가왈부하는 것은 바람직하지 않다. 하물며 습근평의 장기집권 문제는 작년에 생긴 일이다. 한국의 중국 혐오는 습근평의 장기집권 문제 이전에 이미 불거진 문제이므로 이 문제는 할애하겠다.

한국의 사드배체에 대한 중국의 보복은 주요로 문화보복이다. K팝의 중국 연출 금지, 한국연예인의 중국 진출 금지, 중한 관광객의 축소 등. 문화상의 이런 한한령이 한국에 준 영향은 극히 제한적이다. 경제보복으로 롯데가 중국 사업을 접은 문제를 운운하는데 롯데가 중국 사업을 접은 것은 롯데 자체의 중국사업 불실이 주요 원인이다. 오히려 롯데가 사드를 빙자해 중국의 불실기업을 쉽게 철수할 수 있었다. 사드문제가 롯데에게는 화가 복이 되었을지도 모른다. 한국의 탄탄한 반도체, 디스플레이, 석유화학 등의 중국 사업은 아무런 손해도 보지 않고 잘 나가고 있다. 현대차의 중국시장 점유률 감소도 중국인의 현대차에 대한 선호도가 떨어진 것이 주요 원인이지 사드와 거의 관계없다.

코로나19 바이러스 문제는 무한 생물연구소에서 코로나19 바이러스를 방출하였다는 혐의이다. WHO에서 2 번이나 무한 생물연구소에 찾아가 검사한 결과 무한 생물연구소의 바이러스 방출 가능성이 없다는 결론을 내렸었다. 오히려 미국 데커리트 생물연구소의 코로나19 바이러스 방출 가능성이 더 크다고 제기하고 있으나 미국은 현지 검사를 거절하고 있는 상태이다. 코로나19 바이러스 방출에 관해서는 아직 결론을 내리지 못하고 있다.

III. 총 결

이상 7가지로 분류하여 심층 분석하면 중국에 대한 혐오는 대부분 한국 국민의 오해에서 기인된 것이다. 필자의 문장대로 정확히 인식하면 많은 잘못된 인식을 바로잡을 수 있다. 확실히 중국을 혐오할만한 첫째 문제는 동북공정이다. 그러나 중국이 동북공정을 5년만 하였고 지금은 동북공정을 과오로 인식하고 그만두었다. 고구려를 중국역사상 지방 소수민족 정권이라는 인식을 포기하고 고구려 역사를 한국·조선역사로 회귀시켰다. 한국인은 중국의 이런 태도에 환영을 표시하며 받아들여야 하며 이전에 있었던 일에 대해 이해하여야 한다고 본다. 중국을 혐오할만한 두 번째 문제는 김치문제인데 이런 작은 문제로 중국을 일본 이상으로 혐오한

다는 것은 너무 과한 것이 아닌가? 세 번째 문제는 '중국의 한국병탄설'인
데 이것도 필자의 분석대로 인식하면 별거 아니다.

　결국 한중 갈등을 조작하고 한국국민으로 하여금 중국을 혐오하게 만
든 주역은 한국의 언론이다. 한국 언론의 악선전이 중국의 이미지를 실추
시켰고 한중 두 나라국민의 감정을 나쁘게 만들었다. 붓이 칼보다 더 무
서운 존재임을 실감하고도 남음이 있다. 필자는 한국 기자들을 익숙히 잘
안다. 그들 개개인은 똑똑하고 수준도 높으며 사업에 열중한다. 그러므로
필자는 이전에 항상 한국 기자들을 칭찬하였었다. 그들의 최대 약점은 국
제정치의 큰 시비에 부딪히면 무작정 미국의 눈치를 보거나 미국을 맹종
(盲從)하는 것이다. <짱깨주의의 탄생>을 보면 지금은 한국 기자들이 미
국에 맹종하는 것에 그치는 것이 아니라 본인들의 사상도 타락의 길을 걷
고 있는 것 같다. 왜 이렇게 변하고 있는지? 참으로 마음 아플 일이다.

　한국은 세계 10위 경제권에 들고 군사력도 세계 랭킹 6위이다. 남북한
인구를 합치면 7,600만, 세계에서 인구가 가장 많은 중국 과거 2000년의
인구와 맞물린다. 중국의 인구는 춘추전국시대에 2,000만이었고 원(元)나
라 때까지 5,000만~8,000만에서 오르락내리락하였다. 미주의 고구마, 감
자와 옥수수가 중국에 유입되며 1억 이상으로 껑충 뛰어 지금은 14억 인
구가 되었다. 경제력으로 보나, 군사력으로 보나, 인구로 보나 한국은 떳
떳한 세계강대국의 하나이다. 미국, 중국 등 세계 강국이 한국의 눈치를
보게 행동하게 해야지 왜 한국이 여타 대국의 눈치를 보아야하는가? 필자
의 본 글이 한국 국민의 중국 혐오를 해소하는데 일조했으면 한다.

시기별로 본 재한중국동포사회의 변화와 특징분석

김용필

Ⅰ. 서론

"한국정부는 고향으로 돌아온 중국동포를 따뜻하게 반겨주고자 하는 준비를 갖추지 않은 상태에서 20년 가까이 지속되었기 때문에 중국동포의 고향 길은 고되기만 했고 조선족 사회의 해체를 야기시키는 결과를 낳고 말았다."

이는 지난 2007년 11월 24일 개최된 재한조선족유학생네트워크 창립4주년 심포지움에서 '재한조선족 20년사, 얻은 것과 잃은 것'이라는 주제발표를 한 필자의 주장이었다.

부연해 설명한다면, 1988년 서울올림픽을 계기로 한국사회와 중국동포사회가 재회를 하였다고 본다. 당시 노태우 대통령은 재외동포의 남북한 자유왕래를 위한 문호 개방 등을 포함한 7.7선언을 발표했다. 이로 인해 구소련지역과 중국에 거주하던 동포들이 한국의 친척과 서신왕래를 해오다가 친척초청을 통한 한국 방문길이 열리게 되었고 1992년 한중수교가 이루어짐에 따라 중국동포들의 한국방문은 점점 더 많아지기 시작했다.

2007년도는 재한중국동포사회의 대전환을 가져온 방문취업제가 본격 시행된 해이고, 한중수교 15주년이 되는 해이다. 그리고 또다시 15년의 세월이 흘러 2022년 올해는 30주년을 맞는다.

한중수교 30주년을 맞는 즈음에 재한 중국동포사회를 정리하던 중에

2007년에 작성한 발표문을 보면서 감회가 새롭기도 하고, 현재 상황과 비교해 볼 수 있는 것 같아서 의미가 있다는 생각이 들었다.

또 하나의 문장을 인용해 소개하고자 한다.

"대한민국에 와서 처음에는 식당과 공사장 막일 등 돈을 벌 수 있는 일이라면 가리지 않고 닥치는 대로 일을 하면서, 먹고 싶은 것도 참고, 입고 싶은 옷도 제대로 사지 않았다. 오직 중국에 있는 자식과 손자 생각만 하고 살았다. 중국에 들어갈 때가 됐을 때, 대한민국 국적을 취득하게 되어 지금까지 있으면서, 손자 교육비를 보내면서 잘 되기만 학수고대했는데 중국의 최고 대학을 졸업했다. 마음속에 언제나 대한민국에게 감사하고 돈을 벌면 꼭 어려운 사람을 돕겠다는 생각을 품고 있었기 때문에 흔쾌히 기부를 하게 됐다."

위 글은 2022년 6월 15일경 서울 대림동에 사는 70대 중반의 중국동포 여성이 주민센터에 찾아와 1억원을 내놓으며 한 말이라며 허준영 대림동 새마을금고 이사장이 영등포신문 기고문을 통해 밝힌 내용이다. 이 여성은 이름도 밝히지 않고 익명으로 기부하겠다는 뜻을 밝혀 주변을 깜짝 놀라게 했다.

이 노인의 말을 분석해보면 한국에 온 중국동포들의 삶을 함축적으로 보여주면서 동시에 손자를 중국의 최고 대학을 졸업할 때까지 뒷바라지해주고, 그렇게 해줄 수 있도록 한 대한민국에 감사하다는 말 속에서 한중수교 30주년의 의미를 뜻깊게 되새겨 본다.

중국동포들에게 있어 지난 30년은 한중수교 이후 한국정부의 외국인출입국과 재외동포정책에 맞물려 출입국, 체류문제로 울고 웃던 세월이었다.

본 논문은 2000년부터 동북아신문 기자로 시작하여, 2003년 8월엔 중국동포타운신문 창간을 하고, 또다시 2011년 동포세계신문 창간으로 중국동포 전문매체를 운영하며 기자로 활동해온 필자가 기록해 놓은 기사와 발표자료를 정리하고, 또 한국언론에 난 기사를 보충해 재한 중국동포 사회의 변화상을 정리한 것이다. 1992년 한중수교 전후 시기부터 2022년 현재까지 집권 정부별로 정부정책과 변화상을 개괄적으로 정리했다.

제1장 초창기는 노태우 정부 1992년 한중수교 이후부터 김영삼 정부(1998년)까지, 제2장 격변기는 재외동포법을 제정한 김대중 정부(1999년)부터 방문취업제를 시행한 노무현 정부(2008년)까지, 제3장 성장기는 중국동포들에게 재외동포 체류자격을 확대 부여해주고 중국동포 집거지가 곳곳에서 형성되어 새로운 변화기를 맞기 시작한 이명박 정부(2009년) 시기부터 한중간의 인적 교류 및 호황기를 누렸지만 사드 배치 문제로 위기를 초래한 박근혜 정부(2017년) 시기까지, 그리고 제4장은 도전기로 국내 체류 중국동포가 80만명을 넘어 선 가운데 재외동포 체류자가 40만명을 넘어서고 영주자격자도 10만명 시대를 맞게 된 문재인 정부(2018년) 시기부터 윤석열 정부가 출범한 2022년 현재까지 이다.

이상 시기별로 정리된 재한중국동포사회의 변화상을 본 논문을 통해 읽게 되는 독자들이 조금이라도 더 중국동포를 이해하는데 참조할 수 있는 좋은 자료가 되기를 희망한다.

마지막으로 결론에서는 재한 중국동포사회가 당면한 문제, 가령 중도입국청소년, 국내 출생 조선족 아이들, 60대 이상 고령자가 늘어나고 있는 상황에서 중국동포사회가 나아갈 길을 고민해 보고, 아울러 한중수교 30년을 맞아 발전적인 한중관계를 위해서 재한중국동포 사회의 역할에 대해서 함께 생각해 보는 것으로 본 논문을 마치고자 한다.

II. 시기별 재한중국동포사회의 변화와 특성

1. 초창기 (1992년~1998년)

-1992년 한중수교, 반만년만의 재회
-1993년 신도시 건설, 노무일꾼
-1995년 조선족마을에 분 한국바람
-1996년 페스카마호 사건과 한국초청사기피해

1) 코리안드림

2006년 9월경 방영된 KBS라디오 사회교육방송 '한민족하나로'에 출연한 필자는 중국동포 '코리언드림 20年'을 돌아본다는 주제로 4차례 방송을 하였다. 그때 진행자는 1992년 한중수교를 이루는데 주요역할을 했던 권병현 전 주중한국대사였다. 제1부에서는 한국에 들어온 초창기 중국동포 모습 편으로 '약장사에서 한국의 건설 역군으로' 라는 내용으로 권 전대사와 이야기를 나누었다. 그 대화내용부터 소개한다.

권병현(전 주중한국대사): 인천차이나클럽에서도 의미 있는 시간을 가졌군요.[1] 요약하면 '코리안드림' 20年이라고 할 수 있을 것 같은데요. 우리 중국동포들은 20년 전 초창기에는 어떻게 한국에 올 수 있었나요?

김용필: 중국동포가 처음 한국 땅에 발을 들여놓기 시작한 것은 88서울올림픽을 앞둔 1987년부터라고 합니다. 이것은 1945년 남북분단 역사 이래 42년 만의 재회라는 큰 의미가 있다고 봅니다. 그 후 20년째 만남이 이어지고 있는 것이지요. 1987년 당시 중국동포는 지금처럼 연변 연길공

---

1) 2006.7.13. 필자는 인천차이나클럽 주최 '현대 조선족사회 이해를 통한 한중교류증진 세미나'에서 국내에서 바라보는 조선족동포에 대한 시각이라는 주제로 발표를 하였다.

항에서 곧바로 인천공항으로 들어온 것이 아니라 홍콩을 경유 홍콩주재 한국영사관에서 발급해주는 한국 여행증명서를 발급받아 한국으로 들어오는 절차를 밟았습니다.

그 당시 KBS방송국에서는 국내에 헤어져 있는 이산가족찾기운동이 펼쳐지고 있었지요. 물론 우리 KBS사회교육방송에서는 그 이전부터 북방에 있는 동포들을 상대로 이산가족을 찾는 분들의 서신을 소개하여 한국에 있는 친척을 찾게 되어 동포들에게 희망을 안겨주었는데요, 저희 사회교육방송을 통해 이렇게 친척을 찾게 되면 친척의 초청장을 근거로 중국동포들에게 제한적으로 홍콩주재한국영사관에서 여행증명서를 발급해주어 한국에 왔습니다. 법무부 출입국 관계자의 말에 의하면 이런 경로로 들어오는 중국동포들의 숫자는 90년대에 들어서 한 달에 100여명 정도 들어와 1992년 8월 24일 한중수교가 이루어지기 전 국내에 체류하는 중국동포 수는 2,000 여명 수준이었다고 합니다. 그러다 1992년 8월 24일 한중수교를 분수령으로 하여 중국동포들은 중국여권으로 한국에 들어오기 시작했으며, 입국자 수도 크게 증가했다고 합니다.

권병헌: 제가 알기로 중국 조선족 사회에서 한국에 대해 관심을 갖게 된 건 88서울올림픽이라고 합니다. 그때부터 조선족 사회에 '코리안드림'이 서서히 생겨났다고 보면 되는 건가요?

김용필: 네 그렇습니다. 출입국관리사무소에서 30년간 현장 근무를 해온 문화춘 과장(2006년 현재 서울출입국관리사무소 심사과장)은 "92년 한중수교 전만해도 조선족동포들이 한국에 와도 마땅히 일할 곳이 없었고 당시 한국인 임금도 월 50만원 수준. 조선족동포들이 불법체류하며 일을 해도 월 40만원을 벌면 많이 번 시대였는데 1992년 한중수교가 이루어지고나서 당시 정부는 200만호 주택건설 정책이 발표되고 일산, 분당등 신도시 아파트 건설이 본격적으로 시작되면서 건설현장에서 건설노동자가 부족하자 언어 소통이 가능한 중국동포들이 단순노동자로 상당한

수입을 얻어가는 계기가 되면서 동포들이 많이 들어오기 시작했다"고 설명합니다.

권병헌: 초창기 한국에 온 동포들의 모습은 어떠했나요?

김용필: 90년대초 한국에 들어온 우리 동포들은 장기체류하며 취업을 하려는 목적보다는 그리운 친척을 만나고 그 경비를 마련하기 위해 한약재를 팔아 경비를 마련하는 정도의 수준이었다고 하는데요, 그러다가 한국에 갔다가 돌아온 고향사람들로부터 한국에 가면 돈을 벌 수 있다는 말을 듣고 차차 조선족사회에 '코리언드림'이 서서히 생겨나기 시작하였습니다.

권병헌: 한약재는 저도 생각납니다. 처음에는 중국동포들이 한약재를 가져오면 친척들이 다 사줘서 큰돈이 됐지요. 나중에는 서울역 지하도에서 중국동포들이 팔기도 했었잖아요. 초창기에는 이런 모습들이 많았습니다.

1994년 산업연수생 제도가 도입되었다. 한국에 친척이 없어도 연수생 비자로 한국에 들어온 젊은 조선족들이 늘어나기 시작했다. 한국인과 결혼하면 바로 한국국적을 취득할 수 있어 국제결혼으로 들어오는 조선족 여성들도 늘기 시작했다. 연수생이든 결혼비자이든 브로커에게 고액의 돈을 주고 들어온 경우도 있어 후에 불법체류 등 여러 형태의 폐해를 불러오기도 하였다.

2) 첫 보도

1996년도엔 한국사회에 충격을 준 조선족 관련 뉴스가 있었다. 페스카마호 사건과 연변지역 조선족 한국초청 사기피해 관련 보도였다.

페스카마호 사건은 1996년 8월 남태평양에서 조업 중이던 파나마 국적의 참치잡이 원양어선 페스카마호에서 조선족 선원 6명이 한국인 선장, 갑판장 등에 불만을 품고 한국인 선원 7명과 인도네시아 선원까지 합해 모두 11명을 살해한 사건이 발생했다. 한국언론은 이를 두고 '선상반란 사건'으로 보도했는데, 이 뉴스를 접한 한국인들 대다수는 조선족에 대해 부정적인 인식을 갖게 했을 것이다.

곧 이어 한국사회에서 중국 현지에서 벌어진 조선족 한국초청 피해 사건이 화두가 되었다. 그 당시 외국인 노동자 지원단체 피난처(김재호 소장)가 같은 해 9월 23일부터 11월 8일까지 48일간 중국 동북 3성 주요 지역에 사는 조선족을 대상으로 실시한 진상조사 결과를 우리민족서로돕기 운동에서 11월 18일 기자회견을 갖고 발표했기 때문이다.

피해접수 건수는 모두 1만 4백 가구, 피해액은 한화 3백30억원을 넘었다. 사기유형의 82%가 산업연수생 초청명목이었고 친척방문 명목이 13.4%, 한국원양어선상에서 중국교포 선원들에 대한 가혹행위 등도 있었다.[2]

한국을 알게 된 중국 조선족사회는 출국바람과 사기피해로 공동체 와해 현상이 전개되기 시작하였다. 국내에서는 불법체류자로 전락해 인권사각지대에 놓인 조선족동포들이 늘어나기 시작했다, 이와 때를 같이 해 조선족동포를 돕는 시민사회 종교단체 활동도 생겼다.[3]

---

2) 조선일보 보도 1996.11.18

3) 1994 중국노동자센터(故 이광규 이사장, 서울대 문화인류학과 교수), 1994. 4. 10 성남외국인노동자/중국동포의 집(김해성 목사), 1996 우리민족서로돕기, 1999.6 서울조선족교회(서경석 목사)

2. 격변기 (1999년~2008년)

- 1999년 재외동포법과 헌법소원
- 2002년 제2의 고향 가리봉동
- 2003년 집단단식, 거리투쟁
- 2005년 3.15특별조치, 동포귀국지원프로그램
- 2006년 희망을 여는 약속, 방문취업제

이 시기는 1999년 재외동포법 제정·공포된 김대중 정부에서 2007년 방문취업제도가 본격적으로 시행된 노무현 정부까지 기간이다. 조선족동포사회의 최대 관심은 체류문제로 불법체류 꼬리표를 떼기 위해 집단단식, 거리투쟁에도 나서고 법무부 출입국정책에 따라 울고 웃던 시기였다. 또한 70, 80년대 한국인 노동자들이 많이 살던 지역이었지만 산업화 변화로 한국인 노동자들이 떠나게 되고 침체된 그 빈 공간을 조선족동포들이 메우면서 중국동포 집거지가 형성되어 지역경제를 활성화 시켜나갔다.

1) 고단한 한국생활

2001년 8월 13일~16일 중앙일보는 4회 연속 재한 중국동포 기획보도를 했다. 국내 최초 중앙언론매체 보도라는 점에서 의미가 있지 않나 생각한다.

이 당시 서울조선족교회는 조선족 어린이들을 초청하는 '할아버지 나라를 찾아서'4)라는 테마기행 프로그램을 실시했다. 한국의 문화 역사 탐방 프로그램이었지만 주요 관심을 끈 것은 한국에 나와 장기간 불법체류하며 일을 하고 있는 부모와의 만남이다. 통신비를 아끼기 위해 국제전화카드를 사서 '로드폰'으로 전화통화만 해오던 부모와 자녀 상봉은 그야말로 눈물바다였다. 이런 모습이 당시 관심 있게 보도되었고 중앙일보는 재한

---

4) 2000.8.6.~9 1차 350명 참여, 2001.7.23.~8.13 2차 250명 참가

중국동포들의 생활상을 심층보도하고 가리봉동을 '서울 속 옌볜 중국동포 타운'으로 소개했다.

그 당시 중국동포들은 불법체류 신분 때문에 외부에 노출되기를 꺼려했고 잘 모르는 한국인에 대한 경계심이 많았다. 그래서 평소 잘 아는 중국동포들을 설득해 취재 협조를 구했던 당시 상황이 떠오른다. 동포들의 어려운 실상을 한국사회에 알리는 것이 필요하다고 판단했기 때문이다.

2001년 9월 23일, 서울시 구로구에 위치한 외환은행 대림역지점은 국내 은행 최초로 불법체류 조선족동포에게 은행통장을 개설해주고 직불카드를 발급해주었다. 당시 중국동포들에겐 큰 시름을 덜어주는 반가운 소식이었다. 동포들은 은행통장을 만들 수 없었기 때문에 돈을 복띠로 싸서 몸에 지니고 다녀야 했다. 열악한 주거지에서 생활하고 있었기 때문에 돈을 집에 보관했다가는 도둑맞기 일쑤다. 그나마 가족 중 통장개설이 가능한 사람이 있으면 타인 명의로 된 통장을 사용하였지만, 이것 역시 불안하다. 이런 애로사항을 해결해주기 위해 서울조선족교회는 여러 시중은행을 접촉해 노력한 결과 외환은행 대림역지점이 적극적인 관심을 보여 여권만 있으면 통장을 개설해주게 된 것이다. 은행측은 중국동포 창구를 개설하고 일요일에도 근무를 했다.

2002년 3월 12일 법무부는 불법체류방지 종합대책을 발표한다. 2002 한일월드컵 개최를 앞두고 3월 25일부터 5월 29일까지 자진신고 불법체류 외국인에게 1년간 출국유예 조치를 취해 주는 정책이었다. 이로 인해 25만 6천여명이 자진신고해 음지에서 양지로 나와 생활을 할 수 있게 되었다. 이 조치로 안산 원곡동, 서울 가리봉동 등 중국동포들이 많이 사는 지역은 주말이면 인산인해를 이루었다. 각 지방에 흩어졌던 중국동포들이 많이 모여들었고 식당, 노래방 등이 많이 생겨 만남과 소비가 이루어지는 중국동포 상업거리가 형성되었다.

문제는 고된 노동을 하다 모처럼 고향 친구들을 만나 술도 마시고 회포

를 풀다보면 쌓였던 스트레스가 풀려 크고 작은 싸움이 벌어지는 경우가
잦았다.

2) 제2의 고향 가리봉동

가리봉동의 경우, 서울의 작은 마을이지만 중국 동북3성에서 살다 온
조선족동포들이 모여살다보니 지역 출신 간 알력도 있고 집단싸움이 발
생할 때도 있다. 이 시기 가리봉동은 중국동포에겐 제2의 고향과 같은 곳
이었지만 불법체류자가 모여 사는 동네라고 알려져 출입국단속반이 자주
들락거리고 2004년, 2005년경에는 전국적으로 '스크린 경마', '바다 이야
기' 같은 사행성 게임이 성행했는데 가리봉동에선 중국동포들의 은거지가
되었다. 불법체류자에 대한 정부 단속이 심하면 동포들은 일도 안나가고
게임장에서 시간을 보냈다. 게임장은 어두컴컴한데다 끼니마다 음식도 배
달시켜주어 심리적으로 안전하게 있을 수 있는 곳이었던 것이다. 그러나
결국은 게임에 빠져 벌어놓았던 돈을 다 잃고 마는 상황이 속출하고 실의
에 빠진 동포들도 발생했다. 식당, 호프집, 노래방 상인들도 고객이 줄어
드니 어려움이 많았다. 상인들은 '바다이야기'를 두고 생태계를 망치는
'황소개구리'에 비유해 말하기도 했다.

게다가 가리봉동에서 중국동포들로 구성된 조직폭력배 검거 뉴스는 큰
파장을 불러일으켰다. 2004년 5월엔 왕건이파 사건,[5] 2007년 4월 연변흑사
파 사건[6]으로 유흥업소 등으로 상습 폭력행사를 하며 이권 다툼이 벌어졌
다는 사실이 경찰에 의해 알려진 것이다. 가리봉동은 당시 중국동포 최대
집거지로 경찰이 주목해 보고 있었음을 당시 뉴스보도를 통해 알 수 있다.

경찰은 방문취업비자(H2) 제도의 시행으로 50여만명의 해외 동포가 입

---

5) 2004. 5. 3 경향신문 '조선족 '왕건이파' '14명 무더기 영장'
6) 2007. 4. 26 연합뉴스 '연변 흑사파' 조선족 폭력조직 기승..두목 등 32명 검거

국할 것으로 보이는 가운데 중국의 조직 폭력배들이 '차이나타운'을 선점하기 위해 대거 건너올 것으로 보고 가리봉동 일대의 동향을 예의주시하고 있다.(2007.4.26. 연합뉴스)

　가리봉동은 코리안 드림 1세대들의 제2의 고향 같은 곳이었지만, 불법체류자, 쪽방, 새벽인력시장, 건설노무자 이미지가 강했고, 중국동포들의 이주의 삶, 애환이 느껴지기도 하면서 조직폭력에 지배되는 공간으로서 이미지화 되어 소설, 드라마, 영화의 배경이 되었던 것 같다.[7]
　가리봉동에서는 지역상인, 주민, 조선족유학생 등이 협력하여 2004년, 2005년 설명절과 추석명절을 기해 문화공연을 펼치는 등 '화합과 공존'이라는 타이틀을 갖고 마을 이미지를 개선하고자 하는 활동도 있었다. 그러나 분명 이 시기 가리봉동은 이주해 온 중국동포 노동자들이 사는 공간으로서 '좋은 이미지'보다 외국인 범죄사건만 발생하면 언론방송이 가리봉동 지역에서 발생한 사건이 아님에도 불구하고, 붉은색이 짙은 투박한 중국어 간자체와 연변지역 지명의 한글간판이 돋보이는 가리봉동 '조선족거리'를 비치며 뉴스를 전달하는 경우가 많아 대외적으로는 '위험한 곳'으로 더 많이 비춰진 측면이 있다고 본다.

　그 원인을 이렇게 분석해 본다.
　가리봉동은 한국수출산업단지(구로공단) 배후지로 70년, 80년대는 한국의 각 지방에서 올라온 청년노동자들의 보금자리와 같은 마을이었다. 88서울올림픽을 계기로 굴뚝공장, 섬유공장들이 지방으로 이전하면서 공동화현상이 일어나고 90년대 들어서 중국동포들이 많이 들어와 살기 시작했던 것이다.

---

7) 2002.3.17. MBC특집드라마 <가리봉 엘레지>, 2006년 조선일보 신춘문예 당선작 단편소설 <가리봉 양꼬치> 2010년 영화 <황해>, 2017년 영화 <범죄도시>

2000년대 들어서 구로동단은 서울디지탈산업단지로 재조성하는 사업에 들어간다. 이와 맞물려 가리봉동은 2003년 도시균형발전촉진 개발지역으로 지정되어 쪽방으로 구성된 다가구주택과 낡은 상가건물을 모두 허물고 비즈니스·상업 지역이 들어서는 신도시로 재개발한다는 복안을 갖고 있었다. 공모에 의해 동명도 '첨단동'으로 바꾼다는 것이었다.

이런 재개발 문제와 맞물려 가리봉동에서 이주민을 해산시키려는 의도가 있었던 것이 아니냐 하는 의구심이 돌았다. 또 한편에서는 중국동포, 불법체류자, 외국인노동자들이 많이 거주하게 되면 가리봉동이 게토화[8]되어 범죄위험지역이 될 것이라는 우려하는 분위기도 작용한 것으로 본다.

[표-1] 국내 체류중국동포 집거지 형성(서울 중심)

지역	구로구 가리봉동	영등포구 대림동	광진구 자양동 (구 노유동)
형성시기	1990년중반부터(2010.4 재개발예정), 2002년 중반부터 활성화	2000년초부터 2005년부터 활성화	2004년부터 조성 2007년부터 활성화
거주인구 (08.8월 말기준)	구로구내 외국인 2만8천여명(조선족 2만5천여명)/가리봉동 조선족 약 7천5백여명	영등포구내 외국인 3만5천여명(조선족 3만2천여명), 대림동 조선족 약1만명	광진구내 외국인 1만1천여명(조선족 8천3백여명), 자양동 조선족 약2천3백명
주요상가 및 건물	식당가, 노래방, 건설인력소개소, 건두부 공장 가리봉시장	식당가, 식품점, 직업소개소, 목욕학원, 여행사, 행정사, 병원, 대림중앙시장	식당가(양꼬치 거리) 노룬시장
2008년 기준 지역별 특징 분석	1) 구로공단 배후지로 저렴한 주거지(보증금 50~100만원/월세15만원~20만원 대 쪽방 형성) 2) 연변출신 조선족여성들이 식당 운영을 많이 함. 3) 이곳에서 초창기 장사를 시작하여 타지역으로 사업확장한 상인들 많음. 4) 초기 입국자, 건설노무자 다수	1) 지하철 2,7호선 환선, 가리봉동 인접 2) 가리봉재개발에 따라 제2의 고향으로 부상, 방값(보증금 500~1000만원/월세 20~30만원대), 4) 가족단위 거주자 우세 5) 지속적인 상권확대 유입인구증가	1) 2,7호선 환선, 강남구 인접 2) 성수공단 배후지, 대학가 상업거리, 중국유학생, 중국에 다녀온 한국인 고객 대상 양꼬치 거리 형성, 강남근무 동포들 거주,

8) 외국 출신 이민자들, 또는 특정 인종이 모여 사는 곳

3) 동포정책

제도적인 측면에서 이 시기를 보면, 2003년 8월 16일 외국인근로자의 고용 등에 관한 법률(고용허가제)이 제정되고 2004년 8월부터 본격 시행에 들어갔다. 법무부와 노동부는 이 법에 의거 불법체류 외국인 취업확인 및 체류자격 신청기준 절차를 공고했다. '03.3.31일 기준 국내 총 체류기간이 4년 미만인 불법체류자에게 고용허가(E-9) 체류자격을 부여해주는 '합법화' 제도로 3년 이상 4년 미만 체류자는 자진신고 후 출국했다가 재입국 조건으로 E-9체류자격을 부여해주었다. 하지만 4년 이상 불법체류자에 대한 합법화 길은 없었고 건설 현장일을 하는 경우도 고용주와 근로계약을 맺어야 한다는 절차상 문제로 현실성이 거의 없었다.

이 제도 시행과 더불어 정부는 불법체류, 불법취업에 대한 단속을 강화했다. 이로 인해 1년 동안 생기가 돌고 번화했던 '조선족 옌벤거리'는 단속바람에 크게 위축되고 타 지역으로 이주하거나 정책이 좋아지길 바라며 칩거생활을 하는 동포들이 많았다. 암흑기와 같은 때였다.

2002년 불법체류자 자진신고 당시 비행기표나 배표를 끊어가면 여권에 1년간 출국유예 도장을 찍어주었다. 그러나 1년 후 상당수 출국하지 않고 한국에 그대로 남아있으려는 사람들이 많았다. 법무부는 자진출국하면 입국규제를 완화해 재입국을 허용하겠다 하지만 이런 정부방침에 대한 불신이 팽배해진 때였다. "나가면 언제 들어오겠냐"며 "단속될 때까지 있겠다"는 심리가 발동해 결국 불법체류자가 또다시 속출하고 정부 합동단속은 강화되었다.

이 당시 단속을 피하다 건물에서 뛰어내리다 다치는 사례도 발생하고 어떤 곳은 바리케이트를 치고 단속차량이 들어오지 못하도록 대치하는 곳도 있었다.

2003년 12월 겨울 신세를 비관하고 지하철에 투신자살한 동포도 있었고, 불법체류 사면을 촉구하는 농성장에 참여했던 동포가 12차례나 경찰과 119구조대에 구조를 요청하다 서울 종로거리에서 동사한 사건도 발생했다.9) 시민종교단체는 이를 두고 "재중동포 사인은 동사 아닌 강제추방"이라고 성토하며 장기간 장례식까지 미룬 채 정부책임을 물었다.

2004년 2월, 가리봉동에서는 식사하러 온 손님을 단속하는 바람에 식당 여주인이 단속차량 밑에 들어가 장시간 대치하는 상황도 발생하고 상인들은 "무자비 단속은 지역경제와 생존권 위협이다"며 어깨띠를 두르고 기자회견도 가졌다. 심지어 상인들 간에 통신망을 구축해 단속반이 떴다 하면 서로 연락해 동포를 보호해주는 상황들이 전개되었다.

이런 시기와 맞물려 중국동포를 지원해온 종교시민사회단체 활동은 어떠했나?

서울조선족교회(서경석 목사)는 중국동포 체류문제를 해결하기 위해 촛불집회를 열기도 하고 극단적인 상황으로까지 나갔다. '고향에 돌아와 살 권리 찾기', 일명 한국국적회복운동을 2003년 9월 28일 접수를 시작으로 본격적으로 펼치고 10월 12일 서울 목동에 위치한 출입국관리사무소 앞에서 2천여명의 중국동포들이 참여한 가운데 고용허가제 전면 수정과 강제추방 반대 집회를 가졌다. 이어 11월 13일엔 5,525명이 법무부에 국적 신청서류를 제출하고 헌법재판소에 헌법소원 절차를 밟고 그 중 2,400여 명이 국내 10개 대형교회로 흩어져 무기한 단식농성에 들어갔다. 집단단식은 16일째 되는 11월 29일 노무현 대통령이 서울조선족교회를 방문해 중국동포들을 위로해줌으로써 일단락되었다.

---

9) 2004.2.4. 오마이뉴스, 동사한 재중동포 고 김원섭씨 58일만에 장례식

재외동포법 개정운동도 불붙었다.

2003년 10월 12일 구로공단역 앞에서 1차 집회를 열었던 재외동포연대추진위 재외동포법개정특별위원회, 조선족복지선교센터(임광빈 목사), 중국동포교회(김해성 목사) 등은 26일 일요일 오후 3시 서울 종로 탑골공원에는 2천여 명의 중국동포들이 참여한 2차 집회를 가졌다. 재외동포법은 1999년 9월 2일 공포되어 12월 3일 시행되었지만 그 적용대상에서 조선족과 고려인이 배제된 법으로 2001년 11월 29일 헌법불합치 판결을 받게 되어 2003년 12월 31일까지 개정되지 않으면 자동 폐기된다.

법무부는 2003년 9월 23일 자체 개정안을 내놓았다. 하지만 법무부 장관이 고시하는 불법체류다발국가의 동포에 대해서는 재외동포체류자격 사증 발급 제한 내용을 담고 있어 환영받지 못했다. 이 운동은 조선족과 고려인을 동포범주에 포함하는 재외동포법 개정안이 2004년 2월 4일 국회를 통과함으로써 2월 10일에는 기독교단체와 연대해 '불법체류동포 사면청원운동본부'를 발족해 범국민 서명운동을 전개하는 방향으로 전환되었다.

이처럼 2003년, 2004년 노무현 정부 초기에는 체류문제 해결을 위해 중국동포들도 거리집회와 집단단식 등에 많이 참여했던 시기였다. 하지만, 중국 당국을 자극한 국적회복운동과 재외동포법 개정운동으로 중국동포사회가 크게 갈리었다는 점에서 '혼란기'였다는 평가와 함께, 중국동포 체류문제 해결을 위해 정부가 2005년, 2006년 연속적으로 동포귀국지원 프로그램을 실시하고 2007년 방문취업제 시행 등 동포정책의 변화를 가져오는데 기여했다는 평가도 내릴 수 있을 것 같다.

- 아래는 이 시기 방문취업제 도입 등 동포정책 흐름을 정리한 것이다.

· 2005. 9. 25. 법무부는 한국산업인력공단 취업교육을 이수한 외국적동
포들이 외국인등록을 신청할 때 제출해야 할 고용주 신원보증서 공증
제를 폐지하였다.

· 2005. 11. 6. 서울신문은 "방문취업비자(H-2)를 신설, 발급하는 방안
이 검토 중"이라고 사실을 처음 알렸다. 이는 11월 4일 국무조정실에
서 논의된 내용이 알려진 것이다.

· 2005. 12. 30. 노동부는 건설업, 서비스업(식당, 가사업)에 제한되어
있던 외국국적동포들의 취업허용업종에 제조업, 농축산업, 연근해어
업까지 확대 적용한다고 밝혔다.

· 2006. 1. 2. 2005년 11월 법무부의 무연고동포의 방문취업비자 신설
관련 비공식 제안에 대해 노동부와 외교부가 "곤란하다"는 입장을 내
비쳐 주춤하는 것으로 확인되었다.

· 2006. 2. 1. 국무조정실이 방문취업 비자 신설 관련 법무부 안을 기초
로 강제조정안을 만들어 각 부처에 통보한 것으로 알려졌다.

· 2006. 2. 10. '방문취업비자(H-2)'를 7월부터 신설, 발급 소식이 대대
적으로 보도되었다.

· 2006. 2. 21. 법무부는 과천 정부종합청사 3동 대회의실에서 "희망을
여는 약속" 출입국관리행정 변화전략계획 설명회를 개최하였다.

· 2006. 4. 17. 법무부는 형사처벌 대상자를 포함한 불법체류 동포를 구
제하기 위한 제2차 동포귀국지원 프로그램을 4월 24일부터 8월 31일
까지 시행한다고 공고하였다.

· 2006. 5. 9. 노동부가 방문취업비자(H-2) 관련 입법예고를 발표하고,
5월 18일 법무부가 이어 입법예고를 발표했다.

- 2007. 7. 4. 무연고동포 방문취업 비자 발급 대상자를 선정하는 1차 기준인 한국어능력시험 인터넷 접수가 실시되었다.
- 2008. 1. 1. 법무부는 석사 2학기 이상 마친 중국동포 유학생들에게 F-4(재외동포) 체류자격을 부여해준다.
- 2008. 10. 15. 법무부는 방문취업제도 개선안을 발표했다. 방문취업 사증이 발급되는 초청인원을 3명 이내로 제한하고 중소제조업·농축산·어업분야에서 근무처 변경없이 2년 이상 계속 취업한 동포에 대해 2명 이내의 친족 초청기회를 부여하고(즉시 시행), 4년 6개월 이상 근무한 경우 영주권을 부여해 국민과 동일한 초청권을 보장한다는 내용이다.

3. 성장기 (2009년~2017년)

- 2011년 위대한 탄생, 백청강 신드롬
- 2012년 H-2 체류만기, F-4와 국가기술자격증
- 2013년 대림동, 중국동포 중심가로 뜨다
- 2016년 사드배치, 한한령
- 2017년 영화 청년경찰, 범죄도시

"집안 사정으로 9세 때부터 혼자 살아왔다. 한국에 가서 부모님을 만나겠다."

2011년 한국사회를 들뜨게 한 MBC 스타 오디션-위대한 탄생에 연변 출신 '앙까' 백청강이 중국오디션에서 밝힌 참가이유였다.[10] 이 당시 백청강 뿐만 아니라 오디션에 참가한 20대 초 조선족 지망생들은 이와 비슷한 참가이유를 밝혔다. 이렇게 오디션에 참가하고 '위대한 탄생' 백청강은 신

---

10) 2011.1.8. 이데일리... '위대한 탄생', 코리안 드림 좇는 中 동포들 '감동'

드롬을 일으켰다. 시청자 문자투표로 승패를 가르는데 있어 중국동포들은 신바람 난 듯이 백청강을 적극적으로 응원했던 기억이 떠오른다.

이 시기는 합법체류시대가 본격적으로 열리면서 백청강 같은 코리안드 림 2세대들이 들어오면서 새로운 분위기가 감돌고, 또 가족 단위 거주자 가 늘어나고 한중교류도 활발해져 확실히 재한중국동포사회의 성장기였 다. 하지만 2016년 7월 '사드' 문제로 한중관계가 급랭하면서 위기를 맞기 도 했다.

이 시기를 크게 3가지 측면에서 분석해 논해 보고자 한다.

첫째, 체류환경 변화에 따른 집거지화 · 정주화 현상

방문취업제 시행으로 무연고동포들이 들어오고 2005년, 2006년 자진출 국한 동포들이 재입국해 중국동포 집거지는 다시 활기를 띠기 시작했다. 2008년부터 재외동포 체류자격을 확대 부여해주기 시작하고 2012년부터 는 국가기술자격증 취득자에게도 부여해주어 자격증 취득 붐이 일었다. 2014년부터는 방문취업(H-2), 재외동포(F-4) 체류자가 배우자와 미성년 자녀를 초청해 동반거주 할 수 있게 됨에 따라 중도입국 청소년도 늘어나 고 주거형태도 큰 변화를 보였다.

이런 체류환경 변화로 중국동포들의 집거지가 더욱 커지고 중국동포들 이 운영하는 여행사 · 행정사 사무소, 휴대폰 가게, 직업소개소, 미용실, 노 래방, 호프집, PC게임방, 중국동포활동실(마작방), 무도장이 생기고 중국 식당과 식품점은 너무 많이 생겨 포화상태라는 말까지 나돌 정도였다.

이런 현상은 단순노무업 취업제한을 받지만 개인사업장을 운영할 수 있는 재외동포 체류자격자 증가, 한국에 와서 번 돈을 밑천으로 자영업에 뛰어든 동포들, 특히 코리안드림 2세대라 할 수 있는 청년들이 많아졌기 때문이다.

또한 중국동포들의 회갑연, 아기 돌잔치, 결혼, 고향모임, 단체들의 연말연시 모임, 각종 행사 등이 많아지면서 대림동에는 대형 연회식당도 생겼다. 또 중국술을 수입해 유통하는 주류업체들의 경쟁이 커졌고, 화장품 무역업, 중국부동산 판매홍보관도 생겼다.

주로 중국동포나 중국유학생 대상이었던 양꼬치점은 각 지역마다 체인점도 생기고 중국동포 집거지 뿐만 아니라 내국인 상대 영업점도 곳곳에 생겨나 인기를 끌었다. 2015년 개그맨 정상훈의 '양꼬치엔칭따오' 유행어가 나와 양꼬치와 청도맥주가 한국사회에서 인기를 끌기도 했다. 중국 본토 요리인 훠궈, 마라탕도 중국동포들에 의해 한국인 입맛에 맞게 개량 보급되어 한국사회의 새로운 외식문화로 떠올랐다.

2000년대에는 가리봉동이 중국동포의 제2의 고향으로 동포 사회를 보여주는 대표지역이었다면 2010년대 들어서 대림동, 특히 대림역 12번 출구에서 대림중앙시장으로 이어지는 거리는 7호선 지하철 안내방송에서도 '대림동 차이나타운'으로 소개될 정도로 대표성을 띄게 되었다. 중국동포 집거지는 쪽방과 양꼬치, 연변거리로 이미지화 된 가리봉동에서 대림동으로 이동해 다양한 중국음식 문화를 체험할 수 있는 차이나타운[11]으로 소개되었고 중심타운으로서 '작은 중국'으로 이미지화 되었다.[12]

경기도 시흥시 정왕동, 부천시 심곡본동, 수원시 고등동, 인천 부평동 등 중국동포 거주 인구도 크게 늘어났다. 가족이 함께 거주할 수 있는 집을 구매해 이주한 동포들이 많아졌기 때문이다. 중국동포들의 내 집 마련 현상에 대해서 부천 심곡본동 한중부동산 최하윤 실장[13]은 말한다.

"2010년도부터는 그 자녀 세대들이 많이 한국에 나왔어요, 한국에 와서 결혼하고 애도 낳고, 그 아이들이 자라서 친구들끼리 어울리고,

---

11) 2016.10.14. 한국일보 '대림동 차이나타운을 맛보다'
12) 2019. 시사인 신년기획 "大林(대림)_대림동에서 보낸 서른 번의 밤"
13) 중국 길림시 출신으로 2008년 한국에 와서 귀화한 중국동포 3세이다.

그렇게 되니까 집이 필요해졌죠. 월세방이면 이사 다녀야 되니깐, 아무
래도 안정된 삶을 위해서 내 집 마련에 관심을 갖게 되는데, 그것이 영
향을 많이 끼친 것 같아요."14)

한국에서 돈 벌어 사놓은 중국의 아파트를 팔고 한국에 살 집을 마련하
는 동포들이 많아졌다는 것인데. 이것은 중국으로 돌아가지 않고 한국에
정착해 살겠다는 의미로 해석된다. 2017년 세계한인학술대회에서는 '한국
거주 중국동포의 정주화'가 토론주제로 나왔다.15)

둘째, '조선족' 혐오현상에 대해서

2000년대 한국 영화나 방송 드라마에 나타난 조선족은 코리안 드림을
안고 위장결혼, 호적 세탁 등으로 한국, 즉 모국에 와서 열심히 생활하는
모습을 주로 그렸다. 동포라는 동질감도 느껴졌다.

2002년 3월 방영된 MBC 특집드라마 '가리봉 엘레지'는 불법체류 중인
중국동포를 등쳐먹으려는 한국인의 일그러진 모습을 비춘다. 연출을 맡은
박복만 PD는 언론과의 인터뷰에서 이렇게 말했다.16)

"조선족의 코리안 드림을 유린하는 사람은 바로 같은 동포인 한국인입
니다. 이 드라마로 한국인들의 자성을 이끌어내 조선족들과의 공존을 모
색하려 했습니다."

2006년~2007년 상영된 KBS 일일 드라마 <열아홉 순정>은 국제결혼
을 하기 위해 남한으로 넘어 온 연변 조선족 처녀 국화(구혜선 역)가 예기
치 못한 시련을 겪고 성장해 나가는 이야기를 그린 드라마이다. 신인 연
기자였던 구혜선은 웃음과 지혜로 헤쳐 나가는 굳세고 당당한 '연변 처녀'

---

14) 2022.4.29. 동포세계EKWtv유투브방송 '중국동포들의 내집 마련 꿈' 좌담회
15) 2017.6.29. 2017 세계한인학술대회 중국섹션 "중국 동포 사회와 미래 방향성" 3분과토론
16) 2002.3.12. 매일경제 [방송가] MBC 특집드라마 '가리봉 엘레지'

역할을 완벽하게 소화해 큰 인기를 끌었다. 이 드라마는 방송을 시작한 뒤 얼마 안돼 30~40%대 높은 시청률을 기록하기도 했다.

그런데 2010년대 들어서 한국영화계는 2004년~2007년 사이 가리봉동, 안산 원곡동 등에서 벌어진 범죄사건을 모티브로 하여 조선족 거주지를 '차이나타운'으로 명명하며 느와르작품을 쏟아내기 시작한다. 조선족을 주로 연변거지, 야만적이고 잔인한 범죄자, 청부살인, 인신매매, 조직폭력배 등 인물로 등장시켜 극적 혐오감을 느끼게 했다.

2010년 12월 개봉작 <황해> 타이틀을 본 따 2013년 5월~2014년 5월까지 방송된 KBS 개그 콘서트 <황해>는 연변말투를 쓰는 조선족이 보이스피싱을 시도하려다 실패하는 상황을 회화해 웃음을 유발했다. 조선족은 보이스피싱범이라는 편견을 갖도록 한 코믹 프로였다. 이런 것이 결국에는 한국사회에서 '조선족'에 대한 편견을 갖도록 했다고 본다.

2017년 8월 7일 개봉한 영화 <청년경찰>은 대림동을 조선족의 범죄소굴로 그려 중국동포들이 크게 반발하고 나섰는데, 그동안 조선족에 대한 혐오 이미지를 조장한 한국대중매체에 쌓였던 불만이 폭발했던 것이다. 결국 그해 12월 29일 동포단체는 영화제작사를 상대로 1억원 손해배상 청구 소송을 냈다. 소송을 통해 궁극적으로 얻고자 하는 것은 중국동포 등 이주민에 대한 혐오를 조장하는 인종차별적인 표현에 대한 제재 필요성을 알리겠다는 것이었다. 서울중앙지방법원은 소송 1년 반만에 2심에서 영화 제작사는 "중국동포에게 사과하라"는 화해권고판결을 내렸다.

이번 건은 두 가지 큰 의미가 있었다.

중국동포단체들이 최초로 단합하여 한목소리를 냈다는 점이고, 또 하나는 이후 대중매체에서 혐오적인 조선족 등장인물이 거의 사라졌다는 점이다. 동포단체들의 집단반발과 소송이 효과가 있었던 것이다. 같은 해 10월 개봉한 <범죄도시>[17]는 개봉전 중국동포단체장 초청 시연회를 갖기도 했다. 그때 제작진은 문제가 될만한 조선족 비하장면을 수정했음을 암시하기도 했다.

그렇다면 왜, 이 시기에 조선족에 대한 범죄 이미지가 강하게 생긴 걸까? 2012년 4월 수원 오원춘 사건, 2014년 11월 박춘풍 사건이 주요하게 영향을 미친 측면도 있다. 하지만, 외국인과 중국동포 관련 사건사고를 보도함에 있어 한국언론들이 혐오를 조장하는 자극적인 보도, 일반적으로 '중국동포' 용어를 쓰면서 범죄사건 보도 땐 '조선족' 표현을 자주 쓴다는 것, 이런 것이 원인이 아닌가 싶다. 한 예를 들면, 2009년 10월 7일 서울신문은 "외국인 폭력조직 대해부" 타이틀로 "국내 최대 옌볜흑사파 20곳 거점 전국조직화"라는 제목의 탐사보도를 냈다. 외국인의 조직폭력 활동지역까지 구체적으로 표와 함께 국내 활동중인 중국 흑사파 계보도까지 게재했다. 강남·가리봉·대림 등 서울 지역과 경기 안산, 인천, 울산, 경남 창원 등 전국 20여곳의 조선족 밀집지역을 중심으로 '중국동포(조선족) 조직폭력'이 뿌리를 내리고 활개를 치고 있다는 보도였다.

탐사보도팀이 작성한 기사였는데 출처가 정확히 나오지 않고 경찰 관계자가 뭐뭐라고 했다라는 식의 보도였다. 이렇게 출처가 불분명한 기사는 이 매체 저 매체 인용되고 재탕되면서 사실과 전혀 다르게 부풀려지고 온라인상에서 조선족에 대한 혐오 댓글까지 더해져 영향을 미치는 것을 볼 수 있다.

서울신문 보도 이후 한 주 동안 중국동포 밀집거주지역인 가리봉동과 대림동의 상가 60곳을 대상으로 설문조사를 해봤다. 그 결과를 소개하면,[18] <서울신문>의 조선족 폭력조직 관련 보도내용에 대해서 "말도 안되는 보도이다"고 답한 상가가 34곳으로 과반수를 차지했고, "잘 모르겠다"

---

17) 2017.10.3.일 개봉한 한국영화, 가리봉동에서 일어난 2004년 왕건이파 사건과 2007년 연변 흑사파 사건을 모티브로 만든 영화로 화제를 모았다.

18) 2009. 10. 26일 중국동포타운신문

고 답한 상가는 17곳, "어느 정도는 맞지만 지나친 과장보도이다"고 답한 상가는 5곳, "근거 있는 이야기다" 답한 상가는 3곳이었다. 따라서 어느 정도 근거있는 이야기로 보고 있다고 대답한 상가는 8곳이 되었다.

"조선족 폭력조직이 있다고 생각하는가?" 묻는 질문에 대해서, "아니다"라고 답한 상가는 23곳, "잘 모르겠다" 답한 곳은 31곳, "그렇다"고 답한 상가는 6곳이었다. 그러나 "영업을 하면서 누군가에 의해 금품을 요구받거나 술 등을 구입하라고 강요를 받은 적이 있는가?" 묻는 질문에 58곳은 "없다"고 답했다.

더 놀라운 것은 위 서울신문 기사제목과 내용은 한참이나 지난 2017년 8월경에도 한 주간매체에 근거로 인용 보도 되었다. 문제의 기사내용은 2005년, 2011년 타 언론에 게재되었던 조선족 조직폭력 이야기를 재탕한 수준이었다. 기사가 인터넷에 게재되고 얼마 후 가리봉동 주민들은 그 매체를 상대로 항의를 하고 기사를 쓴 기자를 소환해 "사실 확인도 하지 않고 가리봉동에 연변흑사파 조선족 폭력조직이 판치고 있는 것처럼 보도했냐?"며 호되게 야단을 치는 등 "당장 사과하라"며 한바탕 소동이 벌어졌다.[19]

셋째, 재외동포 체류자격과 기술교육 바람

2007년 방문취업제가 본격시행 후, 법무부는 무연고 동포들에게 방문취업(H-2)비자를 발급해주기 위해서 한국어능력시험을 실시하고 합격자를 대상으로 매년 쿼터를 정해 전산추첨 방식으로 선발했다. 따라서 한국어능력시험에 대한 관심이 클 수밖에 없었다.

시험은 중국 시험감독기관이 지정한 장소에서 봐야 하는데 조선족 인

---

19) 2017.8.7 동포세계신문(EKW인터넷판) "뭐라고? 가리봉동에 외국 폭력조직이 활개친다고..." 가리봉 주민들에게 혼쭐 난 모 주간매체 기자

구가 많은 동북3성 지역에는 장춘, 할빈, 심양에만 있고 인원도 제한되어 있었다. 결국 시험을 보기 위해 북경, 상해, 심천 등 장거리를 이동해야 하는 불편함은 불가피했다. 이런 상황에서 2007년 7월 4일 12시 첫 시험 인터넷접수 일정이 발표되었다. 예상대로 수십만 명이 분초를 헤아리며 접수를 대기하고 있다가 12시가 되자 마자 순식간에 조기 마감되었다. 컴퓨터를 할줄 모르는 사람은 대행을 맡기기도 하고, 접수를 못하면 다음 기회에 똑같은 방식으로 해야했다. 시험에 합격하고도 전산추첨에 탈락되면 순서없이 또다시 당첨 되기를 기다려야 했다. 이렇게 시작된 무연고 동포들의 한국행은 운이 따라야 했다.

2010년 3월 한국정부는 방문취업 체류동포를 30만 3천명으로 하는 총량관리제를 도입했다. 그 결과 한국어능력시험에 합격한 전산추첨 대기자 수가 8만명이 넘어 선 가운데 재외공관에서 신규 방문취업 비자 발급이 어렵게 되었다. 이에 7월 법무부는 재외동포기술교육제도를 도입한다.

기술교육기관과 협력해 동포기술교육지원단을 설립하고 대기 중인 8만명에게 우선적으로 한국 입국 기회를 부여해주어 180시간 기술교육을 이수하면 방문취업 체류자격으로 변경해주는 정책을 시행한 것이다. 초기에는 12개월 연수(D-4) 체류자격을 부여해주어 취업활동을 하면서 주말에 기술교육을 이수하도록 하였다가 9개월, 6개월로 기간을 단축해 2011년 9월까지 운영을 해왔다. 그러다 2012년 1월부터는 한데 몰아서 6주 평일 교육으로 전환, 90일 단기체류 기간내 교육을 이수하도록 하였다.

이렇게 하여 3년에 걸쳐 대기자 8만여명이 기술교육을 통해 방문취업 자격을 부여받게 되었다. 이 후에도 동포기술교육제도는 신규 방문취업 체류자격 부여를 위한 전 단계로 2019년 3월까지 진행되었다.

2018년 7월까지 방문취업 기술교육 이수자는 약 17만명이었다. 그 후 마지막임을 알리며 신청 연령을 만 18세 이상 60세 미만으로 확대해 2018년 3분기(7월 모집) 교육 때는 5000명을, 4분기(11월 모집) 때는

7,500명을 추가모집해 교육했다.[20]

또한, 이 시기 중국동포들에게 큰 관심을 끌었던 또다른 교육은 재외동포(F-4) 자격 취득을 위한 국가기술자격증 시험준비를 위한 것이었다.

법무부는 2012. 4월부로 국가기술자격증 취득자에게 재외동포(F-4) 체류자격을 부여해주는 정책을 실시했다. 이 시기는 방문취업(H-2) 체류자의 4년 10개월 만기자가 발생할 시점이었고 그 후속정책으로 '완전출국 1년 후 H-2 비자 재발급' 이었다. 1년이라는 공백기간은 길었다. 그러다보니 H-2 만료를 앞둔 동포들은 따기 쉬운 국가기술자격증 시험에 관심이 높았다. F-4 자격으로 변경하면 출국하지 않아도 된다고 생각했기 때문이다. 여기에 H-2 비자 대상이 아닌 24세 미만자들의 국가기술자격증 취득도 관심이 커졌는데, 이는 후에 중국동포들이 '합법체류 불법취업' 덫에 걸리는 상황에 처하게 되었다. 재외동포 체류자는 방문취업 체류자에게 허용된 단순노무업종 취업활동을 제한하고 있기 때문이다.

법무부는 2014. 4. 1일부터 60세 미만 외국적동포에게 단기방문 복수비자(C-3-8, 90일 체류)를 신설해 부여해주기 시작했다. 만 60세 이상자는 2009년 12월부터 재외동포 체류자격을 부여해주었기 때문에 자유왕래가 허용되었다. C-3-8비자 신설로 중국동포의 자유왕래 문제가 완전히 풀리게 된 것이다. 이로 인해 국내 동포기술교육 시장은 황금기를 맞게 되었다.

크게 두 부류였다.

방문취업 체류자격을 원하는 동포들은 인터넷으로 신청접수를 해 전산추첨에 의해 동포기술교육지원단에서 지정한 기술교육기관에서 교육을 받는 부류, 또 하나는 재외동포 체류자격을 부여받기 위해 개별적으로 국가기술자격증 시험 준비를 위해 학원을 찾는 부류로 주로 방문취업 체류 만기를 앞둔 자와 24세 미만자들이었다.

---

20) 2018.7.4. 동포세계신문(EKW 인터넷판)

방문취업 체류자격 부여를 위한 재외동포기술교육제도는 2010년 12월 경에는 211개 교육기관이 참여해 동포기술교육을 실시하였고, 2011년 12월엔 553개 기관으로 대폭 늘어났다가 2013년 8월 현재 330개 교육기관이 6주 동포기술교육을 실시했다. 이들 교육기관은 대부분 국가기술자격증 취득을 위한 시험준비반도 별도 운영했다.

중국동포 기술교육에 대한 평가

동포기술교육은 방문취업 체류자 총량관리제에 따른 한계, 5년 만기자 도래에 따른 후속책으로 실시된 측면이 강하다. 중국동포들 입장에서도 취업이나 창업과 연계해서 기술을 배워야겠다는 필요성 보다는 '아예 없는 것보다는 그래도 이렇게 해서라도 교육받고 한국에 체류할 수 있으니 다행이다'라는 생각으로 기술교육에 참여한 동포들이 대부분이었다고 본다. 이런 현상은 필기시험이 없고 실기시험만 있는 비교적 따기 쉬운 국가기술자격증 시험과목에 동포들이 대거 몰린 현상 등으로 볼 수 있다.

또 한편으로는 재외동포기술교육제도는 교육기관 운영자, 강사 등 한국인들이 중국동포에 관심을 갖게 되는 계기를 마련해 주고 중국동포들에겐 한국사회에 대한 이해도를 높일 수 있는 계기가 되었다는 긍정적인 평가도 내릴 수 있을 것이다.

하지만 시행 당시엔 교육비 전액을 중국동포들이 부담하고 취업과 연계되지 않고 체류자격 부여라는 단순한 목적을 이루기 위한 수단으로 기술교육이 이루어졌다는 점, 동포기술교육시장이 돈 벌 기회로 작용해 혼탁해지고 부실교육이 논란이 되었다는 점, 그리고 카르텔을 형성한 기술교육기관에 의해 동포정책이 좌지우지 되는 상황이 전개되었다는 점 등은 지적하지 않을 수 없다.

4. 도전기 (2018년~2022년)

- 2019년 탈북자 방송인의 막말
- 2020년 코로나19와 3.15총선, 어느 조선족의 고백
- 2021년 외국인 부동산, 건강보험 논란
- 2022년 북경동계올림픽 '한복논란'

이 시기를 한마디로 표현하라 한다면 "재한중국동포사회가 도전을 받고 있다"는 말이 타당하지 않을까 싶다. 왜서 그런지 논해보고자 한다.

먼저 법무부가 발표하는 두 가지 체류현황부터 살펴보자.

법무부 출입국통계를 보면, 2018년, 2019년 국내 체류 중국국적자가 100만명을 넘어서 가장 많았고 그 중 조선족동포는 70만명을 상회했다. 2022년 3월 31일 기준 재한 중국동포 체류 현황을 정리해보면, 중국국적의 체류인구는 622,587명으로 전체 체류외국인의 32%를 차지한다. 그 중 재외동포(F-4) 체류자 354,210명, 방문취업(H-2) 101,450명, 영주자격(F-5) 112,992명이었다. 코로나19 영향으로 전체 체류자 수는 다소 줄긴 했지만 F-4, F-5 체류자 수가 증가하고 있다.

중국인의 한국국적 취득 현황을 보면 최근 5년간 해마다 4천명 대를 보이다가 2020년 7,932명으로 크게 늘었고 2021년 5,145명이었다. 앞으로도 국내 5년 이상 장기체류하는 중국동포들의 한국국적 취득자 수는 늘어날 것으로 예상된다.

한국국적자를 포함해서 재한중국동포사회는 80만명 이상으로 전체 조선족 인구의 절반 정도에 이르며, 영주자격과 국적취득자가 증가하는 것으로 볼 때 한국에 정착, 정주화 현상이 보인다고 말할 수 있을 것 같다. (표-2 참조)

[표-2] 2018년~2022년 재한중국동포 체류현황 (법무부 통계자료)

구분	국내 체류자 (체류/등록 비율*)	거소 신고자 (F-4)	방문취업 (H-2)	영주 자격 (F-5)	국적 귀화/회복 (중국 전체**)
2018.6	715,953 (31%/59%)	323,853	215,891	89,241	4,838/144
2019.6	730,468 (30%/58%)	339,770	215,042	94,083	4,371/181
2020.6	695,348 (32%/56%)	346,896	176,490	101,607	7,932/120
2021.6	639,575 (32%/58%)	354,103	118,883	108,235	5,145/185
2022.6	619,048 (30%/55%)	353,926	97,677	114,647	

* 국내 체류자 체류/등록 비율은 전체 외국인 대비 비율을 표시한 것임
** 국내 체류 중국인의 한국국적으로 귀화 또는 국적회복을 표시한 것임(조선족만 별도 표시 없음)

또 다른 통계는 재한중국동포사회와 유기적으로 맞물려 있는 중국인의 국내 입국자 현황과 체류자 비교현황이다.

2014년부터 2021년까지 국내 체류 중국인(조선족 제외)은 큰 변동없이 30만명대를 보이고 있지만, 2020년, 2021년은 코로나19 여파로 25만명 대로 줄어든 것을 볼 수 있다. 유학생 수가 줄어들었기 때문으로 보인다. (표-3 참조)

2013년부터 2022년까지 중국인 입국자 현황도 분석해 보았다. 이 기간 한국에 들어온 외국인 중 중국인은 32%에서 많게는 47%까지 차지했다가 코로나19 여파로 한국 입국자 수는 거의 바닥으로 떨어졌다. 2014~2017 년은 박근혜 정부 때로 한중교류에 훈풍이 불고 한류 영향도 커져 중국인 입국자가 2016년 820만명(47.47%)을 넘어섰지만, 사드배치[21] 여파로 2017년 430만명(32.3%)으로 절반 가까이 줄어들었다. (표-4 참조)

---

21) 사드(THAAD · Terminal High Altitude Area Defense), 고고도 미사일방어 체계의 핵심 수단
이다. 한국과 미국은 2016년 7월 북한의 핵과 미사일 위협에 대응한다는 명목으로 사드를
주한미군에 배치하기로 최종 결정했다.

[표-3] 2014년~2021년 국내 장기체류 중국국적자 현황 (법무부 통계자료)

연도	2014	2015	2016	2017	2018	2019	2020	2021
중국 전체	898,654	955,871	1,016,607	1,018,074	1,070,566	1,101,782	894,906	840,193
조선족	590,856	626,655	627,004	679,729	708,082	701,098	647,576	614,665
한족	**307,798**	**329,216**	**389,070**	**338,345**	**362,484**	**400,684**	**247,330**	**225,528**

[표-4] 2013년~2021년 중국국적자의 한국 입국 현황(법무부 통계자료)

연도	입국자 수	전체 비율
2013	3,923,190	36.7%
2014	6,275,916	44.0%
2015	6,154,730	46.07%
2016	8,268,262	47.47%
2017	4,393,936	32.2%
2018	5,032,905	32.4%
2019	6,284,486	41.8%
2020	740,039	27.8%
2021	187,908	18.0%

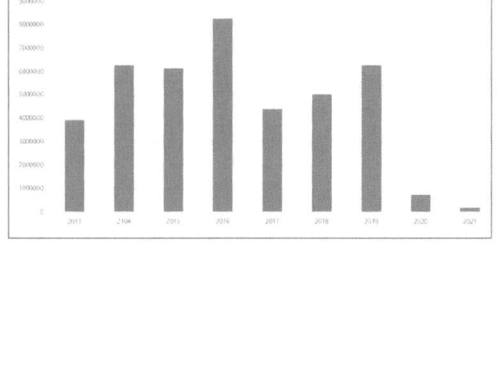

※ 왼쪽 표는 수치로 정리한 것이고, 오른쪽 도표는 시각적으로 정리한 것이다.

늘어나는 중국인 체류자

중국인 입국자 수는 경제적, 사회적으로 중국동포사회에 미치는 영향이 크다. 2013년~2016년 기간은 여행사, 면세점에서 일하는 중국동포들이 많았고, 서울 명동, 동대문 지역에는 화장품 무역, 요식업 분야에서 청년 동포들의 창업 열기도 뜨거웠다. 대림동 등 중국동포 집거지도 식당뿐만 아니라 화장품가게, 무역, 물류사업 등 여러 방면의 사업장이 생기고 활기가 넘쳤다.

이런 분위기는 사드 사태 이후 사그라들었다. 중국의 한한령22) 여파로 중국인 관광객이 크게 줄고 한중교류사업도 끊기다시피 했다. 이때 기회가 왔다 싶어 사업확장을 꾀하고 크게 투자했다가 폭삭 망했다는 중국동포들의 하소연도 들을 수 있었다.

박근혜 정부가 중도 하차하고 조기 등판한 문재인 정부는 한중관계 개선의 물꼬를 트고자 노력했다. 2018년 평창동계올림픽을 앞둔 상황에서 법무부는 '17.12.1～'18.3.31일간 조건을 갖춘 중국인에 대한 무비자 입국 허가를 실시했다. 대상은 최근 5년 이내 재외공관에 개별비자를 발급받아 정상적으로 출입국한 사실이 있는 자와 평창동계올림픽 입장권 등 관람 티켓(20만원 이상)을 소지한 자였다.

이 시기 중국동포 집거지에 새로운 변화를 볼 수 있었다. 서울 가리봉동, 구로동, 대림동 등 중국동포들이 많이 거주하는 지역에 중국인들이 눈에 띄게 많이 늘어났다. 5년간 유효한 단기복수비자(C-3-9)로 입국한 중국인들이 일자리를 찾기 위해 모여든 것이다.

남구로역 새벽인력시장 상황을 보자.

조선족노동자 보다 중국인(한족)들이 더 많다고 느낄 정도로 중국어 대화 소리가 많아졌다. 조선족 노동자는 10개(10만원)를 준다하면 일당이 낮다고 거들떠 보지 않는다. 차라리 놀면 놀았지 그렇게는 못하겠다며 12만원 이상은 처줘야 나간다며 여유를 부리는 것이다. 반면에 중국인들은 7개(7만원)를 준다해도 좋다고 나선다. 하루라도 쉬면 손해라는 생각을 하는 것이다. 결국 조선족 노동자들은 "한족들 때문에 일당이 낮아졌다"며 투덜된다.

건설현장에서 오랫 동안 일한 오야지급 중국동포들은 어떤가? 호재를

---

22) 중국 내 한류 금지령으로, 중국 정부에서 공식적으로 인정하지는 않았지만 2016년 7월 한국의 사드(THAAD) 배치가 확정된 후부터 이에 대한 보복 조치로 적용되었다.(네이버 지식백과)

만난 기분이다. 상대적으로 인건비가 싼 중국인들을 모집해 공사장에 투입해 짭짤한 재미를 본다. 심지어 중국인 노동자만 모집해 봉고차로 날라주는 동포들도 있다. 한 명당 1만원씩 수수료를 뗀다. 가리봉동에는 하루 밤 8천원에 잠자리만 제공하는 숙소까지 차려놓고 수십명씩 재우며 일자리를 연계해주는 일도 성행했다. 법을 위반한 것이었지만 누가 딱히 신고하는 사람이 없으면 무난하게 지나갔다. 당시 언론보도가 상황을 말해준다.

국내 건설현장 인력시장에 대해서 "재외동포 포용정책의 일환으로 중국 조선족의 방문취업이 허가된 2006년 7월 이후 조선족 정착이 본격화 되면서 12년이 지난 현재 건설현장 인력시장은 사실상 이들이 장악했다. 이들은 조선족만 아니라 한족 불법체류자들을 관리하면서 건설현장을 불법천지로 만들고 있다.(2018. 3. 27일자 인터넷 국민일보)

"중국인 불법취업 경로 차단하여 달라.. 중국동포들은 목소리를 높이고 있다"
관광비자로 입국하여 불법자가 된 일부의 한족들은 새벽 시간에 일터로 가기 위해 자동차를 무면허 운전하고 있다는 제보가 많다. … 관광비자로 입국한 한족을 합숙시키며 새벽 시간에 다인승 차로 불법수송과, 외국인 불법고용을 알선할 목적으로 외국인들에게 불법으로 숙소를 제공하며, 다수의 외국인들을 조직적으로 불법고용 알선한 기업형 직업소개소 2개소에 대해 압수수색영장을 집행하여(양주와 수원출입국청) 알선자 및 불법고용주 5명을 적발하여 전원 검찰에 송치하였다.(2019. 7. 13일자 인터넷 중국동포신문)

2018년, 2019년 중국동포 집거지에서 생긴 이런 현상은 2020년 코로나19 펜데믹 상황이 갑자기 불어닥치면서 다소 누그러졌다. 집단생활을 할 수 없게 되고 저렴한 잠자리를 구하기 힘들게 된 중국인 체류자들이 바로 출국하고 입국자도 거의 없었기 때문이다.

이런 현상을 지켜 보면서 재한중국동포사회는 한중관계, 중국인 때문에 덕을 보기도 하지만 역시 언제 어떻게 불어닥칠지 모르는 도전을 받게 된다는 것을 느끼게 해준다. 참고로 2019년말 불법체류 외국인은 39만명, 이중 중국국적자는 70,536명이었고 2021년에는 외국인 불법체류자는 388,700명, 중국국적자는 63,113명이었다.[23]

위기를 맞게 된 청년기업인들

한중교류·무역 사업을 하고 있는 40대 중국동포 청년 J씨는 2002년 대학 시절엔 중국에서 사스 사태를 겪었고 한국에 와서는 2015년 메르스 사태에 이어 2016년 사드 사태, 그리고 2020년 코로나19 사태를 맞게 되었다. 결국 본업을 포기해야 할 정도로 위기를 맞게 되었다. J씨는 2020년 5월 14일 한중삼강포럼에서 이렇게 말한다.[24]

> "여행사, 무역업을 하는 동포청년들은 직격탄을 맞았고, 요식업을 운영하는 기업인들도 임대료 조차 나오지 않아 가게를 내놓은 상황에 많이 놓여 있다. 소상공인에 대해서 정부가 재난지원 명목으로 대출을 손쉽게 받도록 해주고, 운영비를 지원하고 있지만, 동포청년기업인들의 경우, 대부분 한국사회에 뿌리를 내리지 못하고 있는 상황에서, 코로나와 같은 악재를 만나 버티기 어려울 정도로 도산하는 사례가 많다."

조선족 혐오현상에 대해서

이 시기에 또 다른 도전은 사드 사태 이후 한국사회에 '반중정서'가 커지면서 조선족에 대한 혐오현상이 커졌다는 것이다. 물론, 그전부터 조선

---

23) 법무부 2021통계연보
24) 2020.5.14. 한중삼강포럼 '초유의 코로나19 펜데믹 어떻게 대응해야 하나?'

족에 대한 혐오현상은 있었지만, 조선족동포에 의한 범죄사건이 언론에 보도되면 생기는 일시적인 현상인 경우가 많았다. 하지만 이 시기에 들어서 누군가에 의해 의도적으로 만든 '문재인 정부 중국 조선족의 혜택' 이라는 제목의 글이 온라인에 게시되어 유포되는 등 각종 유언비어를 만들어 인터넷 까페 등을 통해 퍼졌다. 그 내용을 보면 사실과 다른 잘못된 정보들이 대부분이다. 일명 조선족 혐오성 가짜뉴스들이 나타나고, 이것이 사회이슈로 두각 되면 언론방송들이 팩트체크(사실확인) 기사를 내는 사례도 늘었다. 심지어 언론보도 내용 중에서도 현장이나 정책을 정확히 파악하지 못하고 쓴 기사로 인해 오해를 불러일으키는 경우도 있다. 또한 분명 중국동포와는 직접적인 관련이 없는 기사임에도 불구하고 '조선족'을 끌어들여 비하하는 댓글들도 눈에 많이 띄기 시작했다. 동포들이 보면 억울해 할 수 있는 내용들이다. 이런 현상은 문재인 정부 들어서고, 또 코로나19 펜데믹 이후 더욱 노골화 되고 많아졌다. 국내 언론방송과 인터넷 상에서 뜨겁게 일었던 사례를 시기별로 종합해 보면,

먼저 중국동포사회가 발끈 했던 건 2019년 8월경이다. 유명세가 있는 한 북한이탈주민 여성 BJ가 아프리카tv 유투브방송을 통해 조선족 남성에 대해서 원색적인 '쌍욕' 비방 발언을 하고 나왔기 때문이다.[25] 누가 들어봐도 아주 심할 정도였다. 이 방송은 순식간에 SNS를 통해 중국동포들에게 퍼져나갔다. 중국동포 입장에서는 억울하고 또 탈북동포에 대한 배신감 같은 감정을 느끼게 했던 것이다. 논란이 커지자 그 탈북여성은 사과 영상을 올리고 고정 출연해 오던 채널A 프로 <이제 만나러 갑니다>에서 하차하는 것으로 일단락 되었다.

이외에도 유투브방송 시청자가 많아지면서 인터넷 카페나 뉴스 댓글에

---

25) 2019.8.29. 아시아경제 "조선족 남자들 진짜 거지 같아" BJ 한송이, 조선족 비하 발언 논란

서 뿐만 아니라 방송을 통한 조선족에 대한 혐오발언은 심심찮게 일어나고 있다. 조회수가 올라가면 수익을 올릴 수 있다는 유혹이 작용하고 또한 조선족 동포들이 이주민으로서 대항력이 미약하다고 보기 때문에 그런 것은 아닌가 하는 생각도 든다.

2020년 중국발 코로나 19 펜데믹 초기 언론방송에는 '조선족 간병인 전파설'이라든가 대림동에서 파는 중국식품 위생 문제가 혐오를 부추겼고, 4.19총선을 앞두고 '어느 조선족의 고백'이라는 출처불명의 글이 일파만파 퍼지면서 정치권에서 조차 '차이나게이트' 논란이 뜨겁게 일었다. 아래는 코로나19 펜데믹 선언 후 재한 중국동포들이 어떤 어려움을 겪게 되는지 보여주는 언론기사 제목이다.

· 2020. 1. 29 [한겨레신문] 식당 앞엔 '중국인 출입금지' SNS에선 '조선족 도우미 그만'
· 2020. 1. 30 [서울신문] "中동포도, 관광객도 통 안보여 조금만 모여도 차가운 눈초리"
· 2020. 2. 11 [SBS] "중국말 들리면 손님 가버려" 신종 코로나에 중국 동포 구직 타격
· 2020. 2. 20 [연합뉴스] 인권위원장, 혐오 표현에 고통받는 중국동포 위로

2021년에는 부동산과 외국인 건강보험 관련해서, 중국인들의 부동산 거래가 2015년~2020년 간 크게 늘어난 것을 두고 "내국인 역차별이다" 또는 "한국인은 중국에서 부동산 소유를 못하는데 중국인의 국내 부동산 소유를 규제해야 한다"며 부정확한 사실을 유포하는 혐오성 댓글이 쏟아졌다. 외국인 건강보험료 관련해서는 중국인 '먹튀 논란'이 혐오를 부추겼다. 건강보험료 '먹튀 논란'은 과연 타당한 주장인지 따져봐야 할 소지가

있다고 본다. 그런데 부동산문제 관련 네티즌 반응들은 당시 언론 기사 제목만 보더라도 마치 전쟁이 일어난 것처럼 공포심을 느낄 정도였다.

- 2021.7.20. [한국경제TV] "한국, 이미 중국땅이다"…무섭게 사들이는 붉은자본
- 2021.7.23. [디지털타임스] "곧 중국땅 될 판인데 왜 규제 안하나"…국민들, 단단히 뿔났다
- 2021.7.24. [서울경제] 중국인이 한국 땅 점령한다···靑 청원에 등장한 外人 규제[집슐랭]
- 2021.7.24. [천지일보] "중국인 부동산 투자 규제해야… 우리나라, 곧 중국화될 것"

중국국적자의 부동산 거래가 크게 늘어난 이유는 한국에 정착해 살고자 하는 중국동포들이 늘어났기 때문에 생긴 현상이라 본다. 그러나 이런 내막을 심도있게 취재해 보도하는 언론은 없었다. 단지 미디어오늘(2021. 7. 28일)이 '중국이 한국 땅 점령할 기세? 공포 부추기는 언론'이라는 제목으로 한국언론의 보도행태를 분석하고 "중국인 이주가 늘며 '혐중' 정서가 커지는 모양새인데, 일부 언론과 정치권이 정확한 정보를 제공하기는커녕 '공포'와 '반감'에 편승하는 모양새다."라고 비평하고 나오는 정도였다.

국토교통부의 '외국인 토지보유 현황'을 보면, 2021년 상반기 외국인 보유 토지는 전 국토의 0.26%(256.7㎢) 정도로 미국 국적자가 외국인 전체 보유 토지의 53.3%를 차지했고 중국국적자는 7.9%였다. 토지 소유주는 55.9%가 외국국적 동포로 나타났다.[26]

외국인 주택 매수 현황을 보면, 중국국적자들의 부동산 보유율은 2011년 외국인 보유율의 1~3% 수준이었다가 2020년 30~35%로 증가했다.

---

26) 2021.11.26. 국토교통부 보도자료

2016년 이후 급증해 전체 외국인의 70%를 차지했다. 2016년 한 해 외국인 주택매수는 5,713건이었고 2020년에는 8,756건이었다.[27] 또한 주택거래가 이루어진 지역을 보면 중국동포들이 많이 사는 지역임을 알 수 있었다.

2022년 6.1지방선거를 앞두고는 영주자격자에게 부여되는 지방선거 참정권을 두고 논쟁을 부추겼다. 경기도 도지사 후보로 나온 보수당 후보가 "중국인 10만명이 한국에서 투표권을 가지는 것은 불공정하다"며 "경기도 내 외국인 부동산 소유와 투표권에 있어서 국가 간 '상호주의 원칙'을 적용하겠다"고 들고 나왔기 때문이다. 영주자격을 취득한 중국동포는 2022. 6월말 기준 11만4천여명으로 전체 영주자격자의 70% 이상을 차지한다.

이렇게 재한중국동포사회는 심각한 도전을 받고 있는 것이다.

III. 결론

이상 재한 중국동포사회의 지난 30년의 발자취와 변화상을 분석해 보았다. 결론부에서는 재한중국동포사회가 당면해 있는 문제는 무엇인지 함께 생각해보고자 한다.

---

27) 202.922 KBS 보도, 국토교통부, 국회 홍기원 의원실

첫째, 차세대 문제이다.

2022년 7월 15일 국회에서 '재외동포 차세대 재외동포정책' 주제로 열린 재외한인학회 학술세미나에서 김홍길 박사의 '한국다문화사회 차세대 청소년' 관련 주제발표문 중에서 눈에 띄는 대목이 있었다.

"2011년 불과 3만명이었던 다문화 차세대 청소년은 2021년 16만명으로 늘어나 전체 3%를 상회한다. ... 다문화가정의 자녀들 중 40.6%가 한국인으로부터 차별을 경험했고 따돌림을 경험한 비율은 19.6%, 고학년으로 올라갈수록 도중에 학업을 중단하는 학생들도 나타나고 있다."

"서울 구로중학교 전교생 436명 중 40%가 부모 중 한 명이 중국동포이거나 중국인 다문화가정 출신의 학생이고 2021년 입학생의 50%가 다문화가정 출신이다."

중국에서 학교를 다니다가 한국으로 오는 아이들이 늘어나고 있고, 또 한국에서 출생하는 아이들이 늘어나고 있다는 것을 알게 해준다. 중국동포 차세대는 중국에서 출생해 중국에서 교육받고 자라나는 세대, 중도에 한국에 온 세대, 한국에서 출생한 세대로 크게 나뉘어지고 교육환경에 따라 많은 차이가 생길 것은 불가피해 보인다. 앞으로 관심을 가져야 할 주요대상이라 생각한다.

둘째, 재한 중국동포사회도 고령사회로 진입해 가고 있다는 점이다.

최근 언론보도에 따르면 간병인 90%가 중국동포로 20만명에 이르고 60대 이상자가 많다고 한다.[28]

60대 이상 중국동포 인구현황을 보면, 재외동포 체류자 112,459명으로 23.4%를 차지하고 영주자격자, 국적취득자를 합하면 20만명 이상이 될 것으로 보인다. 이들은 일부 중국으로 돌아가겠지만 현재 상황으로 볼 때

---

28) 2022.7.17. 연합뉴스, '헤어질 결심' 속 탕웨이처럼..중국동포 간병인 20만명

한국에 계속 체류하길 바란다는 것이다. 한국에 자녀들이 대부분 나와 있기 때문이라 생각된다. 문제는 최근 언론에도 보도되었지만 여가생활을 즐길 수 있는 문화활동공간이 부족하고, 고령의 나이임에도 불구하고 간병인 등 24시간 대기하는 일을 하고 있음에도 이에 걸맞는 처우개선이 미비하다는 점이다.

이주민 1세대인 중국동포 고령사회를 대비한 정책발굴과 아울러 재한중국동포사회의 자체 노력도 필요하지 않나 본다.

마지막으로 한중관계 변수에 따른 재한중국동포사회의 대응이다.

미중갈등이 장기화되고 점점 더 강대강으로 나아가는 분위기이다. 여기에 한국의 윤석열 정부는 미국과 손잡고 간다는 분명한 입장표명을 보이고 있다. 한중관계를 어떻게 유지 발전시켜 나갈 것인가에 대한 속시원한 해법은 아직 없다.

이런 속에서 한국사회에서는 본문에서 언급했듯이 중국동포, 조선족에 대한 혐오현상은 다각화 되어 가고 있다. 반중정서를 갖고 있는 일부 세력에 의한 것이라 판단되지만 우려되는 점이 적지 않다.

이에 한중관계의 지속적인 발전을 도모하면서 전체 중국조선족 동포사회의 발전을 위해서 재한국동포사회의 역할이 중요해지고 있다고 본다. 상생의 미래발전을 위해 어떻게 해야 할지 지혜를 모으고 대응해 나가는 자세가 그 어느 때보다 중요한 때가 아닌가 생각한다. 한중관계는 재한중국동포사회와 떼려야 뗄 수 없다. <끝>

한중수교 30년, 조선족 동포와 한국 사회와의 관계 분석

홍인표

Ⅰ. 서론

한중수교 30년, 그동안 많은 변화가 일어났다.

1949년 중화인민공화국 건국 이후 한국과 중국 두 나라는 이웃 나라이면서도 체제 차이로 교류가 완전히 끊겼다. 그러나 냉전체제가 무너지면서 1992년 8월24일, 두 나라는 마침내 외교 관계를 맺었다. 한중수교는 세계 외교사의 기적이라는 평가를 받고 있다.(유지영, 2022)

두 나라는 이익의 균형을 절묘하게 찾았다.(이희옥, 2022) 한국은 노태우 정부가 추진한 북방정책의 가장 중요한 성과로 한중수교를 얻었다.(梁亞濱, 2022: 99-100) 중국과 수교를 하면 북중관계 특수성 때문에 남북관계 개선은 물론 한반도 평화와 안정을 유지하면서 결국 통일을 실현하는 데 결정적인 도움을 받을 수 있을 것이라고 한국은 기대했다.

중국도 한국과의 수교로 많은 것을 얻었다. 동북아 모든 국가와 외교 관계를 맺으면서 냉전을 종식시켰다. 이와 함께 한국과 수교를 통해 1989년 톈안먼 사태를 계기로 시작된 미국을 비롯한 서방사회의 제재를 무력화시키는 데 성공했다. 개혁개방도 속도를 낼 수 있었다.

한중 두 나라는 북한과 대만의 거센 반대를 무릅쓰고 '친구'가 되면서 인적·물적 교류가 폭발적으로 성장했다. 한중관계 인적교류에서 빼놓을 수 없는 대목이 조선족 동포1)의 입국이었다. 그들은 수교 직전 친척방문의 형식으로 조국을 찾았다가 지금은 70만 명 이상이 한국에 집단거주지를 구성하면서 살고 있다. 처음에는 건설업 등 한국사회의 3D 업종을 맡았지만, 지금은 전문 지식을 갖춘 고학력 인력이 조선족 사회의 핵심세력으로 떠오르면서 세대교체를 이루고 있다.

다만 한중관계의 발전에 따라 교류가 늘면서 두 나라 국민 간에 혐오감정, 예컨대 반중감정과 혐한정서가 특히 젊은 세대 간에 번지고 있는 것처럼, 국내 체류 조선족 동포들이 늘면서 우리 국민들의 조선족 동포에 대한 혐오와 배제가 늘어나는 것은 우려할만한 현상이다.

이 글은 한중수교 30주년을 맞아 사회 분야가 어떤 성과를 거두었는지, 인적교류를 중심으로 먼저 살펴보고 두 나라 국민에 자리 잡고 있는 혐오감정의 실태, 원인 분석과 함께 향후 해법도 찾아보기로 한다. 그리고 한중수교를 계기로 한국을 대거 찾은 조선족 동포가 한국 사회와는 어떤 관계를 맺고 있는지, 그들과 한국인들과의 이미지 변화를 중심으로 살펴보기로 한다.

II. 수교 30년 한중관계 사회 분야 평가

1. 활발한 인적교류

한중수교는 냉전의 종식과 중국의 개혁개방 정책 및 한국의 '북방정책' 추진이 하나로 결합된 산물이었다.(신종호, 2022:1) 한중수교 30년에서 사

---

1) 중국 국적 동포를 부르는 방법에는 중국동포, 재중동포, 조선족 동포, 한국계 중국인이 두루 쓰이고 있다. '조선족' 동포란 호칭은 중국 내 소수민족으로서 정체성을 나타내는 공식적 용어이다. 하지만 한국에서는 중국 동포를 비하하는 뜻으로 쓰기도 한다. 중국동포들은 한국에 들어와 정착하는 과정에서 귀화한 경우도 있고, 귀화를 하지 않기도 한다. 따라서 이 글에서는 '조선족' 동포라는 표현을 쓰면서 중국 국적을 보유하고 있거나, 한국으로 귀화한 중국 동포 모두를 아우르는 개념으로 쓰고자 한다.

회 분야만 따로 떼놓고 본다면 갈등과 협력이 번갈아 일어났지만, 갈등보다는 그래도 협력이라는 긍정적인 측면이 더욱 두드러졌다.

긍정적인 측면을 살펴보면 수교 이후 두 나라 간에는 활발한 인적교류가 있었다.

수교 당시 1992년에는 양국 인적교류가 13만 명에 불과했다.(전성흥, 2010: 181)수교 첫해 한국을 찾은 중국인은 4만5000명이었다. 하지만 눈부신 교류가 있었고, 2016년, 한국을 찾은 중국인이 역대 최고인 827만 명을 기록했다.[2] 그러나 그해 7월, 한미의 사드 배치 결정으로 한중관계가 급속도로 경색되면서 2017년에는 한국을 찾은 중국인이 439만 명으로 전년 대비 46.9% 크게 줄었다. 하지만 2018년 이후 양국의 인적교류는 회복세를 보였다. 한국관광공사에 따르면 2019년 기준 방한 중국인은 602만4000 명, 방중 한국인은 434만7000명으로 그해 두 나라를 오간 양국 국민은 1037만1000명을 기록했다.

양국 인적교류가 활발해지면서 항공 교통도 크게 늘었다.

국토교통부에 따르면 코로나 19 상황이 본격화하기 전인 2019년 말 기준 국내외 항공사의 해외 운항 횟수는 주 4714회였다. 이 중 중국행이 84개 노선, 1164회(24.6%)를 기록해 2위 일본(주 840회, 전체 17.8%)을 크게 앞질렀다.[3]

한중 두 나라에 상주하는 인구가 늘면서 상대국에 집단 주거지가 형성되었다.

외교부에 따르면 중국에 상주하는 한국인은 코로나 19 직전만 해도 50만 명을 넘었다. 베이징, 상하이, 칭다오에 한국인의 집단거주지 코리아타

---

2) 2020년에는 코로나 19 직접적인 영향으로 방중한 한국인은 44만 명, 방한한 중국인은 74만 명을 각각 기록해 총 118만 명에 불과했다. 한국관광공사. 한국관광통계. https://datalab.visitkorea. or.kr/datalab/portal/ts/getEntcnyFrgnCust2Form.do#(검색일:2022. 8.3)

3) 2022년 3월 현재 한중 정기편 운항은 주25회, 월3회이다. 한국 외교부 홈페이지. https://www.mofa.go.kr/www/nation/m_3458/view.do?seq=4 (검색일: 2022. 8.3)

운이 만들어졌다. 코로나19 발생 이후인 2021년 기준 재외동포현황에 따르면 중국 체류 한국인은 24만8000여 명으로 줄었다.[4) 법무부에 따르면 한국에서 살고 있는 중국인 상주인구는 2021년 12월 기준 조선족 61만명을 비롯해 모두 84만 명에 이른다. 특히 조선족 동포는 서울 영등포구 대림동, 구로구 가리봉동, 경기 안산에 집단으로 모여 살고 있다. 행정안전부 지방자치단체 외국인 주민현황에 따르면 2021년 기준 조선족 동포는 경기도 안산시에 가장 많은 39,813명이 살고 있었다.[5) 이어 서울 영등포구 37,901명, 서울 구로구 36,329명, 경기도 수원시 34,556명, 시흥시 32,995명 순이었다.

한중 양국의 유학생 숫자 증가도 두 나라 인적교류의 활발한 추세를 반영하고 있다.

2019년 말 기준 중국에 체류하는 한국 유학생과 한국에 유학을 온 중국 유학생이 각각 6만 명을 넘었다. 2002년 중국에 유학 간 한국 유학생이 2만 명을 넘어서 처음으로 일본 유학생을 제치고 제1위를 차지한 이래 숫자가 지속적으로 늘고 있다.(전성흥, 2010: 182) 2009년 말 현재 재중 한국 유학생은 6만7000명, 한국에 있는 중국 유학생 수도 6만 3000명을 넘었다. 이로써 한국과 중국은 자국 내 유학생 수에서 각각 최대 유학생 파견국이 되었다. 교육부에 따르면 2016년 처음으로 중국에 가는 한국 유학생이 미국에 가는 유학생보다 숫자가 많았다. 다만 코로나 19 상황을 거치면서 한국에 유학을 오는 중국 유학생들은 코로나 19 이전과 비슷한 수준을 유지한 반면 중국으로 유학 가는 우리나라 유학생 숫자가 크게 줄었던 것으로 나타났다. 교육부에 따르면 2021년 4월 1일 기준 한국 내 중

---

4) 한국 외교부 홈페이지. https://www.mofa.go.kr (검색일: 2022. 8.3)
5) 한국행정안전부 홈페이지.
　　https://www.mois.go.kr/frt/bbs/type001/commonSelectBoardArticle.do?bbsId=BBSMSTR_0000000
　　00014&nttId=88648 (검색일: 2022. 8.3)

국 유학생은 67,348명을 기록했다. 반면 중국 내 한국 유학생은 26,949명
으로 줄었다.[6]

결론적으로 지난 30년 동안 한국과 중국 두 나라는 협력과 갈등이 반
복적으로 일어났지만 활발한 인적교류를 통해 사회발전의 굳건한 토대를
마련했다는 점은 부인할 수 없는 사실이다.

2. 한중관계 발전의 가장 큰 걸림돌, 혐오 감정

가. 한중 혐오 감정의 현황과 실태

a. 중국의 혐한감정 현주소

2022년 3월 중국 베이징 한국 국제학교는 학부모, 학생, 교사를 대상으
로 한복 교복 착용에 관한 찬반 의견을 물었다. 학부모들의 의견은 근소
한 차이로 한복 교복을 입지 말자는 쪽이 우세했다. 한복을 입고 다니다
학생들의 안전에 문제가 생길 수 있다고 본 것이다. 학부모들이 이런 걱
정을 할 만큼 한중관계는 아직 회복하지 못하고 있다.(권지혜, 2022)

베이징에 유학 간 한국 대학생이 평소 자주 찾던 편의점에서 한국 과
자들이 한꺼번에 사라진 걸 보고 놀랐다고 국내 언론사 베이징 특파원이
전했다.(유지영, 2022) 학생이 주인에게 이유를 물었더니 "한국의 새 정
부가 우리를 적대시해 기분이 나빠서 한국산 과자를 치웠다"라는 답변을
들었다고 한다. 이 특파원이 종종 들리는 한인 상점 사장도 "요즘 이웃
상인들의 민원 때문에 영업하기가 너무 힘들다"고 토로했다. 예전 같으
면 장사하는 사람들끼리 서로 눈감아 주던 사소한 법 위반조차 모두 당
국에 신고해 수시로 단속 공무원이 출동하기 때문이라고 했다. 유독 자
신에게 민원 폭탄이 쏟아지는 것은 '한국인이기 때문'이라고 상점 사장은
하소연했다. 이런 중국 국민의 날이 선 반응은 우리 정부의 대중 강경 발

---

6) 한국 외교부 홈페이지. https://www. mofa.go.kr (검색일: 2022. 8. 3)

언 때문이라는 것이 이 특파원의 해석이다. 그는 "정치인들의 중국에 대한 강경 발언 하나하나가 우리 교민들에게 뼈아픈 부메랑이 돼 돌아온다"며 "베이징에 살면서 윤석열 정부 이후 한중관계가 더 나빠졌음을 실감한다"고 밝혔다.

최근 양국 관계가 결정적인 타격을 입은 것은 아무래도 2016년 7월 한미의 사드 배치 결정 때문이라고 할 수 있다. 2017년 10월 한중 양국 정부는 사드 갈등을 봉합하기는 했지만, 중국인들은 한국인에 대한 냉담한 시선을 거두지 않고 있다. 이후 한중 양국 네티즌들은 한복과 김치 기원 논쟁을 비롯해 2020년 BTS의 밴플리트 상 수상 소감으로 밝힌 한국전쟁 발언을 놓고 충돌했다. 김인희 동북아역사재단 연구위원은 저서 <중국 애국주의 홍위병, 애국청년>에서 중국 네티즌은 2016년~2020년 외국에 대해 14번 집단공격을 한 바 있고, 이중 한국이 5번으로 가장 많았다고 밝히고 있다.(양지호, 2021) 사드 배치, BTS 밴플리트 상 수상 소감이 대표적인 사례이다. 이 기간 중국 네티즌의 일본에 대한 공격은 1번에 불과했다. '분노 청년'이라 불리는 21세기 중국 민족주의자들이 극단적 중국 중심 사고에 빠져 중국에 불리한 주장을 한다고 판단하면 좌표를 찍고 몰려가고 있다. 왜 유독 한국을 표적으로 삼을까. 그들은 '한국이 문화 도둑'이라고 여기면서 약소국이니 마음껏 분노를 표출해도 어찌하지 못할 것이라고 생각한다고 저자는 분석하고 있다.

2022년 2월 4일 베이징 동계올림픽 개막식에서 중국 56개 민족 대표 중 하나로 조선족 여성이 한복을 입고 등장해 국내 여론이 들끓었다. 우리 한복을 왜 중국 잔치에 끌어들였느냐고 한국 사회는 비난했다. 하지만 조선족 동포가 한복을 입고 올림픽 개막식에 나간 걸 비난한 것은 너무 지나친 처사라는 국내 여론도 당시 적지 않았다. 당사자인 조선족 동포들도 분노를 터뜨렸다. 조선족 3세 이령 전 베이징사범대 교수는 사태 직후 "어머니의 어머니 때부터 입었던 한복을 입지 말라고 한국 사람들이 요구하는 것은 황당하다"고 말했다.(조영빈, 2022) 여기서 우리가 눈여겨봐야 할 대목은 두 나라 여론이 사소한 사건 하나라도 민감하게 반응할 정도로 신뢰 기반이 취약해졌다는 점이다.

b. 위기 수준의 한국의 반중감정

여론조사기관 한국리서치가 2022년 7월 15~18일 전국 만 18세 이상 1000명을 대상으로 한국 주변 5개국(미국·북한·일본·중국·러시아) 호감도를 조사한 결과 중국은 호감도 100점 만점에 23.9점을 기록했다. 북한(29.4점)과 일본(29.0점)보다 점수가 한참 낮다. 이것은 2022년 2월24일 우크라이나를 침공한 러시아(23.3점)와 비슷한 수준이다. 특히 20대 이하(10점)와 30대(17.5점) 등 젊은 층일수록 중국에 대한 호감도가 낮았다.(김진방·송지은, 2022)

성균중국연구소가 한중수교 30주년을 앞두고 2021년 12월 한중 전문가 각 100명씩을 대상으로 상호인식조사를 한 결과 한국의 중국 전문가는 한중관계를 10점 만점에 4.66점으로 평가했다.[7] 특히 외교안보(4.47점), 경제협력(5.77점), 사회문화(3.99점) 3개 분야 중에서 사회문화가 점수가 가장 낮았다. 외교안보와 사회문화는 각각 평균점수인 5점에도 못 미쳤다.

반면 중국의 한국 전문가는 중한관계를 10점 만점에 6.24점으로 매겼다. 중국 전문가들은 외교안보(5.33점)에 가장 낮은 점수를 주었다. 경제협력이 7.34점으로 가장 높았고, 사회문화는 6.04점이었다. 현재 두 나라 관계를 한국 전문가들이 중국 전문가들보다 더 나쁘게 보고 있음을 알 수

---

7) 성균중국연구소 홈페이지.
https://sics.skku.edu/sics/issue/sics-report.do?mode=view&articleNo=134480&article.offset=0&articleLimit=10file:///C:/Users/SEC/Downloads/2022_%ED%95%9C%EC%A4%91_%EC%A0%84%EB%AC%B8%EA%B0%80_%EC%83%81%ED%98%B8%EC%9D%B8%EC%8B%9D_%EC%A1%B0%EC%82%AC.pdf (검색일: 2022. 8. 3)

있다. 성균중국연구소는 "주한미군의 사드 배치와 중국의 이른바 한한령 (비공식 한류 금지 조치) 영향으로 양국 사회문화 관계가 최악의 상황을 맞았다"고 분석했다. 5년이 지난 뒤 한중관계 전망에 대해서는 한국 전문 가들은 4.92점을 준 반면, 중국 전문가들은 이보다 훨씬 많은 7.02점을 줘 인식 차를 드러냈다.

시사 주간지 <시사인>이 2021년 5월 12일~17일 한국리서치에 의뢰해 18세 이상 남녀 000명을 대상으로 한국인은 왜 중국을 싫어하는가를 조 사했다.(이오성, 2021) 이 질문에 대해 황사·미세먼지 문제(89.4%) 때문 이라는 답변이 가장 많았다. 이어 중국의 코로나 19 대응(86.9%), 중국어 선 불법조업(84.3%) 순이었고, 한한령 등 사드 보복(78.9%)이 뒤를 이었 다. 잡지는 한국인의 반중 정서가 막연한 것이 아니라 매우 구체적이라고 우려했다.

특히 걱정스러운 대목은 한중 청년세대가 서로에 대해 반감을 나타내는 경우가 늘고 있다는 점이다. 중국과 한국 모두 청년층이 상대국에 대한 부 정적 인식도가 평균보다 더 높았다. 한국 해외문화홍보원이 발표한 『2021 년 국가 이미지 조사보고서』에서 한국에 대한 중국인의 전반적인 이미지 는 긍정 68.6%, 5점 만점에 3.83점을 기록했다.[8] 2020년 긍정 69.4%, 5점 만점에 3.86점보다는 소폭 내렸다. 긍정적인 답변은 '현대문화 영향'이 가 장 높았고, 부정적인 이미지에 영향을 미치는 것으로는 '한국인의 국민성' 을 들고 있다. 연령대별로 보면 5점 만점의 전반적 이미지 평가에서 10대 는 3.28점, 20대는 3.66점을 기록했다. 30대는 4.20점, 40대는 3.85점, 50 대 이상은 3.86점을 기록한 것과 비교하면 상대적으로 10대와 20대가 한 국에 대한 이미지가 좋지 않았다.

중국에 대한 반감은 우리나라에만 있는 것은 아니다. 미국 여론조사기

---

8) 한국 해외문화홍보원. 2021. 『2021년 국가이미지 조사 보고서』.
   https://www.kocis.go.kr/ebook/ecatalog5.jsp?Dir=396 (검색일: 2022. 8. 15)

관 퓨 리서치 센터가 2022년 6월 19개 나라를 대상으로 중국에 대한 인식을 조사한 결과 우리나라 국민의 중국에 대한 비호감도가 80%를 기록해 역사상 가장 높았다.(송의달, 2022) 2015년(37%)과 비교하면 비호감비율이 7년 만에 2배 넘게 늘었다. 이 조사에서 우리나라는 19개국 중 유일하게 청년층의 중국 비호감도가 장년층을 앞질렀다. 한국인의 54%는 "한국 국내 정치에 대한 중국의 간여가 매우 심각하다"고 응답했다. 이는 조사 대상 19개국 중 이 항목에서 가장 높은 비율이다. 중국이 한국 정치에 직접 개입하면서 영향력을 높이려는 게 아닌가하는 의구심 때문이라는 분석이 나왔다.

나. 혐오감정의 원인과 배경

a. 한중관계 타격입힌 6대 사건

양국 국민 간의 부정적인 정서는 이번이 처음은 아니다. 2000년 들어 늘어나는 추세를 보이고 있다. 중국 사회과학원은 두 나라 관계를 크게 해친 사건으로 마늘 분쟁(2000년), 중국의 동북공정(고구려 역사전쟁, 2003년)한국의 강릉단오제 세계문화유산 신청(2004년), 어업분쟁(2010년), 북한 연평도 포격사건(2010년), 한미의 사드 배치 결정(2016년) 등을 꼽고 있다.(朴光海, 2018: 30-33)

마늘 분쟁은 수교 이후 밀월기를 보내던 한중관계가 사실상 처음 만난 악재였다. 이 분쟁은 2000년 6월 발생했다. 중국산 마늘 수입이 크게 늘어 국내 농가가 타격을 입자 한국 정부는 중국산 마늘에 315% 고율의 관세를 매겼다. 이에 대해 중국은 마늘보다 훨씬 규모가 큰 한국산 휴대전화, 폴리에틸렌 수입 잠정 중단으로 맞섰다. 결국 한 달 만에 한국의 일방적인 패배로 끝났다. 고구려가 중국 고대 지방 정권이라고 주장하는 동북공정은 2003년부터 2004년까지 일어났다. 양국정부가 서둘러 개입해 학술적인 연구를 먼저 하자는데 합의하면서 일단 고비를 넘겼다. 강릉단오제 세계문화유산 신청 파문은 2004년 5월부터 2005년 11월까지 일어났다. 한국이 강릉단오제를 세계문화유산으로 신청한다는 소식이 전해지자 중국은 "단오절을 도둑맞았다"며 크게 반발했다. 강릉단오제는 물론 중국 단오절도 나중에 유네스코 세계문화유산으로 지정됐으나 한국과 한국인이 자신들의 고유문화를 훔쳐갔다는 중국 민중의 인식은 크게 바뀌지 않았다. 2000년 8월 한중어업 협정을 맺은 뒤에도 중국 어민들이 한국 수역을 자주 침범하면서 2010년부터 2012년까지 어업분쟁이 일어났다. 한국 해경이 출동해 중국어선을 단속하는 과정에서 충돌이 일어나 중국 선원이나 한국 해경이 숨지는 사고가 발생했다. 2010년 11월23일, 북한이 연평도를 포격해 민간인 2명이 숨진 사고가 일어났다. 당시 중국 외교부는 북한과 한국 모두 냉정해야 한다고 촉구했다. 한국 정부는 중국이 기계적인 중립입장을 보이면서 북한을 비호하고 있다고 비판했다. 사드 배치 문제는 중국 반대를 무릅쓰고 한국이 2016년 7월 주한미군의 사드 배치를 허용한 것으로 2017년 5월 문재인 대통령이 취임하면서 문제가 쉽게 풀릴 것으로 중국 측은 판단했다. 하지만 문재인 정부가 중국의 예상과 달리 사드를 철수시키지 않고 그해 9월 7일, 사드 발사 차량 추가 진입을 결정하면서 한중관계는 수교 이래 최악의 정치위기로 빠져들었다.(朴光海: 2018: 33)

필자가 보기에는 2008년 4월 27일, 베이징 올림픽 성화 서울 봉송 과정에서 두 나라 국민이 충돌한 사건도 양국 국민감정에 크게 영향을 미친 사건이었다. 중국이 성공적인 개최를 열망했던 베이징 하계 올림픽과 티베트 독립이라는 민감한 사안이 맞물린 것이다. 당시 올림픽 성화 봉송 과정에서 티베트 독립을 주장하는 시위가 벌어졌고 중국 유학생들이 이들 반중국 시위대를 폭행했다.(박영희, 2008) 경찰이 폭행한 중국 유학생들을 연행하면서 한국에 있는 중국 유학생들로부터 혐한정서가 불붙기 시작해 중국까지 번졌다.

중앙일보와 중국 인민일보 계열 환구시보가 베이징 올림픽 이듬해인 2009년 6월26일~7월 6일 진행한 여론조사 결과 중국 네티즌 83%(5347명 중 4455명)는 한국을 경쟁자라고 답변했다. 한국 네티즌 71%(819명 중 587명)는 중국이 한국의 호적수라고 응답했다.(전성흥, 2010:188) 상대국이 동반자라고 답변한 비율은 중국이 17%, 한국은 28%에 불과했다. 당시 중국은 양국 국민감정이 나빠지는 것은 중국 국력이 강해지는 데 대한 한국인들의 불안감 때문이라고 해석했다. 이와 함께 양국 국민 사이에 존재하는 민족 자존심과 민족 감정이 충돌했기 때문이라는 분석이 나왔다. 하지만 지금은 강도가 거세지고 있다는 데 문제의 심각성이 있다.

그동안 한중관계에 타격을 입힌 대형 사건을 살펴보면 크게 무역 분쟁, 역사문화유산 분쟁, 해사 분쟁, 정치제도 차이, 제3의 변수(미국 변수)로 나눌 수 있다. 이들 문제는 수천 년 이어져 온 역사교류, 이웃 나라로서의 현실, 북한을 옆에 둔 지정학적 요인 때문에 생긴 것이다. 앞으로 한중관계가 발전하는 과정에서 이런 분쟁과 사건은 수시로 발생할 수 있다. 초동단계에서 적극적으로 대응을 하지 못하면 한중관계에 심각한 영향을 미칠 수 있다는 점을 유의해야 한다.(朴光海, 2018: 33)

b. 심각한 한중 젊은세대 갈등

그러면 현재 양국 혐오 감정이 심각한 원인은 무엇인가. 가장 직접적으로는 한미가 사드 배치를 결정한 데 따른 중국의 보복 조치가 기폭제가 됐다. 이와 함께 중국이 사회주의 정체성을 강화하고 미국과 전략경쟁에 접어들면서 한중 간 '가치의 거리'가 더욱 멀어졌기 때문이라고 할 수 있다.(이희옥, 2022)

김치·한복 원조 논쟁과 한국전쟁 영화와 같은 소재가 나올 때마다 중국에 대한 부정적 기억을 끌어올리는 이른바 '끌올문화'가 나타나고 있다.

양국 네티즌들의 공방으로 한중 문화교류의 상징으로 여겨졌던 중국 내 한류 이미지도 크게 나빠졌다. 경제적으로도 한중 두 나라가 상호보완성보다는 경쟁의 성격이 두드러지면서 중국에 진출한 한국 기업은 중국 시장에서 갈수록 기회를 잃고 있다.

이와 함께 두 나라 젊은 세대가 자국의 국력 상승기에 태어나 문화예술에 대한 자부심이 어느 세대보다 높은 탓에 서로 충돌하고 있다는 분석도 있다. 중국의 젊은 세대는 중국풍, 중국 트렌드라는 표현이 나타내듯이 국가에 대한 신뢰감과 전통문화에 대한 관심이 전례 없이 높은 반면 서양에 대해서는 갈수록 냉담하다. 반면 한국은 2021년 유엔으로부터 선진국으로 공식 인정을 받고 국제적 위상이 오르면서 자신감을 얻고 있다. 한류는 아시아를 넘어 세계로 뻗어가고 있다. 영화 '기생충'의 아카데미상 4개 부문 수상, BTS 빌보드 차트 등극, '오징어 게임'이 한국 드라마 최초로 넷플릭스 1위에 오르면서 한국의 MZ세대가 문화적 자신감을 갖는 것은 당연하다. 양국 젊은 세대들의 이런 자신감이 맞부딪치면서 서로에 대한 부정적인 감정이 높아지는 것이다.

이욱연 서강대 교수는 "한중간 부정적인 인식은 역사적 배경이 양국관계의 상수로 존재하는 상황에서 사드 사태 이후 한국내 반중정서와 중국내 애국주의 민족주의가 변수로 맞물리면서 갈수록 상황이 악화하고 있다"고 진단했다. 이 교수는 "반중감정이 '묻지마' 혐오 놀이가 되고 있으며 정부 주도의 단기적인 대응은 한계가 있다"고 말했다.(박진범, 2022 봄)

저우샤오레이(周曉蕾) 중국 베이징외대 한국어과 교수는 "양국 젊은 세대의 혐오감정은 "불안정한 미래의 불안을 외부 '사이비 적' 탓으로 돌리는, 일종의 감정적 메커니즘"이라며 "한국이든 중국이든 나름대로 각자의 사회적 과제에 직면하고 있는 만큼 국내의 모순을 다른 나라나 다른 나라 사람에 대한 적대나 혐오로 돌리는 건 서로 경계해야 한다"고 강조했다.(김지환, 2022)

우리 정부는 상황을 어떻게 파악하고 있을까.

외교부는 2022년 2월 28일, 한중 양국 국민 우호 정서를 증진시킬 방안을 모색하는 자리를 마련했다.

외교부 동북아국 관계자는 이날 "국내 젊은이들을 중심으로 반중감정이 확대하고, 소셜미디어와 언론을 중심으로 두 나라 간 역사, 문화 기원 논쟁이 지속적으로 발생하고 있다"고 분석했다. 외교부는 "한중간 문제 발생은 중국 언론과 소셜미디어에서 처음 불거지고 이것을 국내 언론이 보도하면서 논란이 생기고 광범위한 반중 정서를 불러일으킨 뒤 다시 중국으로 번져가는 양상을 보이고 있다"고 진단했다.(박진범, 2022 봄)

한국의 반중감정을 비롯해 세계적인 반중 정서는 시진핑 주석 집권 이후 중국이 민족 자존심과 애국주의로 무장한 젊은 세대들이 인터넷이라는 공간에서 다른 나라 네티즌들과 자주 마찰을 빚고 있기 때문이다.

문제는 한국과 중국 내 민족주의 감정이 불붙고 상대국에 대한 부정적 인식이 깊어지면 장기적으로 한중 두 나라의 정치적 신뢰를 약화시킬 수 있다는 점이다. 이런 현상은 미중 전략경쟁 상황을 배경으로 양국의 인터넷 매체를 주요 매개체로 허위 정보가 확산되면서 실제 이상으로 나빠지고 있다.

다. 한중 혐오감정 해소 해법

그러면 양국은 우호 감정을 증진시키기 위해 어떻게 접근해야 하는가.

2001년부터 6년 반 동안 최장수 주중대사를 지낸 김하중 전 통일부 장관은 "우리의 MZ세대는 마음대로 말하고 세계 네티즌들과 소셜미디어로 의사교환을 하는 상황에서 중국 당국이 온라인 규제를 하거나 김치나 한복 문제로 우리를 욕하는 중국 사람들을 이해할 수 없다"고 지적했다. 김 전 장관은 "우리 젊은 세대의 반중감정은 금방 해소하기는 어려울 것으로

보이며 이것은 앞으로 한중관계에 부정적인 영향을 미칠 것으로 본다"고 전망했다.(홍인표, 2022)

이욱연 서강대 교수는 우호정서 문제 해결을 위해 "정부와 민간이 협력을 통해 대중 외교와 국내 노력을 장단기적으로 병행 추진할 필요가 있다"며 언론과 학계를 통한 팩트 체크, 언론계 상호이해 증진, 중국 내 지한조직 활성화, 재한 조선족 인식 개선 등을 해법으로 제시하고 있다.

결국 양국 국민이 서로에 대한 혐오감정을 해소하려면 자주 만나고 소통하고 대화를 해야 한다. 그래야 서로 입장을 이해하고 오해를 피할 수 있다. 언론이 오보를 했을 경우 즉각적인 팩트 체크를 통해 전통 미디어가 앞장서서 진실을 밝혀야 한다.

대책으로 새로운 제도를 마련해야 한다는 지적이 나온다. 사회 분야에서 분쟁이 생기거나 마찰, 갈등이 생겼을 때 위기대응관리체계를 갖추고 있어야 한다.(朴光海, 2018: 35-36) 일단 사건이 발생하면 초기에 갈등의 성격에 대한 신속하고도 정확한 정세 판단을 해야 한다.

이를 통해 갈등의 성격상 절대로 양보 불가능한 문제인지, 아니면 초기 판단 오류로 인한 한중 간 민간영역에서의 사회문화적 갈등을 해소하기 위해서는 '위기관리' 관점에서 접근할 필요가 있다. 이를 위해서는 사회문화적 갈등(위기) 발생 시 이것이 정부 간 협력을 통해 해결 가능한지 등에 대한 초기 '정보 판단'이 중요하다. 위기관리 과정에서는 정부와 민간의 역할 분담도 중요하다. 정부 차원의 초기 대응과 판단이 필요하다.(신종호, 2022: 5)

그래야만 협력을 통한 해결 가능성 높은 문제는 정부 차원의 채널을 즉각 가동할 필요가 있다. 예를 들어 역사 문제나 가치 갈등과 같이 협력을 통해서도 해결 가능성이 낮은 사안은 실질적인 해결을 추구하기보다는 중장기적으로 양국 관계에 직접적인 영향을 미치지 않도록 관리하는 방안을 고민해야 한다.(박진범, 2022 여름)

그리고 한중 간 사회 분야 갈등을 해결하기 위해서는 외교부를 비롯한 정부 부처와 지방정부나 언론 등 비정부기구 역할을 구분해 일을 분담하는 것이 중요하다.

특히 사회 문화 분야 갈등 발생 시 언론이나 국민 여론이 날카롭게 부딪치면 정부는 오히려 국민을 설득하고 비난 여론을 낮추는 노력을 할 필요가 있다.

III. 한국 사회에 미친 조선족 동포의 영향

1. 3D 업종 맡은 조선족 동포 이주노동자

조선족 동포의 한국 입국은 1987년 시작했다. 당시 중국에 있던 조선족 동포가 방송이나 편지로 한국에 있는 친척에 연락하는 방식으로 이뤄졌다. 친척이 우편으로 보낸 초청장을 홍콩에 있는 한국 총영사관에 내면 한국 정부가 여행증명서를 발급해주고 조선족 동포는 이 증명서를 들고 홍콩을 거쳐 한국에 입국했다.(설동훈·문형진, 2020: 77-78) 본격적인 입국은 1992년 한중수교를 계기로 이뤄졌다. 조선족 동포들이 수교 초기 한국을 선택한 것은 당시 한국과 중국의 임금 차이가 결정적이었다.(퍄오지저, 2015: 29-31) 돈을 많이 벌면 나중에 중국으로 돌아갈 경우 신분 상승을 예상할 수 있고 개혁개방정책의 영향으로 더 나은 삶을 살 수 있을 것이라는 기대감 때문이었다. 다시 말하면 모국 의식[9]과 코리안 드림이 맞물려 조선족 동포가 많이 한국으로 노동 이주를 시작한 것이다.

외국인 노동자가 국내로 들어오기 시작한 시점은 강력한 노동운동과

---

9) 조선족 동포는 자신을 낳아준 한국을 모국으로 부르며 혈연관계가 있다고 인식하고, 중국을 길러준 나라의 의미인 조국으로 여기고 있다

임금 상승이 이루어진 때와 정확히 맞아떨어진다. 1987년 강력한 노동운동은 국내 대기업 생산직 노동자의 임금을 크게 올렸다. 동시에 내국인 노동자의 '3D 직종 취업 기피 현상'이 넓게 퍼졌다. 저임금 노동력에 의존했던 '3D 업종' 중소기업은 극심한 인력난을 겪었다. 이처럼 생산직 인력난이 만성화된 국내 노동시장 상황은 외국인 노동자를 한국으로 유인한 기본적 계기가 되었다. 이 무렵 추진된 한국 정부 북방정책에 따라 조선족 동포는 한국 방문 사증을 쉽게 발급받을 수 있었다.

법무부 출입국 외국인정책 통계월보에 따르면 2022년 5월31일 현재 한국에 체류하고 있는 외국인은 201만 2,862명이다.[10] 취업자격으로 체류한 외국인은 408,669명으로 전문인력이 48,336명이며 단순기능인력은 360,333명이다.

한국에 거주하는 외국인 근로자들의 국적을 살펴보면 취업자격 외국인 총 408,669명 중에서 중국인은 112,286명으로 27.4%를 차지하고 있다. 이어 베트남(40,619명), 캄보디아(34,000명) 순이다. 또한 외국 국적 동포는 중국이 619,680명으로 전체의 79.9%를 차지했다. 이런 현황을 볼 때 중국에서 낳고 자라 중국 문화권에서 한국으로 이주한 사람들은 약 72만 명, 200만 명 조금 넘는 전체 외국인 중에서 35.8%가 조선족 근로자임을 알 수 있다.

2017년 출입국 외국인 정책 통계연보에 따르면 한국 체류 조선족 동포 가운데 29세 이하가 84,695명, 30~59세가 446,534명, 60세 이상이 148,500명으로 30~50대 전체 65%를 차지했다.[11] 조선족 동포는 가족 이주자 형태로 한국 사회에 정주하는 인구 분포를 보여주고 있다. 조선족들은 의사소통이 쉬워 한국 사회의 노동력으로 쉽게 유입되고 있다. 다만

---

10) 한국 법무부 홈페이지 https://viewer.moj.go.kr/skin/doc.html?rs=/result/bbs/227&fn=temp_165 5862479573100(검색일: 2022. 8. 3)

11) 한국 법무부 2017년 출입국 외국인 정책 통계연보. (검색일: 2022. 8. 3)

한국 국민과의 괴리감이랄까 사회적 거리는 여전히 좁혀지지 않고 있다.

조선족 동포를 비롯한 이주 노동자의 유입은 경제적으로는 긍정적인 효과를 나타내고 있다.

한국에 거주하는 조선족 동포에게 취업은 생존 문제라고 할 수 있다. 돈을 벌기 위해 입국한 경우가 대부분이기 때문이다. 그들은 한국 사람들이 일하기 싫어하는 3D 업종에도 과감히 뛰어들어 국내 인력난을 해소하는 데 큰 역할을 하고 있다.(설동훈・문형진, 2020: 169)

한국인과 언어 및 민족 동질성을 갖고 있는 것에 비해 조선족 남성과 여성은 건설업과 가사노동, 간병인과 같은 돌봄 노동이나 음식점에 주로 종사하고 있다. 이는 조선족 동포의 경제활동 영역이 특정 계층에 집중적으로 몰려 있음을 보여주고 있다. 조선족 동포는 한국인이 일하기를 싫어하는 업종과 교육수준이 낮은 한국인들이 주로 하는 영역 일자리를 가진 것이다.(한정우, 2019: 124)

한국 정부는 외국 인력 도입과 관련해 산업발전에 유리한 근로자들을 선별해 입국허가를 허용하는 이민 정책을 실시했다. 1993년 산업연수생제도, 2004년 고용허가제도, 2007년 방문취업제를 거쳐 그동안 한국 정부의 정책변화는 국내 노동시장 보호를 위해 선별적으로 입국을 허가하고 제한적이던 체류조건을 점진적으로 확대하는 방향으로 나아갔다.

2007년 1월 1일부터는 산업기술연수제도를 고용허가제로 통합하여 추가적인 산업연수생의 도입을 중단했다. 저숙련 외국인력의 고용은 고용허가제도로 일원화했다. 해외투자기업 연수생제도는 순수한 외국인연수제도로 운용하도록 하였다. 그리고 2007년 3월 방문취업제를 도입해 많은 중국동포와 구소련지역 동포들이 합법적으로 한국에서 취업할 수 있는 제도를 마련했다.(설동훈, 문형진, 2020: 83-102)

조선족 동포들은 실제로 어떤 일에 종사하고 있을까. 2014년 서울 거주 조선족 동포 250명에 대한 취업 실태 조사 결과 가사 도우미가 27.9%를 차지해 가장 많았다. 이어 음식점 종업원(25.0%), 건설업 노동자(16.2%) 제조업 노동자(9.6%), 간병인(6.6%) 순이었다.(이승은, 2016 : 183)

특히 건설업은 조선족이 외국인 근로자의 대부분을 차지하고 있다.

2018년 조선족 건설현장 취업실태를 조사한 결과 조선족이 99.6%, 고려인이 0.4%로 조선족 비율이 압도적으로 많았다.(한국산업인력공단, 2018)

조선족 동포가 한국인들의 일손이 부족한 3D 업종에 종사했다는 사실은 코로나19 확산으로 조선족 동포들이 근로 현장을 이탈하자 현장마다 인력난을 호소하고 있는 사례에서도 잘 드러나고 있다.

국내 최대 농산물 유통시장인 서울 가락농수산물종합도매시장(이하 서울 가락시장)은 코로나 19로 조선족 동포들이 귀국하거나 다른 업종으로 전환하자 인력난에 허덕이고 있다.(이광식, 2022) 2021년 서울 가락시장 인력 채용 게시판에 올라온 구인·구직 게시물은 5041건으로, 코로나 19 확산 이전인 2019년(3308건)보다 51.5% 늘었다.

이곳 상인들은 일손 부족의 가장 큰 이유로 한국 젊은 세대의 끈기 부족을 꼽았다. 시장에 도착한 농산물을 부리는 작업은 하루 16시간 이상 이어지는 경우가 많아 그들이 견디지 못한다는 것이다.

그나마 인력난 공백을 조선족 동포를 비롯한 외국인 근로자가 메웠지만 코로나 19 확산으로 이들이 대부분 시장을 떠났다는 것이다. 가락시장은 코로나 사태 전만 해도 조선족 근로자들이 재외동포 비자(F-4)가 있어도 일하는 경우가 많았다. 하지만 법적으로 F-4 비자로는 단순 노무 일을 할 수가 없다. F-4 비자로 시장에서 불법으로 일하는 게 신경 쓰이던 판에 코로나 사태가 터지자, 조선족 근로자 상당수가 귀국했거나, 다른 일을 하고 있다는 것이다.

2. 조선족 동포 여성, 이주 결혼과 취업 현황

한국은 국제결혼에 있어서 1990년대 초반을 기점으로 '국제결혼 송출국'에서 '국제결혼 유입국'으로 변모했다. 1990년대 이전까지는 한국사회의 국제결혼이란 가난한 한국의 딸들이 주로 미국으로 또는 일본으로 결혼 이민을 떠나는 것이 대부분이었다. 국내로의 결혼이민은 매우 드물었다. 그러나 1990년대 이후에는 국제결혼을 통해 해외로 이주하는 사례가 크게 줄어든 반면, 외국인이 한국으로 혼인하여 들어오는 경우가 늘었다. 이웃 중국과 동남아시아 여성이 결혼 이민으로서 국제결혼이 크게 늘어난 것이다. 1990년대 초반 국제결혼은 농촌 총각 장가보내기 사업으로 추진되었다. 그러나 1990년대 말 국제결혼 중개업체가 크게 늘면서 2000년대 이후 그 규모가 급증했다.

국내로의 외국인 여성 결혼 이민 현상은 초기에는 조선족 동포 여성이 주도했다. 중국 조선족 동포 여성이 한국을 찾은 것은 주로 한국인 남성과의 이주 결혼 때문이었다. 중국 조선족 여성들의 이주 결혼은 한중수교로부터 시작했다. 수교 당시 한국 사회는 지난 수십 년 동안 남아를 선호한 결과 결혼 시장에서 남녀 성비 불균형이 심각한 상태였다. 여성의 학력이 높아지고 경제활동 참가가 늘어나면서 만혼 현상이 두드러졌다. 혼자 사는 독신자도 늘었다. 조선족 사회와 한국과의 교류가 늘면서 한국인과 같은 말을 쓰는 조선족 여성이 국내에서 배우자를 찾을 수 없는 한국 남성에게 적절한 결혼상대로 여겨졌다. 그래서 한국 남성과 조선족 여성과의 국제결혼이 늘어난 것이다.(설동훈·문형진, 2020: 45-46)

주중국 한국영사관에 따르면 한국으로 시집을 간 조선족 여성은 1993년에 1463명, 1994년도 시작했다가 1996년에는 1만 명을 돌파했다. 2000년까지 한국인과 결혼한 조선족 여성 숫자는 7만 명을 넘었다.(임계순, 2003: 316)

중국은 그동안 아내의 주요 국적별 혼인 건수에서 1위를 유지해 2010 년만 해도 1만1600여명이 국제결혼으로 한국에 왔다. 그러나 이후 지속 적으로 감소 추세를 보였고, 2015년에는 6300명으로 줄었다가 2016년에 는 베트남에게 1위 자리를 넘겨주었다.

통계청에 따르면 2016년 한 해 동안 한국인 남성과 결혼한 베트남 여 성 비중은 전체 외국인 여성의 27.9%를 기록해 중국인 여성(26.9%)을 앞 질렀다. 건수로 봐도 베트남 여성과 한국 남성 간 결혼은 6100건이었고, 중국 여성과의 결혼은 5800건이었다. 이는 통계청이 다문화 가정 관련 통 계를 집계하기 시작한 2008년 이후 처음이었다.(이유섭, 2017) 통계청은 "그동안 중국인 여성과의 결혼은 조선족과의 혼인이 많았지만, 지금은 중 국인은 방문취업 등 혼인이 아니더라도 한국에 거주할 방법이 늘면서 중 국인 여성과의 혼인 비율이 줄어든 것으로 보인다"고 설명했다.

조선족 여성은 처음에는 결혼으로 한국에 들어온 뒤 다양한 업종, 특히 서비스업종에서 일하고 있다.

식당 종업원이나 가사도우미, 간병인은 조선족 동포 여성이 없으면 운 영이 되지 않을 정도로 절대적인 비중을 차지하고 있다. 이중에서 간병인 은 55세 이상 조선족 여성들이 즐겨 찾는 직업이다. 식당 종업원이나 가 사도우미는 강도 높은 체력을 요구하는 반면 그래도 간병인은 상대적으 로 체력을 덜 요구하기 때문이다. 간병인은 대부분 24시간 병실에 상주하 며 고령·중증질환자나 내·외과적 수술로 거동이 불편한 환자의 입원 생활을 돕는다. 환자의 목욕과 식사부터 대소변 배출 처리까지 하는 일이 많다.

간병인 인력업체에 따르면 우리 대형 종합병원 간병인의 60%, 요양병 원은 80% 이상이 조선족이 맡고 있다.(김우정, 2020) 조선족 간병인이 없 으면 요양병원은 돌아가지 않는다는 말까지 나온다. 60대 이상 여성이 대 부분이다. 보건복지부에 따르면 요양병원에서 일하는 간병인은 37,465명

(2020년 2월 20일 현재)이다.

간병인은 중국 등에서 온 재외동포에게 우리 정부가 부여하는 'H-2-1 (연고방문취업)비자' 소지자가 취업할 수 있는 38개 업종 중의 하나다. 24시간 환자 시중을 드는 일이라 한국인은 취업을 꺼리고 유관 업종인 요양보호사(국가공인자격증 필요)나 간병사(민간자격증 필요)와 달리 별다른 기술·자격증도 필요 없다. 업계 관계자는 "병원에 상주해 교통비를 아끼고 일당 10만 원 정도를 받을 수 있는 점도 중국 동포들에게 매력적일 것"이라고 말했다.

2016년 9월~11월, 2017년 3월~5월 조선족 동포 간병인 12명을 대상으로 조사한 연구 결과에 따르면 조선족 동포 여성이 간병인을 하는 이유로 불편한 잠자리이기는 하지만, 숙박이 제공된다는 점을 꼽고 있다. 이와 함께 일을 하는 데 자율성을 보장받고, 중국과의 임금 격차로 조선족 동포에게는 꽤 돈벌이가 된다는 것이다. 간병 일 자체가 힘들고 굴욕을 느낄 때도 많고 건강을 해칠 수도 있지만 한국 사람들과 면대면 관계에서 한국말과 한국 문화에 더욱 익숙해진다는 이점도 있다.(한정우, 2019: 132) 나이가 많은 여성일수록 식당 일은 힘에 부치고 가정집에 들어가 아이를 보거나 집안일을 하는 것은 간섭이 많고 감옥살이 같다고 여겨 간병 일을 선호한다.

결국 조선족 동포 남성은 건설 현장 등 3D 업종에 종사했고, 조선족 동포 여성은 결혼을 통해 한국에 들어온 뒤 음식점, 가사도우미, 간병인을 맡아 국내 일손 부족을 보탰다고 할 수 있다.

3. 조선족 사회 핵심세력으로 부상하는 청년층 3세대

한중수교를 계기로 오랜 기간에 걸쳐 조선족 동포들이 한국에 입국하고 있다. 최근에는 3세대 조선족 청년층의 이주가 늘고 있다는 점이 특징이다.(김지혜, 2020: 65) 조선족 1세대는 19세기 말부터 한반도에서 만주로 건너가 1949년 신중국 성립 이후 중국 국적을 취득하고 조선족이 된 사람들이다. 한중수교 이후 한국으로 가장 많이 들어온 사람은 조선족 2세대이다. 그들은 초기에는 친척방문, 산업연수, 한국유학, 국제결혼 등 갖은 방법을 동원해 한국으로 이주했다. 2007년 방문 취업제도 이후에는 조선족 동포는 방문 취업자격으로 한국에 많이 입국했다. 조선족의 이주 초기 직업은 건설 노동과 하층 서비스 노동이 전부였으나 방문취업제 실시 이후 취업 분야가 크게 늘었다. 조선족 3세대는 주로 1990년 전후 태어난 세대를 말한다.

법무부 출입국 외국인정책본부에 따르면 2018년 말 기준 한국에 거주하는 조선족 중 20대는 8.5%, 30대는 19.0%로 20~30대는 전체 조선족 인구의 4분의 1 이상을 차지했다.

조선족 2세대가 제대로 대학 교육을 받지 못했고, 유학 기회조차 없었던 세대라면 3세대는 대학 교육을 받을 기회를 보장받았다. 때로는 유학의 기회까지 얻을 수 있었다. 상대적으로 축복받은 세대라고 할 수 있다. 이들은 어린 시절은 중국에서 생활하다가 대학에 입학하는 시기나 대학을 졸업한 이후 한국으로 이주를 선택하는 경향을 보이고 있다. 이처럼 개혁개방의 혜택을 받아 경제적으로 이전세대보다 여유 있는 성장기를 보내고 부모 초청이나 유학, 취직 등으로 한국에 입국한 조선족 3세대를 중심으로 최근에는 지식인을 포함한 엘리트 계층도 나타나고 있다. 이들은 중국의 모바일 플랫폼 위챗, 전자상거래 플랫폼 타오바오를 통해 한국의 화장품, 옷, 신발 등 다양한 물품이 중국에 진출할 수 있는 활로를 만들고 있다. 2010년대 들어 이동성이 확장되고 문화 융복합 가속화, 비즈니스 플랫폼의 글로벌 화 등으로 조선족 3세대 청년들은 의식, 능력, 정서 등 여러 방면에서 부모 세대인 조선족 2세대와는 다른 모습을 보이고 있다.(예동근, 2018: 327)

조선족 3세대는 한국 유학을 선택하는 경우도 많았다. 사실 1994년 '한·중 문화교류 협정'이 체결된 이후 양국이 우호적인 관계로 발전하면서 한국으로 유학 오는 중국 유학생들의 수가 늘었다. 중국에서도 교육을 중요시하면서 고급인재의 양성에 노력을 기울이면서 1990년대 이래 대학교육을 확대하려고 노력했다. 그러나 충원할 대학교가 부족하여 외국으로 진학하려는 유학생이 늘었다. 한국은 지리적으로 중국과 가깝고 비용 면에서도 유럽이나 미국에 비하여 부담도 적고 중국보다 상대적으로 교육시스템의 인프라가 잘 구축되어 있어 중국 학생들에게 최상의 유학지로 주목받았다.(최리나, 2019:1)

서울 문래동 철공소거리에 이주민센터 '친구'가 개설한 문화공간 '투소프카(모임·어울림)'는 검정고시나 학교 진학을 준비하는 이주배경 청소년들이 어울리는 곳이다.

대학생이자 이주활동가인 조선족 청년 박동찬씨(26)는 이곳에서 한국사 교육 봉사를 하고 있다.(배문규, 2022)그는 2016년 연세대 유학으로 한국 땅을 밟았다. 그가 유학을 오게 된 계기는 2008년 베이징 올림픽 때였다. 당시 한국과 중국 양궁팀이 맞붙었을 때 무의식적으로 그가 중국을 응원하자 독립운동가 집안인 외조부가 '근본도 없는 놈'이라고 호통을 쳤다. 조선족의 정체성을 고민하면서 한국에 가서 좀 더 배우고 싶다는 마음에 유학길에 올랐다.

박씨처럼 한국 유학을 선택하는 조선족 젊은이들이 늘고 있다.

2019년 말 기준 한국에 있는 중국 유학생은 6만 6천 명이다.

한국 교육부와 중국 영사관에 따르면 이중 조선족 유학생은 5000명을 넘는다. 한국을 선택한 조선족 유학생 수는 2000년만 해도 562명에 불과했지만 지난 20년 동안 10배 정도 늘었다.(박광성, 2008: 120-122)

조선족 학생이 유학을 선택한 것은 중국 경제사회발전에 따라 고급인재에 대한 수요가 늘고 대우가 좋아지고 있기 때문이다. 조선족 학생이 갖는 경쟁력의 한계도 있다. 중국에서 대학원 입시 경쟁률은 여전히 높다. 많은 학생이 선호하는 명문대일수록 경쟁이 치열하고 본교 학생에 대한 우대, 기타 사회관계 등 변수가 조선족 학생들에게 불리하게 작용했다. 이는 중국 국내 양질의 교육을 받을 수 있는 기회가 제한되었음을 의미하는 것으로, 조선족 학생이 외국으로 눈을 돌린 것이다.

무엇보다 중요한 것은 그들은 부모 세대인 조선족 2세대가 한국에서 경제활동을 하면서 유학에 필요한 비용을 대주면서 경제적 부담을 덜 수 있는 경우가 많다.

이밖에 유학할 수 있는 외부적 여건이 좋아졌다. 한국은 2004년부터 유학생들이 주당 20시간 내외로 외국 유학생들에게 아르바이트를 허용했다. 경제활동이든 교육기회 확보이든 조선족 청년의 외국 진출은 신분 상승 이동을 위한 진취적인 도전의 표현이라고 할 수 있다.

그러면 조선족 유학생들은 한국 생활에 제대로 적응하고 있는가.

한국 대학교 대학원에 재학하고 있는 조선족자치주 출신 조선족 유학생 2명의 사례 조사 연구 결과가 있다.(김정희·김영순, 2018: 285-309) 유학생 A는 30대 중반 여성으로 중국대학에서 한중언어비교로 석사학위를 받고 6년 동안 한국어를 중국대학에서 가르치다가 한국어를 더 배우기 위해 한국 유학을 선택했다. 유학생 B는 20대 중반 여성으로 초중고를 조선족 학교에서 마치고 한국으로 유학을 와서 한국의 대학에서 국제통상학부를 마친 뒤 대학원에서 한국어를 배우고 있다.

두 사람은 유학을 위해 가족과 떨어져 한국에서 생활하고 있다는 공통점이 있다. 하지만 두 사람이 한국 사회에 적응하는 방식은 대조적이다. A는 중국인으로서 정체성에 자부심을 갖고 있다. 다른 외국인 유학생들과 긴밀한 관계를 맺고 어려운 일이 있을 때는 그들과 함께 해결한다. 조선족 동포와의 연대를 중요시하고 한국 사회에서 차별받은 적도 없다. 반면 B는 자신을 중국인도 한국인도 아닌 어중간한 존재로 규정하고 있다. 이런 정체성 혼란으로 남들에게 가능하면 조선족이라는 사실을 숨긴다. 연대 의식을 갖고 다른 유학생들과 관계를 모색하지 않고 그저 친밀한 몇 사람과의 관계만 지속하고 있다. 그는 한국에서 아르바이트를 하면서 조선족이라는 사실이 알려진 뒤 차별을 받은 트라우마도 있어 다른 동포와도 거리를 두며 생활하고 있다. 결국 조선족 청년층 3세대는 한국 유학생활을 통해 새로운 도약을 준비하고 있다. 유학생활을 마친 젊은 세대는 중국 전자상거래업체를 통해 한국 제품을 소개하는 일도 하고 있다. 교수를 비롯한 전문직 종사자도 꾸준하게 늘고 있다. 앞으로 이들이 어떤 활약을 할 것인지 두고 볼 일이다.

IV. 한국인과 조선족의 인식 변화

1. 한국 대중매체에 나타난 조선족에 대한 인식

가. 한국 언론에 나타난 조선족 보도 실태

a. 뉴스 빅데이터 분석 시스템 '빅 카인즈' 검색 결과

조선족에 대한 한국인의 인식을 살펴보려면 한국 언론에 비친 보도 실태를 분석하는 것도 하나의 방법이다. 한국언론재단이 운영하는 뉴스 빅데이터 분석 시스템 '빅 카인즈(Big Kinds)'가 좋은 수단이다. '빅 카인즈'는 중앙 및 지방 언론사 54개 기사를 검색할 수 있다. 검색어로 <조선족>을 넣으면 1990년 1월1일부터 2022년 8월3일까지 모두 5만 4969건의 조선족 관련 뉴스가 나온다.

1990년에는 한국 언론에 뉴스로 보도된 조선족 기사가 351건을 기록했다.

한국 언론은 당시 한국을 방문한 조선족 동포와 국내 가족 친인척의 상봉, 그리고 중국조선족 사회가 경험한 삶의 궤적을 주로 다루었다.

1992년 한중수교는 하나의 전환점이었다. 한국 사회가 받아들인 조선족은 처음에는 친인척 방문자였다. 그러다가 중국의 한약재를 가져와 서울 길거리에서 파는 한약재 노점상을 거쳐 이주노동자나 불법체류자로 바뀌었다. 조선족 동포 불법 체류가 사회 문제가 되고 정부는 단속을 강화했다. 그러자 이들이 일하던 중소기업들이 항의하면서 언론에 관련 기사가 많이 오르내렸다. 1994년 조선족 기사는 처음으로 1000건을 넘어서 1008건을 기록했다.

1996년에는 조선족 동포 관련 기사가 2111건으로 2000건을 넘었다. 그해 8월3일 발생한 페스카마 15호 살인사건이 한국 언론의 많은 관심을 끌었다. 이것은 당시 남태평양 참치잡이 어선 페스카마호에서 조선족 선원 6명이 한국인 선장 등 11명을 살해하고 수장한 사건이다.[12]

선상 반란을 일으킨 전재천(당시 38세)은 재판부에 보낸 탄원서에서 "한국인 선장이 매일 몽둥이와 쇠 파이프로 때리고 하루에 21시간 작업으로 정신을 차릴 수 없어 하선을 요구하자 거부당해 자포자기의 심정으로 살인을 저질렀다"고 기술했다. 페스카마 사건은 조선족 동포에 대한 이미지를 크게 떨어뜨렸다.

2007년 시행한 외국 국적동포 방문취업제는 한국에 거주하는 조선족 동포에게는 큰 희망을 안겨주었다. 조선족 국내 취업이 활성화하면서 한국에 진출하는 조선족 동포가 급증했고, 그들의 생활상을 다룬 기사가 크게 늘었다.

한국 언론의 조선족 기사는 2007년 1552건을 기록한 데 이어 2008년부터 다시 2000건을 넘어섰다. 2011년에는 3401건을 기록했다. 한중관계가 발전하면서 조선족 동포의 국내 진출이 늘어난 것과 관련이 있어 보인다.

---

12) 위키백과.
   https://ko.wikipedia.org/wiki/%ED%8E%98%EC%8A%A4%EC%B9%B4%EB%A7%88_15%ED%98%B8_%EC%82%AC%EA%B1%B4. (검색일: 2022. 8. 15)

그러다 2012년과 2014년에는 돌발변수가 생겼다. 조선족 오원춘과 박춘풍이 엽기적인 살인사건을 저지른 것이다. 2012년 4월 오원춘은 길 가던 여성을 성폭행하려다 살해했다.[13] 2014년에는 조선족 박춘풍이 헤어진 내연녀를 살해하고 시신을 유기했다.[14] 이들의 범행 수법이 너무 잔인해 전 국민은 충격에 빠졌고, 국내 언론은 조선족 범죄를 집중적으로 다루었다.

2015년(2292건)을 고비로 이후 한국 언론의 조선족 관련 보도는 줄어드는 추세를 보이고 있다. 더욱이 2020년 코로나 19 상황이 생기고 한중 양국 간 교류가 힘들어지면서 기사량도 크게 줄었다. 2020년(931건), 2021년(876건), 2022년 8월3일 현재 817건의 보도 건수는 1993년(485건) 이후 가장 적다.

b. 조선일보, 한겨레신문 조선족 동포 관련 사설, 칼럼 비교 분석

그러면 보수. 진보 언론에 따라 조선족 동포에 대한 입장은 같은가. 아니면 다른가. 신예원·마동훈(2017)은 보수언론의 선봉인 조선일보와 진보언론의 대표인 한겨레신문의 사설과 칼럼 내용을 구체적으로 비교 분석했다. 조사 대상은 김영삼 정부가 집권한 1993년 2월부터 박근혜 정부가 집권했던 2015년 12월까지였다. 김영삼·김대중 정부 시기 조선일보와 한겨레신문 모두 조선족 동포를 우리와 동일한 민족으로서 포용할 것을 주장했다. 김영삼 정부시기와 김대중 정부시기 조선일보는 조선족 동포를 주제로, 총 6편과 19편의 사설을 생산했다. 이 시기에는 한겨레신문도 조선일보와 맥락을 같이했다. 김영삼 정부시기에는 12편, 김대중 시기에는 16편 조선족 동포에 대한 사설과 칼럼을 실었다.

---

13) 위키백과. 수원토막살인사건
14) 위키백과. 박춘풍

노무현 정부 들어서 조선일보와 한겨레신문은 조선족 동포를 바라보는 시선이 달라졌다. 이는 노무현 정부의 정책 방향성과 1990년 4만 9천 여 명에 지나지 않았던 이주민이 중국동포와 결혼이주여성을 중심으로 2007년, 100만 명을 넘어서면서 한국이 다문화사회로 진입, 기존 사회 체제의 변화가 생겼기 때문이라고 해석할 수 있다. 이 시기 조선일보는 중국동포를 주제로, 총 6편의 사설을 실었다. 포용적인 태도를 유지하면서도 조선족 동포가 동족이기는 하지만 불법체류자는 엄중 처벌해야 한다고 주장했다. 이는 앞선 시기에 불법체류자도 동정적, 포용적으로 대해야 한다는 태도와는 달라진 것이다.

한겨레신문도 이 시기 조선족 동포에 대해 적극적으로 포용적이던 태도가 소극적인 태도로 바뀌었다. 이 기간 5개 사설과 칼럼을 게재하면서 기사량 자체가 크게 줄었다. 그러나 이 시기 한겨레신문은 피해자로서의 중국동포의 모습, 차별의 가해자로서 한국사회의 모습을 집중조명하면서 조선일보와 차이를 보였다. 한겨레신문은 조선족 동포를 비롯한 외국인 범죄 문제를 주로 다루었지만 우려와 비판의 목소리를 동포에게 돌리기보다는 사회적 차별 문제에 집중했다.

이명박박근혜 정부 시기 조선족 동포를 둘러싸고 조선일보와 한겨레신문은 대립하기 시작했다. 이는 다문화사회로 진입한 한국 사회에서 조선족 동포를 비롯한 재외동포, 외국인을 어떠한 범주에서 바라보느냐에 대한 시각 차이가 분명하게 드러난 결과이다.

조선일보는 이명박 정부 시기 총 6편의 사설과 칼럼, 박근혜 정부 시기 (2015년 12월까지) 단 2편의 사설과 칼럼을 실었다. 조선일보는 김영삼·김대중 정부시기와 비교하면 완전히 상반된 태도, 노무현 정부 시기와 비교하면 배타적이고 비판적인 태도의 강도가 한층 강해졌다. 한겨레신문은 이명박·박근혜 정부시기, 각각 6편과 9편의 동포에 대한 사설과 칼럼을 실었다. 한국사회의 차별에 대한 경종을 울리는 것에 중점을 두었다.

c. 트위터 메시지 분석을 통해 재외 동포 이미지 분석

2012년 7월1일~2015년 6월30일 3년 동안 발행된 '한국 신문 3개(중앙일보, 한겨레신문, 매일경제신문), 방송 2개(KBS, YTN)' 기사 및 트위터 내용을 분석해 재외동포 이미지를 조사한 결과가 있다.(박혜영 외, 2018: 110-124) 연구 결과 조선족 동포 관련 기사 111건 중 45건이 범죄와 관련된 것으로 나타났다. 노출 모습의 41%가 범죄와 관련된 것은 조선족 이미지에 부정적 영향을 줄 수 있다고 연구 결과는 강조했다.

연구는 트위터 메시지 분석을 통해 한국 국민들의 거주국별 이미지를 비교했다.

언론 보도에 나타난 이미지 점수에서 중국은 헌신, 친화, 호감에서 다른 거주국 재외동포 이미지 점수에 비해 낮은 점수를 받았다. 호감은 2.32점으로 가장 낮았다.

트위터 메시지 분석 결과에도 재미동포는 언어 및 정제성에서 긍정과 부정 비중이 다르지 않은 반면 조선족은 범죄, 정치 등 이슈에서 부정적으로 평가를 받았다. 특정한 이슈가 없이도 폄훼, 비방 및 욕설 등 부정적인 메시지를 포함하는 경우가 많았다. 언론 보도에 반영된 이미지 뿐 아니라 트위터 메시지를 통해서도 한국인들은 조선족에 대해 부정적 정서를 드러냈다.

나. 한국 영화, TV 드라마에 나타난 조선족 묘사

한중수교를 계기로 한국에 처음 등장하기 시작한 조선족 캐릭터는 영화와, TV드라마로 다양하게 재현되었다. 2010년 영화 <황해>를 기점으로 조선족 남성 캐릭터의 폭력적 재현이 장르로 자리를 잡으면서 이후 한국 영화 속 조선족은 범죄자라는 인식을 강하게 심어주었다. 반면 여성 조선족의 재현은 수교 초기에는 결혼 이주여성으로 한국 사회에 순응하는 캐

릭터로 주로 나왔다. 이후 식당 종업원, 돌봄 노동자, 불법체류자 등 이미지로 확대 재현되면서 비록 신분은 불안정하고 낮은 계층이지만 자기 주도적으로 운명을 개척하는 당찬 여성 이미지가 만들어지기도 했다.(신정아, 2019: 13-14)

그동안 많은 한국 영화가 조선족을 부정적으로 표현한 바 있지만 2010년 개봉한 영화 <황해>는 조선족을 돈이 되면 어떤 범죄라도 저지를 수 있는 집단으로 그리는 데 결정적인 역할을 했다.(류찬열, 2018: 129) 이어 2013년 개봉한 영화 <신세계>는 연변 출신 조직폭력배를 미개하고 야만적인 폭력집단으로 묘사했다. 소위 조선족 액션 느와르라는 장르를 따로 설정해도 좋을 정도로 최근 한국영화는 거의 예외 없이 조선족을 잔인하고 끔찍한 범죄 집단으로 묘사하고 있다.

<황해>, <신세계>가 한국 폭력조직이 중국에 거주하는 조선족 폭력조직의 범죄를 사주하고 청부하는 방식을 채택했다면, 2017년 8월 상영한 영화 <청년경찰>과 그해 10월 나온 <범죄도시>는 대림동과 가리봉동이라는 특정한 공간에서 한국에 정착한 조선족들의 강력범죄를 다룬다는 점이 달랐다.

결국 <청년경찰>과 <범죄도시> 상영을 계기로 조선족 동포 사회는 집단적인 분노를 터뜨렸다. 조선족 단체는 국회 앞에서 1인 시위를 하면서 감독과 영화 제작사를 상대로 명예훼손 소송을 냈고 한국인권위원회에도 제소했다. 이것은 한국 영화의 부정적 재현에 대해 조선족이 공식으로 문제 제기를 하면서 동시에 한국 사회와 공존하겠다는 몸부림의 표현이라고 할 수 있다.(신동순, 2020: 271)

소송 제기 1년 반 만에 서울중앙지법은 2022년 4월 1일 2심에서 <청년경찰> 영화 제작사는 중국 동포에게 사과하라는 화해권고판결을 내렸다. 2심 재판부는 "영화 <청년경찰>이 일반적인 표현의 자유 한계를 넘어선 인종차별적 혐오표현물"이라며, "영화 상영으로 원고는 행복추구권을 침

해당했고, 절망감, 공포감, 사회생활에 지장을 받았다"고 밝혔다. 앞서 1
심 재판부는 "사실이 아닌 가상의 시나리오에 불과하다"며 '표현의 자유'
라는 이유를 들어 조선족 단체 소송을 기각한 바 있다. 이번 판결은 사법
부가 한국 영화 속 조선족에 대한 혐오 표현을 처음으로 공식 인정했다는
점에서 의미가 있다.

TV 드라마도 조선족을 부정적인 이미지로 그리고 있다.[15]

2002년~2018년 국내에서 방영한 TV 드라마 19편을 분석한 결과 조
선족 남성은 대부분 조직폭력배, 인신매매범, 살인청부업자 등 범죄자들
이었다. 여성은 가정부, 식당아줌마, 불법체류자, 신분위장자, 보이스피싱
조직원인 것으로 나타났다.

그러면 실제로 조선족들의 범죄율이 높은가. 그렇지 않다.

경찰청 범죄율 통계에 따르면 2015년 기준 인구 10만 명 내국인 범죄
자는 3369명인 반면 중국인 범죄자 수는 1858명이다. 중국인 범죄율은
한국인의 55.1%에 불과했다. 조선족을 별도 통계로 잡지 않는 만큼 중국
인 범죄자를 조선족 범죄자로 간주해서 분석했다.[16]

폭력 범죄율을 보면 인구 10만 명 내국인 폭력범죄자는 704명인 반면
중국인 폭력 범죄자는 583명이다. 폭력범죄율도 중국인은 한국인의
82.8%다. 범죄율이 낮은데도 중국인이나 조선족의 범죄가 많다고 여기는
것은 인구가 많기 때문이다. 2015년 외국인 범죄로 검거된 3만5443명 중
에서 2만1279명이 중국인이나 조선족이었다. 중국인이나 조선족이 국내
체류 외국인 중 가장 많기 때문에 일어난 일이다. 결론적으로 한국인은
미디어의 영향 때문에 조선족을 객관적인 통계보다는 훨씬 더 위험한 존
재로 파악하고 있다.

---

15) 설동훈·문형진, 2020: 196
16) 박혜영 외, 2018: 118

2. 조선족의 한국인에 대한 인식 변화

한국인의 조선족 동포에 대한 인식은 부정적임을 알 수 있다. 그러면 조선족의 한국인에 대한 인식은 어떤가. 여러 조사 결과를 보면 조선족 동포가 차별과 혐오의 대상이 되고 있음을 알 수 있다.

조선족은 한국 사회에서 차별과 멸시를 경험하고 지역사회 내에서 불안을 느끼고 있다. 조선족 동포의 이런 견해는 그들의 한국 사회에 대한 인식에도 반영된다. 학력이 높을수록, 세대가 낮을수록, 차별 경험이 없을수록, 한국 정치에 관심이 높을수록, 한국사회에 대한 신뢰가 높다는 조사 결과가 나왔다.

1990년생 조선족 3세 9명에 대한 면접 조사 결과 이들 조선족 젊은 세대는 한국사회의 편견과 차별 현상으로 취업 과정에서 기회를 박탈당하고 있다고 하소연했다.(김지혜, 2020: 69-72) 대학을 졸업하고 대학원을 졸업해도 조선족 3세는 대기업이나 사무직 취업이 쉽지 않았다. 중국에서 대학을 졸업하고 한국에서 또 대학을 졸업한 연구 참여자도 이 정도 스펙이면 좋은 회사 사무직에 취업할 것이라는 기대를 가졌으나 결국 공장에서 일하고 있었다. 같은 공장에 다니는 한국 사람은 대학을 나오지 않았는데 본인은 대학을 졸업하고서도 같은 일을 하는 게 못마땅했지만 돈 벌러 왔으니까 상관없다는 식으로 자위하고 있었다.

사무직에 취업해도 승진을 잘 못한다는 것도 이들은 차별 현상으로 꼽았다. 회사에서 팀장 이상 올라간 조선족을 볼 수 없다는 것이다. 공장에서 일하는 연구 참여자는 5년을 일해도 조선족이기 때문에 조장이나 반장이 될 수 없었다고 말한다. 한국 사람은 1년만 일해도 관리자가 되는 데 조선족은 5년 일해도 관리직이 될 수 없다는 것이다. 관리자가 일을 시킬 때도 무거운 걸 들거나 힘든 일은 조선족에게 시키고 간단한 것은 한국 사람에게 시키는 상황을 보면서 차별을 받는다고 느낀다고 했다.

이밖에 일상생활에서도 차별을 경험한다고 이들은 밝히고 있다. 백화점이나 면세점에서 중국 사람을 보는 눈빛이 다르기 때문에 가능한 한 말을 하지 않으려 한다는 것이다. 대학 강의실 교수도 "짱깨"라는 표현을 쓰면서 비하하는 발언을 하거나 택시나 마트에서 조선족은 뭘 해도 안 되고 중국을 살 곳이 못 된다는 말을 듣고는 따지거나 싸우기도 했다고 이들은 말했다. 조사 대상 조선족 3세 직장인 9명은 수교 초기 부모 세대가 한국에 돈벌이하러 왔다가 혼자서 중국에 남아 할머니의 도움으로 성장한 경우가 많았다. 이들은 부모 세대와 결합하기 위해 한국을 찾거나 아니면 제대로 된 한국어 공부를 위해 한국의 대학이나 대학원을 선택해 학문에 정진하고 있다고 밝혔다.

조선족 유학생과 한족 유학생에 대한 비교 조사 결과도 있다.[17] 학교생활에서 차별을 받는다는 응답이 조선족 유학생은 25.3%로 한족 유학생(9.1%)보다 더 높았다.[18] 학교 외 생활에서도 차별을 느낀다는 응답이 조선족은 37.7%인 반면 한족은 25.0%였다. 결국 조선족이 한족 유학생보다 학교 안이나 밖에서 모두 차별을 더 심하게 느끼고 있었다. 이것은 조선족이 우리말에 익숙해 한족보다 상대적으로 한국 사회에 쉽게 적응할 수 있는 반면 이런 이유로 차별이나 배제를 더 크게 느낀다고 해석할 수 있다.

2018년 3월 5일부터 2018년 10월 7일까지 유학생 200명을 대상으로 설문 조사를 진행한 결과 조선족 유학생들이 대학생활에 보다 더 잘 적응하기 위해서는 불공정한 대우와 같은 차별감의 관련 요소를 줄이는 것이 필요하다는 지적이 나왔다.(최리나, 2019: 15-16) 차별감에 따라 대학 생활 적응의 수준에 차이가 났기 때문이다. 또한 사회적 지지의 수준에 따라 대학 생활 적응에 차이가 있음을 확인할 수 있었다. 사회적 지지가 커

---

17) 박우, 2009
18) 박우, 2009: 172-173

질수록 차별감의 불공정한 대우가 대학생활 적응에 미치는 부의 영향은 작아진다는 것을 알 수 있었다. 분석 결과 차별감의 불공정한 대우와 개인적 거절감을 많이 받을수록 대학 생활 적응이 쉽지 않고 차별감이 증가할수록 사회적 지지의 정도에 따라 대학 생활 적응에 차이가 있었음을 확인하였다.

이 같은 결과로 미루어보았을 때, 조선족 유학생들이 대학 생활에 잘 적응하기 위해서는 차별감을 줄이는 것과 또 사회적 지지를 많이 해주는 것이 중요하다는 점을 지적할 수 있다.

2017년 한국에서 건설업에 종사하는 조선족을 대상으로 한 조사 결과 차별당한 경험이 있다는 근로자가 전체 응답의 74.9%를 기록했다. 반면 차별받은 경험이 없다는 응답은 25.1%에 불과했다. 응답자의 4분의 3이 한국에서 외국인이라는 이유로 차별을 당했다고 밝히고 있다. 연령별로는 40대 이하보다 50대 이상이 차별을 당한 경험이 많았다. 수도권 거주자보다 비수도권 거주자가 차별을 당한 경험이 많았다.(설동훈·문형진, 2020: 205-209)

응답자 14.6%는 편견과 차별대우로 한국 생활이 힘들었다고 답변했다. 주변 사회와 조선족 건설근로자의 사회적 거리를 측정한 결과 전체 37.2%가 한국인이 자신이 정착해서 사는 것을 싫어한다고 답변했다. 그중에서 인척으로 받아들이기 싫어한다는 응답이 43.8%로 가장 높게 나타났다.

이런 결과는 한국인이 조선족을 바라보는 비판적 시선이 한국에 있는 조선족의 마음속에 투영된 결과라고 해석할 수 있다. 한국인이 조선족을 경원시하는 인식이 확산되어 있다는 점을 고려하면 그들의 태도를 이해하기 어렵지 않다.

조선족의 한국인에 대한 인식을 구체적으로 살펴보면 성별로는 조선족 여성(48.4%)이 남성(39.8%)보다 한국인과 거리가 더 멀다. 연령별로는 20~39세(51.9%, 40~49세(46.3%), 50세 이상(33.2%) 순으로 한국인과 사회적 거리를 멀리 느낀다.

이것은 40대 이하 젊은층이 50세 이상 고령층보다 차별 경험 비율이 낮았다는 점을 감안하면 선뜻 이해하기 힘든 대목이다. 그러나 나이가 많은 사람은 차별 경험이 있더라도 한국인과 친밀감을 더 느끼지만 젊은 층은 그렇지 못한 것으로 해석할 수 있다. 수도권 거주자(39.7%)보다 비수도권 거주자(46.3%)가 한국인과 더 거리를 둔 것으로 나타났다.

2016년과 2017년 조선족 동포 여성 간병인 12명을 대상으로 조사한 결과 언어를 둘러싼 갈등이 심각한 것으로 나타났다.(한정우, 2019: 130) 그들은 연변 조선어의 억양에 얼굴을 찡그리는 한국인을 경험하면 말문이 막힌다고 말했다. 자신과 자신의 언어가 동일민족과 동일언어로 인식되지 못하는 것을 인지하면서 민족 간 위계질서를 체험한다는 것이다. 그들은 한국인 간병인보다 '몸일'에 더 열심인데도 차별받고 무시를 당한다고 생각하고 있다. 반면 병원 관계자는 동포 간병인들이 한국말과 글이 서툴고 문화 차이가 있어 중국말로 큰 소리로 떠들어 환자나 보호자들과 마찰을 빚는다고 말했다.

언어를 둘러싼 갈등은 조선족 동포 간병인들이 서로 중국말을 사용하는 것을 놓고 벌어지고 있다. 병원 관계자와 환자 가족은 서비스 정신의 부재라고 진단하고 있다. 반면 간병인들은 환자나 환자 가족에 대해 은밀한 내용을 말할 때는 중국어로 소통한다고 말했다.

중국 헤이룽장성 미산 출신의 50대 조선족 동포 사업가는 현재 조선족 동포에 대한 차별과 배제에 대해 상황을 이렇게 진단하고 있다.(김영술, 2019: 74-102)

> 국내 거주 조선족의 한국 사회에서의 차별과 배제 문제는 최근에는 많이 좋아졌다. 인격을 무시하고 돈을 적게 주는 일은 이전과 비교하면 많이 좋아졌다. 한국인의 조선족 차별은 있지만 크게 느끼지 못하고 있다. 한국 정부 차원의 포용정책과 정부의 통합 노력에 따른 결과이다.

이제는 비자 문제가 거의 해결되어 자유 왕래 실현, 업종 선택도 가능해졌다. 문제는 한국 언론의 조선족에 대한 부정적 이미지 보도행태이다. 한국 언론 미디어가 조선족에 대한 혐오콘텐츠 생산과 유포를 하면서 차별과 배제를 만들고 있다. 조선족에 대한 편견과 오해, 언론의 가짜 뉴스, 영상과 영화를 통한 비하와 무시가 우리를 모여 살게 만들고 고립시키고 있다.

결국 조선족 동포에 대한 정책적인 차별 문제는 많이 나아졌지만, 언론이나 영화, TV 드라마와 같은 대충매체가 초래하는 이미지 악화 개선이 가장 큰 숙제라고 할 수 있다.

3. 한국인과 조선족 동포의 상호 인식, 가까운 동족이 아닌 먼 이웃

한국인과 조선족 동포는 같은 한국어를 구사하는 한민족이라는 동질성을 갖고 있다.

하지만 조사 결과 두 집단은 서로를 이해한다기보다는 사회적 거리를 두고 생활하고 있는 것으로 나타났다.

한국인은 미디어의 영향을 받아 조선족을 범죄자 집단으로 여기고 있다. 외국인 유학생, 귀화한국인, 재미 동포, 북한 주민, 화교보다 더 멀게 인식하고 있다.

반면 조선족들은 한국에 살면서도 한국 사회의 정식 구성원이 되지 못하고 있다고 느끼고 있다. 그들은 한국을 정착지가 아니라 돈을 벌면 떠나야 할 곳으로 여기고 있다.

한마디로 한국인과 조선족은 가까운 동족이 아니라 먼 이웃으로 여기고 있다.

한국 대학생들과 한국에 유학을 온 조선족 대학생들을 대상으로 조선족과 한국에 대한 호감도를 조사한 결과에 따르면 한국 대학생들은 조선족 동포들에 대해 외적 호감도와 내적 호감도가 모두 부정적으로 나타났다.(조수진, 2021: 47-52) 한국 대학생이 조선족에 대한 외적 호감도가 낮은 것은 미디어의 영향으로 조선족 하면 범죄 이미지를 연상하기 때문이다. 선입견과 편견이 작용한다고 볼 수 있다. 조선족에 대한 내적 호감도가 낮은 것은 조선족의 정체성 문제에 따른 이질감 때문이라는 분석이 나왔다. 이 조사는 2019년 8월~10월까지 2개월 동안 한국 대학생 23명과 대학원생 10명, 조선족 유학생 18명을 대상으로 이뤄졌다. 한국 대학생과 대학원생 33명을 상대로 조선족, 고려인, 한국계 일본인, 한국계 미국인, 미국인, 동남아 사람 6개 집단에 대한 호감도를 조사한 결과 조선족이 부정 응답이 17명(52%)인 반면 긍정 응답은 1명(3%)에 불과했다.

반면 한국에 유학하고 있는 서울지역 조선족 유학생 18명을 대상으로 한국에 대한 호감도를 조사한 결과 50%(9명)의 조선족 유학생은 호감을 갖고 있다고 답변했다. 이와 함께 한국에 대한 이미지에 대해서는 조선족 유학생의 긍정 응답이 38.9%로 부정 응답(11.1%)보다 높게 나타났다.

그나마 조선족 유학생들은 한국에 호감을 보이고 있다. 하지만 한국 대학생들은 조선족 동포에 대해 호감을 갖지 못하고 있다. 혐오와 배제 때문에 조선족 동포의 한국에 대한 심리적 거리두기는 갈수록 멀어지고 있다는 데 문제의 심각성이 있다.

조선족 동포가 우리 사회에 기여한 바는 무엇인가. 조선족 동포는 한중 수교 초기 우리나라 사람들이 하기를 꺼리는 건설업 노동이나 간병인과 같은 3D업종에 뛰어들었다. 조선족 여성은 결혼하지 못하는 독신 남성과 결혼을 하면서 사회 공동화를 막는 데도 앞장섰다. 조선족 3세대 젊은 세대는 한국에서 전문직으로 많이 활동하면서 한중 두나라를 가장 잘 이해할 수 있는 만큼 양국의 다리 역할을 잘 해낼 것이라는 기대를 한몸에 받고 있다.

V. 맺음말

한중수교 30년 사회 분야에서 가장 큰 성과는 활발한 인적교류였다. 30년 전만 해도 적성국이라 왕래조차 하지 못했지만 그동안 수많은 사람들이 두 나라를 오갔다. 화려한 성과 뒤에는 혐오 감정이라는 후유증이 남았다. 한국의 반중감정, 중국의 혐한정서는 특히 앞으로 미래를 짊어지고 갈 젊은 세대 갈등인 만큼 서둘러 해결해야 한다. 하지만 서두른다고 해결될 문제가 아니다. 젊은 세대들의 잦은 접촉과 교류, 소통의 기회를 갖게 하는 것이 무엇보다 중요하다. 언론의 역할도 중요하다. 언론 보도 성향에 따라 이미지가 고착되기 때문이다.

수교 30년 조선족이 한국 사회에 어떤 영향을 미쳤나. 어떤 역할을 했는가를 살펴보았다. 그동안 조선족 노동자들은 한국 사람들이 기피하는 3D업종, 예컨대 건설업 노동자나 간병인 역할을 하면서 우리 사회에서 없어서는 안 될 요긴한 일을 했다. 조선족 노동자들이 입장에서는 돈을 번다는 의욕을 갖고 한국을 찾았을 것이지만 우리 입장에서는 인력난을 덜 수 있어서 많은 도움을 받은 셈이다. 조선족 3세대라고 할 수 있는 젊은 세대가 한국을 배우기 위해, 한국어를 익히기 위해 조국을 찾아오는 것은 바람직한 일이다. 더욱이 이들이 전문 지식을 갖출 경우 앞으로 한중 두 나라의 든든한 가교 역할을 할 수 있으리라 믿는다. 다만 조선족들이 한국에서 생활하면서 겪는 차별이나 배제와 같은 행태는 사라져야 한다. 더욱이 이런 오해를 불러일으키는 것은 신문방송 보도나 영화, TV 드라마의 영향이 크다는 데 문제가 있다. 특히 일부 영화는 조선족 범죄집단을 다루면서 조선족 사회가 명예훼손 소송을 걸어 승소하는 일도 일어났다.

수교 이후 한국인과 조선족 사이에는 감정의 '엇박자'가 자주 났다. 한국인들은 일제 강점기 일제의 압박을 피해 만주로 피난 갔던 항일운동가의 후손인 조선족을 잘 대우해야 한다는 초심을 분명 갖고 있었다. 하지만 1997년 IMF 외환위기, 2008년 글로벌 금융위기를 각각 겪으면서 생활이 힘들어지자 조선족을 한 가족으로 생각하기보다 우리 밥그릇을 뺏는다는 곱지 않은 시선을 갖게 된 것이다.

조선족은 우리 민족인가. 아니면 외국 노동자인가. 조선족 동포는 한민족이면서도 중국 56개 소수민족의 하나라는 이중적인 신분, 정체성을 갖고 있다. 조선족은 우리 민족인 만큼 더 따뜻한 시선을 가질 필요가 있다. 서로를 경원할 게 아니라 손잡고 나가야 상생하는 결과를 얻을 수 있다.

우리 기업들이 초창기 중국에 진출할 때 조선족의 도움을 많이 받았다. 조선족 동포는 한국 사람과 중국 사람의 다리 역할을 제대로 할 경우 나름 경쟁력을 갖출 수 있다. 조선족 동포만큼 한국과 중국을 두루 이해하는 사람은 없다.

특히 한중관계가 안정적으로 발전하기 위해서는 정부 차원만이 아닌 일반 국민 간의 교류와 신뢰를 증진시킬 수 있는 대중국 공공외교의 강화가 중요하다. 조선족 동포는 그동안 한중관계에서 중요한 역할을 했다. 중국이 한국의 최대 무역국과 경제파트너로 부상할 수 있도록 중개자 역할을 한 것도 중국 조선족 동포들이다. 그들은 많은 인맥과 인적자원을 포함한 풍부한 네트워크를 지니고 있어 한중 경제발전에 긍정적인 역할을 하고 있다.

남북통일 과정에서도 조선족 동포의 역할이 필요하다. 동북아 국제협력의 아름다운 중재자로서 조선족 동포에 대한 역할을 기대하는 목소리도 나오고 있다.(이승률, 2007: 557) 그리고 조선족은 과거에는 북한과 오늘날의 새로운 상황에서는 남한과 더 많은 관계를 맺고 있다. 이처럼 남북한 모두와 특별한 인연을 만들어 온 조선족 동포는 남북한 주민들 간 소통을 위한 매개자로서 남북통일 과정에서 충분히 제 역할을 할 수도 있을 것이다. 그러기 위해서는 우선 조선족 동포는 한민족으로서의 정체성을 일정하게 유지하는 것이 중요하다. 더불어 한국인과 조선족 간의 차별과 배제라는 갈등 구조를 없애고 소통과 화합을 통해 민족애를 향유할 수 있는 관계를 정립하는 것도 필요하다. 조선족은 다민족 통일국가인 중국에서 정치적으로는 중국 국적을 가진 중국인이지만, 혈통은 한민족이기 때문에 국가 정체성과 민족 정체성이 서로 일치하지 않는 이중 정체성을 형성하기도 한다. 한국인의 단일 민족관과 조선족의 이중 정체성의 심리적 차이가 갈등을 야기하는 것이다. 한국인은 조선족 동포에게 정체성에 대한 질문을 던지고 있다. 한국인과 같은 민족인가. 중국의 소수민족인가. 자꾸 물어본다. 그들은 한민족의 혈통을 가진 민족 정체성과 중국 국민이라는 정치적 정체성을 함께 유지하고 있다고 생각하고 있다. 다만 한국인이 조선족 동포에게 당신들은 한민족 정체성보다 중국 정체성을 많이 소유하고 있다고 몰아세우는 것은 그들을 비하할 수 있다는 점에서 신중해야 한다. 조선족 동포들은 한반도가 할아버지의 고향과 조국이라는 생각으로 살아가고 있다. 이런 상황에서도 그들이 모국과 심리적인 거리를 좁히기 위해서는 한국 정부, 한국인, 조선족 3자가 각자 노력해야 한다.

한국 정부는 조선족 동포에 대해서는 조국을 떠났다가 다시 돌아온 한민족의 후예라는 점을 잊지말고 비자 문제나 처우 문제에서 소홀함이 있어서는 안된다. 조선족이 다문화가정보다도 제대로 대접을 받지 못한다는 푸념을 흘려 넘기지 말아야 한다. 지난 30년 한국 정부의 조선족 동포에 대한 정책을 보면 전반 15년(1992년~2006년)은 배척기였고 2007년 방문취업제 도입을 계기로 후반 15년(2007년~2022년)은 포용기라고 해석할 수 있다.(An, 2022: 150)

한국인들도 조선족을 동포로서 여기고 살뜰히 챙겨야 한다. 혐오와 배제의 대상으로 삼아서는 안 된다. 하나의 이웃으로 동포로서 챙겨야 마음속으로 받아들여야 한다.

조선족 동포들도 한국과의 거리를 좁히기 위해 노력해야 한다. 사람과의 관계는 앉아서 기다린다고 누가 대신 해줄 수 없다. 로마에 가면 로마

사람이 되어야 한다는 말이 있다. 쓰레기 분리수거와 같은 사소한 것부터 한국인 사회에 적극 동참하는 노력과 자세가 필요하다.

2022년 8월 서울을 강타했던 집중 호우 당시 서울 동작구에 사는 조선족 동포 임모 씨(61)가 세들어살던 다가구주택 반지하방에서 갇혀 있던 80대 세입자 2명을 구해내 국내 언론은 물론 중국 언론에까지 미담 기사로 널리 알려졌다. 이것은 조선족 동포 이미지 개선에 큰 역할을 했다. 이런 미담을 통해 조선족 동포에 대한 인식이 바뀌는 계기가 되었으면 한다.

귀환 이주와 인간안보:

귀환 중국동포 청소년의 증가와 재외동포정책의 방향[1)]

이진영 · 곽재석

Ⅰ. 문제제기

이 논문은 급증하고 있는 한국 내 중국동포 청소년에 대해, 귀환이주와 인간안보 측면에서 검토하는 것을 목적으로 하고 있다. 또한 이를 통하여 한국의 재외동포정책에서 중요한 부분인 차세대 재외동포정책에서 한국 내 중국동포청소년이 주요한 부분을 차지하여야 한다는 점을 강조하고 있다. 제 2장에서 후술할 통계에 따라 다르지만, 70에서 80만에 이르는 한국 내 중국동포인구 중 청소년의 비중은 점차 높아지고 있다. 급증하는 중국동포 청소년 쟁점을 발굴하여 초보적이나마 다른 시각에서 검토하는 것이 선행연구와 구별되는 이 연구의 목적인 것이다. 이를 위하여 먼저 귀환이주, 인간안보, 중국동포 청소년의 개념을 검토해보고, 선행연구 분석을 통해 논문의 구조와 방향을 제시해보고자 한다.

1. 귀환이주, 인간안보, 중국동포 청소년의 개념

해외여행이 자유화되는 1989년 이전에 한국에서 이민(immigration)이란, '한 국가에서 다른 국가로 이주하여 정주하는 이민(permanent migration) 을 의미'하였다(이진영, 2012 185). 그러나 전 세계적으로 지구화가 진행

---

1) 본 논문은 경희대학교 국제지역연구원 발간 『아태연구』vol.24, no.1, pp. 39-71 에 게재되었음

되고, 사람의 이동이 활발해지면서, 나가는 이민(out; immigration)뿐 아니라, 들어오는 이민(into; emigration)을 포함하면서, 이민보다는 '이주(migration)' 의 개념이 널리 쓰이게 되었다. 더스트만(Dustman, 2007)등에 따르면, 이주는 경제적 동기에 의한 순수 이주와 자연재해로 인한 난민으로 나눌 수 있고, 순수 이주는 일시적(temporary) 이주와 영구적(permanent) 이주로 세분할 수 있다. 또한, 일시적 이주에는 4가지가 있는데, 귀환(return) 계약(contract), 경유(transient), 순환(circulation) 이주가 그것이다. 귀환 이주는 냉전체제의 붕괴와 세계화로 인해, 양차 대전 전에 여러 이유로 이산되었던 사람들이 '고향'을 찾아 재정착하는 현상을 의미한다. 특히, 고향인 모국(home country)에서 거주국(host country)으로 이주했다가 다시 모국으로 돌아오는데 그치지 않고(귀환이주), 양국을 오가면서 생활하는(순환이주) 사람들이 늘어나는 것도 지구화 시대 이주의 한 특징이다. 귀환이주자의 대부분은 부모가 이주했던 거주국에서 출생하거나 교육을 받은 2세대라는 점을 주목할 필요가 있다(이창호, 2012).

지구화 시대 나타나는 또 하나의 특징은 '인간안보(human security)'의 대두이다. 안보의 문제를 국가중심이 아닌 '인간에 초점을 두어 접근하는 관점'이 인간안보(human security)다. 전통적으로 안보란 외부로부터의 군사적 위협에 대한 대응에서 출발한 국가 단위의 개념이다. 그러나 지구화하는 세계에서 다양한 분쟁 요소가 국가를 넘어 이동하는 개인에게 위협을 주는 요소라는 생각이 대두하였고, 인간안보의 개념이 나타났다. 즉 변화하는 세계와 사람의 이동이란 이주 현상이 인간안보 개념의 대두와 밀접한 연관이 있는 것이다. 1994년 유엔 차원에서 인간안보위원회가 설립되면서 인간안보는 국제사회의 중요한 어젠다로 부상하였다.[2] 인간안보의 개념은 매우 광범위하여, 평화와 안보, 경제발전 및 복지, 인권존중, 환

---

2) 유엔인간안보위원회(UN Commission of Human Security, www.un.org/humansecurity)가 발표한 인간안보의 개념과 이론 및 실제에 대해서는 Human Security Unit of UN (2009)을 참조.

경보존, 사회정의, 민주화, 군축, 법치, 좋은 정치 등의 다양한 개념이 포함되었다. 또한 경제적 고통으로부터의 자유, 삶의 질, 자유와 인권보장 등의 개념도 포함되었다. 지난 20년간 인간안보의 개념은 국제사회에서 집중적으로 논의되는 쟁점에 따라, 변화를 거듭하고 있다.[3] 중요한 점은 귀환이민자를 비롯한 이주민의 사회적응 권리 등이 인간안보의 한 부분으로 새롭게 규정되게 되면서 이주 및 이주민 쟁점에 새로운 시각을 제공했다는 것이다.[4]

중국동포 청소년을 비롯한 재외동포 청소년의 개념도 매우 복합적이어서 확정하기 어렵다. 국적여부에 관계없이 한민족의 혈통을 지닌 사람으로 해외 거주자를 재외동포(법적으로 재외국민과 외국적동포로 구분)로 규정하는데, 말 그대로 '모국인 한국이 아닌 거주국인 재외거주자를 의미'한다. 그 결과 재외동포정책을 집행하는 주무부서도 외교부가 담당하고 있다. 그러나 귀환이주로 인하여 상당수의 재외동포가 이주한 원 거주국이 아닌 귀환한 모국에서 생활하고 있어, 재외동포정책에서 사각지대가 발생하고 있다. 청소년의 개념도 국가마다 개념이 다르고, 한국에서도 청소년 관련 법령은 물론 근로기준법 등 연관 법률에서 그 정의가 다르다.[5]

그 결과 이 연구에서는 '귀환 중국동포 청소년'의 개념을 '중국에서 출생하여 성장한 9세에서 24세까지의 한민족 혈통을 가진 사람으로 현재

---

3) 이지영은 한 토론에서 인간안보 논의의 발전 양상을 세 단계(공포로부터의 자유, 궁핍으로부터의 자유, 문화권리 신장)로, 구분하였다. 그 결과 국제사회의 실천 노력도 처음에는 대인지뢰 금지(공포)에서, 개발원조(ODA)를 비롯한 개발 논의(궁핍)로 이어졌고, 마침내 이주민의 사회적응 권리(문화)로 변모하였다고 설명했다(2016년 12월 22일, 연세대 미래사회통합연구센터와 제주평화연구원 공동학술회의 토론). 저자는 여기에 네 번째 단계가 추가되어야 한다고 생각한다. 그것은 2015년 발생한 테러와 난민문제로 인간안보 개념이 도전받고 있고, 이주민뿐 아니라 거주국 주민의 문화적 권리에 대한 강조도 현재 나타나고 있기 때문이다.

4) 자세한 이주와 연계된 인간안보를 비롯한 안보 쟁점 논의는 이혜경 외(2016) 7장을 참조.

5) 청소년기본법, 청소년활동지원법, 청소년복지지원법에서는 9~24세까지로, 민법 제4조와 청소년보호법에서는 만 19세 미만을, 근로기준법에서는 18세 미만으로 규정하고 있다(김경준 2015, pp.15-16).

한국에 거주하는 자'로 광범위하게 규정하였다. 왜냐하면 모국과 원 거주
국을 넘나들면서 이동하는 중국동포들의 현 귀환 이주특성과 재외동포정
책 변화로 인해 최근 중국동포 청소년의 한국 입국이 급증하였기 때문이
다. 그 결과, 이 연구는 귀환이주와 인간안보라는 시각에서 중국동포 청소
년 쟁점을 접근하는 초보적 연구이기 때문이다.

2. 선행연구와 논문의 구조

귀환이주에 대한 한국 내 연구는 초기 단계로 그 수가 많지 않다.[6] '귀
환이주' 자체에 초점을 두고 연구한 것은 재외동포, 화교 및 화인, 혹은
기타 외국인 이주자에 중점을 둔 연구로 나눌 수 있다. 재외동포 귀환이
주민을 다룬 연구는 공동체 형성에 주목한 윤인진·김희상(2016), 귀환이
주 고려인 임금노동자를 연구한 임채완·선봉규(2015), 우즈베키스탄 고
려인의 대구지역 귀환이주를 다룬 이은정(2015) 등이 있다. 또한 한국화
교의 중국으로의 귀환이주를 다룬 이창호(2012), 화교 및 화인의 중국 귀
환이주를 다룬 김혜련·임채완(2015), 한국에 거주했던 베트남 이주노동
자의 귀환이주를 다룬 김나경·임채완(2015), 결혼이주 여성의 귀환이주
를 연구한 김현미(2012) 등이 있는데, 이는 재외동포 이외 다른 집단을
다룬 연구이다.

물론 귀환이주의 관점이 아닌 '국내체류 재외동포'의 관점에서 접근한
연구는 상대적으로 그 수가 많다. 2010년 이후 최근까지 재외동포 집거지
에 대한 현황조사 보고서를 비롯한 연구와 함께[7] 초국가적 이동과 정체

---

6) 해외의 연구 중 최근의 것은 Tsuda(2016)의 연구를 들 수 있다. 그에 의하면 목구의 비자정
   책 등으로 인한 유인요인이 귀환이주의 중요한 원인이라 한다.
7) 가장 최근 연구인 윤인진·김희상(2016, 각주 9)의 선행연구 분석에 따르면, 방성훈·김수현
   (2012), 윤진희 외(2014), 이석준·김경민 (2014)등을 언급하고 있다. 이 밖에도 양한순외
   (2013) 등이 있다.

성 등 구체적 주제로 접근하고 있다.[8) 또한 중국동포뿐 아니라, 구 소련 지역에서 귀환한 고려인에 대한 연구는 최근 증가하고 있는데, 주로 현황을 중심으로 기술하고 있다.[9) 재외동포청소년에 대한 연구도 비교적 최근에 시작되었는데, 미래인재의 측면에서 분석한다든지(조혜영외 2007; 김경준외 2015), 다른 국가의 재외동포 청소년정책을 비교 분석하는 연구(이진영 외 2015)등이 있다. 그러나 본 연구에서 다루는 중국동포 청소년의 귀환이주를 다룬 선행 연구는 사실상 없다. 주로 부모의 한국으로의 귀환 이주에 따라 중국 내 남겨진(留守) 아동 청소년의 문제점을 짚어보는 연구에 치중되고 있기 때문이다.[10)

선행연구 중 다른 한 분야는 '중도입국청소년'이다.[11) '중도입국청소년'은 국제결혼 이주 여성과 출신국 현지 남성의 사이에서 출생하여 한국인 남성과 재혼한 어머니를 따라 한국으로 동반(또는 추후) 입국한 자녀와 외국인 이주노동자 자녀들 중 출신국에서 출생한 후 입국한 자녀들'로 정의된다(오성배 외 2013, 9). 위 정의에 근거하여 귀환이주 중국동포청소년에 해당되려면, 기혼 중국동포 여성이 한국인 남성과 재혼하거나, 혹은

---

8) 최근의 대표적 연구로는 리화(2014), 이춘호(2014), 방미화(2013), 우명숙·이나영(2013), 이정은(2012) 등이 있다.

9) 대표적 고려인 집거지는 경기도 안산, 광주 광산구, 경남 김해, 경기 김포 등이 있다. 서울 광희동에는 식당과 빵집 등이 개업 중이다. 안산 고려인에 대해선 국립민속박물관 편(2015), 정연학 외(2015) 등의 연구와 함께 2016.10.10. 개관한 '고려인문화센터' 및 고려인들을 지원하는 '고려인 지원센터 너머(김승력, 김영숙, http://www.jamir.or.kr)'의 활동을, 광주 지역은 선봉규(2016), 김경학(2015, 2014), 김영술외(2013) 등의 연구와 함께 '광주고려인마을(이천영, 신조야)'과 광산구 의회 등 지방정부의 활동을, 비교적 최근 활동을 시작한 김해의 '구소련친구들(황원선, 보리스 리)', 김포의 '고려인공동체(리 발레리아)' 등의 활동이 주목받고 있다.

10) 李振翎외(2014), 한상돈(2013), 김명숙외(2012), 윤명숙외(2012), 정혜원외(2011) 등의 연구는 부모의 한국 이주에 따른 중국조선족 결손가정 아동 및 청소년의 심리사회 특성이나, 학교적응, 정부 차원의 대책 등에 집중하고 있다.

11)) 손영화외(2015)의 각주 1에 따르면 명칭이 연구자마다 달라 통일되어 있지 않다. 이재분외(2009)는 '중간 입국 이주 청소년', 설동훈 외(2010)는 '중도입국자녀', 성상환외(2010), 김명정(2011)은 '동반·중도입국 자녀', 류방란 외(2011)는 '외국출생 동반입국청소년', 장명선 외(2011)는 '중도입국자녀', 오성배·서덕희(2012), '중도입국청소년' 등으로 호칭한다. 최근에는 이주배경 청소년이라는 용어도 사용한다.

이주노동자로서의 중국동포 자녀를 의미한다고 할 수 있다. 한 주장에 따르면(한중커뮤니티리더스포럼 2017, 81), "최근 중도입국자녀의 80% 이상이 중국동포자녀"라고는 하나, 중국동포 청소년에게 초점을 둔 연구는 극소수를 제외하곤 (김판준, 2016; 김아름 외, 2013; 박봉수 외, 2013) 사실상 거의 없다. 물론 이주배경청소년에 대한 지원 재단인 무지개 청소년센터(http://www.rainbowyouth.or.kr/)가 있으며, 여기에서는 탈북자와 다문화가족 자녀에 초점을 두어 운영하고 있다. 즉 중국동포청소년에 특화된 것은 아니다.

그렇다면 왜 한국에 거주하는 중국동포 청소년 문제가 귀환이주 및 인간안보와 연관되는가? 귀환 중국동포 청소년의 급속한 증가와 적절한 정책의 부재는 이민자인 귀환 중국동포 청소년의 인간안보 문제를 초래하고 있으며, 이는 한국 사회의 인간안보에도 영향을 줄 수 있는 잠재적 요소이기 때문이다. 즉 재외동포 정책 차원에서 적절하게 선제적으로 대응하지 못하면 잠재적 사회 갈등집단이 될 가능성이 크며, 결국 한국의 이민자 사회통합정책에 영향을 주어 '이민의 안보화'와 연결될 수 있기 때문이다. 특히 귀환 중국동포 청소년이 동포와 외국인 사이에 위치하여 모호한 사회적 성원권을 유지하게 된다면(이정은 2012), 한국에서 가장 큰 이주외국인 집단인 중국인 사회로의 포함 가능성이 증가할 수 있다. 이는 향후 한-중 관계는 물론 동북아시아 차원의 국제적 안보 쟁점과도 연계될 수 있기 때문이다.

그러므로 이 논문에서는 먼저 제 2장에서 귀환 재외동포의 현황과 함께 귀환 중국동포 청소년의 증가 현황을 여러 통계를 통해 제시하여 범주화하고, 증가의 원인을 살펴본다. 이를 통하여 이들의 인구를 추산해본다. 또한 제 3장에서는 이들을 수용하는 한국의 제도적 현황을 고찰한 후, 이들을 적절하게 수용하여 통합할 수 없는 불안정성과 문제점을 짚어본다. 마지막으로 결론을 겸한 4장에서는 재외동포정책 차원에서 귀환 중국동포청소년 정책을 마련해야 한다는 시급성을 언급하고 귀환이주와 인간안보의 관점에서 대안을 초보적이나마 제시하려 한다.

이 논문은 여러 면에서 특색과 한계를 지니고 있다. 먼저 이주, 재외동포, 청소년 등의 개념이 복합적으로 연관되어 있고, 각 쟁점이 아직 사회적 주목을 크게 받고 있지 못한 현실에서, 귀환 이주와 인간안보 개념을 사용하여 중국동포청소년 문제를 접근한 것이다. 특히, 귀환이주 재외동포에 대한 연구도 초보적인 상황에서, 급증하고 있는 귀환 중국동포 청소년에 초점을 두고 연구한 것은 이 문제가 가지는 정책적 사회적 시급성을 부각시키려 한 것이다. 물론 중도입국 청소년 혹은 다문화가정 청소년에 대한 연구가 축적되고 있는 상황을 고려한다면, 이 연구에서는 후속연구가 좀 더 중국동포 청소년에게 초점을 두어야 한다는 점을 부각하고자 하였다. 그런 점에서 이 연구는 귀환 이주 중국동포 청소년에 대한 관심을 부각시키는 기초적 연구이며, 추후 좀 더 면밀하고 체계적이며 참여 관찰적 연구가 필요하다고 할 수 있다.

II. 귀환 중국동포 청소년의 증가 현황과 원인

1. 한국 거주 중국동포 체류 현황과 특색

법무부 통계에 의하면, 2016년 10월말 현재 체류외국인은 2,025,485명이며, 외국국적동포는 774,345명으로서 체류외국인 대비 38.2%를 차지하고 있다.12) 즉 외국인이라 하나 한국인과 혈연적 뿌리를 같이하는 재외동포가 전체 외국인 체류자 10명 중 4명인 것이다. 구체적으로 비자에 의한 체류자격별로 살펴보면, '재외동포의 출입국과 법적지위에 관한 법률(이하 재외동

---

12) 출입국 외국인정책본부(http://www.immigration.go.kr)의 통계자료실을 참조하라.

포법)'에 근거하여 재외동포(F-4)자격을 부여받은 자가 364,380명으로 가장 많고, 중국 및 구소련 지역 동포에게만 허용되는 방문취업(H-2)비자가 262,306명, 영주(F-5) 85,898명, 그리고 방문·동거(F-1) 25,696명 순이다.[13] 국적별로는 중국이 (이하 중국동포로 칭함) 653,730명으로 84.3%를 차지하여, 사실상 한국 체류 재외동포의 대다수를 형성하고, 미국 46,264명(6.0%), 캐나다 15,852명(2.0%) 등의 순서로 분포하고 있다(<표 1>).

<표 1> 연도별 중국동포 체류 규모 비교

구분	2012	2013	2014	2015	16년10월
외국인	1,445,103	1,797,618	1,797,618	1,899,519	2,025,485
중국동포	447,877	497,989	590,856	626,655	653,730

출처: 출입국외국인정책본부의 자료를 취합 재구성

또 다른 정부 통계인 행정자치부의 2015년 외국인주민현황조사결과에 따르면, 한국에 거주하는 중국 동포는 694,256명에 이른다.[14] 이들의 한국 내 분포 지역을 살펴보면 서울 262,545명, 경기 269,078명, 인천시 32,780명 등 수도권 지역에 전체의 80%가 넘는 564,403명이 거주하고 있는 것으로 나타난다. 체류 유형별 분류를 보면, 한국 국적 취득자가 73,998명, 고용허가제(E-9)와 방문취업(H-2)이 268,558명, 결혼이민자가 24,039명, 유학생이 658명, 재외동포(F4)가 206,047명, 중국동포의 동거 자녀가 39,160명, 기타 81,796명으로 나타난다.

법무부와 행자부의 위 통계의 차이점은 그 시기와 숫자에서뿐 아니라, 포함범위가 다르기 때문이다. 특히, 행자부 통계에서는 한국 국적을 취득하여 국민이 된 국적취득자 73,998명을 중국동포 거주자로 포함시키고

---

[13] 비자제도에 근거한 체류자격과 관련된 논의는 이혜경외(2016)의 5장을 참조하라.

[14] 행정자치부(http://www.moi.go.kr)의 정책정보의 통계를 참조하라. 지방자치단체 중 읍면동까지 거주 통계를 보여준다.

있다. 즉 외국인이 아닌 국민임에도 불구하고, 거주 지역이나 중국동포 이주민과의 연관 관계로 통계에 포함되는 것이다.

어떤 통계를 취하든, 한국에 거주하는 중국동포(출신을 포함하여)의 수는 적게는 65만부터 많게는 70만에 이른다는 점은 분명하다. 이는 한국 내 외국인 체류 및 거주자 중 단일그룹으로는 가장 큰 집단이며, 한국 거주 재외동포의 대부분을 차지하고 있기도 하다. 또한 외국인 거주자 중 절반을 상회하는 중국 국적자(중국동포는 물론 한족 등 중국인) 중에서도 사실상 중국동포(중국 용어로 조선족)가 60-70%를 이루는 가장 큰 집단이다.[15] 2010년 실시된 중국의 인구센서스에 의하면, 조선족(중국동포) 인구는 183만명에 이른다(http://www.stats.gov.cn). 이는 2000년 센서스에 비하면, 약 10만이 감소한 것으로 감소한 부분은 해외에서 국적을 취득한 사람들이다. 중국동포 중 한국 국적취득자가 7만에서 9만에 이르는 점을 감안한다면, 적절한 통계라 할 수 있다. 중요한 점은 183만명의 조선족 인구 중, 한국에 거주하는 중국동포가 이미 전체의 40%를 상회하고 있으며, 이들이 주로 경제 활동에 종사하고 있음으로 경제활동인구로 본다면 그 비율은 60%이상이 된다는 점이다. 즉, 중국동포는 더 이상 중국에만 거주하는 조선족이 아니라, 한국에 거주하는 귀환이주(return migration)의 성격을 가진 집단인 것이다.

한국 내 거주 외국인 중 가장 큰 집단이고, 재외동포 중 가장 큰 집단임에도 불구하고 귀환이주 중국동포를 담당하는 정부 부처는 명확하지 않다. 재외동포를 담당하는 주무부서는 물론 외교부이지만, 정책대상과 주관 업무는 해외(재외) 거주 동포이지, 국내 거주 동포가 아니다. 재외동포들은 재외동포의 출입국과 법적지위에 관한 법률(재외동포법)에 의해

---

15) 2017년 1월 가장 최근 통계월보(출입국외국인정책본부)에 따르면, 외국인 거주자는 2,013,779명으로 200만이 조금 넘고, 이 중 중국 국적자는 1,022,637명으로 절반을 차지하고 있다. 중국동포(한국계 중국인)는 630,110명으로 전체 중국 국적자 중 60%를 차지한다. 한국 국적취득자를 포함하면 70만이 넘는다.

재외동포비자(F4)를 받을 자격이 있음에도 불구하고, 위에 보듯이 다양한 비자 및 체류 자격을 가지고 있다. 출입국관리에 관한 법률에 의해 법무부가 통제하고 있기 때문이다.[16] 그러나 다른 동포들과는 다른 비자와 체류자격으로 인한 실제적 효과는 국내 노동 시장에 나타나고 있다. 즉, 고용허가제(E9)의 특례라 할 방문취업제(H2)로 중국동포의 일부는 외국인 근로자로 분류되어 고용노동부가 담당한다.[17] 또한, 결혼이민자 중 가장 다수를 차지하고 있는 중국동포는 한국 국민으로 혹은 준국민으로 다문화가족 지원 업무와 연관되어 여성가족부의 관할에 놓여 있다. 물론 외국인 거주자의 관점에서 보면, 주로 서울 서남권과 수도권에 80%가 집중되어 있어, 행자부는 물론 각급 지자체와 연관되어 있다. 즉 단일한 집단임에도 불구하고 주무부서는 나뉘어져 있다.

위의 2016년 통계에서 보면, 체류자격별로 보면 단순노무 취업은 제한되나, 사실상 계속 갱신 및 연기가 가능한 재외동포자격(F-4)자가 가장 다수를 차지한다. 단순노무 및 일부 서비스업에 종사하며, 체류기간이 한정되어 있는 방문취업(H-2)이 그 뒤를 잇고 있다. 그러나 최근에는 영주자격(F-5)이 가파르게 증가하는 추세이다. 그 결과 국민이 될 결혼이민자(F-6)와 한국 국적 취득자에 이르기까지 다양한 유형으로 분화되어 있는 한국 내 중국동포는 사실상 귀환이주를 넘어 '이민자의 정주화' 수순을 밟고 있다고 할 수 있다(김판준, 2014).

2. 귀환 이주 중국동포 청소년의 현황과 증가

그렇다면 정주화하고 있는 귀환 중국동포에서 청소년의 경우는 어떠한가? 2012년 전국 다문화가족실태조사에 의하면, 9~24세에 해당하는 이

---

16) 재외동포정책과 관련된 모순에 대해서는 이진영(2011)을 참조하라.
17) 자세한 사항은 이혜경외(2016)의 10장을 참조하라.

민배경 자녀 6만 6천여명 중 한국에 입국하여 체류하는 소위 중도입국자녀는 26.9%인 약 1만 7천여 명으로 추정되었다. 특히 18∼24세 후기청소년 연령대에서 중도입국자녀 비율이 월등히 높아 53.6%를 차지하였다(여성가족부, 2013). 2015년도 행정자치부의 조사를 보면, 외국인 및 다문화가정자녀는 207,693명이고, 이 중 중국 배경 자녀의 수는 81,951명이다. 빠르게 그 수가 증가함을 알 수 있다.

이러한 현상은 중국동포 청소년에게도 유사하게 나타나는 현상이다. 중도 입국하는 중국동포 청소년 중 18세 이하는 위의 행자부 2015년 통계를 보면 모두 39,160명이다. 이들을 연령대별로 보면 <표 2>와 같다.

<표 2> 재한 중국 동포 자녀의 연령별 통계 현황

0세	만 1세	만 2세	만 3세	만 4세	만 5세	만 6세	만 7세	만 8세
1,651	1,757	2,221	2,203	2,376	2,392	2,615	2,972	2,340
만 9세	만10세	만11세	만12세	만13세	만14세	만15세	만16세	만17세
2,306	2,141	1,881	1,851	1,724	1,944	2,022	1,885	1,689

출처: 2015 외국인주민현황조사 결과보고 (행정자치부, 2015)

즉, 미성년자라 할 18세 이하의 중국동포청소년과, 중국동포 배경 이민자의 성년 자녀를 청소년의 범주에 포함시키면, 귀환이주 중국동포 청소년의 수는 5만 명 이상으로 추정할 수 있다. 추정의 근거는 세 가지로, 위에서 언급한 한국 내 중국동포에 대한 체류자격 통계의 혼선, 명확한 통계가 어려운 점, 이주민의 특성 상 그리고 한중간의 가까운 거리에 의한 들고 나감(출입국)이 빈번하게 이루어지기 때문이다.

중국동포 청소년의 발생은 부 혹은 모의 한국 체류로 인해 동반 거주하거나(외국적동포), 혹은 부 혹은 모가 한국 국적자와 결혼으로 인한 출생(국민), 재혼으로 (중도입국하여) 한국에 거주하게 된 경우(국민 혹은 중국인) 등 다양하다. 유형별로 분류해 보면 부모 모두 중국 국적이 7,360

명, 부모 중 한 명이 한국 국적자인 경우가 30,039명, 부모 모두가 한국 국적자가 1,761명이다(김판준 2016, 41).

이런 복잡한 체류 유형이 발생하게 된 것은 한국의 재외동포정책의 혼선 때문이다. 1999년 재외동포법 제정으로 일반외국인과 구별되는 차별적 지위를 재외동포에게 부여하는 재외동포비자(F4)가 신설되었다.[18] 그 결과, 재외동포들은 외국인들이 최장 5년간 체류하는 것과 달리 사실상 영구 체류가 국내에서 가능해졌다. 하지만 과거국적주의에 따라 직계존속 3대 중 과거 대한민국 국적자가 있는 경우만 재외동포로 정의하였고, 중국동포는 국내에 들어와 영구히 체류하며 국내의 노동시장을 위협할 가능성이 높다고 판단해서 처음에 제외시켰다. 2002년 재외동포법이 개정되어 개념상 중국동포도 포함되었지만, 취업활동제한에서 단순노무를 할 수 없다는 규정이 있어, 결국 재외동포 비자의 전면적 실시는 유보된 것이다. 그 결과 중국동포의 경우, 다른 지역 재외동포와는 다른 다양한 체류 자격으로 국내에 거주하게 된 것이다.

그러나 중국동포의 한국으로의 입국 문호는 점차 넓어져갔다. 2007년 방문취업제 도입과 2009년부터 단순노무직에 종사하지 않는 것이 소명 가능한 동포를 대상으로 부분적으로 재외동포자격(F-4)을 부여하면서, 국내에 거주하는 중국동포의 수가 급격하게 증가하였다. 물론, 중국동포 청소년의 경우도 그 수가 증가하기 시작하였다. 출입국 외국인정책본부의 다양한 지침과 한시적 조치로 인해 입국자수가 증가한 것인데 대표적인 조치를 살펴보면 다음과 같다.[19]

---

18) 재외동포(F-4) 체류자격 소지자가 국내거소신고를 하면 단순노무활동 및 사행행위 등을 제외하고는 국내에서 모든 취업활동이 허용되는 등 광범위한 혜택을 받을 수 있다. 출입국관리법시행령 제23조제3항제3호 및 동법시행규칙 제27조의2제1항,제2항에 의한 재외동포의 취업활동제한의 구체적 범위는 법무부장관이 지정하여 고시한다(출입국외국인정책본부 http://www.immigration.go.kr 참조).

19) 2012년부터 2016년까지 법무부가 추진한 재외동포정책의 주요 내용은 곽재석(2017, 61)의 표를 참조.

가장 중요한 조치는 2013년 9월 1일부터 만60세 이상 모든 외국국적동포에게 재외동포(F-4) 자격을 부여한 것이다. 또한 만60세 미만인 외국국적동포에 대하여 3년간 유효한 단기방문(C-3, 90일) 복수사증을 발급하여 자유로운 모국 방문을 허용하였다. 즉, 만 55세 이상 60세 미만인 동포, 미성년자, 제조업 등 근무 가족 등에게 제한적으로 단기사증을 발급한 것이다. 또한 방문취업 자격을 취득한 동포 가족에 대한 처우를 개선하는 차원에서 방문취업(H-2) 자격자의 19세 미만 자녀에 대해서는 방문동거(F-1)자격으로 동반체류를 허용하였는 규정을 확대하여, 방문취업(H-2) 자격자의 배우자도 미성년 자녀와 같이 동반 체류를 허용한 것이다. 방문취업(H-2) 자격자의 배우자 및 미성년자는 기존에 단기 방문비자를 발급받고 입국 후 국내에서 체류자격변경을 해야 했으나, 재외공관에서 장기 체류가 가능한 방문동거(F-1, 90일) 복수비자를 발급받아 입국할 수 있도록 한 것이다.

　또한 국내에 체류하는 미성년 자녀가 성년이 된 경우에도 부모의 체류기간까지 국내에서 체류할 수 있도록 하는 조치가 마련되었다. 이는 앞서 살펴본, 재외동포비자(F4) 자격 중국동포의 증가와 함께, 방문취업제(H2) 자격 중국동포의 배우자 및 미성년자녀의 동반 거주가 허용되어, 한국 체류 중국동포의 증가는 물론, 귀환중국동포 청소년의 급속한 증가를 가져오게 된 것이다. 특히, 2016년 4월 4일 열린 국무총리실 주재 외국인정책위원회에서, "동포포용 차원에서 재외동포(F-4)자격 부여 대상 및 활동 범위를 노동시장 상황 등을 고려해 점진적으로 확대해나갈 예정"이라고 밝히면서, 앞으로도 중국동포의 입국 문호가 일반 재외동포에 준하는 자유로운 왕래에 버금가는 범위로 더욱 넓어질 것을 예견하고 있다. 이러한 확대조치가 중국동포 청소년에게 적용된 것만을 정리하면 아래 <표 3>과 같다.

<표 3> 중국동포 청소년 대상 완화된 출입국 체류 조치

	방문취업(H2)	재외동포(F4)
2012	장기체류동포 만 19세 이상 25세 미만 자녀에게 단기복수사증(1년) 발급확대	- 재외동포 배우자 및 미성년자에게 방문동거(F1) 부여 - 영주자격자의 배우자 및 미성년자에게 거주자격 부여
2013	유학자격자의 부모 및 배우자의 방문취업 초청 자격 완화	
2014		재외동포 배우자 및 미성년자가 동포가 아니더라도 방문동거(F1) 부여
2015	방문취업 미성년 자녀 재학 중인 경우 부모 만기되어도 체류연장 가능	부모가 재외동포로 3년 이상 체류하는 경우, 자녀는 25세까지 체류 허가
2016	국내 체류하는 미성년 자녀가 성인이 되어도, 부모체류기간까지 체류허용	

이렇게 완화된 출입국 및 체류조치의 결과, 중국동포 청소년의 한국으로의 입국은 급격하게 증가한다. 아래 <표 4>을 보면, 가령 2012년에 발급확대가 결정된 단기복수사증(1년)의 2014년 발급현황을 보여준다. 24세 이하의 성년 청소년에 대한 단기사증(C-3-8)발급이 14,110건 이루어졌고, 이는 중국동포 청소년의 순증을 의미한다. 이들은 사실상 바로 노동시장에 투입될 수 있는 연령대이다.

<표 4> 2014년 중국동포 청소년 단기사증(C-3-8) 발급 현황

비자	성별	20세	21세	22세	23세
C-3-8	Man	1,631	1,748	1,882	1,980
	Female	1,717	1,685	1,738	1,729
합계	14,110	3,348	3,433	3,620	3,709

출처: 법무부, 출입국·외국인정책본부 내부통계자료

또한 <표 5>는 체류자격별 중국동포의 입국 현황을 2014년부터 2016년까지 비교하여 제시하고 있다. 주목할 점은 결혼이민, 관광취업, 방문취업의 경우 그 수가 그리 증가하지는 않으나, 방문동거(F1), 거주(F2), 동반

(F3), 영주(F5) 비자 자격을 부여받은 중국동포의 경우, 그 수가 급격하게 증가하고 있음을 알 수 있다. 이는 <표3>의 여러 확대조치의 결과로 나타난 현상이다.

<표 5> 체류자격별 중국동포 추정비교(2014-2016)

	방문동거 F1	거주 F2	동반 F3	영주 F5	결혼이민 F6	기타 G1	관광취업 H1	방문취업 H2
2014	59,657	38,968	20,015	103,173	117,597	7,152	1,448	240,084
2015	70,620	37,545	21,444	115,142	118,070	9,565	1,516	280,988
2016	86,297	39,129	22,195	124,986	118,790	14,421	1,541	275,570

출처: 법무부, 출입국 · 외국인정책본부 내부통계자료

귀환 이주 중국동포 청소년의 정확한 통계를 내기는 어렵다. 청소년의 개념이 중국과 한국이 다르며, 소위 중도입국 자녀 중 많은 부분이 한국으로 귀화한 국민의 자녀이고, 중국 배경일 경우의 국적도 역시 다양하기 때문이다. 물론 유아기 및 학령기, 청년기 등으로 연령분포의 차이도 검토해보아야 한다. 특히 귀환 이주하여 제도교육에 포함되었는가 하는 점도 관찰해야 한다. 그러나 중국동포 체류자에 대한 정확한 통계가 부재한 현 상황에서, 이민자의 특성으로 인한 빈번한 출입국과 한국의 비자정책의 변화로 그렇지 않아도 복잡한 귀환 이주 중국동포 청소년의 체류현황을 확정하는 것은 더욱 어렵다. 가령 특정 비자로 입국한 후, 다른 비자로 변경하는 경우 추적이 힘들다. 매년 변화하는 비자정책과 기본 통계의 부정확함으로 연관된 추적이 어렵기 때문이다. 정확한 통계 부족 현상 그 자체가 한국 이민 및 다문화정책의 하나의 큰 문제점이다. 다만 여기에서 강조할 것은 최근 5년간 귀환 이주 중국동포 청소년의 수가 급증하였다는 것은 분명하다는 점이다.

3. 귀환이주 중국동포 청소년의 유형화와 현황

귀환 중국동포 청소년의 유형화는 연령별, 제도교육 편입별, 그리고 취업을 기준으로 살펴볼 수 있다. 행정자치부에 따르면 2013년 국내에 거주하는 만 19세 미만 중국동포 4만3890명 가운데 취학 연령대인 만 7∼18세 청소년 수는 2만6299명으로 집계되었다. 반면 교육부 조사 결과 2015년 4월 기준 국내 초·중·고교에 재학 중인 중국동포 학생 수는 9,215명에 불과하다. 부족한 통계 인프라에도 불구하고, 연령대별로 한국 거주 중국동포 청소년의 현황을 파악하고 문제점을 연구하는 노력이 필요하다. 특정 시점(가령 2016년 12월)의 연령대별로 나누어 본다면, 취학청소년, 미취학청소년, 혹은 성년으로 기술교육 대상이 되는 청소년 등으로 대별할 수 있다. 물론 한 해가 지나면, 취학 혹은 미취학에서 기술교육 대상으로 전이되기도 한다. 또한 각각의 그룹별로 현황과 문제점은 각기 다를 수 있으며, 이에 따른 정책 역시 변화가 필요하다.

취학 및 미취학 중국동포청소년은 다문화 교육과 연관되어 교육부 관할 사항이다. 2015년 교육부통계에 따르면 초·중·고에 재학 중인 다문화 배경 학생수는 82,536명으로 전체 초중고생의 1.36%를 차지한다. 2015년도 행정자치부 조사의 외국인 및 다문화 가정 자녀는 207,693명에 이른다.[20] 물론, 위에 언급한대로 중국 배경 자녀의 수가 81,951명으로 전체의 약 40%에 육박하고 있어, 한국 거주 중국인 비율과 비슷한 양상을 보이고 있다.

취업과 관련한 한 통계를 보면, 재외동포 비자(F-4) 소지자 중 10대에서 25.5%가 취업을 하고 있으며, 20대의 경우 방문취업(H-2)은 78.5%, 재외동포(F-4)는 56.6%, 영주자(F-5)는 59.8%가 취업 중이다. 물론 청소

---

20) 외국인·다문화 가정 자녀는 2007년 44,258명, 2009년 107,689명, 2011년 151,154명, 2013년 191,328명, 2015년 207,693명으로 급격히 증가하고 있다(2015 외국인주민현황조사 결과보고, 행정자치부).

년에 포함이 안 되는 20대 후반이 포함된 수치이다. 이 통계에서 중요한 점은 20대의 경우 취업률이 전체 동포 취업률보다 낮게 나타난다는 점이다. 학교에 재학 중일 수도 있으나, 비자의 성격 상 취업이 안 된 경우가 많다고 추정할 수 있다.

<표 6> 동포 및 영주자 취업자의 연령별 분포

2015	10대	20대	전체
방문취업(H-2)		78.5%	81.4%
재외동포(F-4)	25.5%	56.6%	59.7%
영주자(F-5)		59.8%	73.9%

출처: "이규용의 토론문," 한중커뮤니티리더스포럼 (2017). 『한중커뮤니티리더스포럼 창립식 및 정책 토론회』. p.51.

중국 인구조사에서 한국으로 귀환 이주하는 중국동포 청소년의 인구 역시 추정 가능하다. 만 24세 이하는 한국에서 기술교육 대상이다. 이들은 기술교육을 받으면, 방문취업 비자(H-2)의 취득이 가능하기 때문이다. 2014년 중국정부 통계를 보면, 만 20세에서 24세 이하의 조선족은 157,015명이다. 초중(한국의 중학교) 졸업이후라 할 15세 이상 19세 이하는 85,419명에 이르고 있다<표 7 참조>.

<표 7> 기술교육 대상 중국동포(조선족) 연령별 인구분포

Age	Total			Korean		
	Total	Male	Female	Sub-total	Male	Female
Age 15-19	99889114	51904830	47984284	85419	42696	42723
15	18024484	9524898	8499586	12822	6488	6334
16	18790521	9795181	8995340	14572	7372	7200
17	20775369	10760828	10014541	16383	8172	8211
18	20755274	10744556	10010718	18867	9426	9441
19	21543466	11079367	10464099	22775	11238	11537
Age 20-24	127412518	64008573	63403945	157015	78947	78068

Age	Total			Korean		
	Total	Male	Female	Sub-total	Male	Female
20	28026954	14201091	13825863	29158	14523	14635
21	26556649	13357755	13198894	30570	15282	15288
22	24474192	12281148	12193044	31655	15844	15811
23	25695955	12876542	12819413	33190	16903	16287
24	22658768	11292037	11366731	32442	16395	16047

출처: *China Statistical Yearbook 2014* (http://www.stats.gov.cn/)

2014년 현재, 약 25만 명에 이르는 15세 이상 24세 미만의 중국동포 청소년 중 한국으로 귀환하여 거주하는 자의 숫자는 명확하지 않다. 다만 위의 여러 표 및 한국 정부의 여러 통계로 추산해보면, 최하 2만 5천 명의 중국동포 청소년이 귀환 이주한 것으로 추산된다. 최근의 비자 완화 조치로 그 수는 급속히 증가하여 5만에 이를 것으로 추정된다. 물론 전술하였듯이 한국의 비자정책의 복잡성으로, 그리고 정확한 통계의 미비로 근사치를 확정하는 것도 쉽지 않다. 또한 국민으로 귀화한 자, 다문화가정 자녀, 기타 다양한 배경을 중국동포 청소년의 범주로 더욱 확정이 어렵다. 새로 청소년이 되는 연령과, 24세를 벗어나면서 혹은 비자를 변경하는 경우도 많아 추적은 더욱 어렵다. 물론, 24세 이하 중국동포 차세대 청소년의 대다수는 중국에 머물고 있다. 중국 내에서 이들의 실태를 파악한 연구도 없다. 중요한 점은 중국 내 낮은 청년 취업률로 한국이 그 선택지가 될 가능성은 여전히 상존하고 있다는 점이다. 이 점에서 이들의 인구가 증가할 잠재성은 여전히 상존한다.

III. 귀환 중국동포 청소년의 불안정성과 문제점

귀환 중국동포 청소년의 불안정성은 여러 측면에서 살펴볼 수 있다. 체류 인구가 급증하는 현실에도 불구하고 기본적으로 범주화되어 있지 않고 통계조차 명확하지 않은 것은 이미 고찰하였다. 불안정성을 초래하는 다른 측면은 명확하지 않은 비자정책 즉 체류자격이다. 또한 일반 이민자와는 달리 아직 교육을 받아야 할 연령대인 이들에게 제도적으로 기회가 주어지지 않는 점도 불안정성을 초래하는 것이다. 문제는 이런 불안정성이 이민자의 인간안보와 연관되어 있다는 점이다. 또한 불안정한 이들의 인간안보 상황은 한국의 사회통합에 영향을 주는 한 요인이 되고, '이민의 안보화'의 잠재적 요인이 될 수 있다는 점이다.

1. 체류 자격의 불안정성

가장 대표적인 불안정성 요인은 완화되고 있는 비자정책에도 불구하고, 귀환 중국동포 청소년의 경우 체류자격이 불안하다는 점이다. 위에서 고찰한대로, 온전한 재외동포 자격이 부여되는 것도 아니고, 단기간의 방문 동거나 연수 혹은 방문취업제의 대상이 되기 때문이다. 이런 체류 자격은 취업 혹은 취학에도 걸림돌이 되는 것은 물론이다. 그렇다고 다문화가족 관련 지원 자격에도 해당되지 않는다. 말 그대로 어정쩡한 체류 자격이 가장 큰 문제인 것이다. 중도입국 중국동포 청소년의 경우 한국 장기체류 및 취업지원 등의 다문화지원 등의 수혜가 불가능한 단기 동포비자 (C-3-8)를 발급받는다. 이 비자는 한국의 정규학교 재학이나 온전한 취업이 원천적으로 불가능한 비자이다. 이런 상황에서 이들에게 주어진 선택은 단기 속성으로 국가기능사 자격증 취득을 통한 재외동포 자격(F-4)변경이 유일한 탈출구이다. 즉 단기 비자로 출입국을 여러 차례 하면서, 사설 학원을 통하여 국가기능사 자격증을 취득하는 과정인 것이다. 혹은 방문취업이 가능한 연령에 도달할 때까지 무작정 기다리거나, 불법 취업을 할 수밖에 없다. 현재 재외동포비자(F-4)로의 자격변경을 위한 교육은 한국어 능력을 갖춘 한정된 일부 차세대 청소년들에게만 가능한 대안이다. 중국동포의 경우 한국어를 잘 구사하는 것으로 알고 있지만, 차세대의 경우는 다르다. 1991년부터 시작된 중국동포들의 이주와 재이주로 인하여 중국 내에서 민족교육을 받지 못하고, 부모와 떨어져 살다보니 중국어만 하는 청소년이 많은 탓이다(윤명숙외, 2012).

한국어 능력이 없거나 부족한 중국동포 청소년의 경우에는 한국어 학습을 통해 한국 사회에 적응하여야 하나, 단기체류자격으로 인해 현재로서는 법무부 사회통합프로그램 등 무료 한국어 수업조차 원천적으로 불가능한 상황이다. 즉, 국가에서는 중도입국 청소년 중 다문화청소년, 북한이탈청소년 등을 위한 사회적응 및 취업·진로를 지원하기 위한 국가 예산과 관련 프로그램을 확충하였고, 비록 한계가 있지만 실시되고 있는데 반해, 재외동포이자 가장 큰 한국 내 이주민 집단인 중국동포 청소년에게는 불가능한 것이다. 대한민국 국민이 아니기 때문이다. 한국 입국 이후 안정적인 체류자격인 재외동포(F-4)로의 자격변경을 원하고 있으나 부모의 이주 등으로 한족 학교에서 수학한 이들에게, 빠른 시간에 한국어 학습을 하는 것은 불가능하다. 그 결과, 한국 조기정착의지가 강한 일부 청소년들이 개인적 비용으로 사설학원 등에서 한국어 교육을 받고 있는 실정이며, 안정된 체류자격을 원하는 청소년들은 F-4 변경을 위해서 고비용의 학원 수강을 개인적으로 부담하고 있다. 또한 3개월 단기체류 자격으로 인해 학습 중에 부득이 일시 출국 후 재입국해야 하는 등의 불편을 감내하고 있다. 국민도 아니고 그렇다고 다문화의 대상도 아니다. 또한 재외동포법에서 보장받는 재외동포로서의 권리 역시 제한받고 있다. 가장 큰 이주민 집단이자 동포이면서도 실제적으로는 체류가 불안정한 점이 가장 큰 문제인 것이다.

일반적으로 중도입국 청소년들은 그들의 중도입국과 동기와 관계없이 공통적으로 신체적, 심리적, 사회적 발달과정에서 부적응을 겪고 있으며, 일반 내국인 청소년에 비해 심각한 정체성 혼란 등의 문제로 인해 사회적 응에서도 현실적인 어려움을 경험하고 있다(박봉수외, 2013). 그 결과 한국사회에서 새로운 소외계층으로 형성되어 갈 가능성이 높은 것이 현실이다. 이들이 한국에 입국 한 이후 감내해야 하는 출입국관리법 및 국적법 상의 불안정한 체류신분과 이로 이한 한국생활 적응과정에서 겪는 어려움, 즉 취업 및 진로의 문제, 한국어 소통의 부족으로 인한 스트레스와 문화적 충돌, 불안정한 가족관계 등의 애로사항이 크기 때문인 것으로 보인다. 따라서 이들이 한국생활을 안정적으로 영위할 수 있도록 한국에서의 장기체류가 가능한 체류신분을 부여하도록 하고, 이들이 한국에서 장기 체류하면서 한국어습득, 진로 개척 및 취업능력 향상 등의 자기개발을 위한 인프라 구축 지원이 요구된다 할 수 있다.

2. 교육 기회의 불안정성

그러나 이들의 한국 교육 체계 내 진입과 적응도 순조롭지 않은 것 같다. 이민자 일반이 겪는 문제점인 부모의 경제활동으로 인해 가정 돌봄을 제대로 받지 못하는 경우만이 아니다. 중국에서 출생하여 중국 공교육 체계에서 성장한 후 한국에 입국한 학생들이 급속하게 증가하면서, 한국의 공교육 체계에서 이들을 수용하는 것 역시 불안정하다. 앞서 언급한대로 최근의 현상이고 통계도 정확하지 않다보니, 이에 대한 대책 역시 불안정할 수밖에 없다. 특히 연령대별로 세분화되면서 그 어려움은 더하다. 비교적 어린 시절 한국으로 들어온 경우, 중·고등학교 연령대에 한국에 들어온 것에 따라 한국어 능력은 물론 수학 능력에서도 큰 차이를 보이기 때문이다.

현재 제도적으로 이들을 수용하는 것은 일반 학교 이외에, 다문화 예비학교, 다문화 학급의 운영 등을 통한 것이다. <표 8>은 정부 부처별로 추진하고 있는 이민배경자녀에 대한 지원정책을 예시하고 있다. 학령기 자녀 대상으로는 다문화 학생 대상의 대안학교가 2015년에 4개교가 운영되고 있고, 중도입국 자녀대상으로는 교육부 주도의 100여개의 다문화 예비학교, 여가부 주도의 레인보우스쿨 7개소가 있다. 물론 법무부나 여가부의 단기간의 적응 프로그램도 존재하고 있다. 그러나 앞서 언급한대로, 중국동포 청소년만을 대상으로 하는 것은 없다. 현재 운영되고 있는 프로그램에 중국동포를 일부 포함시켜 운영할 뿐이다. 김판준(2014, 47-49)은 380명의 재학생 중 절반이 중국동포 자녀인 서울 구로구 영일초등학교의 프로그램을 분석하면서, 일반 한국학교 체계 내에서의 중국동포 청소년에 대한 교육 방향을 제시하고 있다. 동포라는 특수성에도 초점을 두고, 중국도 고려하는 '문화소통 세계시민 양성'을 주장하는데, 이는 귀환 이주한 중국동포들의 정주화 경향이 강해지면서 잠재적 한국민으로의 국민교육 뿐 아니라, 다문화 시대에 걸맞는 국제이해교육 및 세계시민교육을 병행하여 제공하는 미래 모델을 만들자고 하는 것이다. 이중 언어와 한국의 사회적 환경, 부모 혹은 자신의 출생지인 중국 동북3성 등 새롭게 주어진 환경에서, 중국과의 연결을 통한 지역사회의 제도권 학교들의 중국동포 청소년에 특화된 프로그램을 만들자 하는 것이다.

<표 7> 정부부처별 이민배경 자녀 지원정책 현황

대상	사업명	내용	소관부서
미취학 및 저학년	다문화유치원	다문화 유아의 언어교육 강화를 위한 다문화 유치원 운영('15년 30개원 시범운영)	교육부
	언어발달 서비스	만 12세 이하 자녀 대상 언어발달 정도 진단 및 언어교육 실시(언어발달지도사'15년 300명)	여가부
	방문교육 (자녀생활서비스)	학업성취가 낮고 정서·사회성 발달에서 어려움을 겪는 자녀에게 독서, 숙제지도 등 생활지원('15년 216개소)	여가부
	이중언어 가족환경 조성	다양한 언어와 문화적 잠재력을 키우기 위해 이중언어로 부모와 소통할 수 있는 환경조성을 위해 이중언어교실 등 운영 ('15년 217개소)	여가부
학령기 자녀	대학생 멘토링	다문화·탈북학생 대상 기초학력 증진 강화 학교, 공공기관 등 방문('15년 5,288명 지원)	교육부
	대안학교	다문화 학생 대상 대안학교 운영('15년 4개교) 고교 : 서울 다솜학교, 폴리텍다솜학교 초등 : 지구촌 학교 초중고 통합 : 한누리학교	교육부 고용부
	글로벌 브릿지	다양한 분야(수학, 과학, 언어, 글로벌리더십, 여체능)에 잠재력을 지닌 자녀를 인재로 육성('15년 17개교)	교육부
중도입국자녀	다문화 예비학교	한국어, 한국문화 집중교육을 받을 수 있는 예비학교 운영('15년 100개교)	교육부
	레인보우스쿨	초기적응지원 프로그램으로 한국어교육, 특기적성 교육 등 ('15년 17개소)	여가부
	무지개 Job아라	진로캠프, 인턴십 및 멘토링, 진로탐색과정 운영 등 단계별 진로지원 프로그램 제공('15년 6개소)	여가부
	조기적응 프로그램	중도입국자녀에게 외국인등록 시, 입국초기 사회적응 및 진로 정보 제공('15년 23개 기관)	법무부
일반가정자녀	다문화감수성 증진 프로그램	일반 청소년의 다문화 이해 및 수용성 제고를 위한 다문화감수성 증진 프로그램 운영('15년 23개교)	여가부
	다문화 중점학교	다문화 이해교육과 맞춤형 교육을 통해 다문화수용성 제고 ('15년 150개교)	교육부

자료 : 제12차 다문화가족정책위원회 회의자료(2016), 여성가족부

현재 공교육 진입을 위한 100여 곳의 다문화 예비학교가 분산되어 있는 상황에서(<표 8>), 수도권에 집중되어 있는 중국동포 청소년들에게 제

도적 교육기회는 여전히 불안정한 형편이다. 물론 이 예비학교도 중국동포가 주 대상이 아님은 물론이다. 이런 점은 체류 현실과 제도의 괴리라 할 수 있다.[21] 중국동포가 다수인 거주환경과 이들을 공교육 등 제도로 받아들여야 하는 현실에서, 실제적 제도화의 방향과 현실은 상이하기 때문이다.

<표 8> 2015년 다문화 예비학교 시도별 운영 현황

시도	서울	부산	대구	인천	광주	대전	울산	세종	경기	강원	충북	충남	전북	전남	경북	경남	제주	계
계	9	4	3	4	1	5	5	1	26	8	5	5	7	6	5	5	1	100

출처: 2015 다문화 학생 교육지원 계획(교육부 보도자료. 2015년 3월 17일)

3. 사회문화적 부적응과 불안정성

앞서 언급한대로 다문화 과정을 운영하는 시범학교는 수는 많지 않다. 부모의 거주지가 학교와 먼 경우 취학도 어렵다. 입학하여도, 학교에 부적응하고 또래와 사회에서 소외되기도 쉽다. 제도권 교육 밖의 중국동포 청소년은 파악조차 하기 어렵다. 취업한 경우에도 현재 상황에서는 사회의 하층을 형성할 가능성이 높다. 귀환 이주 중국동포 청소년들이 한국 사회와 문화에 쉽게 적응하지 못하고, 나아가 국가 및 민족 정체성의 형성시기에 적절한 교육을 받을 기회를 놓친다는 것은 개인적으로나 한국사회에도 위기이다. 왜냐하면 이로 인해 공동체로부터의 이탈 및 소외 문제가 이후 심각한 사회 문제로 부상할 수 있기 때문이다. 즉 '이민의 안보화' 이슈가 될 잠재적 가능성이 있기 때문이다.[22] 특히 제도교육의 사각지대

---

21) 전교생 535명 중 약 35%인 187명이 중국동포인 대림동 대동초등학교는 '숨은 중국동포'까지 포함하면 중국동포 비율이 70~80%에 육박한다고 한다(헤럴드경제, 2015.3.11.). '꿈나래반'이라는 다문화 예비교실을 운영하기 시작했지만, 규정상 15명 이하로 제한되어 있어 희망자를 모두 받아들일 수가 없어, 정규 수업시간에 특별반을 만들어 운영하는 변칙을 사용하고 있다(노컷뉴스, 2015.4.28.).
22) 이민의 안보화 논의는 이혜경 외(2016)의 논의를 참조. 잠재적 가능성이 현 실화될 수 있는

에 놓여 있는 만19세~24세 연령대의 대학을 진학하지 못한 중국동포 차세대들의 입국 및 체류 규모가 증가하는데, 이들이 적절한 적응과정을 거치지 못하면 많은 문제점이 노출될 수 있다. 위에 언급한대로, 2015년 4월 기준 국내 초·중·고교에 재학 중인 중국동포 학생 수는 9,215명에 불과하다. 제도 밖의 중국동포 청소년은 최대 4만 명을 넘어서고 있는 실정이다.

잎선 언급한대로, 현재 만 19세에서 24세에 해당하는 중국동포는 한국에 들어와서 90일 이상 체류를 할 수 없으며, 아르바이트 등 취업활동을 할 수 없다. 물론 법무부가 고시한 국가기술자격증(기능사 이상)을 취득해 재외동포(F-4) 체류자격을 부여받는 것이 이들과 부모들이 갖는 최대 관심 사항이다. 정주의 경향이 강해지고, 중국보다는 한국이 현재 중국동포 가족들의 중심 지역이 되는 현실에서, 자녀의 성공적 정착과 한국 사회에의 적응은 중국동포 부모들에게 매우 중요한 사안이다. 그러나 체류자격이 불안정하니 여러 변칙이 나타나면서, 이들의 한국에 대한 불만은 높아지고 있다. 현재 중국동포 차세대들, 특히 C-3-8 비자로 한국에 들어온 이들에 대한 연구자의 불안전한 조사에 의하면, 1) 대부분이 중국에서도 학교생활에 제대로 적응 못해 결국 대학진학을 하지 못했다는 점, 2) 한국에서 부모들이 보내준 돈으로 생활을 하며 부모세대와는 달리 돈 씀씀이가 헤픈 성향이 있다는 점, 3) 정체성과 세계관의 결여가 심각하고, 4) PC게임 등에 중독된 비정상적인 생활습관에 빠져있으며, 5) 범죄 유혹에 노출되어 있다는 점 등의 고충이 발생하고 있다.[23]

이와 같은 문제점들이 발생하고 있지만, 정작 부모세대들 역시 자녀문제에 대해서는 손을 놓고 있는 상황이다. 이들 부모의 나이 대를 보면 40

요소 및 사례에 대한 추후 연구가 필요하다.

23) 공저자 곽재석은 2015년 11월부터 중국동포 청소년 전문대안학교 '한중사랑학교'를 운영하면서 면담 관찰하였다(연합뉴스, 2015/11/06).

대 중후반에서 50대 초중반으로 한국에 와서도 한창 일을 해야 할 나이이고, 자녀들과 오랫동안 떨어져서 생활을 해서 부모 자식 간의 의사소통과 교감이 충분히 깊지 못하다. 그러다보니 자녀는 부모에 대해서 돈만 벌어주면 만족해하고, 부모는 자식이 큰 속 안 썩이고 지내는 것만으로 만족해야 하는 상황에 직면해 있다. 또한 이혼가정이 상대적으로 많아 자녀문제에 충분히 관심을 가져주기 어려운 환경에 놓여있다는 것도 중요하다 (리화 2014; 박봉수 외 2013).

이런 불안정성은 다양한 범죄에 노출되는 빈도 역시 높인다. 중국동포 청소년 범죄에 대한 개별 통계는 존재하지 않는다. 그러나 연간 외국인 범죄 및 외국인 청소년 범죄 중 많은 부분이 중국동포에 의해 이루어지고 있는 점을 감안하면, 그 유형과 추세를 알아볼 수 있다. 한국에서 이민자 범죄는 외국인 범죄로 통칭되어 불리고 있다. 그러나 외국인 범죄라는 정의는 이민자가 가진 특수한 환경, 즉 출입국과 체류와 관련한 범죄가 아닌, 일반 범죄와 연관된 의미가 강하다. 그러나 이민자 범죄는 많은 부분이 출입국 및 체류와 연관되어 있다. 입국 관련 서류의 위변조, 부정취득과 사용, 취업을 목적으로 한 외국인이 여권이나 사증을 위조하거나 사진교체, 심사 인위 변조, 타인 명의의 여권 등을 사용하는 경우가 출입국과 관련된 이민자 범죄이며, 여기에서 촉발된 다른 일반 범죄가 다수를 차지하는 것이 이민자 범죄의 특징이기 때문이다. 연간 외국인 청소년 범죄의 추이는 <표 9>와 같다. 전체 외국인 범죄 중 청소년 범죄는 대략 15% 이상을 차지하고 있다. 강력 범죄보다는 주로 폭력이나 절도 등이 많다.

<표 9> 연간 외국인 청소년 범죄 증가 현황

범죄유형	세분류	2011년	2012년	2013년	2014년
강력범죄	소계	8	11	10	10
	살인(기수)	-	-	-	

범죄유형	세분류	2011년	2012년	2013년	2014년
	살인(미수)	-	1	-	4
	강도	7	6	3	1
	강간·강제추행	1	4	7	5
	방화	-	-	-	-
절도범죄		40	48	46	50
폭력범죄	소계	59	69	87	81
	상해	8	11	7	10
	폭행	7	11	25	20
	체포감금	-	-	1	-
	협박	-	-	1	-
	약취유인	-	-	-	-
	폭력행위	42	40	46	45
	공갈	-	4	1	-
기타	손괴	2	4	3	6
	지능범죄	21	18	23	48
	풍속범죄	-	3	-	1
	특별경제범죄	10	1	6	13
	교통범죄	13	21	25	31

최근 보도에 따르면, 귀환 이주 중국동포 청소년들의 범죄에서 지능범죄가 늘어나고 있다. 전화금융사기(보이스피싱)와 연관되고, 점차 조직화하고, 마약 등 기타 범죄와 연관되고 있다는 것이다.[24] 이는 한국 사회에 부적응하는 중국동포 청소년이 늘어나고 있는 것을 반증하는 것이다.

Ⅳ. 결론: 범주화와 정책적 대안의 마련

이주민의 인간안보는 이주 과정과 이주 후 수용국에서의 안보 쟁점으

---

24) 미성년자인 중국동포 3세가 개입된 보이스피싱 범죄 보도는 종종 발견된다(한국일보, 2016. 3. 29;중앙일보, 2015.02.01.)

로 나뉜다. 밀입국과 인신 매매 등은 이주과정 중 쟁점이다. 이민정책이 출입국과 체류 그리고 국적문제 등 전통적 이민정책을 넘어, 사회통합 정책으로 확대되면서 수용국에서의 인간안보 쟁점이 주목 받고 있다. 한국인과 동등한 시민적 권리의 보장, 차별시정, 미등록이주노동자(불법체류자)에게는 단속 및 보호 과정에서의 인권침해 방지, 이주민 자녀의 교육권 보장 등이 그것이다. 물론 임금체불이나 열악한 근로조건 및 주거환경, 과한 노동 시간 등에 의한 기본적 인권침해, 가족결합권의 불인정 등도 포함된다. 특히 미등록 외국인 노동자의 자녀의 경우 국가 차원의 합법적 신분제도가 없기에, 아동으로서의 교육받을 권리나 기타 권리가 위축되는 인간 안보적 위험에 노출되어 있다. 귀환 이주 재외동포와 중국동포 청소년의 경우, 2장과 3장에서 보았듯이 다양한 쟁점들이 이주민의 인간안보와 연관된다.

중요한 점은 한 국가 내에서 인간안보 쟁점이 선순환적 해결이 안될 경우, 이민자의 정치화에 따른 급격한 이민의 안보화가 촉진될 수 있다는 것이다. 이민자의 인간안보를 넘어, 국가 및 사회의 안보문제화할 개연성이 커진 것이다. 중요한 점은 이주민들이 자신들의 인간안보적 권리를 표출할 수 있는 제도적 길이 봉쇄된다면, 이주민들의 의사 표출은 때로는 집단화되고, 폭력적이거나, 국제 연계적 형태를 띠고 진행되어 한 사회의 안보문제가 될 수 있다는 점이다. 물론 개인적인 일탈인 범죄와 조직범죄로 발전할 수도 있다.

한국 사회의 외국인 체류자 중 가장 큰 집단인 중국동포와 증가하고 있는 귀환 이주 중국동포 청소년의 경우도 예외가 아니다. 인구의 증가와 집단화의 현상은 서서히 나타나고 있으나, 문제를 파악하는 노력은 아직 초보적이다. 귀환 이주 중국동포 청소년에 대한 범주화는 아직 이뤄지고 있지 않다. 역설적이게도, 가장 큰 이주민 그룹이고 국민에 준하는 재외동포 자격을 가져야 함에도 불구하고, 중국동포 청소년은 제도적 지원에서 제외되고 있다. 불안정한 체류신분으로 인해 설혹 스스로 자기발전을 위한 노력을 한다고 할지라도 그 비용은 오로지 본인과 가족의 몫으로 돌아오는 어려움에 처해있다. 한국어능력 부족, 문화적 격차, 교육시스템의 차이 등으로 말미암아 한국의 정상적인 직업교육이나 공교육 시스템에 진입하지 못하고 방치되어 있다.

　따라서 이제 귀환이주 중국동포 청소년을 위한 특별한 정책이 필요한 상황이다. 중국동포는 우리 사회의 일원으로 깊숙이 들어와 있고, 장기 체류하고 있는 실정이다. 장기 체류 외국인의 다수를 중국동포가 차지하고 있음에도 불구하고 사각지대에 놓인다는 것은 현실을 외면하는 처사이다. 중국동포 청소년 정책은 인적 자원의 양성, 인간안보, 미래 한국 사회의 안정성과도 밀접한 연관이 있다. 이들이 한국 사회와 문화에 쉽게 통합 및 동화되지 못하고, 나아가 국가 및 민족 정체성의 형성 위기로 인해 공동체로부터의 이탈 및 소외되거나 이로 인한 일탈 현상이 심각한 사회적 문제로 부상한다면, 이민 문제의 안보화가 확대될 가능성이 있다. 특히 불안정한 체류신분으로 거주하면서 정부의 다문화 외국인정책의 사각지대에 방치될 때, 미래 한국사회 발전의 장애물로 전락할 가능성도 크다. 세계 각국이 국경 간 인적 자원을 적절히 관리하는 이민정책을 통하여 국가 발전을 도모하고 있는 상황에서, 차세대 인적자원의 능력을 개발 육성하는 것은 미래 한국의 국가발전을 위해 매우 중요한 과제이다. 이들에 대한 적절한 정책은 이민자의 인간안보 향상에 기여하고, 안보문제화 하는 것을 미연에 방지할 수 있음은 물론, 미래 국가 전략과 한·중 관계에서 중요하다. 다문화 및 이주민 포용 사회로 나아가는 한국에서, 이들 귀환 이주 중국동포 청소년에 대한 정책을 수립하는 것은 주요한 국가적 책무의 하나라 할 것이다.

국내 동포 밀집거주지역의 지방자치단체
외국인주민정책 현황과 개선 방안*

곽재석

Ⅰ. 서론

정부의 지속적인 포용정책 시행으로 중국동포를 포함한 재외동포의 폭발적인 모 국 입국이 진행되어 왔다. 특히 한중 수교 이후 30여 년의 기간이 경과하면서 대규모의 중국동포들이 주거비용이 저렴하고 교통이 편리한 특정지역을 중심으로 한국에 장기거주 자격을 취득하여 전문직, 무역, 서비스 등 폭넓은 방면에서 다양한 형태로 한국의 지역사회에서 주민으로서의 생활을 이어가고 있다.

그럼에도 불구하고 지역사회에 밀집 거주하는 동포는 정부의 '외국인정책', '다문 화가족정책', 그리고 '외국인주민정책'의 정책지원의 사각지대에 존재하고 있다. 동포 밀집지역의 지방자치단체의 경우에 대개가 결혼이민자나 또는 한국 국적취득 가정을 중심으로 사회통합정책을 시행하고 있어 실제 지역사회의 다수 외국인 주민으로 존재하는 동포의 한국사회 통합과 정착을 지원하기 위한 사업과 프로그램이 매우 부족한 상황에 있다.

서울시 서남권지역의 영등포구 대림동은 한국사회 최대 동포 밀집거주지역으로서 쉽지 않은 외국인 주민 정착과 사회통합 과제를 안고 있다. 지역주민으로서 동포의 사회통합 과제는 한국사회 정착의 기초적인 행정

---

* 본 논문은 재외한인학회. 2021. 『재외한인연구』제55호. pp. 1-21에 게재되었음

공간으로서의 지방자치단체에 있어서도 매우 중요한 문제로 부각되고 있다. 따라서 한국사회의 경제사회 부문 을 포함한 다양한 부문에 존재하는 국내 체류 동포에 대한 법제도적 미비점을 개선하여 동포들의 모국에서의 취약한 사회통합을 해소하고 동포와 내국인간의 동질성을 회복해야 할 단계에 있다. 본 글은 국내 체류 동포 밀집거주지역에 지역사회의 '외국인주민'으로 거주하는 동포들의 지역사회 주요 통합과제를 살펴보고, 관련하여 지자체의 효율적인 정책적 대응을 위한 개선방안을 모색하고자 한다.

II. 동포 밀집거주지역 체류 현황: 서울 서남권 영등포구의 경우

행정안전부에서 2020년 11월 보도한 지자체 외국인주민현황(2019년 11월 1일 기준)에 따르면 전국의 외국인주민 규모는 2018년 2,054,621명에 비해 161,991명(7.9%) 증가한 2,216,612명으로, 외국인주민 비율이 2006년 1.1%에서 2019년 4.3%로 약 4배가량 증가한 것으로 나타났다. 시·군·구별 외국인주민 규모를 먼저 살펴보면 안산시 92,787명(13.0%), 수원시 67,073명(5.5%), 화성시 65,040 명(7.8%), 시흥시 59,634명(11.7%), 영등포구 55,524명(14.1%) 순으로 서울시 영등포구는 전국 5위의 체류 규모를 보이고 있다. 서울 서남권인 영등포구의 지역 커뮤니티 인구 대비 외국인주민 비율을 살펴보면 영등포구는 총 인구 394,083명 중 외국인주민이 55,524명(14.1%)으로 충청북도 음성군 다음으로 전국 2위의 매우 높은 외국인주민 비율을 나타내고 있다. 그리고 이들 영등포구 외국인주민의 86.8%(48,180명)는 한국국적을 가지지 않은 순수 외국인주민으로

거주하고 있는 것으로 나타났다.[1]

그런데 외국인주민으로서 동포에 관한 통계를 살펴보면 영등포구는 전국의 모든 시·군·구 가운데 동포들이 가장 많이 밀집 거주하는 곳으로 나타나고 있다. 영등포구 체류 동포는 총 38,897명으로 안산시 38,696명, 구로구 36,694명, 수원시 34,416명을 제치고 전국 최고의 동포 밀집거주 지역으로 확인되고 있다. 영등포구에 체류하는 동포들을 체류자격별로 살펴보면, 재외동포(F-4)가 16,171명으로 가장 많고, 다음으로 방문취업 (H-2)이 15,204명으로 나타나고 있다. 그 외에도 동포는 결혼이민자(F-6), 귀화자 등 다양한 체류자격을 가지고 있어서 거의 모든 주요 장기체류자 격에서 절대적인 다수를 차지하고 있다.

주목할 점은 영등포구 체류 동포 중에서 외국인근로자로서의 방문취업 (H-2) 체류자격보다 한국 정주가 가능한 재외동포(F-4) 체류자격이 더욱 많은 것으로 나타나고 있는데 이는 영등포구 체류 동포들이 외국인근로 자 신분으로 한국에 단기간 체류하기 보다는 지역사회에서 소상공인이나 전문직 또는 사무직 등으로 정착하여 이미 주민의 일원으로 살아가고 있 다는 사실을 확인하여 주고 있다(행정안전부, 2020). 이처럼 서울 서남권 지역에 동포들이 밀집 거주하는 이유는 무엇보다도 한국인 주민들이 기 피하는 단순노무인력에 대한 시장 수요가 존재하고 있다는 것이며, 다음 으로 서울 시내와 수도권 내에서 빠른 이동을 용이하게 하는 교통의 편리 함, 그리고 저렴한 주택 및 상가 임대료 등의 요건이 적절하게 구비되어 있기 때문이다(오정은, 2016: 36).

그러나 2007년 재한외국인처우기본법, 그리고 2008년 다문화가족지원 법의 제정 이후 현재까지 정부의 다문화 외국인정책의 기본축이 결혼이

---

[1] 그러나 외국인주민 중 한국국적을 취득자가 많이 거주하는 비율을 살펴보면 안산시 7,877명, 부천시 6,772명, 구로구 6,532명, 수원시 6,023명, 영등포구 5,630명 순으로 영등포구는 한국 국적을 취득한 외국인주민 또한 전국에서 5위 수준을 많이 거주하고 있는 것으로 나타났다.

민자(F-6) 및 일반 외국인력(E-9) 중심으로 이루어지면서 실제적으로는 국내 이민자의 중심을 차지하고 있는 이들 동포들은 지역사회 이민자 사회통합의 취약 분야로 존재하고 있다. 이런 이유로 동포와 내국인 주민간의 갈등과 마찰 등 서울 서남권 영등포구의 동포밀집거주지역은 매우 다양한 분야에서 문제를 안고 있다. 문화 및 생활습관의 차이로 인한 주민들의 동포에 대한 차별적 인식, 중도입국 자녀의 정상적인 학교교육의 문제, 외국인범죄와 생활질서의 문제, 편견과 차별의 문제 등 다양한 갈등이 불거지고 있다. 다음 절에서는 서울 서남권 동포 밀집거주지역인 영등포구가 안고 있는 사회통합의 주요 과제들이 무엇인지 동포들의 체류현황을 중심으로 살펴본다.

1. 동포에 대한 낮은 공동체의식

일반적으로 생각하는 바와는 달리 서울시 영등포구는 다양한 이질적인 계층과 집단이 혼재하여 거주하는 지역이지만 주민간의 상호이해의 수준과 사회적 포용성은 비교적 양호한 지역으로 나타나고 있다. 영등포구의 주민들의 사회적 약자에 대한 배려적 태도를 조사한 서울시의 '서울서베이' 결과에 따르면, 영등포구의 주민들은 장애인에 대한 관용, 가난한 자에 대한 사회적 책임을 강조하는 연대의식, 노인에 대한 포용성, 여성 사회참여에 대한 개방성 등의 지표에서 서울시 25개 구 중에서 양호한 성적을 나타내고 있다(서울서베이, 2021).

<표 1> 사회의 사회적 약자에 대한 배려적 태도 (2020년도)

서울시전체/ 자치구별	종합	사회적 약자에 대한 시민의 주관적 태도			
		장애아에 대한 인식	가난에 대한 인식	노인사회 복지 인식	여성제도 개선 인식
서울시 전체	5.70	6.19	5.39	5.10	6.11
구로구	5.71	6.25	5.27	5.01	6.30

서울시전체/	종합	사회적 약자에 대한 시민의 주관적 태도			
자치구별		장애아에 대한 인식	가난에 대한 인식	노인사회 복지 인식	여성제도 개선 인식
금천구	5.55	6.25	5.16	4.86	5.91
영등포구	5.60	6.41	5.15	5.01	5.82
동작구	5.73	6.18	5.60	4.88	6.25
관악구	5.63	6.28	5.43	4.99	5.81

자료: 서울서베이 도시정책지표조사:
http://data.seoul.go.kr/dataList/OA-15564/F/1/datasetView.do(검색일자 2021-9-16)

그런데 사회적 약자에 대한 영등포구의 이와 같은 포용성은 지역사회 이웃으로 존재하는 동포에 대해서는 매우 다른 모습으로 나타나고 있다. 동포 외국인과의 관계(가족으로서의 관계, 친구로서의 관계, 이웃으로서의 관계)에 대한 주민들의 태도 조사에서 영등포구는 서울시 평균보다 훨씬 저조한 수준을 보이고 있다(영등포구: 2011년 5.61, 2018년 6.12 vs. 서울시: 2011년 5.98, 2018년 6.17). 영등포 구 주민의 동포 이웃에 대한 이러한 배타적 태도는 외국인주민정책이 본격적으로 시행된 초기부터 이미 많은 기간이 경과한 최근까지도 큰 변화를 보이지 않고 있다. 특히, 최근에 영등포구가 동포들의 밀집거주지역으로 급격히 변화하면서 동포들의 무단 쓰레기 배출, 무질서한 교통질서, 범죄 등의 문제가 불거지는 등 지역주민과의 마찰·갈등은 매우 다양한 방면에서 심각한 양상으로 나타나고 있다. 서울시 서남권 영등포구의 동포 밀집거주지역 한국인 주민과 동포 간에는 지역공동체주민으로서의 동반자의식이 매우 필요한 상황이다.

<표 2> 주민의 외국인과 관계에 대한 태도 (각 구별 비교, 2011 및 2018년도)

서울시 전체/ 자치구별	종합		나 혹은 나의 자녀가 외국인과 결혼하면 받아들일 수 있다		나는 외국인을 나의 친구로 받아들일 수 있다		나는 외국인을 나의 이웃으로 받아들일 수 있다	
	2011	2018	2011	2018	2011	2018	2011	2018
서울시	5.98	6.17	5.52	5.67	6.13	6.43	6.29	6.42

서울시 전체/ 자치구별	종합		나 혹은 나의 자녀가 외국인과 결혼하면 받아들일 수 있다		나는 외국인을 나의 친구로 받아들일 수 있다		나는 외국인을 나의 이웃으로 받아들일 수 있다	
	2011	2018	2011	2018	2011	2018	2011	2018
구로구	5.93	6.02	5.32	5.47	6.19	6.23	6.27	6.36
금천구	5.76	6.76	5.21	6.11	5.94	6.9	6.13	7.27
영등포구	5.61	6.12	5.29	5.88	5.79	6.17	5.76	6.3
동작구	6.83	6.2	6.67	5.5	6.97	6.46	6.85	6.63
관악구	6.22	6.53	5.88	6.05	6.27	6.72	6.51	6.82

자료: 서울서베이 도시정책지표조사:
http://data.seoul.go.kr/dataList/OA-15564/F/1/datasetView.do (검색일자 2021-9-16)

그런데 동포와 주민 간에 존재하는 이러한 상호갈등에 대하여 영등포구 지역 주민들이 수수방관하고 있거나 상황을 더욱 갈등적으로 만들려는 태도를 가지고 있지는 않다. 이러한 점에서 주민들의 태도 변화를 통한 주민 갈등 해결의 가능성이 전혀 없는 것이 아니다. 지역사회통합을 위한 적절한 정책적 개입을 통해 상황을 개선을 여지가 매우 높다는 것이다. '서울서베이'에서 나타난 다문화사회에 대한 시민의 주관적 태도 지표에서 영등포구 주민들은 한국사회의 저출산 고령화 문제 해결을 위해 외국인의 적극적 유입에 대해 매우 긍정적으로 수용하는 태도를 보이고 있다. 따라서 동포밀집거주지역을 담당하는 지자체로서의 영등포구는 외국인주민정책에 대한 기존 정책 점검을 통해 지역사회통합을 위한 동포 특화된 개선방안을 모색해 나가도록 해야 한다.

<표 3> 다문화사회에 대한 시민의 주관적 태도 (2020년도)

서울시전체/ 자치구별	종합	인구감소문제 해결 위해 외국인 이민정책 필요	결혼 이민자에 대한 사회적 편견해소 정책 필요	이민자 많아지면 일자리 빼앗길 것 같다
서울시	5.55	5.07	5.94	5.65
구로구	5.38	5.14	5.86	5.13
금천구	5.65	5.39	5.94	5.61

서울시전체/ 자치구별	종합	인구감소문제 해결 위해 외국인 이민정책 필요	결혼 이민자에 대한 사회적 편견해소 정책 필요	이민자 많아지면 일자리 빼앗길 것 같다
영등포구	5.51	5.21	5.93	5.4
동작구	5.66	4.63	5.92	6.43
관악구	5.52	4.92	5.72	5.93

자료: 서울서베이 도시정책지표조사:
　　　http://data.seoul.go.kr/dataList/OA-15564/F/1/datasetView.do(검색일자 2021-9-16)

2. 열악한 밀집거주환경

　　도시 안전은 지역사회 주민의 생명과 재산 그리고 삶의 질에 매우 중요한 요소이다. 서울시 서남권 영등포구는 동포들이 지역사회에 지속적으로 유입되면서 자연스럽게 밀집거주환경 또한 열악하게 변화해 가고 있다. 특히 외국인 범죄가 지속적으로 증가하고 있는 문제에 대해 지역사회 주민은 매우 불편해 하고 있다. 이러한 동포밀집거주지역의 외국인 범죄에 대한 한국사회의 높은 경계심은 물론 다소 과도한 측면이 있다. 아직 외국인의 인구대비 범죄자 비율은 내국인의 비율보다 현저하게 낮은 것으로 나타나고 있기 때문이다.

<표 4> 연간 외국인범죄 발생 현황

구분	2011년	2020년
전체범죄건수	1,752,598	1,587,866
외국인범죄건수	27,436	35,390
구성비(%)	1.56%	2.22%

자료 : 경찰청 범죄통계(2011, 2020):
　　　http://www.police.go.kr/www/open/publice/publice03_2020. jsp(검색일자 2021-9-16)

　　하지만 국민들은 일반외국인들 범죄 경향은 낮을지 모르지만 동포들은 유독 흉악하고 범죄 경향이 매우 높다고 여전히 잘못 인식하고 있다. 이는 동포들의 범죄가 전체 외국인범죄에서 차지하는 규모가 매우 크기 때문이다.[2] 관련하여 동포들의 범죄 규모가 큰 것은 전체 체류 외국인 중에서 동포들이 차지하는 비율이 절대적으로 많기 때문이지 특별히 중국동포들이 범죄성향이 높아서 그런 것은 결코 아니라는 설명도 있다(소은선, 2011). 게다가 중국인들이 저지르는 범죄 또한 대개가 폭력, 지능, 풍속, 특별경제 범죄 등이며 강력범죄 비율이 그리 높은 것도 아니다.[3]

그럼에도 불구하고 동포들이 밀집 거주하는 영등포구의 외국인 범죄 문제는 위와 같은 일반적인 현상과 조금 다르게 나타나고 있는 것이 사실이다. 동포에 의한 흉악한 살인범죄가 발생한 이후 한국사회에서 동포 집단을 잠재적 범죄 집단으로 간주하는 현상이 확산되고, 동포들은 이에 대해 한국사회의 근거 없는 차별이라고 매우 불쾌해 하지만 서울시 서남권 동포 밀집거주지역 지역만을 볼 때 이러한 지적이 완전히 틀린 것만은 아니다. 최근에 서울시 영등포구와 구로구는 살인, 강도, 방화, 폭력 등의 강력 범죄의 핫스팟인 것으로 밝혀지고 있다. 살인범죄, 강도, 방화, 강간 등의 강력범죄의 경우 '서울 중심부보다는 영등포구와 구로구 등의 서울 서남권이 매우 높은 비율로 집중적으로 발생'하고 있다는 것이다(장현석·홍명기·이경아·조은비, 2021). 서울시 서남권이 사람중심의 안전도시가 되기 위해서는 증가하는 외국인범죄 문제 해결에 대한 긴급한 정책적 대응이 필요하다.

외국인 범죄와 함께 주민들이 인식하는 가장 큰 갈등 현안은 쓰레기 처리 등 기초질서의 문제이다(서종건, 2021: 48-52; 오정은, 2016: 114-115). 좁은 지역에 밀집거주로 인한 자연적인 생활쓰레기의 양산과 함께 양꼬치거리 등 특색 있는 다문화 음식점 등이 생기면서 영등포구 대림동은 주

---

2) 최근 5년간 외국인 범죄 193,053건 중 52.2%가 중국국적 외국인에 의해서 발생한 것으로 나타났다. 김도읍 국회의원 국감자료. 데일리매거진. 2021-9-9. 보도 참고.

3) 국내 체류 외국인들의 인구 10만 명당 강력범죄율을 국적별로 살펴보면 2019년 현재, 파키스탄, 키르기스스탄 등이 가장 높고 중국은 10위 정도이다. https://satchellhong.tistory.com/36 참고.

중이나 주말 구별 없이 증가한 외지 방문객으로 늘 인파로 넘쳐나고 이로 인한 환경문제가 매우 심각한 것이 사실이다. 따라서 쓰레기 투기에 대한 기초질서교육 등을 통해 밀집주거환경을 개선하는 방안이나 안전하고 위생적인 생활환경 인프라 구축과 넛지(Nudge)를 활용한 기초법 질서준수 등의 정책 프로그램의 등 다양한 방안이 개진되고 있다(박현주, 2017).

3. 동포 차세대 학교교육의 문제

법무부가 2012년 4월부터 한국 체류 동포들의 만19세 미만 자녀에 대해 방문동거(F-1) 자격으로 한국에서의 장기 동반 체류를 허용하는 정책을 도입하면서 동포밀집지역의 동포 차세대 유입이 급격하게 이루어졌다. 중도입국 동포 차세대의 학교 취·진학으로 밀집지역의 학교교육이 새로운 사회통합의 과제로 제기되고 있다(이진영·곽재석, 2017). 동포 차세대들의 유입은 문화 및 언어적 다양성을 제고하는 긍정적인 측면도 물론 있지만, 지역주민의 입장에서는 자기 자녀의 학업성취도에 대해 신경을 쓰지 않을 수 없는 문제이기도 하다. 동포 청소년들이 유입되면서 취학이 시작된 이후부터 2016년까지의 5년간 영등포구 지역의 중학생의 학업성취도는 전국 및 서울 평균보다는 다소 저조한 편이지만 그래도 '보통 이상' 학력 학생비율이 지속적으로 증가하면서 다소 향상되는 추세를 보여주었다.[4]

<표 5> 서울시 영등포구 중학교 3학년생 학업성취도 (2012년~2016년)

구분	2012	2014	2016
'보통이상'	75.0	74.3	77.7
'기초학력미달'	2.9	6.2	5.1

자료 1: 영등포구청(2015)
자료 2: 파이낸셜뉴스 2018-02-12. http://www.fnnews.com/news/201802121529555821
  (검색일자 2021-9-16)

---

[4] 2017년 이후에는 학업성취도 조사가 표집조사 방식으로 변경되어 지역별 학업성취도 통계가 없음.

문제는 이러한 향상 추세에도 불구하고 '기초학력 미달'의 학생의 비율은 매우 큰 폭으로 증가하였다는 것이다. 이러한 현상은 이미 2012년 이후부터 꾸준히 지속적으로 나타나고 있다. 그리고 바로 영등포구 소재 중학교 학생들의 이와 같은 전반적인 학력 저하 현상의 원인이 바로 동포 차세대 학생 유입 때문일 수 있다는 것이다. 좀 더 정확한 분석이 필요하지만 영등포구 지역의 중학교에서 나타나는 지역적 학력저하 현상을 촉발하는 학교들이 모두 동포 밀집거주지역인 대림동에 소재하는 학교로 나타나고 있는 것이다.

<그림 1> 영등포구 중학교 교과별 학업성취도 E 등급 이하 학생비율 (2019년 기준)

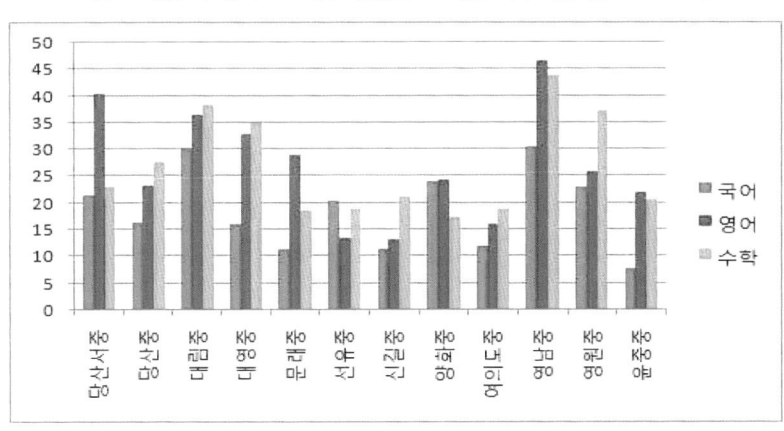

자료: 학교알리미 초중등교육정보공시서비스: http://www.schoolinfo.go.kr/index.jsp(검색일자 2021-9-1)

이러한 사실은 영등포구 동포밀집거주지역에 소재하는 학교들과 동포 중도입국차세대에 대한 특별한 교육 대책이 없이는 영등포구 전체의 저조한 지역적 학업성취도 수준은 쉽게 극복하기 어려운 과제가 될 수 있다는 것이다. 그러나 정작 서울시 서남권 동포 밀집거주지역이 당면한 교육문제는 이들 학교 안의 학생들에게 있지 않다. 정확한 통계는 구할 수 없지만 영등포구 동포 밀집거주지역에는 학교 밖에 방치된 동포 청소년들의 비율이 학교 안보다 훨씬 높을 것으로 추정된다. 학교 밖 동포 중도입국 청소년의 한국사회 정착을 위한 교육 지원 인프라는 고사하고 이들에게는 한국사회 정착을 위한 안정적인 취업 및 진로를 위한 정책대안조차 부재한 상황이다. 부모 중 어느 한 명도 대한민국 국적이 아닌 경우가 많은 이들 동포중도입국 청소년들은 다문화가족지원법 등 정부의 다양한 정책지원 대상에서 제외되어 있는 까닭에 이들의 한국사회 정착의 노력과 비용은 오로지 본인과 가족의 몫으로 돌아오고 있다.5)

4. 동포의 정주화와 고령화

최근에 모국으로 귀환하여 지역사회에 거주하기 시작한 동포들은 일정 기간이 지나면 다시 본국으로 돌아가는 일반외국인과는 많이 다른 체류 패턴을 보여주고 있다. 그 중에 하나가 바로 한국사회로의 정주화와 이에 따른 고령화 현상이다. 아래 <표 6>에 나타난 바와 같이 영등포구를 포함하여 서울시 서남권의 자치구들은 국적취득 이후 5년 이상 동안 지역에 거주하는 비율이 전국 평균보다 훨씬 높은 것으로 나타났다. 이러한 경우는 영등포구의 경우 단연 높은 것으로 나타나고 있다. 따라서 이들 동포들이 단순히 거주국으로 되돌아갈 외국인이 아닌 지역사회의 구성원인 주민으로 포용하는 외국인주민정책이 요구된다.

---

5) 다문화가족지원법 제2조 제1항에서는 대한민국 국적을 취득한 자로 이루어진 "다문 화가족", 제2항의 결혼이민자 및 국제결혼을 통해 귀화허가를 받은 "결혼이민자등"에게만 지원이 가능하도록 되어 있어 이주배경 청소년 지원에서 국내체류 중국동포 청소년들은 제외되어 있다. 일례로 노동부 취업성공패키지 대상에 결혼이민자 자녀나 탈북청소년 등은 포함되어 있으나 동포 차세대 청소년은 아예 배제되어 있다.

<表 6> 국적취득 경과 기간별

구분	계	1년만	1년 이상 ~ 2년 미만	2년 이상 ~ 3년 미만	3년 이상 ~ 4년 미만	4년 이상 ~ 5년 미만	5년 이상 ~ 10년 미만	10년 이상
전국	185,728	8,259	11,638	10,876	10,005	10,030	64,374	70,546
서울특별시	42,208	1,485	2,137	2,117	1,862	2,209	13,695	18,703
구로구	6,532	235	333	347	307	370	1,999	2,941
금천구	3,847	144	171	184	154	200	1,263	1,731
영등포구	5,630	205	280	285	272	312	1,767	2,509
동작구	1,631	65	89	79	66	85	515	732
관악구	3,261	126	170	143	158	181	1,075	1,408

자료: 지방자치단체 외국인주민 현황. 2020.
http://www.mois.go.kr/frt/bbs/type001/commonSelect
BoardArticle.do?bbsId=BBSMSTR_000000000014&nttId=80781(검색일자 2021-9-16)

한편, 한국의 지역사회에 장기 거주하는 동포들의 고령화 또한 매우 심각하다. 영등포구 지역의 외국인주민 연령별 구성을 살펴보면 국내 체류 동포사회가 매우 심각한 고령화를 겪고 있음을 알 수 있다. 전국 외국인주민 중 60세 이상 고령자의 비율은 8.76%(155,842명) 인 반면, 영등포구의 경우 60세 이상 고령자는 전국 규모의 2배 이상인 20.4%(9,819명)를 차지하고 있다. 다시 이 중에 한국에 정주가 보장된 체류자격인 외국국적동포(주로 F-4)만을 살펴보면, 영등포구의 외국국적 동포의 무려 45.1%(7,286명)가 고령층인 것으로 나타났다.

<표 7> 전국 vs. 영등포구 외국인주민 연령별 구성(체류자격별)

	한국국적을 가지지 않은 자						한국국적을 취득한 자
	소계	외국인 근로자	결혼 이민자	유학생	외국국적 동포	기타 외국인	소계
전국	계	계	계	계	계	계	계
	1,778,918	515,051	173,882	160,610	303,245	626,130	185,728

	한국국적을 가지지 않은 자						한국 국적을 취득한 자
	소계	외국인 근로자	결혼 이민자	유학생	외국국적 동포	기타 외국인	
0~9세	65,250	*	*	*	818	64,431	4,716
10~19세	56,707	1,119	966	24,004	1,590	29,028	5,724
20~29세	478,997	159,206	34,528	124,723	32,308	128,232	18,783
30~39세	483,489	176,054	63,008	10,735	63,251	170,441	60,160
40~49세	290,198	84,038	37,554	1,042	48,482	119,082	45,416
50~59세	248,435	85,552	28,032	89	53,557	81,205	31,380
60~69세	126,431	8,761	8,615	15	82,499	26,541	15,228
70세이상	29,411	320	1,179	*	20,740	7,170	4,321
영등포구	48,180	15,204	3,125	395	16,171	13,285	5,630
0~9세	1,947	*	*	*	14	1,933	158
10~19세	925	28	*	28	38	829	271
20~29세	4,420	899	186	336	1,759	1,240	248
30~39세	8,494	2,482	712	28	2,755	2,517	873
40~49세	8,809	3,819	745	*	1,952	2,291	1,317
50~59세	13,766	7,207	974	*	2,717	2,868	1,578
60~69세	8,339	754	468	*	5,731	1,385	938

자료: 지방자치단체 외국인주민 현황. 2020.
http://www.mois.go.kr/frt/bbs/type001/commonSelect
BoardArticle.do?bbsId=BBSMSTR_000000000014&nttId=80781(검색일자 2021-9-16)

동포사회의 급속한 고령화는 정부가 그 동안 시행한 동포 유입정책에 기인하고 있다. 1992년 한중수교 이후 동포들의 모국 입국 목적이 국민의 취약계층이 종사하는 단순노무업종 취업에 있다는 이유로 정부는 동포의 모국방문 연령을 60세 이상으로 한정하는 등 매우 엄격한 규제정책을 시행하였다(곽재석, 2012). 고연령층동포에게만 한국 입국을 허용하는 정부의 정책은 2년 후인 1994년에는 50세로 낮추는 등 천천히 완화되다가 한중수교 후 12년이 지난 2004년에 가서야 비로소 25세 이상의 젊은 연령층의 입국이 가능하도록 낮추어졌다(법무부 보도자료, 2004). 가족이산을 감내하면서 중년 또는 고령의 나이에 한국에 입국하여 한국의 단순노무

인력시장에서 반평생을 고생한 동포들이 이제 모국 땅에서 여생을 보내고자 하는 것은 너무도 당연하다. 따라서 이들의 모국 귀환권을 보장하고 지역사회에 안정적인 체류를 위한 복지지원과 주민과의 사회통합을 제고하는 정책이 요구된다.

III. 지방자치단체 정책대응 현황

1. 광역 지방자치단체 외국인주민정책 : 서울시

외국인주민의 지역사회 유입증대에 따른 지역사회 이주민 통합의 정책적 수요가 증가함에 따라 우리나라는 중앙정부 차원에서 '외국인정책' 및 '다문화가족정책' 등을 강화하고, 지자체 차원에서는 외국인주민정책과 사업 확대를 추진하여 왔다. 2007년부터 법무부는 '재한외국인처우기본법'을 제정하고 이에 따라 2008년도부터 시작하여 1차 및 2차 외국인정책을 마무리하고 현재 2018년~2022년 시행기간의 제3차 '외국인정책기본계획'을 수립하고, 19개의 국가중앙부처[6]와 17개의 광역자치단체가 연도별 시행계획을 시행 중이다.

한편, 2008년부터 여성가족부도 '다문화가족지원법'을 별도로 제정하고 '외국인정책기본계획'과 동일하게 2018년~2022년까지 '제3차 다문화가족정책기본계획'을 수립하고, 5개 대과제, 17개 중과제 및 70개 소과제로 구성된 기본계획 아래 법무부, 교육부 등 17개 중앙행정기관 및 기관이 참여하여 연도별 시행계획을 추진 중이다.

그런데 이러한 중앙정부와 광역자치단체에서 시행하는 외국인정책과

---

6) 국무조정실, 기획재정부, 교육부, 과학기술정보통신부, 외교부, 법무부(간사), 행정안전부, 문화체육관광부, 농림축산식품부, 산업통상자원부, 보건복지부, 고용노동부, 여성가족부, 국토교통부, 해양수산부, 중소벤처기업부, 방송통신위원회, 통계청, 경찰청

다문화가족정책은 기초지자체 수준에서 제대로 작동하지 않음으로 말미암아 동포들이 밀집거주하는 서울시 영등포구의 지역사회 외국인주민으로서의 동포들은 '주민'으로서의 지원서비스를 비롯하여 적절한 외국인주민 사회통합지원을 받지 못하고 있다. 이는 '지역사회에 거주하는 외국인주민에 대한 지방자치단체의 지원시스템은 여전히 법체계와 지자체 지원 현장의 괴리로 인하여 정책대상의 혼란, 예산운영의 어려움 등 다수 문제점이 발생'하고 있기 때문이다(권오철·금상호, 2020).

현재 시행 중인 법무부의 '제3차 외국인정책기본계획'은 5개의 정책목표로 구성되어 있다. '국민이 공감하는 질서있는 개방', '이민자의 자립과 참여로 통합되는 사회', '국민과 이민자가 함께 만들어가는 안전한 사회', '인권과 다양성이 존중되는 정의로운 사회', '협력에 바탕한 미래 지향적 거버넌스' 등의 5개 목표 아래에 각각 2-5개의 중점과제를 설정하고 있다. 이 중에 국내 체류 동포 사회통합 및 지원 관련하여서는 4번째 정책목표인 '인권과 다양성이 존중되는 정의로운 사회' 목표의 하위에 정책목표 실현을 위한 5개의 중점과제를 설정하고 있다. '동포와 함께 공존·발전하는 환경 조성'은 5개 중점과제 중에 4번째 과제로서 '외국인 정책기본계획'에서는 중점과제 '4-4'로 색인된다.

법무부 '외국인정책기본계획'에 따르면 광역지자체는 기본계획에 따른 '외국인정책시행계획'을 수립하도록 되어있다. 이에 따라 서울시가 법무부에 제출한 '서울시 외국인정책시행계획'은 서울시가 2018년부터 2022년까지 서울시에 거주하는 동포를 포함한 외국인주민 및 다문화가족의 사회통합지원을 위해 약 380억 원의 예산으로 총 103개의 공통과제 및 자체과제 추진을 한다고 되어 있다. 그리고 여기에는 서울시가 '동포와 함께 공존·발전하는 환경 조성'이라는 목표를 구현하기 위해 추진하는 중점과제 관련한 시행계획이 담겨져 있다. 아래 <표 8>은 '서울시 외국인정책시행계획'에 담긴 중점과제 '4-4', 즉 '인권과 다양성이 존중되는 정의로운 사회 구현'을 위해 '동포와 함께 공존·발전하는 환경 조성'이라는 중점과제 시행을 위해 추진하는 총 21개의 시행과제들이다.

<표 8> 서울시 제3차 외국인정책시행계획에 담긴 동포 추진과제

과제번호	기관명	추진과제	예산 (단위: 백만)			
4-4-1	서울시	외국인주민 서울생활 살피미운영	'18년	'19년	'20년	'21년
4-4-2	서울시	외국인을 위한 eFM 방송제작 운영	20	20	20	10
4-4-3	서울시	외국인 유학생 자원봉사단 운영	2,575	2,528	2,529	2,529
4-4-4	서울시	서울글로벌센터운영	6.5	7.8	7.4	5.8
4-4-5	서울시	서남권글로벌센터 설치·운영	1,542	1,589	1,634	1,881
4-4-6	서울시	동대문글로벌센터 설치·운영	427	416		
4-4-7	서울시	글로벌 부동산중개사무소 지정·운영	1.5	1.5	1.5	1.5
4-4-8	서울시	공무원 다문화이해교육	5.6	5.6	2	2
4-4-9	서울시	인터넷·모바일 생활정보제공	130	150	150	150
4-4-10	서울시	지구촌 나눔 한마당 축제	498	498	598	400
4-4-11	영등포구	다드림문화복합사업 설치운영	277	180	173	165
4-4-12	구로구	외국인주민을 위한 찾아가는 기초소양교육	2.5	4	7.5	7
4-4-13	구로구	민·관 합동 기초질서 캠페인 추진	5	2.3		
4-4-14	구로구	구로구 상호문화축제 (세계인의 날 축제)	29	53.9	40	60
4-4-15	구로구	열린 토론회 운영	19	23	11	17
4-4-16	동대문구	다문화가족 한마음 축제	43	25	10	10
4-4-17	노원구	거주외국인과 함께하는 어울림 한마당 축제	10	10	13	13
4-4-18	중구	다문화가족 행복한마당 개최	10	10	0	10
4-4-19	중랑구	다문화축제		1	1	1
4-4-20	구로구	나라별 전통문화 축제지원	2.5	12	12	12
4-4-21	구로구	상호문화 지식콘텐츠 제작				25

자료: 법무부. 2018년 지방자치단체 외국인정책시행계획. 2018.
http://www.immigration.go.kr/immigration/1511/subview.do(검색일자 2021-9-16)

그런데 서울시가 법무부 외국인정책위원회에 제출하여 '서울시 외국인 정책시행 계획'으로 담긴 이상의 21개의 추진과제를 살펴보면 이들 과제 는 이미 서울시가 '서울특별시 외국인주민 및 다문화가족 지원조례'에 따라 수립한 '서울시 외국인 주민 및 다문화가족 정책 기본계획'에 담긴 56개 세부과제의 일부로서 법무부 '외국인정책 기본계획'에서 설정된 동포 사회통합의 목표인 인권과 다양성이 존중되는 정의로운 사회의 정책목표 와 그 하부 중점과제인 '동포와 함께 공존·발전하는 환경 조성'을 반영한 과제가 전혀 아니다. 말하자면, 법무부의 '외국인정책기본계획'에 담긴 국내 체류 동포 관련 정책목표와 중점과제는 중앙부처 차원에서의 논의로 끝나고 서울시의 광역지자체로 넘어오면서 그 정책목표와 중점과제가 전혀 연계되어 계획에 반영되어 있지 않은 것이다.

<그림 2> 서울시 외국인주민 및 다문화가족 정책 기본계획 정책비전 및 목표

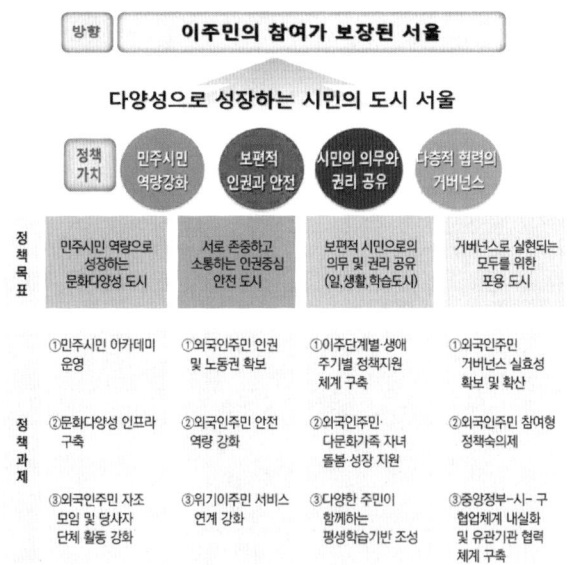

자료: 제2차 서울시 외국인주민 및 다문화가족 정책 기본계획. 2019.
   https://opengov.seoul.go.kr/sanction/18429814(검색일자 2021-9-16)

'서울특별시 외국인주민 및 다문화가족 지원조례'에 따라 중앙과는 전혀 별개의 독립적인 '서울시 외국인주민 및 다문화가족 정책 기본계획'을 수립하고 있기 때문이다. 서울시는 중앙의 '외국인정책기본계획'과는 전혀 다른 외국인주민 정책목표를 따로 설정하고 이에 따른 하위단위사업을 추진하고 있다. 법무부에 제출된 '서울시 외국인정책시행계획'에 담긴 56개 세부과제 중에 정책목표와 중점과제에 유사성이 있다고 간주되는 사업과제들을 자의적으로 선별한 것에 불과하다.

서울시가 법무부에 제출한 '제3차 외국인정책시행계획'에 담긴 21개의 과제 중 기초지자체인 영등포구 관련해서 시행되는 사업은 서울시가 민간에 위탁하여 운영중인 영등포구 대림3동 소재 '서남권글로벌센터'와 대림1동에 영등포구청이 설치하여 운영 중인 '다드림 문화복합센터' 2개 과제뿐이다. 그러면 '서남권글로벌센터'나 또는 '다드림문화복합센터'가 동포 밀집거주지역으로서의 영등포구의 지역적 특성을 고려한 동포 특색사업을 시행한다면 서울시가 법무부에 제출한 '서울시 외국인 정책시행계획'의 과제 4-4의 성격을 다소라도 살리는 것으로 볼 수 있다.

다행히 영등포구 대림동 지역사회에 위치한 '서남권글로벌센터'는 동포 밀집거주지역이라는 지역사회의 특성에 맞춰 '서남권 재한중국동포 지원 거점기관으로서 기능을 강화'라는 기관 운영의 정체성을 설정하고 있다(서남글로벌센터, 2020). 그러나 구체적으로 '서남권글로벌센터'가 추진하는 사업들을 살펴보면 결국은 기관의 설치 운영 주체인 서울시가 '서울특별시 외국인주민 및 다문화가족 지원조례'에 따라 수립한 '서울시 외국인주민 및 다문화가족 정책 기본계획'을 따른 사업계획을 수립하고 있음을 알 수 있다. 아래 <그림 3>은 '서남권글로벌센터'의 기관운영 목표와 사업과제들이다. 이들 사업들이 동포 밀집거주지역에 위치한 기관으로서 동포의 지역사회 통합에 얼마나 연관성을 지니는지는 개별적인 분석이 필요하겠지만 법무부 '외국인정책기본계획'에 담긴 동포정책 목표와 중점과제를 적절히 반영하고는 있지 않은 것으로 판단된다.

<그림 3> 서남권글로벌센터 운영사업 (2020년도)

1.민주시민 역량강화	2.보편적 인권과 안전	3.시민의 의무, 권리 공유	4.다층적 협력 거버넌스
1. 조기적응프로그램 운영	1. 다국어 상담 운영	1. 생활한국어 교실 운영	1. 지역 네트워크 활성화
2. 사회통합프로그램 신설	2. 전문상담 운영	2. 의료통역 역량강화	2. 서남권정책토론회 운영
3. 이주민 참정권 교육	3. 외국인주민 의료서비스	교육	
4. 상담사 역량강화 교육	4. 글로벌센터 홍보 강화	3. 센터 자원봉사단 운영	

자료: 서남권글로벌센터. 2020. "2020 주요업무보고." 제298회 시의회 정례회 보건복지위원회. https://opengov.seoul.go.kr/council/21853574(검색일자 2021-9-16)

2. 기초지방자치단체 외국인주민정책 현황 : 영등포구

앞에서 법무부 '외국인정책기본계획'에서 마련된 동포 사회통합의 정책목표와 중점과제가 어떻게 해서 중앙에서만의 정책논의로 끝나고 광역지자체, 그리고 기초 지자체로 연계되지 못하는지 살펴보았다. 그러면 기초 지자체인 영등포구가 자체적으로 지역사회의 외국인주민을 위해 수립 추진하는 외국인주민 및 다문화가족 지원정책에는 동포 밀집거주지역으로서 특성을 반영한 정책 대응이 얼마나 담겨 있는지 살펴본다.

서울시와 마찬가지로 영등포구도 2014년부터 중앙의 '외국인정책기본계획'이나 '다문화가족정책기본계획'과는 독립적으로 '서울특별시 영등포구 외국인주민 및 다문화가족 지원 조례'를 제정하고 지역사회 외국인주민이 지역사회의 구성원으로 정착하도록 하기 위한 "외국인주민 및 다문화가족 지원계획"을 수립·시행하고 있다. 영등포구는 외국인주민 및 다문화가족의 지원정책을 전담하는 부서를 설치하며, 또한 이에 따른 인력 및 재정 수요 보전방안을 강구하고, 외국인주민 및 다문화가족이 지역공동체의 구성원으로서 구의 행정에 참여할 수 있도록 외국인주민지원협의회도 운영하고 있다.

2017년 영등포구 다문화지원과 업무보고에 따르면 영등포구는 다문화지원과를 설치하고 그 아래에 다문화정책팀, 다문화지원팀, 외국인지원팀을 설치, 총 12명의 인력을 배치하여, 약 20억 원의 예산으로 ① 다문화민·관네트워크 활성화, ② 다문화가족 경제적 자립 지원, ③ 다문화가족 생활 적응력 제고 및 인식 개선, ④ 다문화가족 지원사업 공모 및 홍보물 발간, ⑤ 건강가정·다문화가족지원센터 운영, ⑥ 아이돌봄서비스 지원, ⑦ 중도입국 청소년 지원사업, ⑧ 다문화가족 역량 강화, ⑨ 외국인주민 상호 문화체험, ⑩ 외국인주민 지역사회 참여 활성화, ⑪ 서남권글로벌센터 운영(영등포구청 다문화지원과, 2017) 등을 추진하였다.

그러나 최근에 민선7기 구청장 출범 이후 기존의 다문화가족지원과를 없애고 아동청소년복지과에 다누리정책팀과 다누리지원팀을 설치하여 기존의 외국인주민지원 조직을 축소시켰고, 올해 2021년 5월에 내·외국주민 및 민·관 소통과 화합을 위한 '상호문화참여단'을 구성하면서 기존의 다문화 중심의 정책기조에 변화를 주는 모습을 보이고 있으나 아직 외국인주민 및 다문화가족 지원을 위한 구체적인 청사진이 제시되지 않고 있다.

따라서, <표 9>에서는 2015년 영등포구 '서남권 구정발전기획단'에서 마련한 글로벌도시 서울시 서남권의 미래가치 상승을 위한 외국인주민 지원정책 및 환경개선 추진방안을 중심으로 동포 밀집거주지역인 영등포구가 어떻게 지역사회 외국인주민의 사회통합을 위한 정책을 시행하고 있는지 살펴본다.

영등포구 '서남권구정발전기획단'에서 마련한 글로벌도시 서울시 서남권의 미래가치 상승을 위한 외국인주민 지원정책 및 환경개선 추진방안은 외국인주민역 량강화 지원체계 확립, 다문화자녀 교육격차 해소, 내·

외국인간 갈등해소, 대림동가로환경개선, 지역특화사업개발, 남부도로사업소 이전부지 활용 등의 6대 과제 아래 32개의 세부 단위사업으로 구성하여, 2015년부터 2019년까지 5개년 동안 총약 72억 가량의 예산을 투입하여 시행한 계획이다. 이 계획의 사업의 예산구조를 살펴보면 외국인주민역량강화 지원체계 확립을 위해 '외국인주민 및 다문화가족실태조사'에 2천만원, 다문화자녀 교육격차 해소를 위해 '다문화특화교육강화'에 5억원, 그리고 '다드림문화복합센터 설치'에 13억 5천만원, 내·외국인간 갈등해소를 위해 '대림동 주민공동이용시설 설치 운영'에 약 23억원, 대림동 가로환경개선을 위해 5억 6천만원, 지역특화사업개발을 위해 '다문화특화거리 조성'에 1억원, 그리고 '대림중앙시장 현대화'에 20억원 등을 배정하고 있다. 이와 같은 사업 예산구조에서 보듯이 영등포구가 5년간의 기간 동안 무려 70억원 이상의 예산으로 대림동 지역을 중심으로 추진한 외국인주민지원정책은 '대림동 주민공동이용시설 설치 운영' 등을 포함한 지역생활 인프라 개선사업으로 특징지을 수 있다. 70억의 예산 중에 인프라 개선을 위해 약 62억의 예산이 집중적으로 투자되었다.

<표 9> 영등포구 외국인주민 지원정책 및 환경개선 추진방안

구분		합계	연도별 예산액(단위:백만원)				
			2015	2016	2017	2018	2019
합계		7,211	3,095	1,436	2,326	184	170
역량강화 지원체계 확립	소계	20	-	20	-	-	-
	외국인주민 및 다문화가족 실태조사	20	-	20	-	-	-
	외국인주민 경제교육 운영강화	-	기존사업과 연계				
	외국인주민 지원시설 운영 내실화	-	기존사업과 연계				
	소식지 등 구정자료 외국어제작	-	기존사업과 연계				
	도서관 다문화 서비스 지원 확대	-	기존사업과 연계				
다문화 자녀 교육격차 해소	소계	1,850	800	1,050	-	-	-
	서울형혁신교육지구지정 다문화 특화교육 강화	500	-	500	-	-	-

구분		합계	연도별 예산액(단위:백만원)				
			2015	2016	2017	2018	2019
	다드림 문화복합센터 설치	1,350	800	550	-	-	-
	맞춤형 교육으로 기초학력 및 진료교육 강화	-	기존사업과 연계				
	외국인주민 자녀 공부방 환경개선	-	기존사업과 연계				
내외국인 간 갈등해소	소계	2,291	2,291	-	-	-	-
	대림동 주민공동이용시설 설치 운영	2,291	2,291	-	-	-	-
	공무원 등 대상 다문화 이해교육 확대	-	기존사업과 연계				
	다문화 사회 인식개선 캠페인 추진	-	기존사업과 연계				
	외국인주민 재능기부 자원봉사단 구성운영	-	기존사업과 연계 (자원봉사자 등 활용)				
	모범 외국인주민 표창 및 홍보	-	기존사업과 연계				
	주민자치위원회 참여 강화	-	비예산(기존사업과 연계)				
대림동 가로환경 개선	소계	560	4	216	246	54	
	쓰레기 불법투기 특별관리 지정 단속강화	160	-	160	-	-	-
	쓰레기 불법투기 방지시스템 클린지킴이 설치	94	-	34	36	24	-
	범죄예방CCTV 24시간 점검기능 경광등 설치	24	-	12	12	-	-
	외국인 밀집지역 주민생활안내 전광판 설치	50	-	-	50	-	-
	재활용의류 수거함 운영체계정비	128	-	-	128	-	-
	스파이더 범죄예방 마을 조성 확대	104	4	10	20	30	40
	다문화 경찰센터 설치 건의	-	-	-	-	-	-
지역특화 사업개발	소계	2,490	-	150	2,080	130	130
	다문화특화거리 조성	100	-	100	-	-	-
	대림중앙시장 현대화	2,000	-	50	1,950	-	-
	세계인의 날 주간 운영	60	-	-	20	20	20
	글로벌 문화축제 개최	300	-	-	100	100	-
	국가별 외국인 주민의 달 지정 및 운영	30	-	-	10	10	10
	중국동포 밀집지역 관광인프라 구축	-	기존사업과 연계				
	소계	-	-	-	-	-	-

구분	합계	연도별 예산액(단위:백만원)				
		2015	2016	2017	2018	2019
非OECD 국가를 위한 통합 국제문화원 설치	-	서울시 투자사업				
글로벌 인재양성 서울국제교육원 설치	-	서울시 투자사업				
주민편의시설(체육시설) 설치	-	서울시 투자사업				
문화소통 광장 조성	-	서울시 투자사업				

자료: 영등포구(2015)

이에 대해 영등포구는 외국인주민과 선주민과의 다양한 갈등발생 가능성이 상존하고 이에 개선의 주요과제로 우선 공동생활 인프라 지원시스템 구축에 집중했다고 설명한다(매일일보. 2015-12-14). '서울 속 작은 중국'이라고 불릴 정도로 중국동포가 많다 보니 문화적 차이로 인해 원주민과의 갈등의 골이 존재하고, 쓰레기투기나 부족한 질서의식 등으로 인해 원주민들의 불만이 쌓이고, 이러한 불편한 시선과 편견에 중국동포들의 마음도 닫혀 있는 등의 내외국인 갈등해소를 위해 원주민과 중국동포가 자연스럽게 어울릴 수 있도록 일종의 마을회관인 '주민공동이용시설' 등이 필요하다는 것이다.

그러나 영등포구가 추진한 '주민공동이용시설'은 대림2동의 대림중앙시장 내에 위치한 기존 2층짜리 주차장 건물을 증축해서 3층에 공간을 마련하고 내부에 △마을관리와 주민 소통을 위한 '사랑방' △마을기업 등을 통해 주민 자율로 운영되는 '도시락 카페' △문화 프로그램을 위한 '문화강좌·미디어실' 등을 만들고, 주민들이 가벼운 운동을 함께 즐길 수 있도록 '배드민턴장'과 '경보 트랙'을 옥상에 설치한 것이다. 이는 영등포구 계획이 '영등포구 외국인주민 지원정책 및 환경개선 추진방안' 이라고는 하지만 실상은 외국인주민 지원보다는 대림동 지역 환경개선을 위한 계획으로 판단된다.

영등포구의 글로벌도시 서울시 서남권의 미래가치 상승을 위한 외국인 주민 지원정책 및 환경개선 추진방안은 영등포구의 낙후 지역 개선 사업이 대림동에 집중되어 있기 때문에 이를 견강부회하여 외국인주민 지원정책과 억지로 연계하여 개편한 방안에 불과하다. 이들 사업이 도대체 어떻게 동포 외국인주민의 지역사회통합과 정착에 얼마나 유효한 정책이 되는 것인지 명확하지 않다. 이러한 지역 인프라개선사업은 동포 밀집거주지역이 아닌 서울시의 다른 자치구에서도 일반적으로 진행되고 있는 사업들이다. 대부분의 외국인주민 지원 예산이 인프라개선과 확충에 집중되어 있다보니 '외국인주민 지원정책 및 환경개선 추진방안'에 있는 역량강화사업, 다문화자녀 교육격차 해소사업, 갈등해소사업 등의 대부분은 기존사업과 연계된 사업 즉, 특별히 예산이 따로 책정되지 않은 사업들로 채워져 있다.

서울시 서남권 동포 밀집거주지역 지자체인 영등포구의 외국인주민 지원사업은 동포 밀집거주지역의 정책 과제들 즉, 동포 차세대 학력격차, 외국인 범죄 및 환경질서, 선주민과 외국인주민간의 혐오와 갈등, 동포 정주화 및 고령화 등의 주요 과제들에 대해서는 효과적으로 대응하지 못하고 있다. 단순히 기존 사업의 짜깁기로는 이러한 동포 지역사회 통합문제를 해소하기 어렵다. 기초지자체 차원의 외국인주민 및 다문화가족지원계획 수립을 위해 구청의 각 부서들이 기존에 추진하고 있던 사업에 다문화 옷만 덧입혀서 재개편한 외국인주민 지원정책으로는 밀집거주지역의 사회통합 갈등을 극복할 수 없다. 그러므로 앞으로 전국 최대 규모의 동포 밀집거주 지역으로서 영등포구의 동포 외국인주민의 다양한 정책과제에 효과적으로 대응하기 위해서는 동포 외국인주민의 정책수요에 효과적으로 대응할 법령 및 정책체계의 개선과 함께 지역의 외국인주민 특성에 맞춘 맞춤식 대응방안을 만들어내고 이를 효율적으로 추진하도록 해야 할 것이다.

IV. 지방자치단체 대응 개선방안 모색

동포 밀집거주지역의 다양한 사회통합 이슈에 대하여 적절하게 대응하기 위하여서는 중앙과 광역 및 기초 지자체 차원에서 해결해야 할 과제들이 많다. 이를 위해서는 우선적으로 외국인정책 추진체계가 속히 정비되어야 한다. 중앙의 국무총리실산하에 '외국인정책위원회'와 '다문화가족정책위원회' 등으로 분산되어진 정책체계에 대한 조속한 통합이 필요하다는 지적이 지속적으로 제기되어 왔다. 그리고 문재인정부 들어 2018년 8월에 개최된 제21차 외국인정책위원회와 제15차 다문화가족정책위원회의를 합친 첫 연석회의 석상에서 이미 그 방침이 밝혀진 바 있다(파이낸셜뉴스, 2018-2-12).

다음으로 외국인정책위원회의 정책기본계획의 정책적 연계성 확보이다. 위에서 살펴보았듯이 현재의 외국인정책시행계획은 각 부처 및 지자체 차원에서 독립적으로 시행하는 외국인 및 다문화가족정책을 종합한 수준에 그치고 있어, 외국인정책기본계획의 정책목표와 중점과제 등이 지자체의 외국인주민정책으로 적절히 연계되지 않고 있음이 확인되었다.

반면, 다문화가족정책위원회의 기본계획은 외국인정책과는 달리 지자체로의 정책적 연계성이 있는 것으로 보인다. 이는 무엇보다도 다문화가족정책의 주무부처인 여성가족부의 예산과 조직이 외국인정책 주무부처인 법무부와는 전혀 다르기 때문이다. 2021년도 '외국인정책시행계획'과 '다문화가족정책 시행계획'을 비교해 보면 외국인정책시행계획은 중앙부처 전체 예산 3,060억 중에 법무부의 예산은 고작 12.9억 원으로 전체 예산의 겨우 0.42%에 불과하고 게다가 중앙의 '외국인정책기본계획' 중 동포관련 부문이 지자체로 제대로 연계되지도 못하고 있는 반면, 여성가족부는 다문화가족정책 시행계획의 중앙부처 전체 예산 4,694억 원 83.8%

인 무려 3,935억 원이 전국의 각 지자체에 분포 설치된 217개소에 달하는 건강가정·다문화가족지원센터를 통해 지역사회의 '다문화가족'을 대상으로 실핏줄처럼 집행하고 있어 두 부처의 기본계획이 지자체 차원에서 차지하는 정책적 비중은 서로 비교를 할 수 있는 수준이 아니다.

<표 10> 외국인정책시행계획과 다문화가족정책 시행계획 비교

구분	외국인정책 시행계획		다문화가족정책 시행계획	
전체 예산 (단위: 백만)	중앙	지자체	중앙	지자체
	306,147	245,758	469,459	115,246
주무부처	법무부		여성가족부	
예산 및 비율 (중앙)	12,941 (0.42%)		393,516 (83.8%)	
주무부처 과제수	89개		56개	
주무부처 산하기관 수	출입국관리사무소 43개소		건강가정·다문화가족지원센터 217개소	

자료 1: 법무부. 2021. 외국인정책시행계획.
   http://www.immigration.go.kr/immigration/1511/subview.do(검색일자 2021-9-16)
자료 2: 여성가족부. 2021. 다문화가족정책시행계획.
   http://www.mogef.go.kr/mp/pcd/mp_pcd_s001d.do?mid=plc503(검색일자 2021-9-16)

그런데 문제는 지자체 수준에서 엄청난 정책적 비중을 가지고 있는 '다문화가족시행계획'의 시책 대상에 '다문화가족지원법'에 따른 다문화가족에게만 적용될 뿐 국내 체류 동포들은 거의 해당이 되지 못한다는 것이다. 국가 차원에서는 엄청난 다문화 외국인 예산을 퍼붓고 있지만 밀집거주지역 외국인주민으로서의 동포들과는 전혀 관계없는 다문화가족 중심의 사회통합지원이 집행되고 있는 것이다.

따라서 밀집거주지역에 거주하는 동포들에 대한 사회통합 지원정책을 확대하기 위해서는 '외국인정책 시행계획' 속에서 국내 체류 동포의 체류자격(F-4, H-2, F-5 등)을 관리하는 법무부의 지자체에 대한 정책적 역할을 제고하기 위해 법적근거를 마련하도록 해야 한다. '재외동포의 출입국

과 법적 지위에 관한 법률'이나'재한외국인처우기본법' 등의 개정, 국내
체류동포 지원을 규정한 '재외동포기본법'의 제정 등의 법령 개선을 통해
국내 체류 동포의 사회통합을 지원하고 예산을 확보할 수 있는 근거를 마
련하도록 해야 한다.

또 다른 방안으로는 법무부에서 주장하는 수혜자부담의 원칙에 따라
국내 체류외국인들의 각종 출입국 수수료 등을 통해 '이민자사회통합기
금'을 확보하여 동포를 포함한 국내 체류 외국인들에 대한 차별없는 사회
통합지원을 추진하기 위한 별도의 재원을 확보하는 것이다. 그러나 이는
국내 체류 외국인에 대한 국가예산의 전반적인 틀을 바꾸는 작업으로서
지자체 차원에서 접근이 쉬운 방법이 결코 아니다(김종세, 2021).

다음으로 논의할 문제는 정책의 연계성 문제이다. 만약 법 제도적 개선
을 통해 지역사회 동포에 대한 사회통합 예산이 확보된다고 하더라도 현
재와 같이 '외국인정책계획'이 지자체 수준으로 제대로 연계되지 않는다
면 정책의 효과성을 담보할 수 없다. 따라서 '외국인정책'에 담긴 동포 관
련 정책목표가 지자체 수준까지 제대로 연계되도록 하기 위해서는 '지자
체 외국인주민정책'에 담긴 '외국인주민'에 대한 법적 지위를 명확하게 해
주는 방안을 검토해야 한다. 현재 "「지방자치법」 상 외국인도 주민에 포
함됨을 인정하는 행정안전부의 유권해석에도 불구하고 「주민등록법」의
경우 주민등록 대상에서 외국인을 배제함으로써 '내국인' 주민과 '외국인'
주민이 이원적으로 관리"되고 있다. 따라서 "'외국인' 주민의 권리는 '인
정'해 주는 것이 아니라 '당연'한 권리로 표명하고, 이를 위하여 관련 법령
에 '주민'의 개념이나 대상규정에 외국인을 포함"시키도록 해야 한다는 것
이다(권오철·금상호, 2020). 그러나 이 또한 법령 개선이 필요한 작업이
어서 지자체 차원에서 가능한 대응 방안은 아니다.

동포 밀집거주지역의 특수한 상황에 대응하여 동포들에 대한 사회통합
지원 문제를 해결하는 것은 그리 쉬운 정책과제가 아니다. 법령과 정부조

직, 국가예산의 문제이기 때문에 해법이 쉽지 않다. 그렇다고 해서 밀집거주로 인한 동포 지역사회의 문제를 계속 방치할 수도 없다. 이 문제의 궁극적인 해결 당사자는 밀집거주지역의 기초지자체의 몫이다. 따라서 기초지자체 차원에서 문제를 해결하기 위해서는 결국 지자체 차원의 '외국인주민 및 다문화가족지원정책' 수립의 법적 근거인 조례제정 또는 개정 작업을 통해 동포들을 지역의 외국인주민정책지원 대상으로 적극 수용하는 방법이 남는다. 지자체로서 쉬운 과제는 아니지만 그렇다고 불가능한 과제도 아니다.

이러한 점에서 경기도 안산시의 사례는 동포 밀집거주 지역 지자체에게 조례 제정을 통한 동포 사회통합 문제 해결의 가능성을 제시하고 있다. 안산시는 2008년 3월 전국 최초로 외국인 주민센터를 설립하고 2014년에는 다문화커뮤니티센터를 건립하여 운영하고 있다. 2016년 4월 외국인주민지원본부를 설치하고 외국인주민 정책과와 외국인주민지원과를 두고 각과에 3개의 팀을 설치하여 운영하고 있다. 특기할 점은 외국인주민정책과에 외국인주민정책팀과 재한동포팀장, 그리고 다문화 특구지원팀장을 두어 동포를 비롯하여 지역사회에 거주하는 다양한 외국인주민들에 대한 정책적 사각지대가 생기지 않도록 하고 있다는 점이다.

안산시는 동포들의 한국 유입이 본격적으로 이루어지지도 않은 2003년에 이미 안산공단 및 시 관내의 중국동포 및 이주노동자의 건강 의료서비스 지원을 위해 '안산시 중국동포 및 이주노동자건강지원센터 설치·운영 조례'를 제정하였고, 외국인주민 및 다문화가족의 안정적인 가정생활 영위와 자립생활에 필요한 행정적 지원을 위해 2018년 1월에 '안산시 외국인주민 및 다문화가족 지원 조례'를 제정하는 것과 별도로 같은 날에 안산시 거주 고려인 주민들의 지역사회 적응과 권익증진 및 생활안정을 도모하고, 자립생활에 필요한 행정적 지원을 위해 '안산시 고려인 주민지원 조례'를 제정하고, 고려인 주민이 법령이나 다른 조례 등에서 제한하지 않는 한 주민과 동일하게 시의 재산과 공공시설을 이용할 수 있고, 각종 행정서비스를 받을 수 있도록 하고 있다.

안산시의 중국 및 고려인 동포에 대한 포용적인 외국인주민정책을 여타 동포 밀집거주지역 관할 지자체의 정책과 비교한 연구가 없어 안산시 동포정책의 효과를 객관적으로 평가하기는 어렵지만 적어도 동포들이 안산시 외국인주민정책의 사각지대에 방치되어 있지 않다는 사실은 확실하다.

V. 결론

국내 체류 동포들에 대한 사회통합지원이 실질적인 효과를 거두기 위해서는 국내에 체류하는 80만 여명의 재외동포에 관한 정책을 지자체의 특수상황에 맞춰 개선하는 방안을 마련해야 한다. 현재의 중앙정부인 법무부의 외국인정책과 여성가족부의 다문화가족정책은 지방자치단체의 외국인주민정책과 적절히 연계되지 못하면서 국내 체류 동포는 정부의 '외국인정책', '다문화가족정책', 그리고 '외국인주민정책'의 사각지대에 존재하고 있다. 무엇보다도 동포 밀집거주지역의 지자체가 시행하는 외국인주민정책은 국내에서 체류·거주하는 다양한 체류자격의 동포에 대한 지원 및 통합에 관한 사항을 배제하고 있어 지역사회에서 동포의 사회통합갈등이 심화되고 있다. 따라서 지자체 차원에서 동포를 체계적으로 지원하고 보호함으로써 동포의 모국에 대한 귀속감을 높이고 지역주민과의 통합성을 제고하며, 나아가 동포정책의 체계적·종합적·중장기적 추진을 위한 기반을 마련하는 것이 필요하다. 본연구는 동포 밀집거주지역인 서울시 서남권 영등포구를 중심으로 지자체의 외국인주민 및 다문화정책 지원사업의 현황을 살펴보고 동포들이 외국인주민 사회통합의 사각지대에 놓여 있으며 이에 대한 지자체 차원의 대응방안을 살펴보았다. 따라서 연구결과와 제시된 개선방안의 객관적 타당성에서 의문이 제기될 수 있다. 국내의 여타 동포 밀집거주지역의 지자체 정책 현황에 대한 비교연구를 통해 객관적인 정책 개선방안이 도출되는 연구가 이루어져야 할 것으로 보인다.

코로나 시국에서 드러난
한국정부의 차별적인 정책제도 현황

김정룡

I. 들어가는 글

　20세기 마지막 10년은 인류역사 이래 세계적인 인구유동이 가장 활발했다. 그 이유는 냉전 체제가 무너짐에 따라 나라와 나라 사이 이념과 사상에 의해 생겨났던 적대감이 줄어들면서 서로 왕래가 자유로웠고 인류는 더 나은 삶을 추구하려고 다른 국가로의 이민이 많아졌다. 한편 선진국들에서는 노동력 부족 상황을 후진국 외국인인력으로 충당하는 정책을 실시하여 후진국 나라 사람들이 선진국 나라에로의 유입이 갑자기 증가하였고 이에 따라 선진국 국민이 후진국서 온 이주민 차별이 새로운 이슈로 떠오르게 되었다.

　21세기 들어, 지난 20년을 돌아보면 선진국에 유입된 외국인은 획기적으로 증가하고 있다. 선진국에 유입된 외국인을 신분에 따라 분류하면 한국의 경우 결혼이주여성(F-6), 유학생(D-2), 고용허가 외국인 노동자(E-9), 비전문인력(E-7), 가족동반(F-2, F-1), 중국동포와 러시아 및 CIS지역 동포에게 부여한 방문취업(H-2), 재외동포비자(F-4), 영주자격(F-5) 등이며 이외 미등록 신분인 불법체류자가 40만에 달하고 있다.

　법무부는 외국인이 한국에 와서 거주하는 시간에 따라 장기체류와 단기체류로 나누는데 90일 이상 체류는 장기체류, 90일 이내 체류는 단기체류자이다. 이 장기체류 외국인에 대한 정책은 나라별로 다 다르다. 각국들이 자기 나라 사정에 따라 정책을 마련하고 실시하다 보니 천차만별일 수밖에 없다. 특히 인류역사 이래 유례없는 코로나19 시국에서 각국이 국내에 체류하고 있는 외국인에 대한 정책제도 역시 천차만별로 나타나고 있는 것이 사실이다. 그렇다면 경제규모 10위인 대한민국 정부의 코로나시국에서 외국인에 대한 정책제도의 현주소는 어떨까?

본문은 공적마스크, 재난지원금 이 두 가지 문제를 갖고 정부의 외국인에 대한 정책제도에 어떤 차별이 있었는가를 분석해보려고 한다. 그리고 한국정부가 조선족을 동포가 아닌 외국인으로 취급하고 행정상 어떤 차별제도가 존재하고 있는지를 짚어보고 이러한 차별적인 정책제도는 한국인의 뿌리 깊은 피해의식의 산물이라는 것을 밝혀보려고 한다.

II. 공적마스크 논란

1. 서울시의 중국동포밀집지역에 대한 발 빠른 대책마련

국내 체류 중국동포사회에서 코로나19는 올해 구정을 쇠자마자 즉 1월 말부터 관심과 주의를 받기 시작했다.

2020년 1월 29일 서울시 외국인다문화 담당관(최승대)이 서울서남권글로벌센터에서 중국동포단체 및 서남권 자치구 담당 등 30여 명 참석 하에 <신종 코로나 바이러스 감염증 관련 서남권 지역 긴급회의>를 개최하였다. 이 회의에서 서울시는 중국동포가 많은 밀집지역에서의 각별한 관심과 관리 강화를 요청하고 선별진료소 운영 시 중국어 통역 지원 등 서울시정에 대한 중국동포단체 커뮤니티에 긴밀한 협조를 요청하였다. 특히 의심대상자 등에 대한 진료, 치료비 및 격리기간 동안 생활지원비 등이

지원된다는 사항을 적극 안내 요청하고 관리대상 및 파악이 어려운 불법 체류자도 진료 및 치료 시 출입국관리사무소에 신고 되지 않으니 안심하고 자발적으로 진료 받을 수 있도록 적극 권장하였다. 중국동포단체 측에서는 포스터, 안내문 등의 인쇄물을 제작 및 배포하고 특히 단기체류자들이 주로 이용하는 인력사무소나 숙박시설에 집중 홍보가 필요하고 취약계층이 이용하는 민간시설에 손세정제 및 마스크 우선 공급을 서울시에 요청하였다. 이것은 코로나19 초기 마스크 공급 사항을 발 빠르게 요청한 사실로서 매우 의미가 컸다. 외국인에게 마스크 공급이 필요한 사항이라는 말이 이미 이때 제기되었었다.

그런데 정부는 어떻게 대처했을까?

2. 공적마스크의 등장

정부는 마스크가 수요에 비해 공급이 턱 없이 부족하여 공적마스크 제공이라는 제도를 마련했다.

공적마스크란 무엇인가? 정부가 2020년 3월 5일 내놓은 '마스크 수급 안정화 대책'에 포함됐던 내용으로, 코로나19 확산에 따른 마스크 품귀 대란에 따라 약국 등 지정된 장소에서 지정된 날에만 마스크를 구입할 수 있도록 한 제도이다. 이에 따라 3월 9일부터 출생연도 끝자리에 따라 지정된 요일에만 1인당 2매씩의 공적 마스크를 구매할 수 있는 '마스크 5부제'가 시작됐다가 6월 1일부터 해당 제도는 폐지됐다. 그리고 식약처는 마스크 생산량이 증가해 수급이 안정됨에 따라 보건용 마스크에 대한 공적 공급을 폐지하는 내용의 긴급수정조치를 마련해 7월 12일부터 시행한다고 밝혔으며, 이에 따라 공적마스크 제도가 이날부터 폐지돼 시장공급체계로 전환되었다.

3. 공적마스크 구매대상에 외국인을 배제

공적마스크가 한국에서 판매되던 초기 3일 동안 필자는 십 수 통의 전화를 받았는데 동포들에게 마스크를 팔지 않아 구매할 수 없다는 것이다. 마스크를 사러 갔다가 사지 못해 전화를 걸어온 그 지역 구청에 어떻게 된 일인지 문의했다. 결과 "외국인에게 판매하라는 지침이 없다." "우리는 공적마스크이기 때문에 당연히 국민에게만 팔아야 하는 줄로 알고 있다." "우린 미처 이 문제를 고민하지 못했네요." "상부에 알아보고 대답하겠습니다." 등등의 대답이 돌아왔다. 법무부에도 이 문제를 제보했다. 법무부의 대답은 "조속한 시일 내로 관련부처와 협의하여 조치를 취하겠다."고 했다.

외국인에게 공적마스크 판매 문제가 사회 이슈로 떠오르자 정부는 건강보험에 가입한 자에게만 한해서 판매를 허용했다. 즉 외국인은 외국인 등록증과 건강보험을 제시해야 공적마스크 구매가 가능했다. 그렇다면 재한외국인 중에 건강보험 가입자가 얼마나 될까? 정확한 통계는 없는 상황이다. 대략 반 이상 미가입자로 보고 있다. 정부의 제도에 따르면 외국인 반 정도가 공적마스크를 구매하지 못하는 상황이었다.

외국인의 마스크 착용은 외국인만을 위한 것이 아니다. 밀집지역의 사례를 보면 한 건물에 주인 한 가구에 외국인이 세 들어 사는 가구가 여러 가구이고 많게는 십여 가구가 된다. 주인인 내국인만 마스크 착용하고 십여 가구의 외국인이 마스크를 착용하지 못한다면 과연 방역이 제대로 되었다고 말할 수 있을까? 그 내국인 주인은 방역 사각지대에 포위되어 있으니 마스크 공급문제는 외국인만을 위한 것이 아니라 내국인의 안전을 위해서 절실히 필요했던 사항이다.

4. 서울시가 외국인 취약계층에 마스크 무료공급

서울시는 이 문제를 심각하게 인식하고 외국인 건강보험 의무가입 제도 도입에서 '외국인지역가입자'는 국내에 6개월 이상을 체류해야 건강보험 가입을 할 수 있고 이런 상황에서 미가입 외국인들을 위해 서울소재 40개 대학과 외국인 지원시설에 필터교체형 마스크를 배부했다. 유학생들은 소속 대학에서 필터교체형 마스크와 교체용 필터 5매를 받을 수 있고 외국인 노동자 등은 서울글로벌센터, 서울서남권글로벌센터와 성동, 성북, 은평, 양천, 강동 외국인노동자센터 등에서 받을 수 있었다.

법무부도 중국인 밀집지역을 직접 찾아 마스크를 무료로 배포하고 안전수칙을 적극 홍보하였다.

한국에서 불법으로 체류하는 미등록 외국인은 40만에 육박하고 있었고 이들은 마스크 5부제 한 달여 만인 4월 20일에야 공적마스크를 구입할 자격을 얻었다.

5. '평등마스크' 등장

정부가 미등록 외국인에게 공적마스크 공급 불가 상황에서 한 가지 특이한 사례가 발생했다.

'평등마스크 등장'이다. 대구에서 있었던 일이다. 대구에 '평등마스크'가 등장한 것은 "참다못해서"였다. "돈이 없어서 공짜로 달라는 게 아닌데, 마스크를 구입할 수 있는 길이 막혀 있으니 그것만이라도 뚫어달라는 건데." 성서공단노조 김용철 상담소장은 격분해서 이렇게 말했다. "마스크 부족은 이미 예견된 것이었다. 이주노동자 마스크 공급에 방역당국은 나서지 않았다. 그럴 여력도 없어 보였다. 노조가 에스엔에스에 에스오에스를 쳤다. 반응은 예상을 넘었다. 열흘 만에 5천장이 모였다. 4.16연대부터 서울시 도봉구의 한 교회까지 마스크의 종류만큼 보낸 이들도 다양했다(4

월20일 정부는 건강보험 미가입 외국인을 대상으로 공적마스크 구입을 허용했다. 5부제 실시 한 달 만이었다). 보내준 이들의 뜻을 담아 마스크에 '평등'이라는 이름을 붙였다. 차별 없이 나눠 준다는 뜻과 이주노동자의 처지를 고려하지 않는 정부 방역당국을 비판하는 의미를 함께 담았다. 바이러스는 평등하다. 바이러스는 인종, 국적을 가리지 않는다. 하지만 바이러스가 만들어놓은 재난 위에서의 삶은 다르다. 코로나19 대응의 모범 사례로 여겨지는 한국도 마찬가지다. 39만여 명(추정)에 이르는 국내 미등록 이주노동자는 마스크 5부제 한 달여 만인 4월20일에야 공적마스크를 구입할 자격을 얻었다. 코로나19 진단검사 중 단속을 유예하겠다는 정부 발표(5월4일)는 그로부터 보름이 지난 뒤 나왔다. 긴급재난지원금 논의 대상엔 끼지도 못했다.[1]

Ⅲ. 차별적인 재난지원금 제도: 중앙과 지방정부

1. 중앙정부와 지방정부의 차이점

대한민국 중앙정부에는 외국인에 대한 재난지원금 지급제도가 없다.[2] 제1차와 제2차 재난지원금 발급 대상에 모두 외국인에게 지급하지 않는다. 대신 지방자치단체의 경우[3] 외국인에게도 재난지원금을 지급한다.

왜 중앙정부는 재난지원금 지급 제도에서 외국인은 대상이 없고 내국인만 한해서 시행하고 있는 반면에 지방자치단체는 가능한가?

00서울시 행정 공무원의 말에 의하면 중앙정부는 국민의 개념으로 접

---

1) 한겨레신문(2020. 9. 10)

2) 정부 제2차 재난지원금에 사업자등록을 한 외국인도 포함

3) 예를 들어 서울시와 안산시

근하고 지방자치단체는 주민의 개념으로 접근하고 있기 때문이라는 것이다. 이 근거는 <지방자치법>에 있다. <지방자치법> 제12조(주민의 자격) 지방자치단체의 구역 안에 주소를 가진 자는 그 지방자치단체의 주민이 된다. 제13조(주민의 권리) ① 주민은 법령으로 정하는 바에 따라 소속 지방자치단체의 재산과 공공시설을 이용할 권리와 그 지방자치단체로부터 균등하게 행정의 혜택을 받을 권리를 가진다.

2. 외국 재난지원금 지급 사례

1) 미국의 사례

연방정부 산하 국세청(IRS: Internal Revenue Service)은 미국 거주자로서 사회보장번호가 있고 2018년도 혹은 2019년도 납세신고를 한 사람들을 대상으로 연소득 7만5000달러 이하인 경우, 1인당 1200불(약 140만 원)의 재난지원금을 지급했다.

소득이 7만5000달러 이상인 경우, 9만9000달러까지 구간별로 감액된 금액을 지급하고 소득이 9만9000달러를 초과할 경우엔 지원금은 없다. 미국은 형식상 전 국민에게 재난지원금을 지급하지만 고소득자는 제외했다. 반면 미국 국민 혹은 영주권자가 아니라 해도 사회보장번호가 있고 납세신고를 한 경우에는 미국인과 동일한 기준 하에 동일 액수의 지원금을 받는다.

2) 캐나다의 사례

캐나다는 캐나다비상대응혜택(CERB: Canadian Emergency Response Benefit)이라는 명칭 하에 재난지원을 실시했다. CERB는 코로나로 인해 일을 못하게 된 근로자들이 대상이다.

코로나로 인해 일을 못하게 된 근로자는 4주간 2000캐나다달러(약 180

만 원)를 받을 수 있다. 근로 중단 기간이 길어질 경우, 3회 더 신청할 수 있어서 최대 16주까지 지원받을 수 있다. CERB는 국적을 막론하고 유효한 사회보험번호 혹은 납세자번호를 갖고 있으면 신청 가능하다. 따라서 외국인도 캐나다인과 동일한 기준을 충족하면 받을 수 있다.

3) 영국의 사례

영국은 우리나라와 같은 재난지원금은 지불하지 않는다. 다만, 법정병가급여(SSP: Statutory Sick Pay)라는 기존 제도를 활용해서 코로나로 인해 일을 못하게 되거나 자가격리를 해야 하는 근로자를 지원한다.

코로나로 인해 일을 못하게 된 근로자는 지원 조건을 충족할 경우, 주당 95.85파운드(약 15만 원)씩 최대 28주까지 지원받을 수 있다. 지원자는 주당 평균 120파운드 이상의 근로소득이 있었던 근로자여야 하고, 코로나로 인한 질병 혹은 자가격리 필요 기간이 최소 4일 이상 지속돼야 한다. 법정병가급여는 근로자에게 직접 지급되는 것이 아니라 고용유지를 위해 고용자를 통해 간접 지급된다. 외국인이라고 해서 배제되지 않는다.

4) 독일의 사례

독일은 소규모 중소자영업자들에게 지원을 집중하고 있다. 프리랜서, 소규모 자영업자를 대상으로 코로나 재난지원(Überbrückungshilfe Corona) 명칭 아래 현금을 지급한다. 5명 이하 정규 직원이 있는 회사에는 최대 9000유로(약 1265만원), 10명 이하인 경우에는 1만5000유로(약 2020만 원)의 현금을 지급했다. 이 지원금은 세금번호를 받아 경제활동을 하는 모든 내·외국인이 지원대상이다.

5) 일본의 사례

일본은 자영업자나 근로자에 초점을 맞추기보다는 전 국민을 재난지원 대상으로 하기 때문이다. 주민등록을 기반으로 하여 특별정액급부금(特別定額給付金)이라는 명칭 하에 1인당 10만 엔(약 110만 원)의 현금을 지급했다. 외국인 역시 우리의 주민등록에 해당하는 주민기본대장에 등록된 경우에는 모두 동일 액수를 지급했다. 일본에서는 3개월 이상 장기체류 자격을 가진 외국인은 일본인과 마찬가지로 주민기본대장에 등록해야 한다.4)

이상 살펴본 바와 같이 세계 여러 나라들이 코로나 위기 극복을 위해 지원하는 재난지원금은 소득, 납세, 거주 등을 기준으로 하고 있다. 국적을 기준으로 재난지원 여부를 판단하는 경우는 드물다.

미국은 고소득자를 제외하지만 외국인을 배제하지는 않는다. 캐나다, 영국, 독일은 전 국민에게 현금을 일괄 지급하는 것이 아니라 코로나 위기에 직접 노출된 자영업자 혹은 근로자에게 지원을 집중하는 방식을 취하고 있다. 그러나 외국인을 배제하지는 않는다. 일본의 경우, 소득의 과다, 납세 여부, 경제활동의 종류를 불문하고 주민등록을 가진 전 국민에게 동일액수를 지원했지만, 주민등록을 가진 모든 외국인 역시 동일액수를 지원받았다. '국적'이 아니라 '거주'가 기준인 것이다. 다른 나라들이 외국인을 재난지원에서 배제하지 않는 것은 사실 재난지원의 본래 취지에 비춰 본다면 합리적이며 올바른 선택이다. 재난지원이라는 경제지원은 재난을 당한 사람들에게 긴급히 사회안전망을 제공함으로써 재난에도 불구하고 개인들이 최소한의 경제 활력을 유지하도록 하는 데 목적이 있다. 또한 재난지원을 받은 사람들이 그 돈을 활용하여 사업유지, 고용유지 및

---

4) 각 나라별 사례 출처는 오마이뉴스(2020. 9. 7.)

생계에 필요한 최소한의 수요를 충족시킬 수 있고, 그 과정에서 창출된 소비와 투자가 경기부양 효과를 가질 것이라 보는 것이 재난지원의 대전제다. 그렇다면 사업, 근로, 소비 등의 형태로 이미 우리나라 경제에 참여하고 있는 외국인에게도 재난지원을 제공해야만 재난지원의 본래 목표 달성이 극대화될 수 있다. 우리 국민경제 속에 이미 활동하고 있는 외국인들 역시 파산위험, 고용불안, 소득감소 등 형태로 이미 재난의 효과를 경험하고 있으며, 이들에 대한 재난지원은 사회안전망 역할을 통해 경기부양에 기여할 수 있기 때문이다.[5]

3. 지방정부간의 상이한 정책: 서울시와 경기도

1) 국가인권위원회의 권고

중앙정부도 지방자치단체에서도 모두 외국인에게 재난지원금을 지급하지 않자 전국 이주민인권단체 공동으로 2020. 6. 30. 청와대 앞에서 <차별과 배제가 아니라 생존과 체류를 보장하라>는 '코로나 사태 장기화 속에 차별 고통 받는 이주민들의 목소리'를 알리는 기자회견을 열었다. 이어서 이 기자회견문을 국가인권위원회에 제출했다.

국가인권위원회는 '재난지원금 정책에서 외국인을 배제하는 것은 평등권침해라는 국가인권위원회의 권고'를 외국인이 가장 많이 거주하고 있는 서울시와 경기도에 발송했다. 그런데 이 두 지방자치단체의 반응은 정반대로 엇갈렸다. 즉 서울시는 수용한데 비해 경기도는 거부하고 나섰다. 결과 서울시는 외국인에게 지급할 재난지원금을 330억 책정한데 비해 경기도는 아직 현재까지도 아무런 대책이 없다.

---

5) 오마이뉴스(2020. 9. 7.)

2) 경기도지사의 이중적인 태도

이재명 경기도지사는 2차 재난지원금 지급을 앞두고 재난지원의 보편성에 대한 자신의 소신을 강조하고 나섰다. 홍남기 경제부총리에게 보내는 페이스북 공개서신을 통해 "모두가 겪는 재난에 대한 경제정책으로서의 지원은 보편적이어야 하고 그것이 더 효율적이며 정의에 부합한다."고 주장했다. 그러나 이재명 지사는 외국인에게는 '보편성'을 외면했다. 이재명 지사가 재난지원금을 선별지급하지 말고 전 국민에게 보편적으로 지급해야 한다고 주장하는 이유는 이 지사 본인이 설명하는 바대로 "그것이 더 효율적이며 정의에 부합한다."고 믿기 때문인 것으로 보인다. 그러나 이재명 지사가 말하는 재난지원의 '보편성'은 이상하게도 경기도에 합법적으로 거주하는 대부분 외국인들에게는 적용되지 않고 있다.[6]

지난 8월 26일 <매일경제>의 보도에 따르면, 경기도는 외국인 중 결혼이민자와 영주권자만을 지원 대상으로 하고 그 밖의 외국인 주민은 지원 대상에서 제외한다는 방침을 유지하기로 했다. 현재 경기도 거주 외국인은 약 60만 명인데, 이 중 결혼이민자와 영주권자는 약 10만 명에 불과하다. 대부분의 경기도 거주 외국인 주민은 1인당 10만 원의 '재난기본소득'을 받지 못하는 것이다.

경기도의 외국인에게 재난지원금 지급 불가 조치가 도마에 오르자 즉각 해명자료를 내 "국가인권위에 개선 권고사항 이행계획을 제출했다"라면서 "(외국인 주민 지원에 대한) 중장기적 검토가 필요하며 향후 '경기도 재난기본소득 지급' 사유 발생 시 종합적으로 재검토하겠다."라고 밝혔다.

---

6) 오마이뉴스(2020. 9. 7.)

4. 외국인에 대한 재난지원금 지급 근거

1) 외국인도 권리와 의무를 부담하는 '주민'

국가인권위의 권고 결정문을 보면 재난지원에서 외국인을 배제하는 것이 왜 합리적 이유가 없는 차별인지 그 이유가 적시돼 있다. 한 마디로, 국내에 합법적으로 거주하며 경제활동에 임하는 외국인도 우리 법률상 '주민'이며, 그들 역시 내국인과 동일한 경제적 의무를 부담하기 때문에 경제적 지원에서 배제해서는 안 된다는 것이다.

우리나라 주민자치법 12조는 지자체에 주소를 두고 있는 자를 '주민'으로 본다. 그리고 '주민'은 해당 지자체의 재산과 공공시설을 이용할 권리와 균등한 혜택을 받을 권리를 갖는다고 규정하고 있다.

2) 재난안전법 5조

재난안전법 5조는 재난 발생 시 국가와 지자체에 협조할 의무, 그리고 재난 예방을 위한 주의 의무를 국민에게 부여하고 있다. 국가인권위는 이러한 의무는 국민만 아니라 국내 거주하는 외국인에게도 동일하게 적용된다고 보고 있다. 가령, '사회적 거리두기'라든가 격리 준칙은 내국인뿐 아니라 외국인에게도 적용된다. 그러한 의무 이행으로 인해 경제적 손실이 발생한다면 내국인뿐 아니라 외국인에게도 발생한다.

사실 외국인을 재난지원 대상에서 제외한 것은 경기도뿐 아니다. 행정안전부가 지급한 1차 재난지원금 역시 국내 체류 외국인 약 220만 명 중 12%인 27만여 명에 불과한 결혼이민자와 영주권자를 제외한 대부분의 외국인을 지급 대상에서 제외했다.

3) 외국인 배제는 우리의 국제 위상에 걸맞지 않아

우리나라는 경제 규모로 세계 10위권 국가다. 우리나라가 G7이나 G20와 같은 국제적 협의의 장에 초청받았다고 하면 많은 국민들이 자부심을 느낀다. 그러나 나라의 규모가 커지면 국내외적인 기대 수준 역시 올라갈 수밖에 없다. 세계적인 리더십을 행사하려면 그에 걸맞은 책임도 져야 한다.

범세계적인 코로나 위기 극복을 위해 전 세계가 힘을 합치자 하고 국내적으로도 내외국인을 가리지 않고 고통을 분담해야 할 상황에 우리가 외국인을 차별하는 모습을 보인다면 세계무대에서 우리의 체면을 세우기 어렵다.

5. 서울시 외국인 재난지원금 지급 과정의 문제점

서울시에 거주하고 있는 외국인 가구 수는 9만1천여 가구이며 서울시는 외국인에게 지급할 재난지원금 예산 330억 원이 서울시 의회를 통과하여 8월 31일부터 온라인 신청접수를 받기 시작하였다.

그런데 문제가 많았다. 1인 가구 소득이 175만 원 이하인 외국인, 건강보험가입자 등등의 조건부 지급을 실시하다 보니 혜택을 받은 외국인은 반도 안 된다. 예를 들어 건강보험 가입자가 반 정도이고 175만원 소득 이하로 규정하니 실제소득이 이 수치보다 높은 자가 배제되었고 또 서울시가 내국인에게 지급한 1차 재난지원금에 외국인은 국민의 배우자 비자(F-6)와 영주자격(F-5) 소지자에게만 지급했는데 이번 외국인 대상에서 국민의 배우자이지만 재외동포비자(F-4) 소지자를 제외시켰기 때문에 이 사람들은 내국인 대상 지급에서도 배제되었고 또 외국인 대상 지급에서도 제외 당해 이쪽저쪽에서 모두 빠져버려 '인간'이 아닌 취급을 받고 있다.

Ⅳ. 차별적 재난지원금 정책의 배경: 동포가 아닌 외국인

1. 재한조선족사회 형성은 노무일군으로 시작

재일조선족사회와 재한조선조선족사회 형성에 있어서 본질적이고 구조적인 차이가 있다. 즉 재일조선족사회는 1980년대 초반부터 유학생 위주로 형성되어온 사회인데 비해 재한조선족사회는 노무일군을 위주로 형성되었기 때문에 한국정부가 재한조선족사회를 바라보는 시각은 외국인인력이란 개념에 국한되어 있었고 이 때문에 동포정책이 아닌 외국인인력관리 차원으로 접근하여 정책제도를 마련하기 시작했던 것이다.

2. 동포등록증이 아닌 외국인등록증 발급

한국사회에서는 2003에 이르러서야 정부가 재한조선족 불법체류 수가 급증하고 있는 것이 사회문제로 떠오르자 합법체류의 길을 터주기 시작하였는데 처음 발급한 비자가 F-1-4, E-9였고 2007년에 방문취업비자를 부여하고 합법적인 거주증을 발급하였는데 '동포등록증'이 아닌 외국인등록증이었다. 따라서 한국에서 영주자격을 부여받은 조선족 등록증도 외국인등록증이다.

법무부가 동포단기복수비자 C-3-8을 소지한 조선족을 부르는 호칭이 '동포비자 C-3-8 소지한 외국인'이다.

3. 귀화한 조선족은 껍데기만 한국인

조선족이 귀화하면 다음과 같은 두 가지로 차별한다. 하나는 주민등록증에 중국에서부터 쓰던 한자이름을 기재해 주지 않는다. 만약 한자 이름 기재를 원하면 개명신청을 제출하라고 한다. 한자나라에서 왔고 선조들로부터 이어온 한자이름인데 개명이라니? 일제시대 창씨개명의 아픔을 잊었는지? 참으로 안타까운 일이다. 다른 하나는 귀화자에게 본래 조상대대로 이어온 '본(본관)'을 기재해주지 않는다는 것이다. 가령 필자가 본이 '선산(善山)'인데 귀화신청서에 적었는데도 입적 시 관공서 서류에 본을 기재해주지 않고 엉뚱하게 구로구에서 살고 있으니 '구로 김'으로 기재하란다. 아니면 '서울 김'으로 하란다. 기어코 본래의 본을 원한다면 족보를 제출하든지 대한민국 문중에 가서 증빙서류를 발급받아 제출하라고 한다. 본이란 전통문화인데 전통문화에 무슨 증빙서류가 필요하냐고 따져도 아무 소용이 없다.

현재 한국 국적으로 귀화한 가족 중에 울지도 웃지도 못하는 일이 벌어지고 있다. 즉 한국국적을 취득한 아버지의 본은 이천에서 살고 있어 '이천 최'이고 아들은 아버지 따라 귀화했지만 천안에서 살고 있어 '천안 최'이고 딸도 아버지 따라 귀화했는데 영등포구에서 살고 있어 '영등포 최'이다. 이렇게 세 식구의 본이 다 다르다.

필자는 한국행정의 이런 불합리한 제도를 거부하여 현재 '무본'이다.

4. 정책적 대응의 필요성: 차별금지법 제정

6월 29일 정의당 장혜영 의원이 포괄적 차별금지법을 대표 발의했다. 하루 뒤인 30일 국가인권위원회(인권위, 최영애 위원장)가 국회에 "평등 및 차별 금지에 관한 법률(평등법) 입법을 조속히 추진하라"는 의견을 표명했고 전원위원회의 후 기자회견을 통해 "국민 대표이자 입법권자인 국회가 평등법 제정에 온 힘을 쏟아 달라"고 요청했다.

인권위의 평등법 제정 의견 표명은, 2006년 국무총리에게 차별금지법 입법 추진을 권고한 이후 14년 만이다. 2020년 내 법 제정을 목표로 내걸었다. 인권위는 올해 상반기 동안 쟁점 검토 및 전문가 자문, 시민사회 의견 수렴 등을 거쳐 법 시안을 마련했다고 밝혔다.

최영애 위원장은 "평등법 제정은 이제 더 미룰 수 없는 우리 사회 당면 과제다. 인류가 이미 70년 전 세계인권선언에서 확인했듯이, 어떠한 이유로도 인간의 존엄성을 유보할 수는 없다. 인권위는 이번에야말로 '모두를 위한 평등'이라는 목표를 향해, 평등법 제정이라는 결실을 볼 수 있도록 모든 노력을 다하겠다."고 말했다.

차별금지법이 국회에 최초로 발의된 것은 2007년 노무현 참여정부 때였으나 지금까지 통과되지 못하고 있다. 정부는 국민적인 합의가 이뤄지지 않았다는 것이 그 이유라고 한다. 과연 21대 국회에서 통과될 수 있을 것인지 지켜볼 일이다.

차별금지법(差別禁止法)은 성별, 성정체성, 장애(신체조건), 병력, 외모, 나이, 출신 국가, 출신민족, 인종, 피부색, 언어, 출신지역, 혼인 여부, 성지향성, 임신 또는 출산, 가족 형태 및 가족 상황, 종교, 사상 또는 정치적 의견, 범죄 전력, 보호 처분, 학력, 사회적 신분 등을 이유로 한 정치적·경제적·사회적·문화적 생활의 모든 영역에 있어서 합리적인 이유 없는 차별과 혐오 표현을 금지하는 법률이다.

여기서 우리 이주민의 눈길을 끄는 것은 출신 국가, 출신 민족, 피부색, 언어 등등이며 우리 이주민의 이익과 직접적인 연관이 있는 내용들이다.

한 걸음 더 들어가서 살펴보면 인권위는 국회에 보낸 평등법 시안에 혐오표현을 추가했다. 사회에서 흔히 생겨나는 괴롭힘은 개인이나 집단에 대해 적대적·위협적 또는 모욕적 환경을 조성하거나 수치심·모욕감·두려움 등을 야기하거나 멸시·모욕·위협 등 부정적 관념의 표시·선동 등의 혐오적 표현을 해서 신체적·정신적 고통을 주는 행위로 정의했다.

인권위는 '혐오 표현'을 추가한 데 대해 "차별 대상이 되는 존엄성을 침해하고 공론의 장을 왜곡하며, 그 결과 혐오 표현 대상 집단에 대한 차별을 고착하고 불평등 효과를 초래하기 때문에 시정할 필요가 있다"고 설명했다.

차별금지법이 통과되면 우리 이주민에게 어떤 좋은 점이 있을까?

인권위 사무총장을 지냈던 조영선 변호사는 "차별금지법이 있었다면 중국인에 대한 보수 정치인의 발언이 충분히 불법적인 일이라고 정의할 수 있고 그러한 행동을 중단시킬 수 있는 여론이 형성될 수 있다. 이런 차원에서 차별금지법 제정이 늦어진 것은 아쉬운 일이다."고 지적하였다.

우리가 바라는 대로 차별금지법이 국회를 통과될 것인지. 가령 이 법이 통과되었다 해도 혐오·차별이 사라지는 것이 아니다. 다만 혐오·차별을 당했을 때 법적으로 대응할 수 있는 수단이 생겨난 것일 뿐이고 법적으로 해결하려면 물심양면에서 지칠 수 있다. 그러므로 우리는 마땅히 혐오·차별을 당하더라도 지혜롭게 대응할 줄 알아야 덜 괴롭다. 그 지혜로운 대응이 무엇일까? 혐오표현을 거절할 줄 아는 자유의식을 갖추는 것이다.

V. 중국동포 혐오의 역사적 근원

1. 피해와 혐오는 동전의 양면

어느 한 착실한 역사학자가 한반도는 역사적으로 천 번에 가까운 외침을 받아왔다는 연구결과를 발표했다. 그 천 번 중에 다수가 일본이고 소수가 중국이란다. 굵직한 사건만 해도 일본은 1592년 임진왜란을 일으켰고, 1910년부터 36년 식민지배했다. 중국은 한나라 무제 때 한반도에 한사군(낙랑군·임둔군·진번군·현도군)을 설치하여 지배하였다. 1627년 정묘호란, 1636년 병자호란을 일으켜 한반도를 쑥밭으로 만들어놓았다. 조선시기 도독부를 설치하여 지배했다. 이 과정에서 한반도는 일본인을 증오하고 혐오하는 심리가 강해졌으며 중국인에게도 마찬가지로 우호적일 수가 없이 혐오의 심리를 갖게 되었던 것이다. 이로써 다음과 같은 결론을 도출해낼 수 있다.

'피해와 혐오는 동전의 양면이다.'

외침은 국가적인 일일 뿐만 아니라 백성들의 삶이 도탄에 빠지게 되고 침략 받은 국가 사람들에게 일종 공포심이 생겨난다. 청나라 소금장수한테 조선여인이 손목 잡혔다. 요즘 말로 하면 성추행이다. 그런데 당시는 미투로 신고할 수도 없어 굉장히 억울한 여인에게 반드시 지켜줄 의무가 있는 남편이 소금장수한테 끽소리 한 마디 없이 대들지도 못하고 오히려 자기 아내를 두들겨 팬 사건이 있었다. 당시 유사한 피해가 많았을 것으로 짐작되며 이 과정에 중국인에 대한 혐오가 생겨나지 않을 수가 없었다.

2. 한국인이 중국인을 부르는 비속어가 유독 많아

국경을 이웃하고 있는 두 나라 사이 서로 부대끼면서 살다보니 우호적인 협력관계일 때도 있지만 흉을 보는 앙숙관계일 때가 더 많았다.

가난한 프랑스 서민들이 개구리까지 잡아먹은 것을 두고 영국인들이 프랑스인을 '개구리'라고 놀려대고, 프랑스인들은 소고기 굽는 방법 하나 밖에 모르는 단조로운 음식 문화를 가진 영국인을 '구운 쇠고기'로 비아냥거린다. 이것은 서로 상대 문화에 대한 조롱의 표현일 뿐 혐오스러운 냄새는 없다.

이에 비해 동아세아 삼국을 보면 서로에 대한 경멸스런 표현이 심각하다. 중국은 일본인을 귀신 새끼라는 뜻으로 '르번꿰이즈(日本鬼子)'라 부르고, 일본인은 중국인을 구제할 수 없는 병신이라는 의미로 '동아병부(東亞病夫)'라 불렀다. 일본과 한반도도 서로 앙숙의 관계이기 때문에 당연히 서로를 경멸하는 비속어가 있다. 일본인은 가난하고 못사는 조선인이라는 뉘앙스가 담긴 말로 '죠셍진'이라 불렀는데 이것은 그나마 점잖은 표현인데 비해 조선인은 일본인을 '쪽발'이라 부른다.

중국과 한반도도 서로에 대한 비속어가 험했다. 중국인은 조선인을 '까오리빵즈(棒子, 고려몽둥이)'라 불렀다. 옛 중국 민간에서는 몽둥이(빵즈, 棒子)는 경멸스런 '-놈'이라는 뜻이 있었다. 그래서 가난뱅이는 '츙빵즈(窮棒子)', 만주후기에 관동에 진출한 산동사람을 '싼뚱빵즈'라 불렀던 것이다. 중국인이 우리민족을 '까오리빵즈'라고 부르게 된 시기는 언제였을까? 근대에 이르러 일제의 중국침략 과정에서 중국에 간 조선인들이 일본인보다 더 앞장서서 나쁜 이미지로 남았고 그때 붙여진 '고려놈'을 뜻하는 '까오리빵즈'가 등장했다는 것이다.[7]

여기서 강조하고 싶은 것은 일본이나 중국이 조선인에 대한 비속어보다 조선인이 일본인과 중국인에 대한 비속어가 혐오와 경멸의 뉘앙스가 더 심하다는 것이다. 예를 들어 조선인은 중국인을 '짱꼴라', '짱깨', '때놈' '왕서방' 등등으로 불렀다. 일본이 중국 주체민족인 한족을 비하해 불렀던 '장코로'에서 유래한 '짱꼴라'는 '청국노(淸國奴)', 즉 청나라 노예라는 뜻이다. '짱깨'는 19세기 말부터 조선에 유입되기 시작한 중국인들이 중국 현지의 가성비 좋은 비단, 삼베, 모시를 조선에 들여와 주단포목점을 하면서 큰돈을 벌었는데 가게의 경영과 관리를 담당했던 중국인 사장을 장꾸이(掌櫃, 금고 관리)라 부른데서 유래되었던 것이다. 당시 포목점뿐만 아니라 이발소, 양복점, 소금가게 등의 기타 여러 분야에서 뛰어난 장사수완을 발휘한 이들 장꾸이는 조선에서 부자의 대명사가 되었다. 정치, 경제 주권을 일본에게 모두 빼앗긴 조선인들한테 부자 중국인이 곱게 보일 리 없었다. 게다가 자신들만의 배타적인 네트워크를 형성해 조선인과의 교류가 부족했던 중국인에 호의를 가지기 더 어려웠을 것이다. '장꾸이'에서 유래된 '짱깨'는 돈만 밝히는 중국인이라는 혐오 정서를 깔고 있음을 어렵지 않게 유추할 수 있다.[8]

---

7) 대만 관련 선전 용어의 올바른 사용에 관한 의견

왜 세상천지에 차이나타운이 흔해 있는데 유독 대한민국에만 차이나타운이 없는가? 집정자들이 과거 돈 잘 버는 '짱깨' 공포에서 벗어나지 못하고 국민들이 '짱깨'에 대한 혐오정서가 깔려 있었기 때문이다.

3. 혐오표현인 왕서방을 현재까지도 사용

왕서방은 현재 한국인들이 중국인을 부르는 대명사로 되고 있는데 따지고 보면 이 역시 중국인을 경멸하고 혐오하는 표현이다.

'비단장수 왕서방'이란 노랫말이 있는데 여기서 왕서방은 주단포목점을 비롯해 조선에서 돈을 많이 벌었던 '장꾸이', 즉 '짱깨'의 점잖은 버전이다. 남의 나라에서 돈 좀 번, 우리 먹을 것도 없던 가난한 조선에서 야금야금 자기 잇속 챙긴 비릿한 돈 냄새가 이들에게 물씬 풍긴다. '재주는 곰이 부리고 돈은 왕서방이 번다'는 속담에는 '애먼 놈한테 우리 것 다 빼기겠다.'는 경계심이 고스란히 배어 있다. 먹고 살기 힘들었던 식민시대의 피해의식은 한 세기 훌쩍 지난 오늘날에도 중국인을 묘사할 때 마치 대명사처럼 소환하고 있다.[9]

> '자금력을 앞세운 왕서방의 기습'
> '북한 농업 경험...왕서방에게 **뺏길** 건가'
> '왕서방 모시기 적극적인 일본'
> '얼리 어답터 왕서방 잡아라'
> '소고기 맛 들린 왕서방 탓에 국제 육우 가격이 천정부지로 뛰어'
> '고급화된 왕서방 입맛에 고삐 풀린 소고기 값'

한국 언론에 등장한 기사 제목들이다. 이런 제목들은 중국인을 혐오하

---

8) 정영숙, <중국인이 싫어하는 말(미래의 창)>, P161
9) 정영숙, <중국인이 싫어하는 말(미래의 창)>, P164

는데 부채질하는 선동적인 수단들이다.

한편 왕서방은 사드로 인해 양국의 갈등이 심했던 2016년에는 361건, 2017년에는 228건이 사용되었다(네이버뉴스 검색 결과. 578개 언론사). 그러다가 사드 갈등이 한바탕 지나가고 얼어붙었던 양국 관계가 풀리기 시작한 2018년에는 왕서방 사용이 170여 건으로 줄었다. 중국과 사이가 안 좋을 때는 왕서방을 자주 사용하고 관계가 나아지면 덜 사용되는 것을 보면 왕서방에 확실히 부정적인 이미지가 있다는 것을 알 수 있다.[10]

VI. 허무한 우월주의의 한국

1. 야랑자대(夜郎自大)한 한국인

기원전 200년경 한나라 때 대륙 서남쪽에 야랑국(夜郎國)이라는 아주 작은 별 볼꼴이 없는 나라가 있었다. 한나라에 비할 수도 없는 소국임에도 불구하고 야랑국 왕은 한 번도 나라 밖을 나가본 적이 없어서 자신의 나라가 세상에서 가장 큰 나라인줄로 생각하고 있었다. 시쳇말로 착각이었다. 그러던 어느 날 야랑국을 방문한 한나라 사신에게 왕이 기고만장한 표정으로 "한나라와 우리나라, 어디가 더 큰가?"라고 묻는 바람에 한나라 사신이 혈압이 올라 뒷목을 잡았다고 한다.

그 후 중국인은 이 이야기로 사자성어를 만들어냈다. 야랑자대, 자신이 크다고 여긴다는 의미로, 자신이 최고인줄 세상물정을 모르는 '우물 안의 개구리'를 뜻하는 말로 사용된다.

전여옥의 <일본은 없다>에 다음과 같은 스토리가 있다. "한국에 전기밥솥 있느냐"고 일본인이 물었다고 저자는 "소위 선진국이라는 일본인은 진

---

10) 정영숙, <중국인이 싫어하는 말(미래의 창)>, P165

짜 세상물정 모르는 우물 안의 개구리"라고 말했다. 20세기도 아니고 21세기 문턱에 들어선지 10년이 지난 어느 하루 필자의 사무실에서 비슷한 일이 벌어졌다. 무더운 삼복 날씨에 더위를 말려보려고 수박을 쪼개 먹고 있었다. 한국인과 조선족이 반반이었다. 그 당시까지 중국 문을 두드려 본 적이 없는 한 한국인이 갑자기 느닷없이 "중국에 수박 있어요?"라고 물어 하마터면 필자도 뒷목을 잡을 뻔 했다.

"중국에 이것 있어?"

물론 질문자는 악의가 없었다고 하지만 듣는 자의 입장에서는 무시도 그런 무시가 없다고 생각하기 마련이다.

한국인의 이 질문 때문에 중국인은 한국인을 진짜 우물 안의 개구리로 취급하고 있다.

2. 중국인을 경멸하는데 앞장서고 있는 언론들

모 방송국 예능프로에서 벌어진 일이다. 배우 김고은이 중국에서 10년 간 어린 시절을 보내고 온 것으로 알려졌다. 예능프로그램에 출연한 그녀가 중국의 학교 얘기를 하던 참이었는데 진행자 A가 "중국에서는 자연에서 배우지 않느냐, 만주벌판 같은 곳에서"라고 말한다. 그러자 진행자 B는 한 술 더 뜬다. "중국 학교에서 붓을 사용하지 않느냐." 깜짝 놀란 김고은과 메인 MC가 지금이 어떤 시대인데 그런 말을 하느냐며 이 둘을 반박(면박)한다.

여기서 자연은 중국인은 가난해서 교실도 없이 밖에서 글을 배운다는 뜻이다. 자연과 붓, 실로 어처구니없는 언급이다. 이 내용을 다룬 기사에서는 한국인들이 시대착오적인 중국인식 때문에 한국인 이미지가 안 좋았는데 잘못된 인식을 바로 잡아주는 김고은에게 호감이 생긴다는 말을 덧붙였다.

뭐라고 할 말이 없다.

한국인 시청자들은 그저 웃고 넘어갈 수도 있겠으나 중국에서는 이 일이 일파만파 번져 혐한 정서를 일으키게 만드는데 크게 부채질하는 역할을 담당했던 것이다.

VII. 혐오·차별의 역사와 배경

1. 혐오·차별의 역사성

현재 한국에 살고 있는 중국인(한족)은 노화교와 신화교로 분류하고 있다. 노화교는 중화인민공화국 성립 기준으로 1949년 전에 한국에 온 중국인을 지칭하고 신화교는 중국 개혁개방을 통해 국문을 연 후 특히 1992년 한중 수교 이후 한국에 온 중국인이다.

한국에 살고 있는 노화교들은 2만여 명이 되는데 이들은 경제적으로 부유하게 살고 있다. 다만 군사정부 시절 화교에 대한 탄압에 의해 차이나타운도 없이 각자 제한된 업종 내에서 주로 짜장면을 비롯해 작은 규모의 자영업에 종사해왔다.

신화교는 유학 왔다가 한국에서 장기 체류하는 자, 한국인과 국제 결혼한 중국여성, 소수 투자자 및 단기비자로 입국했다가 기한 내에 귀국하지 않고 불법신분으로 노무에 종사하고 있는 중국인 등이다.

중국인 유학생 중에 부모의 두터운 자금력 덕분에 한국에서 대학교 기숙사가 아닌 혹은 홀로 살 수 있는 작은 월세방이 아니라 억대의 전세를 맡아 지내거나 중국 측 인맥을 통해 화장품을 비롯해 여러 가지 장사를 통해 돈을 번 사례가 꽤 있다. 수년 전에 있었던 일이다. 한 중국인 유학생이 이사 업체를 꾸려 수억 원을 벌었다. 물론 사업자등록증도 안 내고 불법운영이었다. 이 사건이 언론에 오르내렸는데 당시 기사 중에 내국인들만의 영역인 이사 업체에 왕서방이 뛰어들어 이 분야를 위협하고 있다는 내용이 있었다.

이 기사를 접한 한국인들은 무슨 생각을 하게 될까? 당연히 혐오스런 비단장수 '왕서방'이 떠올랐을 것이다.

제주도 관광음식점, 호텔, 버스업체, 쇼핑센터까지 중국인이 거의 독점하고 있다는 기사가 수 없이 등장했다. '손 큰 유커 명동 쇼핑가게 화장품 싹쓸이' '중국 유커 동대문 점령' '중국 유커 6천명 치맥행사' 등등의 기사는 내국인의 경제 활성화에 크게 기여하고 있는 측면이 있긴 하지만 한편으로는 섬뜩한 느낌이 중국인에 대한 공포가 생겨나고 '공포와 혐오는 한 끝 차이'라는 말이 있듯이 포목점의 왕서방을 떠올리게 된다.

2. 혐오·차별의 국민인식

'한국과 중국이 축구하면 어딜 응원 하냐?'

이 질문은 한국인이 조선족에 대한 가장 큰 궁금증을 대변한다. 즉 조선족의 정체성을 알고 싶은 것이다. 만약 중국을 응원한다고 대답하면 굉장히 섭섭해 한다. 섭섭한 차원을 넘어서 '당신들은 동포가 아닌 짱깨네'라는 반응을 보인다.

왜 한국인은 이런 반응을 보이는 걸까?

한국은 역사적으로 단일민족, 단일국가, 단일조국이라는 단일 패턴 속에서 살아왔기 때문에 낳은 정이 키운 정보다 더 크다는 하나의 진리만 알고 있을 뿐 키운 정이 낳은 정보다 더 크다는 또 하나의 진리가 있다는 사실을 모르기 때문에 한 핏줄을 나눈 동족이라면 당연히 고국 한국을 응원해야 맞는 것 아니냐는 심리가 작용하고 있다.

이런 맥락에서 재한조선족사회 불미스러운 사건이 터질 때마다 조선족을 향해 '짱깨들은 중국에 물러가라'는 댓글이 빈발하고 있는 것이다.

영화 '청년경찰' 김주환 감독은 "냉전시대 미국영화 소재에 소련이 많이 등장한 것과 마찬가지로 한국에서도 새로운 소재로 조선족을 등장시킨다."고 말했다. 이 말을 분석해보면 조선족은 한국인과 동족이란 인식이 감독의 머리에 없고 조선족을 새롭게 한국사회에 등장한 외국인 혹은 중국인으로만 여긴다는 것이 고스란히 드러나고 있다. 만약 조선족을 진정 한국인의 동포라고 인식한다면 범죄의 소굴로 각색하지 않을 것이다.

3. 혐오·차별의 한국언론

'청년경찰' '범죄도시'를 비롯해 조선족을 범죄의 소굴로 각색한 영화들이 수 없이 쏟아져 나왔고 드라마도 가세해서 조선족을 범죄자로 몰고 있다. 일각에서는 영화와 드라마는 허구에 의해 만들어지기 때문에 영화는 어디까지나 영화로 보아야 한다고 주장한다. 문제는 아무리 허구일지라도 반복이 계속되면 사실로 받아들여질 가능성이 존재한다는 것이다. 마치 거짓말도 너무 반복되면 참이 되는 것과 마찬가지이다. 하지만 영화는 영화로 본다 치고 팩트를 생명으로 다루는 언론은 한 집단을 범죄소굴 혹은 범죄가 만연하는 사회로 다루는 것은 문제가 심각하다고 지적하지 않을 수가 없다.

대한민국 얼굴인 국영방송 KBS가 <황해>라는 개그프로를 1년 넘게 방송했다. 개그는 개그일 뿐이라고 주장할지 모르겠으나 실제로 한국 00교수가 조선족 모임에서 식사 시 "당신네 조선족 가운데 왜 보이스피싱 하는 사람이 그토록 많은가?"라는 질문을 해서 주위를 당황하게 만든 일이 있었다. 대학교 교수가 이 정도라면 일반 국민은 어떨까? 이 개그프로가 조선족에 대한 혐오·차별을 생산하고 부채질하는데 '일등공신'이 되기에 손색이 없었다.

올해 연초에 코로나19 사태가 터지자마자 일부 한국 언론들이 마치 기다렸다는 듯이 대림동에 달려와 기사를 생산해냈다.

"대림동 차이나타운 가보니…가래침 뱉고, 마스크 미착용 '위생불량 심각'¹¹)

당시 필자가 살고 있는 가리봉 인근 가산동 오피스텔 단지에 10만에 이르는 한국젊은이들이 근무하고 있는데 그들 중 마스크 낀 사람은 열에 하나도 되지 않을 때인데도 유독 대림동만 마스크 낀 사람이 손에 꼽을 만큼 적다는 기사는 대림동을 사실이 아닌 매도의 목적으로 기사를 악의적으로 생산하는 것이다.

4. 혐오·차별의 한국정치

어느 나라든지 막론하고 외국인을 배척하는 데 앞장서는 것은 보수진영이다. 왜냐면 기존의 질서, 기존의 먹을 것을 빼앗기지 않고 지켜내려는 성향을 가진 것이 보수이기 때문에 보수정치인들이 외국인 배척에 앞장서는 것이다.

"외국인은 우리사회에 기여해온 것이 없다. 외국인에게 똑 같은 임금수준을 유지하는 것은 공정하지 않다고 생각한다."

대한민국 법무부 장관에 총리까지 대통령 대행까지 지낸 사람의 입에서 나온 발언이다. 외국인도 4대 보험에 가입하고 낼 것을 다 내고 있는데 법무부 장관까지 지낸 사람이 이런 상식조차 모른다는 것은 너무 황당해서 할 말을 잃게 만든다. 아~큰 공당의 당대표까지 지낸 사람이 어떻게?

10여 년 전 이회창 대통령 후보께서 '불법체류자를 1% 미만으로 줄이겠다.'는 공약을 내놓았다. 당시 조선족 불법체류자가 수만 명에 이르고 있을 때였다.

보수가 외국인 배척에 뿌리 깊다는 증거이다.

---

11) 헤럴드경제 로프기사 제목(2020. 1. 29.)

올해 2월 말경 뜬금없는 '조선족게이트' '차이나게이트'가 등장했는데 보수정치인들 중 한 명이 큰 기회나 잡은 것처럼 당론까지 몰고 갔다가 유야무야되고 말았다. 4.13총선 후 낙선된 민경욱 전 의원은 부정투표를 신고하는 동포에게 500만원의 포상금을 거는 해프닝이 있었다. 이 사건은 동포가 부정선거에 개입되어 있다는 전제를 깔고 있었다는 이야기이다. 그는 또 뜬금없는 중국공산당 해커가 총선에 개입했다는 삼척동자도 믿지 못할 어처구니없는 황당한 주장을 내놓았다.

한 때 대한민국 간판 아나운서까지 지낸 사람이 동포에 대한 생각이 이 정도로 빈약한 것에 놀라지 않을 수가 없다. 따라서 이런 행위가 보수를 지지하는 사람들 중 동포를 혐오하고 차별하는 의식을 키워주고 있다는 생각을 왜 못하는지? 정말 불가사의한 일이다.

VIII. 어떻게 혐오·차별에 대응할 것인가?

1. 재한중국인사회가 반성해야할 문제

코로나19 초기 대림동 관련 기사들에서 비위생적인 모습을 지적하였는데 옳은 지적이다. 먼지가 펄펄 날리는데 면음식을 진열해놓고, 해바라기 껍데기가 지저분하게 바닥에 깔려 있고 소수이긴 하지만 거리에서 해바라기 까서 껍데기를 아무데나 뱉어버리거나 가래침을 퉤퉤하고 아무데나 뱉거나 속옷을 올려 속살이 보이는 배때기를 드러내고 거리를 활보하거나 시끌벅적하게 한바탕 떠드는 등, 최근에는 현장 일꾼들이 일이 끝나고 목욕도 안 하고 옷도 갈아입지 않고 버스나 지하철을 타고 다녀 한국인들의 코와 얼굴을 찡그리게 하고 있다. 대림에서 가리봉을 지나 독산이나 가산동에 가는 버스들 안에서는 목욕을 안 하고 사는 사람들 때문에 더러운 냄새가 난다. 버스기사들의 증언이다. 택시도 마찬가지 증언을 하고 있다.

한국인으로부터 혐오·차별을 받지 않으려면 마땅히 반성이 선행되어야한다. 이것이 혐오·차별을 받지 않을 수 있는 최선의 방법 중 하나이다.

2. 혐오·차별 대응할 줄 아는 지혜를 갖춰야

6월 7일 가리봉에서 코로나 확진자가 나오자 또 한국 언론들이 앞 다퉈 대림동에 달려와서 취재에 열을 올렸다.

왜 가리봉에서 확진자가 나왔는데 대림동에 쫓아와서 그 난리들 피우는지?

"가리봉동에서 확진자가 나와 대림동이 떨고 있다."

정말 웃기는 기사제목이다. 청담동에서 확진자가 나왔다 해서 삼성동이 떨고 있다는 기사를 본 적이 없다.

일부 언론사 기자들이 가리봉에서 확진자가 나왔는데 대림동에 쫓아와서 난리 피우는 것은 중국인 최대 밀집지역인 대림동을 건드리면 전체 재한중국인사회를 건드린다는 상징성을 보여주고 싶은 욕망의 발로일 것이다.

필자는 가리봉에서 살고 있고 사무실도 가리봉에 있으나 수많은 한국 언론 인터뷰를 전부 거절해버렸다. 기자들의 사전 연락에서 일치하게 가리봉에서 학진자가 나와 한국인의 혐오·차별에 대해 동포사회 반응을 알고 싶다는 취지이다.

"한국사회가 동포사회를 혐오·차별을 하는 것이 아니라 당신 언론들이 혐오·차별을 생산해내고 있다."고 말했다.

"댓글이 장난이 아닌데요."

"댓글은 일부 밥 먹고 심심한 내국인들이 쓰는데 대해 왜 굳이 반응해야 하는지? 그리고 그 분들의 댓글이 한국주류사회를 대변하는 것도 더욱 아니지 않느냐. 때문에 보잘 것 없는 댓글을 갖고 언론이 나서 떠들 필요가 없으니 나는 인터뷰에 응하지 않겠다."

영국에서 코로나19 때문에 한국유학생이 당지 사람들한테 집단폭행을 당한 것 같은 사례가 한국에서는 없었다. 독일에서 세 들어 있던 중국인을 주인이 코로나 전파자라고 내쫓는 사례는 한국에서는 없었다. 뭘 갖고 혐오·차별이라고 떠들 것인가?

이정희 변호사는 <혐오표현을 거절할 자유>라는 책을 펴냈다. 우리는 마땅히 실제 존재하고 있는 혐오·차별에 대응할 줄 아는 방법도 모색해야 하고 마땅히 혐오·차별을 생산해내고 있는 언론을 거절할 자유의식도 갖춰야 한다.

IX. 나가는 글

한국정부의 외국인 차별정책은 다음과 같은 네 가지 문제에서 기인된다고 생각된다.

첫째 한국정부는 외국인, 동포에 대한 관리 경험 부족

1948년 대한민국정부가 시립될 때 지구촌에서 가장 못사는 나라 중의 하나였다. 때문에 유럽이나 일본 등 선진국처럼 외국인 유입이 가장 늦은 편에 속하고 있었기 때문에 관리상 경험이 부족한 것은 당연한 사실이다.

동포도 본국 유입이 갑작스레 이뤄졌기 때문에 역사상 관리해 본 경험이 없어 이웃나라인 중국과 일본에 비해 현저하게 차별적인 정책제도를 실시하고 있다.

둘째 양반과 상놈의 문화가 뿌리 깊어

재외동포문제에 있어서 잘 사는 나라에 간 재미교포나 재일교포만 동포로 취급하고 못사는 나라 중국이나 러시아 거주 동포는 외면하고 있었다. 즉 부잣집에 시집간 딸만 딸이고 못사는 집에 시집간 딸은 딸이 아니라고 외면했던 것이다.

셋째 분단의 아픔이 남긴 상처

1992년 8월 24일 한중수교 이후 중국동포를 받아들이는 한국 태도는 연고와 무연고로 구분하고 정책을 실시했다. 즉 남한 출신 중국동포는 연고가 있는 동포로서 친척초청이 가능했던데 비해 이북 출신 중국동포는 무연고 동포로 취급하고 차별하였다.

넷째 1인 1표 민주주의 투표 선거 정치의 영향

대한민국 정부는 1인 1표 민주주의 투표 선거에 의해 탄생된다. 때문에 한국정부는 국민의 정서를 너무 의식해서 과감하게 정책제도를 마련하고 실시하지 못한다.

예를 들어 산업전선과 건설업 및 농어촌 일군이 턱 없이 부족하지만 내국인이 법무부에 찾아가 외국인을 제한 없이 받아들이고 있어 우리 일자리를 빼앗고 있다는 민원을 제기하면 사실이 옳던 아니던 휘둘리고 있다. 재난지원금 지급도 국민들이 왜 외국인에게 지급하냐고 여론을 조성하면 국민들의 외국인 배척 정서에 휘둘려 조건부 지급 제도를 마련하기 때문에 문제가 수두룩하게 나타나고 있는 것이 현실이다.

결과적으로 말해서 한국정치의 미성숙에 의해 행정이 일관되거나 실제에 맞는 정책제도 마련이 어렵다는 것이다. 외국인 차별정책제도의 시행을 이런 맥락에서 이해해야 할 것이다.

좌우 이데올로기를 넘어,
조선족 항미원조전쟁의 민족주의

곽재석

I. 문제의 제기

최근 한국사회는 좌우 이데올로기 논쟁으로 치열하게 대립하고 있다. 선거판에서 절대적 우위를 확보하지 못한 이념지향적인 정치세력에 의한 이데올로기 대립은 엉뚱하게 한국 체류 중국 조선족들에게로 불똥이 튀는 모습을 보여주고 있다. 보수우파 친미이념의 정치세력이 친중성향을 보이는 진보정권을 몰아세우면서 국민들 사이에 반중정서를 급속하게 확대 재생산하고 있다. 이런 변화는 이미 예전부터 한국사회에서 배제적 집단으로 낙인 찍혀온 중국 조선족들에 대한 공공연한 혐오와 차별로 불거지고 있다.

진보정권 집권 이후 ①조선족을 범죄인 집단으로 묘사한 영화 '청년경찰'의 흥행, ②광화문 광장에서 백주대낮에 버젓이 벌어진 '수적천석'이라는 시리즈 형태의 조선족 혐오 군중집회, ③제21대 총선을 앞두고 조선족이 중국 공산당의 스파이집단이라는 대한민국판 매카시즘 '조선족게이트' 논란, ④차별적인 외국인 건강보험정책(그 대상은 대개 국내 중국 조선족), ⑤코로나19 확산에 따라 중국 조선족(특히 특례외국인근로자 신분의 조선족들)들에 대해 가혹하게 적용된 출입국정책 ⑥그리고 이 모든 비인권, 비인간적인 행태를 정당화시켜주고 국민 모두의 정상적인 판단으로 합리화시켜 준 한국 언론의 보도태도 등으로 중국 조선족은 이루 헤아릴 수 없는 엄청난 피해를 차별을 받았다. 한국사회의 비합리적 차별정책의 회오리 속에서도 국가인권위원회니 청와대 민원이니 하는 대한민국의 어떠한 공식적인 신원제도도 제대로 작동하지 못하였다. 기댈 곳이 없다. 유권자인 국민들의 지지와 인기에 목을 매고 있는 포퓰리즘 정부는 한국 체류 100만 중국 조선족 동 포들의 생존을 향한 부르짖음에는 아랑곳하지 않고 있다.

올해는 만주벌판에서 벌어진 우리 민족의 위대한 항일저항운동의 첫 방아쇠를 당긴 봉오동 청산리전투 100주년이다. 그러나 국내 체류 고려인들은 독립운동가의 후손일고 치켜 세우면서도 일제에 맞선 무장독립 운동의 최대 격전지였던 간도와 만주지역 중국 조선족에 대해서는 일언반구도 없는 대한민국 사회이다. 왜 그럴까? 우리 사회가 벗어버리지 못한 이데올로기 때문이다. 중국 조선족들이 빨갱이로서 민족상잔의 6.25전쟁에 참전 했다는 역사적 이력은 이들에게 '주홍글씨'의 업보로 남아있다. 동포포용과 글로벌 한민족을 아무리 강조해도 결국 중국 조선족은 자유 대한민국 동족들에게 총부리를 겨눈 철천지원수이다. "동포는 무슨 동포, 중국 떼놈들이지"라는 저주에는 너희는 공산주의 빨갱이의 후손이라는 이데올로기적 편견과 고정관념이 자리하고 있다. 약산 김원봉의 서훈논란으로 시작하여 봉오동 청산리전투와 6.25전쟁을 바라보는 한국사회는 여전히 이데올로기 타령이다. 좌우 이데올로기를 넘어 미래를 위해 민족의 관점에서 역사를 되돌아보는 지혜와 아량이 보이지 않는다.

본 연구는 한국사회의 중국 조선족에 대한 혐오와 차별의 근원이 되고 있는 "중국 조선족들은 빨갱이"라는 고정관념에 이의를 제기하기 위한 작업의 일환이다. 반가운 것은 최근에 중국 조선족들의 6.25전쟁 참전을 한반도의 "통일을 위한 역사"로 다시 살펴보자는 시각들도 나타나고 있다. (김명섭, 2016, pp. 229-260) 본 연구는 중국 조선족의 6.25 전쟁 참전, 즉

'항미원조전쟁'을 중국이라는 이 민족 국경 내에 거주하던 조선인의 항일 독립투쟁의 연장선 속에서 이해하고자 한다. 이를 위해 6.25 전쟁에 참여 했던 중국 조선족 부대의 원형인 '조선의용대'의 형성과 발전과정에 대하여 살펴본다. 자기희생적인 애국애족의 민족주의가 중국 조선족 참전부대의 원형인 '조선의용대'에 핵심적인 정신이었음을 확인한다. 이를 통해 한국 체류 중국 조선족이 동족들에게 총부리를 겨눈 적의 후예가 아니라 오히려 우리와 똑같이 조국의 독립을 갈망하였고, 일제에 목숨을 걸고 저항하였던 조선인의 후예라는 것을 이해하고자 한다.

물론 초기의 '조선의용대'가 해방 이후 국공내전 속에 중국공산당 정권에 편입되어 그 영향력 아래 놓이게 되면서 아이러니하게 애초의 민족군대로서의 자주성을 상실하게 되고 결국 스스로의 자발적인 한반도 조국으로의 귀환이 아닌 6.25전쟁 참전으로 내몰리게 된다. 이들의 전쟁참여가 비자발적이었다는 이유로 저들의 참전 책임이 없어지는 것은 아니다. 그래서 본 연구는 중국 동북 지역 '조선의용군'으로서 6.25전쟁에 참전한 개별 조선족 참전군인들의 육성 인터뷰 기록 분석을 통해 참전한 조선족 군인 개인의 전쟁관 및 민족관을 분석하고자 한다. 참전 개인사에 대한 분석을 통해 당시 참전한 중국 거주 한인(조선족)들이 공산주의 적화통일의 이상 아래 민족상잔의 6.25전쟁에 무모하게 뛰어든 것이 아니었음을 확인할 수 있다.(김재기·임영언, 2011) 전쟁에 투입되었음에도 여전히 이들의 관념 속에는 공산주의 이데올로기 보다는 '자기희생적 민족주의적 관념'이 강하게 존재하였음을 살펴볼 수 있다. 말하자면, 중국 인민해방군의 '조선 의용군'으로 참전하였지만 여전히 이들은 스스로를 "중국 공산당 정권의 파병이 아닌 조선인으로서의 디아스포라적 귀환"이었음을 고백하고 있다.

II. 6.25참전부대 주력, 조선의용군의 성격은 무엇인가?

6.26전쟁의 참전한 중국 조선족들의 참전 동기를 살펴보기 위해서는 당시 북한 입국과 인민 군 개편의 주력 세력이었던 '조선의용군'에 대하여 살펴보아야 한다. 이들 중국 조선족 무장 조직의 형성배경과 변화 과정을 살펴봄으로써 이들이 중화민족해방을 위한 공산혁명 전위조직이었는지 아니면 조선민족의 항일 민족주의적 독립운동 세력이었는지 확인할 수 있을 것이기 때문이다.

독립운동가인 일송 김동삼 선생의 손자이며 중국 조선족 동포로서 해방 후에 조선의용군에 복무한 바 있으며 이후 북한으로 가서 6.25전쟁 당시 인민군으로 종군한 경력이 있는 김중생은 저서 『조선의용군의 밀입북과 6.25전쟁』을 통하여 당시 참전한 조선의용군 출신 인민군 제대군관 20여명의 증언을 토대로 일제 해방 후 만주지역에서 진행되었던 조선의용군의 확대 결정 과정과 국공내전 과정에서 조선 의용군의 확대과정, 중국 인민군 편입과정 및 이들의 북한 입국과 인민군으로의 개편, 그리고 6.25전쟁 참전 경험 등의 실상을 서술하고 있다.(김중생, 2017) 김중생은 항일무장 독립운동에 열중하였던 중국 조선족들이 어떠한 과정을 거쳐 민족상잔의 비극인 6.25전쟁에 참전할 수밖에 없었는지를 중국조선족 무장조직의 발생 및 발전과정을 당시의 시대상황 분석을 통하여 보여준다. 그는 6.25전쟁에 참전한 중국 조선족 군사 조직의 원형을 '조선의용대'로 보고 '조선의용대'의 무장활동을 3시기로 구분하여 살펴보면서 중국 내의 조선인들의 항일투쟁이 공산주의 전위 부대로 변화되어 갔다고 보고 있다. 그는 '조선의용대'를 먼저 좌우이념과 전혀 관계가 없이 광복 전 항일전쟁시기 일본제국주의와 싸운 우리 민족의 순수 민족군대로서의 초기시기', 그리고 해방 이후의 국공내전 당시 중국 공산당 산하

조직인 '조선의용군'으로서 개편되면서 이제 일본제국주의가 아닌 '중국인(국민당)'과 투쟁하며 중화민족해방을 위한 공산혁명 전위조직으로서의 중기시기, 그리고 마지막으로 중화 인민공화국의 조선족 부대로서 개별 및 조직적인 북한 입국 및 인민군 편입과정을 거쳐 6.25전쟁에 참전하게 된 후기시기로 구분한다.

1937년 7월 7일 중일전쟁이 일어나자 중국의 국민당과 공산당은 투쟁을 중지하고 제2차 국공합작을 진행한다. 국공합장 이후 중국 내에서 독립운동을 하던 조선인들도 연대를 모색하는데 조선민족혁명당, 조선청년전위동맹, 조선민족해방동맹, 조선무정부주의자연맹은 후베이성 우한에서 연석회의를 갖고 조선민족전선연맹을 창립하고, 그 산하에 무장 세력으로 조선의용대를 결성한다. 그리고 김원봉을 총사령으로 한 조선의용대는 국공합작에 따라 장제스가 위원장으로 있던 중국 군사위원회의 지휘를 받게 된다.[1] 따라서 초기의 조선의용대는 일제에 대한 민족주주의적 투쟁의 성격을 명백히 하고 있었으며 이는 조선의용대의 전신인 조선민족연맹의 창립선언문에 고스란히 담겨 있다.

중국의 조선인 일제투쟁 통일전선으로서 '조선민족전선연맹'은 그 창립선언문에서 "조선혁명은 민족혁명이고, 그 전선은 '계급전선'이나 '인민전선'이 아닐 뿐 아니라, 프랑스나 스페인의 이른바 '국민전선'과도 엄격히 구별되는 민족전선"이라고 밝히고 있다. "민족전선연맹은 독립을 위한 혁명의 성격을 민족혁명으로 규정하고, 통일전선의 성격도 코민테른의 인민전선이 아니라 민족전선이라고 규정함으로써 민족주의적 성격을 분명히 하고 있다.(김선호, 2017, p. 84) 민족전선연맹은 조선의 혁명무력을 건설하기 위해 중국 국민정부와 교섭하였고 이를 통해 1938년 10월 10일 무한에서 조선의용대가 창설되었다. 조선의용대는 조선민족전선연맹이 조

---

1) https://ko.wikipedia.org/wiki/조선의용군, 위키백과, 검색어 '조선의용군'

직한 혁명무력 조직이었다.

그런데 초기에 좌우이념을 떠난 조선인의 항일 무장조직으로 출발했던 '조선의용대'는 점차 초기의 순수한 항일독립 민족투쟁 조직의 성격을 벗어나 중국 공산당의 하부조직으로 변화하게 된다. 이는 이미 1937년 7월 일본의 선제공격으로 발발한 중일전쟁과 이에 따라 이루어진 제2차 국공합작이 중국 내의 좌익과 우익간의 항일통일전선의 연대를 기반으로 했고 이에 조선의용대 또한 그 영향을 받지 않을 수 없었던 것이다. 좌우합작을 통일체로 창건된 조선의용대는 본질적으로 내부에 분열과 갈등의 씨앗을 내포하고 있었다.

조선의용대는 1940년 3월부터 1941년까지 중국 화북지역으로 거점을 이동하는데 이는 본 지역에 조선인이 많이 거주하고 있어 투쟁세력 확대에 유리했기 때문이다. 이렇게 형성된 화북조선청년연합회는 초기의 투쟁의 목표를 "조국광복"으로 선언함으로써 민족혁명론을 명확히 표명한다.[2] 하지만 중국 공산당의 세력권에 편입된 화북지대의 조선인 투쟁조직은 자연히 중국 공산당의 통제와 지시로부터 자유로울 수 없었다. 1942년 2월부터 중국공산당 중앙 지도부의 모택동과 왕명 간에 항일민족통일전선을 둘러 싼 사상투쟁인 이른바 정풍운동으로 인해 '조선 의용군'도 내부적으로 변화하기 시작한다.

중국공산당의 정풍운동은 1943년부터 조선독립동맹과 조선의용군 내부에서도 실시되었다. 독립동맹과 의용군은 1943년도 핵심 공작으로 대오 내부의 단결·강화와 대오의 발전, 대외선전사업의 강화, 활동지역사업의 강화를 내걸었다. 이 가운데 대오 내부의 단결과 강화를 위한 방법은 학습반을 조직해 당문헌과 혁명이론을 학습하고 토론하는 것이었다.

---

[2] 화북조선청년연합회 강령은 "조선 전 민족의 반일전선을 옹호할 것, 전 조선민족해방전쟁을 발동할 것, 화북지역 조선인민을 보호할 것, 중국항일전쟁에 적극 참가할 것, 독립되고 자유로운 조선민족의 공화국을 건설할 것을 주창"하였다. 김선호, 2017, p. 84.

조선의용군은 평균 이상의 대원에게 정풍 문헌인 22개 문헌을 학습시키고, 평균 이하의 대원에게는 일반적 혁명이론을 학습시켰다. 독립동맹과 의용군은 22개 문헌의 학습과정에서 정풍문헌의 기본정신을 습득해 이를 현재의 사업에 적용하고, 자아비판과 상호 비판을 통해 기존에 관내에서 전개된 혁명운동의 장점과 단점을 총결하기로 결정했다.(김선호, 2017, pp. 87-88)

정풍운동을 통해 조선의용군 내의 지휘권의 변화가 이루어지는데 1925년에 중국공산당에 가입하여 성장한 친중국공산당파인 무정에 의해, 조선공산당 서울파로서 중국의 조선인 민족통일전선조직을 중심으로 활동한 인물인 최창익이 제거된다. 이로서 "조선의용군의 지휘권은 반파쇼대동맹의 결정에 따라 1943년 1월 6일부로 조선독립동맹에서 반파쇼대동맹 주석인 주더에게 넘어갔다. 당시 주더는 팔로군 총사령이었으므로, 결국 조선의용군의 지휘권은 팔로군총사령부로 이양된 것이다."(김선호, 2017, pp. 89-90)

그런데 민족주의적 항일무장조직이 중국 공산당의 공산혁명 조직으로 변화하게 된 이면에는 위와 같은 중국 내부 정치상황과 코민테른의 국제 공산주의 혁명방침 등의 외부적 요인도 있었지만 다른 한편 당시 조선의용대 조직 구성원의 인적자원적 특성 또한 중요한 역할을 하게 되었다. 즉 항일 독립운동 의용대원들의 '자기희생적 민족주의적 관념'이 이들로 하여금 공산주의에 경도되도록 유도한 측면도 있다.

"조선의용대 성립 초기 100여 명의 청년들 중에는 민족혁명당의 의열단 계열과 전위동맹의 좌익 청년들이 다수를 차지하는데, 전위동맹 계열은 말할 것도 없지만, 의열단 계열도 극단적인 암살 행위 자체로 인하여 심리적으로 사회주의 사상에 전향 되거나 동화되기가 쉽게 된다.

또 의용대원들의 대다수가 보편적으로 높은 학력을 가진 젊은 청년들로 그 시대 청년 학생들의 공통적 경향인 새로운 사상에 민감하여, 막스

레닌의 학설과 주의를 숭배하는 시대적 흐름은 조선의용대 청년들도 예외가 될 수 없었다.

그래서 조선의용대원 중, 많은 사람들이 자의(自意)에 의해서 화북 공산당 활동지구로 가게 되는, 즉 공산당에 가입하는 과정이라고 할 수 있다. 조선의용대원들이 전쟁 초기, 국민당 구역에서의 비교적 좋은 생활을 마다하고, 생활이 어려운 공산당 구역으로 기꺼이 뛰어든 이유가 바로 여기에 있었다. 이들 중 항일 전쟁에서 죽은 자를 제외하고 해방 후, 만주 진출 시 동북조선의용군의 주축이 되 고, 입북 후에는 북한에서 출세하여 당·정·군의 요직을 담당하는 인생역정으로 이어진다.

....중략....

정풍운동을 거치면서 조선의용군 내부의 사상적 경향은 크게 변화하였다. 중국공산당의 노선에 충실한 무정이 점차 조선의용군을 장악하면서 내부적으로 마르크스·레닌주의를 중국화한 마오쩌둥의 혁명론이 확산되었다."(김선호, 2020, p. 36)

조선의용대의 자기희생적인 애국애족의 민족주의는 이와 같은 아이러니한 과정을 겪으면 결국 해방 이후 민족군대로서의 자주성을 상실하게 되고, 결국 스스로의 자발적인 한반도 조국으로의 귀환이 아닌 6.25전쟁 참전으로 몰리는 상황에 이르게 된다. 이미 중국 공산당의 하부조직으로 편입되어 생사고락을 함께 한 이들로서는 조직 상부의 명령을 자의적으로 거스르지 못할 상황까지 처하게 된다. 이와 관련하여 김중생은 다음과 같이 설명한다.

"일본이 패망한 다음, 중국 국내 정세는 새로운 국면을 맞게 된다. 일본과 전쟁을 할 때는, 국민당과 공산당이 그런대로 서로 협력을 하면서 대일본 전쟁을 하였지만, 일본이라는 공동의 적이 없어지고 나자 국공 양당의 모순과 대립이 표면화되고 투쟁은 불가피해졌다.

중일전쟁 중 화북지역에서 공산당의 지휘를 받고 있던 조선의용군부대도 국내외 정세의 변화에는 예외가 될 수 없어 직접적인 영향을 받게 된다. 조선독립동맹과 조선의용군은 일본의 항복 소식을 듣고 승리의 기쁨과 감격으로 흥분되었다. 일본이 패망한 시점에서의 당면한 과제는 하루빨리 조국으로 돌아가는 것이었고, 그런 점에 있어서는 아무 의문점이 없었다. 또 모두가 그와 같은 생각을 하고 있었다.

그러나 조선의용군이 당장 귀국하는데는 두 가지 문제가 있는데 그 첫째가 화북지대로 편성된 다음부터 중국 공산당의 완전한 통제와 지휘를 받고 있었기 때문에 민족 군대의 독립성과 자주성을 상실하였고, 두 번째로는 독자적 행동권이 있다 해도 화북 각지에 분산된 몇 백 명의 조선의용군이 만주나 연해 항구로 이동하는 데는 상당한 위험이 있었기 때문이다."(김중생, 2017, p. 46)

김중생은 조선의용군으로 편제되어 만주지역에서 국공내전을 치른 조선족 부대들이 북한으로 군대에 편입되어 6.25전쟁에 참여한 사례를 개별적 차원의 자발적 입북과 조직차원의 비자발적 입북으로 구분하고 중국 공산당의 통제 하에 있던 조선의용군들의 비자발적 단체 입북은 당시 중국 공산당의 하부조직이었던 조선의용군의 선택이 아니었음을 강조하고 있다. 김중생은 화북지역 조선의용군에 편제되어 있던 중국 조선족들이 입북하게 되는 정치적 배경에 대하여서는 다음과 같이 설명하고 있다.

"만주 내전이 공산당의 승리로 끝난 다음, 1949년 7월부터는 조선족부대 전원이 입북을 하게 되는데, 전쟁직전까지 입북이 계속되고 전쟁 시작 후에도 조선족무장부대의 밀입북은 계속된다.

만주 국공내전이 끝난 다음 공산당 군대는 국민당과 비교하여 정신적으로 우세할 뿐 아니라 병력면에서도 비교가 되지 않아 중국 내전에서 공산당의 승리가 확실해진다. 이런 결과는 김일성에게 무력 통일의 야망을 자극할 수밖에 없었다.

이 시기 김일성과 김일성의 밀사들이 북경과 모스크바를 자주 방문하게 되고 1949년 5월 김일성의 특사 김일(金一)이 북경을 비밀방문해서 중국 조선족부대의 인민군 편성을 제기하자 모택동은 즉석에서 만주에 주둔하고 있는 두 개 사단은 지금 당장 입북이 가능하고, 기타 조선족 부대도 중국 내전이 끝나면 기본적으로 북으로 귀국할 수 있다는 약속을 한다.

이처럼 김일성, 모택동, 스탈린의 3자의 양해와 타협으로 중국의 조선족 무장부대의 밀입북이 시작되고, 3개의 사단과 여러 개의 연대규모 병력이 입북하여 인민군으로 편성된다."(김중생, 2017, pp. 160-161)

그리고 이렇게 비자발적인 전쟁 참여로 인해 중국조선족들에게 전쟁의 책임을 돌릴 수 없음을 다음과 같이 설명하고 있다.

"만주에 집결한 조선독립동맹 지도부와 조선의용군, 일부 간부들이 개인 신분으로 강을 건너 북한으로 귀국한 사실은 정치적 시비거리가 될 수 없다. 해방 후 중국, 일본 등 해외거주 동포들이 매일 무리를 지어 귀국하는 형편에서 공산당 간부들도 자기 나라로 돌아가는 것은 정상적인 행동이다. 그러나 만주내전이 끝난 다음 수만 명의 조선족 부대가 밀입북 하여 인민군에 편입되는 문제는 개인 신분으로 자기나라에 귀국한 것과는 차원이 다르다. 해방 후 만주에 거주하는 동포 청년들이 조선의용군 또는 공산당 등 기타 군대에 참가한 것은 자의에 의한 행동으로 하등의 원망 같은 것은 없었다. 그러나 조선족 부대의 입북은 김일성의 요청으로 중국 최고당국자가 입북자의 의사와는 관계없이 비밀로 실행하였기 때문에 입북한 당사자의 불만과 당국의 책임을 거론할 수밖에 없다.

또한 조선족 부대의 입북시기가 중국정부의 수립 전이기 때문에 그 당시 만주교포는 법적으로 외국인이기 때문에 합법적인 보호를 받지 못했다. 그 후 역사가 증명한 바와 같이 김일성이 도발한 동족 전쟁에 이용당하고 그중 다행히 살아서 중국으로 돌아온 조선의용군 제대군인들은 누구 한사람도 6.25참전을 자랑하거나, 영광으로 생각하여 말하는 자는 없었다."(김중생, 2017, pp. 300-301)

만주 지역의 조선의용군 간부들이 개인 신분으로 북한으로 귀국한 경우도 있지만 만주내전이 종식된 이후 수만 명의 조선족 부대가 입북하여 인민군에 편입된 것은 "김일성의 요청으로 중국 최고당국자가 입북자의 의사와는 관계없이 비밀로 실행"되었고 이로 인해 조선의용대 성립 초기 이들의 순수한 민족주의적 관념이 6.25 전쟁에 동원되어 변질되어졌다는 것이다. 물론 이들이 귀국을 포기하고 6.25전쟁에 참여하게 된 것이 자기 의사에 따라 이루어진 경우도 있다. 공공내전에 참전했던 화북조선의용군 등의 조선인 부대원으로서 북한에 자발적으로 입국함으로써 이들은 북한 인민군의 군사력 증대에도 크게 기여를 하였다. 그러나 이러한 자발적 참여의 배경에는 무엇보다도 해방 이전 만주지역을 중심으로 전개된 항일무장투쟁에서 중국공산당과 조선인이 운명공동체로 생사를 한 경험이 자리 잡고 있다. 일본제국주의의 민족이간책으로 인해 조선인이 일본의 앞잡이로 이용당하게 되고 중국인보다 우대받았던 만주지역에서 일본제국주의의 패망은 중국인에 의해 조선인의 무차별적인 공격을 받는 위협적인 상황을 만들었고 이때 중국 국민당과는 달리 중국공산당에 의한 조선인 보호는 자연스럽게 만주 조선족들의 자발적인 공산당 지지와 공산당 군대 참군으로 이어지게 되었다고 보아야 한다.(김재기·임영언, 2011, p. 173)

그리고 당시 국민당과 조선전쟁의 배후에는 미국제국주의가 있으며 만약 조선족의 생존을 위협하는 국민당이 승리하게 되거나 또는 조선 땅을 빼앗기게 되면 조선족들은 또 다시 '망국노'의 삶을 다시 살게 된다고 호소한 중국 공산당의 선전도 이들의 참전을 합리화하였다. 중국 공산당의 호소는 해방 이후 만주 조선족의 민족주의의 폭발을 촉발시켰고 자연스럽게 이후 만주 조선의용군 규모의 급격한 확대와 추후 6.25전쟁을 통한 '항미'와 '조국보위' 참전으로 이어지게 되었다.(김재기·임영언, 2011, p. 174) 그럼에도 중국 조선족들에게 6. 25전쟁 참전은 일제독립투쟁의 연장선 속에서 이루어진 '한반도 통일을 위한 민족해방 운동'이었다.(염인호, 2010)

III. 6.25참전: 민족주의적 귀환 vs.국제 공산주의적 참전인가?

본 절에서는 중국 조선족이 중국의 국공내전 당시에 참전할 때부터 중국 조선족들이 좌익 이데올로기보다는 민족독립의 동기에 의해 참전하였음을 6.25전쟁에 참전한 중국 조선족의 육성 인터뷰를 통하여 살펴본다. 아래의 인터뷰 발췌 내용은 한국전쟁에 참전한 중국 조선족의 생생한 전쟁경험의 육성을 기록한 『중국조선족 증언으로 본 한국전쟁』에 담긴 이들의 6.25전쟁 참전경험 고백이다. 이들의 목소리를 통 해 중국 조선족의 한국전 참전이 빨갱이 좌익 이데올로기에서 추동된 것이 아닌 항일투쟁에서부터 이어져 온 민족애와 조국독립과 통일에 대한 민족으로서의 순수한 열망과 염원에서 비롯되었음을 확인할 수 있다.

인터뷰를 통해 많은 참전 중국 조선족들은 중국의 국공내전 당시에 참전할 때부터 중국 조선족들이 좌익 이데올로기보다는 민족독립의 동기에 의해 참전하였고 공산당참전의 주요 동기가 외세의 침략으로부터의 조국독립이었음을 증언한다.

6.25전쟁 참전동기에 관한 질문에서 중국의 국공내전에 연안 공산당쪽 조선의용군으로 참전하고 또 6.25전쟁 조선족 참전군인인 리복룡 선생은 다음과 같이 답한다.

> 리복룡 : ...... "그 때 우리는 중국혁명의 선언이 아닌 조선독립이었다. 이런 뜻으로 싸웠다. 그래서 조선독립이 가장 큰 목표였다. 후에 우리를 지배하는 사상도 조선독립을 위한 것이었다. 후에 부대이름이 바뀌었으나 구호만은 변하지 않았거든요."(정현수, 2006, p. 21)

이어서 당시 중국 조선족들은 조선인민국으로 편입되어 입북하는 과정에서도 그들이 전쟁하러 간다는 사실도 모르고 조국해방하러 간다는 조국애에 충만한 상태로 간 것으로 나타나고 있다.

> "정현수 : 북한에 들어가실 때 통일전쟁을 한다는 것을 알고 가신
> 겁니까, 모르고 가신 겁니까?
> 장한철 : 46년도에 조선에 가서 조선을 해방하기 위해 간다 하고 갔지.
> 통일하기 위해 간다고 했지. 전쟁한다 한 적 없소.(정현수, 2006, p. 48)

그리고 중국조선족들의 입북과정도 입북하는 당사자인 조선족들은 전
혀 모른 체 은밀하게 진행되었다.

> 최춘흠 : 연대장이 단동을 거쳐서 평양 들어올 때 무엇 때문에 간다
> 는 거는 비밀리에 들어 간다는데 뭣 때문에 들어간다고 하였습니까?
> 김장규 : 말하지 않았소. 그 다음 조선에 가서 알게 되었다. 전쟁을
> 하는구나.
> 정현수: 당시에 병사들은 전혀 모르는 상태에서 들어간 거군요?
> 김장규 : 후에 조선에 가서는 대번 알았지. 그 다음에 조선전쟁이 일
> 어나서 더 감촉이 있지.(정현수, 2006, p. 68)

심지어는 고향으로 돌아간다는 말에 속아서 전쟁 준비에 투입된 경우
도 있었다.

> 정현수 : 토비를 숙청하다가 다시 고향으로 돌아간다는 소식을 들은
> 게 50년 3월이란 말이죠. 그러면 그 때 고향으로 간다고 했습니까, 아
> 니면 조선으로 들어간다고 했습니까?
> 염관일 : 아니. 고향. 고향 간다 하다가 그 다음에 고향에 와서 그 말
> 한 게 아니라, 거기서부터 고향 간다고 하는 게 일주일 이내에 어딜 간
> 다 했는데, 가서 부대를 정돈하죠. 그러다가 조선 나간다는 소식을 들
> 었어요.(정현수, 2006, pp. 86-87)

중국 인민해방군으로 국공내정에서 공산진영에 서서 참전하고 해방 후
에는 조국해방을 한다고 입북한 중국조선족이 공산주의 사상으로 무장되
어 있었으리라는 일반의 고정관념은 사실과 매우 다르다는 것 또한 확인
할 수 있다. 일제에 독립투쟁을 벌이기 위해 스스로의 목숨까지 내놓고
투쟁하던 이들에게는 조선의 독립이 사상이며 이념이었을 뿐이었다.

> 정현수 : 한국전쟁에 대한 연변사람들의 생각을 듣고 싶습니다.
> ..중략..
> 리종호 : 45년도 그 때 사상이란 것은 마르크스·레닌주의를 모른다
> 말이야. 김일성이란 이쪽저쪽 번쩍. 그 때의 사상이란 조선독립이다.
> (정현수, 2006, pp. 53-54)

중국 조선족의 6.25전쟁 참전은 중국 공산당이 공개적으로 추진한 정
책도 아니었고 이에 그 당사자인 중국 조선족들도 그들이 어디로 가는 지
도 모르는 체 또는 안다고 해도 항일투쟁의 연장선 속에 조국해방을 위해
이동한다는 정도만 알고 떠밀려 참전한 것이다. 이에 오늘날 중국 공산당
으로서는 중국조선족의 6.25전쟁 참전은 감추어야 할 역사로서 존재하고
있으며 오늘날 중국 조선족 참전의 기록은 대표적인 중국역사서에도 배
제되어 있는 상황이다.[3]

일본의 패망이후 "민족주의적 정서가 발달한 이들에게 전해지는 고국
의 분열된 소식은 '조국애'를 더욱 강화시키는 방향으로 작용"하였고(정현
수, 2006, p. 248) 이에 중국 조선족들이 한국전쟁에 참여한 것은 좌익 공
산주의의 사상에 투철한 조선족들이 남한을 공산화시키기 위해 자발적으
로 참전한 것 이라는 거창한 논리보다는 단지 민족의 생존적 가치를 추구

---

3) 염인호, "해방직후 연변 조선인 사회의 변동과 6.25전쟁," 『한국근현대사연구』, 제20집(2002년
   봄호), p.293. 정현수, "중국 조선족의 한국 전쟁 참전연구," 『윤리연구』, 한국윤리학회, vol.1,
   no.57, 2004 : p.243에서 재인용

하려는 소박한 감정에서 비롯되었음을 알 수 있다. 이들에게 주어진 항일 무장투쟁의 정신과 그 후예라는 민족적 자부심이 전쟁참여를 촉진시키는 매개적 요인으로 작용하였던 것이다.(정현수, 2006, p. 267) 말하자면 이들의 6.25전쟁 참전은 국제 공산주의의 통일전선노선을 배경으로 한 사상적인 동기에 의한 '참전'이 아닌 항일독립운동과 생존을 위해 도강했던 '반도 조선인'의 귀환이었던 것으로 해석되어져야 한다.

IV. 결론

한민족의 근대사에서 6.25전쟁은 동족상잔의 역사가 그리 많지 않았던 우리 민족사에서 너무나 큰 상처를 남긴 상흔이다. 그리고 그 상흔은 아직도 깊게 남아 단절된 남북 국토와 민족 적대의 아픔을 여전히 이어가고 있다. 6.25전쟁은 현재로 이어진 과거가 되어 우리의 일상을 여전히 왜곡하고 침식하고 있다.

중국 조선족들의 6.25전쟁 참전의 과거는 오늘날 한국에 체류하는 중국 국적의 조선족 중국 동포들이 한국사회의 많은 이민족 다문화 외국인들 중에서 가장 혐오스럽고 배척되는 집단으로 대우받는 가장 큰 이유 중에 하나이다. 동포 포용과 글로벌 한민족을 아무리 강조해도 결국 중국 조선족은 자유 대한민국 동족들에게 총부리를 겨눈 철천지원수로 한국 사람의 뇌리에 각인되어 있다. "동포는 무슨 동포, 중국 떼놈 들이지"라는 저주에는 너희는 민족상잔의 비극을 일으킨 공산주의 빨갱이의 후손이라는 이데올로기적 편견과 고정관념이 자리하고 있다.

6.25전쟁에 참전한 조선족 중국동포들이 공산주의 사상으로 무장되어 남한을 적화하기 위해 참전했다는 고정관념은 얼마나 사실일까? 본 연구

는 한국전쟁에 참전한 중국조선족 참전부대인 조선의용군의 형성배경과 발전과정 그리고 6.25전쟁에 참전한 중국 조선족의 전쟁경험의 육성을 통해 이들의 한국전 참전이 이데올로기적 이념에서 추동된 것이 아닌 항일투쟁에서부터 이어져 온 민족애와 조국독립과 통일에 대한 순수한 열망과 염원 뿐이었음을 확인할 수 있었다.

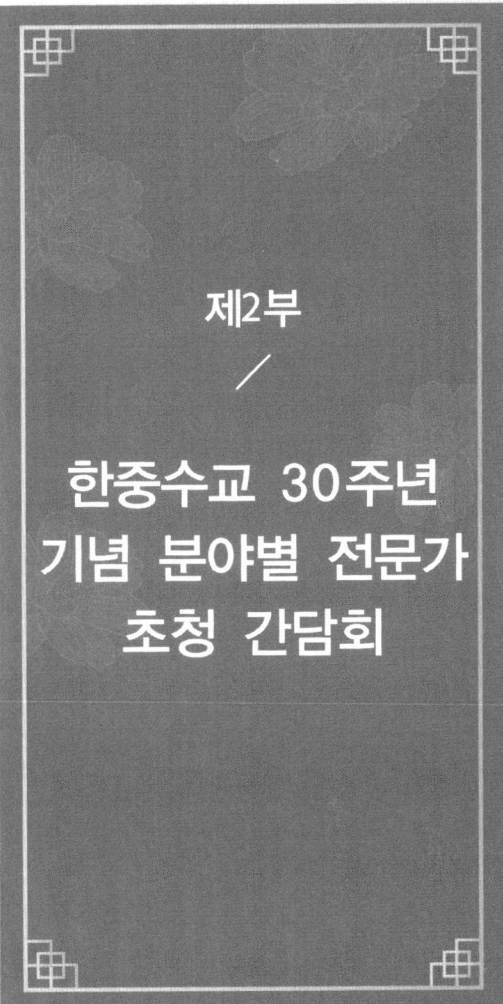

제2부

/

한중수교 30주년
기념 분야별 전문가
초청 간담회

한중수교 30년, 회고와 미래전망

– 한국과 중국동포사회 중심으로

2022년 올해는 한중수교 30주년이 되는 해이다. 이를 기념해 한중삼강 포럼(상임대표 곽재석, 공동대회 장경률)은 지난 1월 22일 한국이주동포 정책연구개발원 회의실에서 <한중수교 30년의 회고와 미래전망>이라는 주제로 각 분야별 전문가 초청간담회를 가졌다.

오후 3시부터 시작된 간담회는 곽재석 한중삼강포럼 상임대표(한국이 주동포정책개발연구원 원장) 진행으로 장경률 한중삼강포럼 공동대표(연 변일보 논설위원)가 개회사를 하고, 이어 각 분야별 전문가 발표가 15분 씩 이루어졌다.

△경제분야 : 전병서 중국경제금융연구소 소장, △사회분야 : 조남철 전 방송통신대학교 총장(문학 박사), △정치분야 : 곽승지 전 연변과기대 교수(정치학 박사), △언론분야 : 이동렬 동북아신문 대표, △문학분야 : 김경애 재한동포문인협회 회장, △학술분야 : 정인갑 한중삼강포럼 고문(전 청화대 교수), △시민사회분야 : 이상부 (사)한중사랑 대표, △교육분야 : 이남철 파라과이 교육부 자문관(서울사이버대학교 교수), △차세대분야 : 김용필 EKW 동포세계신문 대표

　이번 포럼은 한중수교 30주년을 맞는 이때, 한국사회와 중국동포 중심으로 회고해 보고 나아갈 방향을 모색하는 자리를 가졌다는 점에서 큰 의미가 있는 것 같다.

　과연 어떤 내용들이 주요하게 나왔는지 각 분야별 발표 내용을 정리해 게재한다.

　○ **진행**: 곽재석 상임대표

　○ **개회사**: 장경률 공동대표

　중국과 한국이 1992년 수교를 맺어서 30년, 공자의 30이립설처럼 중한관계도 지난 30년간의 파란만장한 세파 속에서도 지속적 발전을 이루면서 오늘에 이르렀습니다.

　지난해 말 서울에서 펼쳐진 중한삼강포럼 학술세미나는 그 주제가 ≪근현대 한중 선린우호 관계사의 고찰과 미래전망≫이였습니다. 포럼에 참가한 교수 전문가들은 한결같이 "중국과 한국은 고대로부터 지금까지 수만 수천년간 가장 가까운 이웃, 거의 같거나 비슷한 역사적 단계를 거치면서 영욕을 함께 한 이웃이다.", "오늘날 중한수교 30주년 맞는 한국과 중국간의 교류와 협력은 외교사상 기적이다"고 평가하였습니다. 향후 중국과 한국은 수교 30주년간 이룩한 성취에 토대하여 가일층 심화된 중한협력관계

로 나아가기 위하여 공동히 노력해야 할 것입니다.

○ 경제분야: 전병서 중국경제금융연구소 소장
한중관계 30년은 동반자였지만 미래 30년은 경쟁자이다

중국경제금융전문가로 정평이 나 있는 전병서 소장은 "한중관계 30년은 동반자였지만 미래 30년은 경쟁자이다"라는 주제로 냉철하게 발표했다. 경제분야만큼은 분명 그럴 것이라는 확신 섞인 발언이었다. 그런데 최근 악재가 생겼다. 한국에서 혐중(嫌中), 반중(反中)정서가 커진 만큼 중국에서도 혐한(嫌韓) 반한(反韓) 정서도 또한 커지고 있기 때문이다. 이 문제를 어떻게 해결할 것이냐가 중요한 당면과제가 되었다.

이에 전 소장은 "미국에 맞설 정도로 힘과 경제력이 커지는 중국에 대해 한국은 국익 극대화에 최우선 목적으로 두고 말(言)조심, 힘(力)조심, 돈(錢)조심하며 철저하게 운전운행을 해야 한다"고 말한다. 한중관계의 지난 30년을 뒤돌아보고 앞으로의 30년, 위기냐? 기회냐? 기로에 선 한국에 주는 메시지, 핵심내용만 단답형으로 정리해 본다.

- 중국에 대해서 얼마나 아는가?

그동안 한국은 미국에 유학생을 많이 보내 미국을 잘 안다고 생각해 왔다. 그렇다면 중국은 어떨까? 세계에서 중국에 유학생으로 가장 많이 나가 있는 나라는 한국으로 6만명이 되고, 역시 한국에 나와 있는 중국인 유학생도 6만명 이상이 된다. 지식으로 아는 것이 아니라 살아보고 놀아보고 공부하는 유학생이 많다는 것은 그만큼 잘 안다 할 수 있다.

따라서 최근 대두되고 있는 양국 간의 혐오 감정 문제는 가장 중요한 문제로, 민간단체를 통해서 유학생을 잘 관리하고 활용해서 어떻게 오해를 풀 것인가 고민하고 서로 노력을 해야한다고 본다.

- 중국과의 관계를 다른 관점에서 봐야 한다.

1994년 중국 GDP대비 한국 GDP는 83%였지만 2021년 11%로 쪼글 아 들었다. 1992년 수교당시 중국은 194억 달러 외환보유고를 가지고 외환부족에 전전긍긍하던 나라였지만 2021년에 중국은 3조2,500억달러를 가진 세계 최대 외환보유국이다.

반도체 하나를 빼고는 전 제조산업에서 중국은 추격에서 추월의 단계를 넘어 이젠 선두의 자리로 가고 있다. 경제분야에서 한중관계는 박 터지는 경쟁관계가 될 수밖에 없다.

- 앞으로 한중관계는 치열한 경쟁시대라 했는데...조언을 준다면?

미국과 중국의 무역전쟁은 기술전쟁으로 확대되고 있다. 결국 금융전쟁에서 승패가 결정될 것이다. 미국은 일본 패턴 그대로 가고 있는 양상이다. 일본이 무역에서 미국을 따라잡게 되자 미국은 일본의 반도체산업을 제지하고 결국에는 금융에서 돈을 털털 털어갔다. 미국이 지금 중국을 대하는 것도 결국은 금융분야이다. 중국은 다 개방했지만 금융분야는 개방하지 않고 있다. 가장 취약한 분야이기 때문이다.

그래서 두 가지를 제안한다. 한국은 중국과의 관계에 있어 앞으로 30년, 위기와 기회를 가질 것이다. TV, 가전제품 등 제조업 분야는 위기를 맞을 수밖에 없다. 결국 기회를 만들려면 4차 산업 미국 스타일 비즈니스로 나아가야 한다. 그것은 바로 새로운 기술력과 금융분야이다. 재중동포, 한국의 차세대들에게 이 분야를 공부하게 하고 전문가를 양성해야 한중관계에서 기회를 가질 수 있다고 본다.

○ 사회분야 조남철 전 방송통신대학교 총장(문학 박사)
"구동존이에서 화이부동으로"

"한중 관계의 지난 30년이 확장과 발전을 위한 시간이었다면 앞으로 양국은 조정과 모색을 위한 시간을 가질 필요가 있다."

"한중 양국민이 상대국에 갖고 있는 감정의 문제도 30돌을 맞이하는 양국관계의 질적인 발전을 위해 반드시 짚고 넘어가야 할 부분이라고 판단한다."

사회분야에서 한중관계를 짚어본 조남철 전 총장의 결론이다. 특별히 주목해서 본 것은 한중 양국민 사이에 불거진 혐중(嫌中), 혐한(嫌韓) 현상이다.

조 전 총장은 1992년 한중수교 당시 40대 초반 학술회의차 북경을 방문하게 되면서 중국도 처음 가보게 되고 조선족 학자들과도 교류를 하게 되었다. 그 후 30년간 중국의 학자들과 허심탄회하게 이야기할 정도로 두터운 우정 관계를 맺어왔고, 중국동포에 대한 지속적인 관심을 갖고 지원 활동들을 펼쳐왔다. 따라서 한중수교 30년을 바라보는 감회가 남다를 것으로 여겨진다.

최근 불거지고 있는 한중 양국민 간의 혐오, 반정서 현상, 그 원인은 어디에서 찾아야 할까?

조 전 총장은 이 점에 주안점을 두고 한중관계가 나아갈 방향을 이번 발표를 통해 제시해 주었다. 핵심 내용만 정리해 보면,

"양국 간 동상이몽이 있었던 것도 이유가 아닐까 생각한다. 양국이 경제적 이익을 추구하려는 공통의 목표에는 상호 동의하고 실천하려 노력하였지만 다른 분야에서 양국의 수교 목표에는 메울 수 없는 차이가 있었다.

특히 정치적 분야에서 그랬던 것이 아닌가 하는 생각을 지울 수 없다."

그 대표적인 사례로 북한 핵문제와 한국의 사드 배치문제를 바라보는 한중 양국 국민의 시각차를 들었다.

"한중관계를 구동존이(求同存異·일치를 추구하되 서로 다른 점은 그대로 두는 것)로 표현했다면 수교 30주년에 즈음해 이제는 서로 다름을 인정하면서 협력과 공존을 꾀하는 '화이부동(和而不同)'이 필요해 보인다"(국립외교원 김한권 교수가 2021년 12월 31일 연합뉴스와 인터뷰에서 한 말을 인용)

서로 다른 점을 인정하고 평화롭게 공존할 수 있는 길을 찾아야 한다는 의미이다.

"한중 관계의 지난 30년이 확장과 발전을 위한 시간이었다면 앞으로 양국은 조정과 모색을 위한 시간을 가질 필요가 있다. 정부나 민간 차원 모두 조금 더 상대방에게 솔직하게 이견을 말하고 상대방의 의견에 귀 기울이기 시작해야 한중 관계가 관리되고 발전될 수 있을 것이다."

최근 한국의 동아시아연구원(EAI)과 일본의 '겐론 NPO'(言論 NPO)의 여론조사 결과와 서울대 아시아연구소의 여론조사 결과를 볼 때, 한국인의 미국에 대한 신뢰도는 높게 나오는 반면 중국에 대한 신뢰도는 일본보다 더 낮게 나오고 있다. 조 전 총장은 "한국과 중국이 상호 존중하는 태도를 취하는 것이 필요하다"고 말한다. 그러면서 한국사회도 스스로 반성하고 "대중국 관계에서 보다 전략적인 모색이 필요한 시기에 혹시 대중 정책을 둘러싸고 정치인들이 진영에 따라 서로 갈라져서 상대를 비난하기에 급급하지는 않았는지 냉정하게 돌아보아야 할 시점'이라고 말하였다.

끝으로 조 전 총장은 "한국내 조선족 동포들에 대한 편견과 혐오의 감정"이 높아지고 있는 것에 대해 우려를 표하고 "매우 두렵고 부끄러운 현상이다."고 말했다. 우선 한국 국민들의 인식전환이 필요하다고 보았다.

"조선족 동포의 이주역사와 동북에서의 항일 독립운동에 대한 교육이 국내에서 체계적으로 이뤄지고 있는가 하는 문제에서는 매우 회의적이다."

조남철 전 총장이 발표를 마치며 남긴 말이다.

○ 정치분야: 곽승지 전 연변과기대 교수(정치학 박사)
적대적 관계에서 전략적 동반자 관계로 조선족과의 관계는 큰 변화

곽승지 박사는 한중수교 30년을 크게 3가지로 나누어 정리해 발표했다. 첫째, '한중수교 과정과 역사적 의의'로 1992년 한중수교 전 '적대적 관계'에서 '전략적 동반자 관계'로 격상된 과정을, 둘째 '한중수교가 한반도 및 한민족에 미친 영향'으로 북한 핵문제를 둘러싼 한중관계와 한국사회와 조선족 동포와의 관계변화를 이야기했다. 그리고 세 번째는 '보다 나은 미래를 위한 당면 과제들'로 경제발전으로 달라진 중국, 사드배치로 표출된 한중 갈등, 그후 일반 국민 간의 갈등으로 커져가는 현상, 이런 문제를 어떻게 극복해 나갈 것인가에 대한 고민을 이야기 하였다.

주요 내용만 발췌해 정리해 본다.

"수교 전 한국사회에서는 중국을 부정적 의미를 담아 중공(中共)으로 불렀다. 중국공산당이 지배하는 공산국가라는 의미이다. 이러한 표현은 수교 후에도 상당 기간 지속됐다. 오랜 역사의 흔적을 지우는데 적지 않은 시간이 필요했던 것이다. 그러나 한중수교 30주년을 맞는 지금 한국과 중국은 여러 과정을 거쳐 전략적 동반자관계로 격상됐다."

노태우 정부의 북방정책, 그 결과 소련과는 1990.9월 외교관계를 수립했지만 중국과의 관계 수립은 용이하지 않았다. 중국은 1978년 개혁개방을 하였지만 1989년 천안문사태로 경색된 분위기였다. 그러다 등소평이 1992년 경제건설이 또다시 박차를 가하게 되면서 한국에 주목하게 되고 극적으로 한중수교를 이루게 되었다. 이를 두고 곽승지 박사는 "독일 통일의 경우에서처럼 한중수교가 그렇게 빨리 이루어질 것을 예견한 사람은 아무도 없었다."고 말한다.

"중국은 한국과의 수교를 통해 추구하였던 목적을 어느 정도 달성했다고 볼 수 있을 것이다. 하지만 북한을 변화시키기 위해 중국의 영향력을 활용하겠다는 한국의 꿈은, 여전히 북한핵 문제가 초미의 관심사로 되고 있다는 점에서, 미완의 상태에 있다."

북한에 대한 중국의 태도에 대해서, 곽승지 박사는 "중국은 북한핵 문제와 관련해 이중적인 태도를 취해 왔다. 원론적으로는 북한의 비핵화를 지지하면서 북한핵 문제 해결을 위한 중재자로서 역할을 하기도 했다." 하고 "북한 제재에 대해서는 일정하게 거리를 둠으로써 우호적인 관계를 유지해 왔다."고 분석했다.

북한에 대해서는 중국이 추구하는 목적, 전통적인 관계 때문에 한중수교 이후 바뀌지는 않았다는 시각이다. 그러나 조선족 동포와의 관계는 큰 변화를 가져왔다는 점은 주목해 볼 만하다.

"한국사회는 한중수교 이전까지 조선족동포를 한민족의 일원으로 생각하지 않았다. 그들은 그저 적대적 관계에 있던 중국의 공민일 뿐이었다. 조선족동포들 역시 당시까지 북한만을 고국으로 생각하며 한국을 미제국주의의 괴뢰정권 정도로 인식하고 있었다. 그러나 한중수교가 이루어지면서 상황은 달라졌다."

"연변조선족사회는, 성사되지는 않았지만, 한국과 북한의 정치인들 간의 만남을 주선하였고, 연변방송은 남북한에 흩어져 살아가는 이산가족 찾기 운동을 전개해 성과를 거두기도 했다. 연변대학 등은 남북한 학자들이 포함된 국제학술회의를 주최함으로써 남북한 학자들 간의 자연스런 만남의 기회를 제공해 왔다."

지난 30년 간 한국에 체류하는 조선족동포 인구가 크게 늘어났다. 이에 곽 박사는 "한민족 일원으로서 이제 조선족사회와 한국사회는 떼려야 뗄 수 없는 그런 관계가 되었다."고 평가한다.

결론부에서 곽승지 박사는 '보다 나은 미래를 위한 당면 과제들'을 해결해 나갈 수 있는 방안으로 "한국과 중국은 동북아시아지역의 평화와 번영을 위해 함께 노력해야 할 핵심 파트너이다."라는 공동의식을 갖고 "한국과 중국의 대중들은 상대를 경원하기 보다 이해하며 힘을 모아 함께 미래로 나가려는 세계시민의식을 함양해야 한다. 일반 대중들의 그런 의식은 국가 간의 연대를 강화하고 동북아시아공동체의 비전을 구현하는데 있어서 큰 힘이 될 것이다." 라고 강조해 말한다.

○ 언론분야: 이동렬 동북아신문 대표

한중관계에 있어 언론의 역할은 어떠했을까?

이동렬 동북아신문 대표는 "한중간의 정치, 경제, 문화교류에 있어 언론의 역할은 자못 중요하다"고 밝히고, 한중수교 이전, 이후 시대를 구분해 언론분야를 발표했다.

한중언론교류는 1992년 한중 수교 이후부터 진행된 것으로 파악된다. 수교 후 한중언론 교류는 기자, 언론, 고위측 언론 교류가 있어왔고 한중일 언론인 자국초청 교류활동도 실시되었다.

이동렬 대표는 전문가들의 지적임을 전제로 "한중언론 교류는 친선우호, 국가홍보, 관광자원 마케팅을 주된 내용으로 한 단기프로그램에 치우쳐 있다"는 점을 문제점으로 지목했다.

한중언론매체의 상대국 진출 형태를 보면, 한국의 매체가 중국에 진출

한 사례는 찾아 볼 수 없는 상황이다. 한국에는 중국소식을 전하는 인민
망, 신화망, 차이나뉴스 잡지 등이 한국어로 한국에서 발행되고 있다.

또한 한국 체류 조선족 인구가 늘어나면서 조선족을 주 대상으로 한 언
론매체 증가도 주목된다.

이동렬 대표는 "조선족 매체는 출입국 정보, 권익과 처우향상을 위한 노
력, 중국동포를 부정적으로 묘사하는 것에 대한 대응"을 주제로 보도하고,
"한국언론매체는 중국동포 관련 보도의 주제를 범죄, 사고피해, 법과 정책의
변화, 인식변화, 중국동포 실태 등 범주로 나누어 보도해 왔다"고 분석했다.

○ 문학분야: 김경애 재한동포문인협회 회장
한중수교 이후, 한중문학교류와 협력에 대하여

"재한조선족문학이란 특별한 케이스의 출현도 주목해야 할 부분이다.
한중수교 이후, 코리안드림의 붐을 타고 수많은 조선족 문인들이 한국과
중국을 왕래하면서 한국에서 보고 느끼고 몸소 체험한 스토리들을 문학
작품에 담아냈고 한중 양국에서 다양한 세미나를 개최하고 시상식, 공모
전, 도서출판 등 형식으로 한중 문학 교류와 협력을 강화해 한중문학의
발전에 큰 기여를 하였다."

재한동포문인협회 김경애 회장이 한중수교 30년을 맞아 한중문학교류
를 정리하면서 서두에 밝힌 대목이다. 한중문학교류의 주축은 조선족 문
인들의 작품활동과 한국문인들과의 교류가 아닌가 생각된다.

이에 김경애 회장은 중국 조선족 문인들의 한국에서의 활동, 한국문인
들의 중국에서의 활동, 그리고 재한조선족문학의 출현에 초점을 맞추어
발표를 하였다.

사회주의 제도와 자본주의 제도의 같지 않은 체제에서 생활해 온 연고

로 중국 조선족 문인들은 한국에 대한 비판적인 시각으로 작품창작을 많이 배출했다는 점, 또 조선족 작가들은 한국에서 많은 문학작품집을 출간했다는 점, 그러면서 연변작가협회는 공식 또는 비공식적으로 한국의 문학단체들과 교류와 협력을 해왔다는 점 등을 주요하게 설명했다.

한국 문인들은 한중수교 후 중국방문 길이 열리면서 백두산 방문을 필두로 중국 동북3성 조선족 집거 지역에서 활동을 넓혀갔고 중국조선족문학에 대한 평론과 책도 다수 출간했다.

무엇보다 주목되는 재한조선족문학의 출현과 활동이다.

2012년 8월경 재한동포문인협회가 설립되어 구로문인협회, 한국문예작가회, 숲문학, 문학의강 등 한국문인협회와 활발한 교류를 진행하고 한국 문인 초청 강연, '동포문학' 출간 등을 정기적으로 해오고 있다. 또한 중국, 일본, 한국의 조선족 문인들과 한국 문인들이 참석하는 재한조선족문학세미나도 4회째 개최했다.

김경애 회장은 "현재 재한조선족작가협회 산하에는 재한동포문인협회와 재한동포문학연구회 소속 110여 명의 회원이 있다. 이중 재한동포문학연구회는 조선족 교수, 강사, 박사 출신의 엘리트들로 결성돼 있다."고 소개하고, "이들은 정기적으로 문학세미나나 독서모임을 가지고, 또 한달에 두 번씩 대림칼럼을 동북아신문과 월드코리안신문, 흑룡강신문 등에 발표를 해오고 있다. 이미 총 70편을 발표했다."고 밝혔다.

○ 학술분야 : 정인갑 한중삼강포럼 고문(전 청화대 교수)
수교 이래 한중학술교류 상황
"갈등 유발하는 역사문화 문제도 논의할 수 있게 되길"

"30년간 한중간의 학술포럼은 이렇듯 다양하지만 한중 양국국민간의 화합과 단결에 가장 걸림돌이 되는 역사문화에 관해서는 일보의 진척도 없는 것이 큰 유감이다. 이를테면 발해국의 역사귀속문제, 동북공정과 고구려문제, 강릉단오제와 한중무형문화문재문제 등이 그것이다."

위 글은 한중학술분야를 발표한 정인갑 전 청화대 교수의 발표원고 결론 부분이다. 정 교수는 서두에서 "한중수교 30년간 경제상의 교류, 특히 상호무역, 상호투자에 관해서는 많이 알려져 있지만 학술교류에 관해서는 별로 알려지지 않았다. 그러나 조금만 파헤쳐보면 학술교류도 우리가 상상하기 어려울 정도로 많이 진행되었다."고 밝혔다. 건축예술, 태권도 체육교류, 언어교육, 한의학 분야 등 학술교류에 이어 주요 대학들과 연계한 각종 포럼도 적지 않게 있어왔다는 것이다.

"최종현학술원 및 한국고등교육재단이 진행하고 있는 상기 학술포럼은 정치, 안보, 경제, 사회, 교육, 문화 각 분야가 망라된다. 심지어 비용을 주어 중국학자를 한국에 초청하여 연구를 진행하게끔 한 예도 많다."

정 교수의 설명이다. 하지만 이번 발표에서 정 교수는 "그 많은 학술회의가 있어왔지만, 한중 학자들이 정작 한중 양국과 국민이 가장 민감해하고 갈등의 원인이 되고 있는 문제에 대해서는 논의하지 않고 있다"고 지적해 관심을 끌었다.

한중수교 당시만 해도 한국인의 중국에 대한 선호도는 과분할 정도로 높았다는 것이 정 교수의 생각이다. 그런데 30년이 된 지금 한국인이 가장 싫어하는 나라, 국민 하면 '중국, 중국인'이 손꼽히게 되었다는 것이다. 왜 그럴까? 정 교수는 한국인들의 대화속에서 크게 3가지를 꼽게 되었다고 한다.

첫째, 중국은 사회주의 국가라는 것, 둘째, 시진핑이 장기집권의 길을 가고 있기 때문에, 세 번째는 중국이 역사 문화를 왜곡하기 때문이라는 것. 이와 관련 정인갑 교수의 입장은 무엇일까? 발언내용을 정리하면 다음과 같다.

"이 세 가지 중 첫째와 둘째는 한국인들이 중국을 잘못 이해하기 때문에 생긴 것으로 본다. 중국은 사회주의 국가라 하지만 실상은 중국식 자본주의, 실용주의 국가로 봐야 한다. 시진핑의 장기집권? 중국의 집권체제를 볼 때 성립이 안된다. 따라서 첫째와 둘째 문제는 성립되지 않고, 한국인이 중국을 가장 싫어하게 된 근본적인 원인이 무엇이냐? 그것은 세 번째 중국이 역사문화를 왜곡하고 있다고 보기 때문이 아닌가 생각한다. 한중관계에 있어 현안이 된 양 국민의 갈등, 이 문제를 해결하려면 한중 학자들이 세 번째 문제를 놓고 허심탄회하고 대화를 나누고 논의를 하면 충분히 풀어갈 수 있다. 그러나 현실은 한국과 중국의 학자들이 이런 문제로 학술회의를 하지 않는다."

정 교수는 안타까움을 토로하면서 "앞으로 한중관계 발전을 위해서 역사, 문화 분야에서 한중학자들이 진솔하게 논의할 수 있는 장이 열리길 바란다"고 밝히고 발표를 마쳤다.

○ 시민사회분야 : 이상부 (사)한중사랑 대표
-조선족 동포 중심으로
"한국사회의 냉대가 더 시리다"

"무엇보다도 한국인의 반중정서가 우리 동포들에게까지 이어지고 있는 분위기에 대한 해결방안이 절실히 필요한 시기입니다. 피해자인 우리 동포 뿐 아니라 동포를 사랑하고 위하는 한국인이 침묵하지 않도록 다방면으로 노력해야 합니다."

사)한중사랑은 2000년부터 중국동포와 동고동락하며 사역을 해온 한중사랑교회(담임목사 서영희)에서 발족된 비영리단체이다. 이상부 대표는 금융전문가로 기업을 운영하면서 교회 장로로 물심양면으로 중국동포 사역을 후원하며 줄곧 함께 해왔다. 누구보다도 한국에 온 중국동포들의 삶을 현장에서 지켜보고 지원활동을 해온 사람으로서 한중수교 30년을 맞아 조선족 동포를 중심으로 회고를 하고 미래전망이라는 주제로 발표하면서 위와 같은 말로 입장을 밝혔다.

최근 인터넷 온라인, 유투브방송 등을 보면 반중정서를 갖고 있는 일부 한국인들의 혐중(嫌中)감정은 고스란히 조선족 동포들로 향하고 있음을 알 수 있다.

이상부 대표는 "오늘 수교 30주년 뜻깊은 행사에 참여하면서 지난 20여년을 되돌아보며 이런저런 생각에 잠을 며칠 설쳤다."면서 잠시 말을 잇지 못했다. 조선족 동포에 대한 남다른 감회가 있었기 때문이다. 어떤 감회일까?

이상부 대표는 2007년 방문취업제 시행 전후로 구분하여 중국동포들의 상황을 들려주었다.

한국에 오기 위해 1,000만원 정도의 브로커 비용을 지불하고, 와서는 얼마되지 않아 불법의 신분으로 살아야 했던 시절들, 생존을 위해 모든 것을 희생하며 지내야 했던 시기였다. 먼저 빚을 갚기 위해 몇 년을 휴식없이 일해야 했고 죽어라 일하는 것은 그래도 견딜 수 있었지만 불법단속의 공포, 임금 체불, 산재, 불안한 주거지, 육신의 질병, 깨어져가는 가정…

방문취업제 시행 전 참혹했던 동포들의 한국생활을 회고한 이상부 대표는 "거기에다 그렇게 기대하고 그리워했던 한국사회의 냉대는 우리의 가슴을 더 시리게 하였다"고 밝혔다.

방문취업제가 시행된 후 상황은 많이 나아졌지만 여전히 조선족 동포에 대한 한국사회의 인식은 좋아졌다고 할 수 없다. 이번 한중수교 30주년 기념 삼강포럼 전문가 간담회에서도 주요하게 거론된 내용이 한중 양국민 간의 혐오와 반정서가 커지고 있다는 우려이다.

어찌 보면 중국동포들의 역할이 더 중요해진 시기가 아닐까?

이상부 대표는 "한국인의 반중정서가 중국동포들에게까지 이어지고 있는 분위기에 대한 해결방안이 절실하다"고 말하면서 동시에 "결국은 우리(중국동포)를 통해 한국과 중국인이 동맹으로 나아가는 민간 외교관으로서의 역할까지도 기대해 본다"고 말한다. 그리고 사)한중사랑은 동포지원단체로서 "우리 동포들과 그 자녀들이 같은 민족으로 아니 자랑스런 개척자, 독립운동가의 후예로서 인식되며 대우받는 그 시대를 기대하며 노력해야 할 것이다"라고 다짐하며 이상부 대표는 발표를 마쳤다.

○ 교육분야 : 이남철 파라과이 교육부 자문관(서울사이버대학교 교수) "교육을 통한 유학생 및 재외동포 자녀 포용정책 펼쳐야"

최근 재한조선족유학생네트워크(KCN)가 자체적으로 2021 재한조선족유학생 실태조사를 실시하고 결과를 발표한 바 있다. 그 보고서에 따르면 "유학생활을 시작한 후 한국에 대한 인식이 변하지 않았다는 답변이 제일 많았지만 긍정적인 변화가 부정적인 변화 보다 많았고 전반적인 유학생활에 대해서도 대체로 만족하는 것으로 평가되었음"을 알 수 있다.

그렇지만 이남철 교수는 "사회·심리적 적응 측면에서 한국 유학생활에서 가장 힘든 점"으로 "편견과 차별 대우"가 언급되고 있음을 주목했다. 외국인 유학생이 없으면 대학 운영이 어렵다. 심지어 폐교될 수도 있다는 말이 공공연하게 나오고 있는 현실 속에서 과연 한국의 외국인 유학생 관련 정책은 어떤가?

이남철 교수는 한중수교 30년을 맞이해 한중 유학생, 중국동포 유학생에 초점을 두고 발표를 하였다.

먼저 기본 현황부터 도표를 보여주며 설명했다.

2021년 4월 집계 기준 국내 고등교육기관의 전체 외국인 유학생 수(재적학생 기준)는 총 15만 2,281명 코로나19 상황으로 비대면 교육을 실시하고 있지만, 국내 중국유학생 수가 증가한 것으로 나타나고 있다.

주목되는 것은 2021년 11월 현재 베트남 유학생 수 62,271명으로 가장 많고 중국 유학생(51,038명) 수를 추월하고 있다는 점이다.

유학생 관련 한국정부의 주요정책 변화로는 일반대학의 원격수업 운영 정책이다. 한국에 오지 않고도 온라인 교육을 통해 외국인 학생에게 학위를 준다는 것이다. 그리고 재외동포와 관련하여서는 2022년 1월 3일부터 국내 초·중·고교를 다니고 있는 중국 및 고려인 동포의 미성년 자녀들에게 재외동포(F-4) 자격을 부여해 교육받을 권리를 보장한다는 것이다.

비대면 수업에도 불구하고 중국 유학생 수가 늘어난 이유는 중국 정부 교육정책 변경으로 2021년부터 한국도 온라인 쉽을 통한 유학 인정 대상 국가에 포함시켰기 때문이다.

한중 수교이후 한중 유학생 수는 크게 증가했다. 그러나 문제는 질적 성장을 했느냐 하는 문제일 것이다. 그만큼 유학생을 많이 유치하면 친한파(親韓派), 지한파(知韓派)를 양성해야 되는 것은 당연하겠지만, 현실은 한국에서 오래 유학하면 할수록 반한파(反韓派)가 되어간다는 씁쓸한 이야기들이 나오고 있다.

중국동포인 조선족 유학생들의 경우도 대체로 한국유학생활에 만족하고 있는 것으로 나오고 있지만 '편견과 차별'을 느끼고 있다는 것이다. 토론회에서는 중국인 유학생들의 경우는 더 심각할 수 있다는 주장도 나왔다.

이에 이남철 교수는 "향후 한중관계 발전을 위해서 교육당국은 유학생의 역할이 중요하다는 것을 알고 꼼꼼하게 관심을 가져야 한다", "포용정책을 펼쳐야 한다"고 강조했다.

○ 차세대분야 : 김용필 EKW 동포세계신문 대표
적신호 켜진 한중관계…"혐오놀음에 빠지지 않도록 해야"

한중관계 발전에 있어 차세대의 역할이 중요하다는 것은 두말할 필요가 없을 것이다. 하지만 현재 온라인상에서 벌어지고 있는 한국과 중국의 젊은 세대들 간의 상호 혐오 비방 댓글은 심각한 수준에 이르고 있다. 한중수교 30주년을 맞아 되레 한중관계에 '적신호'가 켜진 것이 아닌가 우려될 정도이다.

김용필 동포세계신문 대표는 한국언론 보도를 통해 이와같은 현상을 짚어보았다. 먼저, 한국의 MZ세대(20 30세대) 여론조사를 결과는 충격을 주고 있다.

한국일보와 한국리서치의 여론조사(2021. 5월 25~27일 실시) 결과, '북한, 중국, 일본, 미국 등 4개 국가에 대한 호감도를 묻는 질문에 미국은 평균 56.3도를 기록, 북한(29.5도)·중국(27.5도)·일본(26.7도)로 중국에 대한 호감도가 미국에 비해 크게 낮다.

국민일보가 여론조사업체 글로벌리서치에 의뢰해 2021년 6월 9~12일 실시한 MZ세대를 중심으로 펼친 여론조사 결과 가장 싫어하는 나라는 '중국'인 것으로 조사됐다. 이미 MZ세대 사이에서는 전통적인 반일 감정이 반중 감정을 뛰어넘은 모양새다.

한중 MZ세대의 갈등은 문화분야에서 더욱 뚜렷하게 나타나고 있다.

<월간조선>은 2021년 8월호에 '韓中 문화전쟁과 MZ세대의 反中 정서'를 게재했다. 2015년 이후 일본과는 딱히 없었지만 중국과는 크게 벌어졌던 갈등으로 '문화전쟁' 요소를 떠올릴 수밖에 없다는 주장이다.

심지어 지난 1월 10일경에는 한국에서 활동 중인 걸그룹 에버글로우의 중국인 멤버 '왕이런'이 공연 후 한국인 팬들에게 큰절을 거부해 논란이

일었다. 중국에서 "과거 한국은 중국의 속국이었다"는 등 역사 비하가 재점화되고, 중국 관영매체들은 과거 한국에서 활동하며 큰절을 거부했던 다수의 중국인 아이돌 멤버 사례까지 끄집내면서 갈등을 부추겼다.

중국의 MZ세대들은 어떨까? 한국언론이 주요하게 본 것은 2021년 중국공산당 100주년 행사 때 공산당에 열광하는 중국 젊은이들 모습이다. 당시 동아일보 특파원은 이렇게 글을 썼다.

"주링허우와 링링허우가 중국 공산당 핵심 지지층이라는 사실은 분명하다. 20, 30대인 이들은 민족주의와 애국주의로 철저히 무장돼 있다. 1989년 톈안먼(天安門) 민주화 시위 때 가슴 철렁했던 중국 공산당이 다시는 이런 일이 발생하지 않도록 교육을 강화한 첫 세대인 것이다.... 시 주석이 가장 많이 사용하는 '중화민족의 위대한 부흥' '중국몽(中國夢)'이란 말은 주링허우, 링링허우 세대의 피 끓는 가슴을 겨냥한 말이다."

한중 MZ세대 충돌 어떻게 해결할 수 있을까?

이욱연 서강대 중국문화학과 교수는 이렇게 말한다.

"한중 상호 혐오는 양국의 MZ 세대, 특히 10대로 갈수록 높다. 한중 미래를 생각할 때 심각한 문제다"면서 "이런 상호 혐오는 근본적 치유가 어려워 관리를 잘해야 한다."고 말한다.

즉 양국 언론 및 전문가 그룹이 정확한 사실을 지적해야 하고, 네티즌의 '혐오놀이'에 빠져들지 않도록 해야 한다는 지적이다. 적절한 대응방안을 마련하고, 한중간의 우호적인 유학생 그룹 등 차세대 양성에 관심을 갖는 것이 무엇보다 필요한 것같다.

이렇게 한중간의 '혐오놀음'이 벌어지면 그 불똥이 조선족 동포에게 튄다.

"윤동주가 조선족?…중국 바이두, 국적 정정 1년째 거부" "판소리·상모놀이가 조선족 문화?…중국 오디션 프로의 '동북공정'" 등 이런 기사가 나올 때마다 조선족에 대한 혐오댓글이 주렁주렁 달리는 것을 볼수 있다. 안타까운 현상이다.

이와 관련 김용필 대표는 "한국정부의 미온적인 재외동포정책이 문화전쟁의 빌미를 주고 있다. 그 결과 한중관계를 더 꼬이게 만드는 요소로 작용되고 있다"고 주장했다.

<유튜브방송 영상> : https://www.youtube.com/watch?v=1Q2VmHvdPs8
본 영상은 2022년 1월 22일(토) 오후 3시부터 6시까지 "한중수교 30년의 회고와 미래전망" 주제로 열린 한중삼강포럼 영상으로서 총 10편으로 편성해 방송되어 있다.
[1] 전체영상
[2] 경제분야: 전병서 중국경제금융연구소 소장
[3] 사회분야: 조남철 전 방송통신대학교 총장(문학 박사)
[4] 정치분야: 곽승지 전 연변과기대 교수(정치학 박사)
[5] 언론분야: 이동렬 동북아신문 대표
[6] 문학분야: 김경애 재한동포문인협회 회장
[7] 학술분야 : 정인갑 한중삼강포럼 고문(전 청화대 교수)
[8] 시민사회분야 : 이상부 (사)한중사랑 대표
[9] 교육분야 : 이남철 파라과이 교육부 자문관(서울사이버대학교 교수)
[10] 차세대분야 : 김용필 EKW 동포세계신문 대표

한중수교 30년의 회고와 미래전망
분야별 전문가 논단

◆ 경제분야

한중 30년은 동반자였지만 미래 30년은 경쟁자다

전병서/ 경희대 China MBA 객원교수

한중수교 30년, 중국의 경제력 기술력 정확히 평가해야!

한중수교 30주년을 맞지만 한국은 대중국전략에 고민이 많다. 한국이 과연 중국이라는 거인의 어깨위에 제대로 올라탄 것인지는 의문이다. 오히려 한국이 중국이라는 거대한 용광로 속으로 빨려 들어간 것이 아닌지를 반성해 봐야 한다.

한국의 중국대비 GDP비중을 보면 답이 있다. 중국과 가장 가까운 거리에 있고, 중국의 산업생산에 필요한 중간재와 자본재 그리고 소비생활의 업그레이드에 필요한 소비재를 가장 최적으로 공급할 위치에 있었던 것이 한국이다. 그러나 중국의 고성장에 비한 한국의 성장은 매우 낮았다. 1994년 중국 GDP 대비 한국 GDP는 83%였지만 2021년에는 11%로 쪼그라 들었다.

중국의 기술력, 경제력을 다시 냉정하게 봐야한다. 실상(實狀)을 제대로 파악하지 않으면 상실(喪失)의 아픔을 겪을 수 있다. 지난날 중국이 한국에 대해 간이라도 빼 줄 것 같은 환대를 하다가 갑자기 홀대, 냉대, 이젠 박대를 하는 진짜 이유는 바로 중국의 경제력과 기술력의 굴기다.

곳간이 비어 있는 나라와 곳간이 넘치는 나라를 다룰 때는 달라야 한다. 1992년 한국과 수교하던 시절 중국은 194억달러 외환보유고를 가지고 외환부족에 전전긍긍하던 나라였지만 2021년에 중국은 3조2,500억달러를 가진 세계최대 외환보유국이다. 연간 6700억달러의 무역흑자에 외국인 직접투자액이 1700억에 달하는 나라다.

반도체 하나를 빼고는 전 제조산업에서 중국은 추격에서 추월의 단계를 넘어 이젠 선두의 자리로 가고 있다. 반도체 없는 디지털은 없고, 반도체 없는 4차혁명은 없다. 천만다행인 것은 한국은 반도체가 있고 중국은 없다. 한국은 반도체로 레버리지를 걸어 중국과 협상에서 우위를 점하고 4차산업혁명에서 거인의 어깨를 올라탈 방법을 찾아야 한다.

30여년간 축적된 민간의 대중국 경험을 서로 공유하고 활용해야

중국이 G2로 올라서 미국과의 전쟁을 벌이는 상황에서 한국정부의 스탠스와 전략은 과거에 비해 그 중요성이 더 커졌다. 그러나 현실적인 측면에서 보면 중국의 변화보다는 한국의 대응이 더 중요해 보인다. 정권이 바뀔 때마다 오락가락하는 대중국정책, 정확하게 중심을 잡고 가야한다. 원칙이 없거나 흔들리면 전략, 전술이 무의미하다.

첫째, 5년의 대통령 임기와 맞춘 대중국전략이 아닌, 적어도 30년을 내다 본 큰 그림 하에서 5년 단위의 전략이 나와야 한다. 정권이 바뀌어도 변하지 않는 대중국정책의 철학과 방향이 설정되어야 중국에 휘둘리지않는다.

둘째, 중국통을 길러야 한다. 중국은 주한중국대사부터 말단 직원까지한국어가 술술 나오고 적어도 책임자는 10년 이상 한반도에서 근무한 한국통들이지만 한국의 대중국외교는 중국통이라고 보기 어려운 이들도 있다.

한국의 외교가 중국에서 대접받기 어려운 부분은 국가의 힘도 힘이지만 대중외교를 담당하는 이들의 실력이 문제다. 특히 너무 잦은 교체와 중국비전문가로 채우는 것은 피해야 한다. 그리고 중국어가 되지 않는 대사관 직원, 외교담당자는 의미가 없다.

30여 년간 축적된 민간의 대중국 경험을 서로 공유하고 활용해야 한다. 정부의 정보 네트웍보다 30여 년간 중국전역에서 공장 짓고 영업한 한국대기업들의 경험과 정보가 더 유용할 수 있다. 그러나 한국기업은 기업비밀이라는 미시적 측면에서보기 때문에 같은 그룹 내 기업은 물론이고 다른 기업, 다른 그룹과 경험과 정보의 공유는 거의 없다. 중국에 관한 정확한 정보의 수요가 날로 커지는 상황에서 민과 관이 가진 정보를 모두 공유해야 한다.

한중관계 미래30년, 치열한 경쟁의 시대다

한중 수교 과거 30년과 미래30년은 완전히 다른 양상이 될 것 같다. 지난 30년은 3차산업혁명의 시대에 한중은 중간재와 자본재를 수출 수입하는 협력관계였지만 미래30년은 4차혁명의 시대로 서로가 경쟁우위를 두고 피 터지게 다투는 시대다. 2등하면 망하는 4차혁명시대, 중국 제조업의 국산화는 한국의 제조업의 시장상실로 이어지고 중국의 디지털화는 한국의 거대한 위협으로 다가 온다.

과거 30년 한중은 WIN-WIN의 친구였지만 미래30년은 나쁜 경쟁자의 관계가 될 전망이다. 돈과 권력은 나누어 쓸 수 없다. 한중이 병존하려면 주고받을 것이 있어야 한다. 이제 제조업에서 협력은 끝물이고 금융과 4차산업에서 새 협력모델을 만들어야한다.

한국은 그간 30여년간 제조에서 중국의 선배였지만 이젠 경쟁자다. 3차산업에서는 반도체 빼곤 모두 경쟁관계다. 한국의 대중수출을 보면 중간재, 자본재가 95%이고 이젠 중국의 중간재 자본재의 국산산화가 한중관계를 적으로 만든다.

점점 필요 없어진 중국에서 한국 제조업의 역할, 그러나 여전히 대접받기를 기대하는 한국에서 기대와 실망이 종종 반중, 혐중으로 나온다. 그래서 경쟁이 아닌 협력은 새로운 산업을 만들어야 가능한데 바로 금융과 4차산업혁명에서 협력의 모델을 찾아야 한다. 무역, 기술에서 금융으로 이어질 미중전쟁에서 한국은 이제 제조가 아니라 미중의 금융전쟁 속에서 중국금융에서 돈을 벌 기회를 잡아야 한다.

미국에 맞설 정도로 날로 힘과 경제력이 커지는 중국에 대해 한국은 국익극대화에 최우선목표를 두고 말(言)조심, 힘(力)조심, 돈(钱)조심하면서 철저하게 안전 운행하며 중국이라는 거인을 관리해야 한다. 도광양회(韬光养晦)는 한중관계 미래 30년에 있어 한국에게도 필요한 전략으로 생각된다.

◆ 사회분야

한중 수교 30년을 돌아 보며

- 구동존이에서 화이부동으로 -

조남철 (아시아발전재단 상임이사, 전 한국방송통신대학교 총장)

1. 1992년 8월 24일의 역사적인 한중 수교는 내게 더욱 특별한 의미를 지니고 있다. 한중수교를 염두에 두고 중국 당국의 고민이 엿보이는 행사인 '국제고려학 학술대회'가 수교 직전인 7월 30일부터 3박 4일간 있었고 그 세미나에 참석해 논문을 발표한 경험이 있기 때문이다. 40대 초반의 한국문학 연구자가 북한의 우리 문학 연구자와 만나 학문적 토론의 기회를 가질 수 있었던 것이다.

2. 1988년 7월 7일 노태우 대통령은 「민족자존과 통일번영을 위한 특별 선언」에서 남북한 관계 개선과 사회주의권과의 관계 개선에 대한 의지를 표현한 바 있으며, 한중수교는 그 연장선에서 평가할 수 있다. 지금 이 자리가 한중수교의 역사적 의의나 배경을 살피는 자리가 아니지만, 잠시 살펴보면, 한중수교의 국제적 배경은 1989년 12월 미소 정상이 몰타정상회의에서 냉전 종식을 선언, 1989년 5월 고르바초프의 중국 방문으로 중소관계의 정상화, 1990년 9월 한소수교가 수립된 것 등이 한중수교의 디딤돌이 된 것으로 생각할 수 있겠다. 이러한 세계사적 흐름 속에서 1992년의 한중 수교도 중화인민공화국의 건설과 중국의 한국전쟁 참전으로 한국과 중국의 관계가 단절된 이후 양국간의 교류를 새롭게 시작한다는 점에서 엄청난 역사적 의의를 갖는다.

3. 국제고려학 학술회의가 끝나고 아는 중국인 교수가 근무하는 낙양외국어대학교를 방문했다. 낙양외국어대학교는 군사외국어학교로 당시 교장(우리식으로는 총장)은 현역군인으로 계급은 상장으로 기억하고 있다. 당시 낙양외국어대학교에는 조선어학과가 있었는데, 조문학과의 설립은 북경대학 다음으로 나름의 역사와 전통을 가진 학과였다. 당연히 당시 학과의 교수진은 연변대학 조문학부를 졸업한 조선족이 대부분이었다. 교장이 초대한 저녁 자리에서 한중수교 이후에도 학과의 명칭을 조선어학과로 유지해주었으면 한다는 부탁을 했는데, 지금 생각하면 참 순진하고 어처구니 없는 일이라고 생각한다.

4. 한중간 국교 수립 이후 한중 교류는 여러 분야에서 비약적으로 발전했다. 예를 들어 교역 규모는 1992년 63억 8천만 달러에서 2012년 2206억 2000만 달러로 10년 사이 35배 가까이 증가한 것으로 나타

나며, 사회적, 문화적 교류도 급격히 증가하여 중국에서도 '한류 열풍'이 강했다.

코트라(KOTRA) 통계에 따르면 한국의 대 중국 교역 규모는 1992년 63억달러에서 2020년 2천450억달러로 약 38배 증가했다. 2020년 기준으로 중국은 한국의 최대 교역국(전체 교역량의 24.6%)이자 최대 수출·수입국(25.9%·23.3%)으로 자리매김하고 있다. 적어도 경제적인 측면에서 한중수교가 두 나라 모두에게 큰 이익을 가져다 주었다는 사실에는 별 이의를 달 수 없을 것으로 생각되는 수치이다. 그러나 다른 분야에서의 결과는 썩 만족스럽지 못하다는 것이 발표자의 개인적인 견해인데 앞으로 한중 관계를 한 단계 더 발전시키기 위해서는 양국의 관계자들이 다양한 분야에서의 접촉을 늘려야 할 것으로 판단한다.

5. 한중 양국민이 상대국에 갖고 있는 감정의 문제도 30돌을 맞이하는 양국관계의 질적인 발전을 위해 반드시 짚고 넘어가야 할 부분이라고 판단한다.
한국의 민간 싱크탱크인 동아시아연구원(EAI)과 일본의 비영리 싱크탱크인 '겐론 NPO'(言論 NPO)가 한국인 1천명을 상대로 조사해 2020년 9월말 발표한 결과에 따르면 중국에 대해 부정적인 인식을 갖고 있는 응답자는 지난해 59.4%에서 2021년 73.8%로 증가했다. 반면 긍정적인 인식은 16.3%에서 10.7%로 감소했다.
서울대 아시아연구소에서 올 초 '2021 한국인의 아시아 인식 설문조사 결과 분석 보고서'를 발표했는데 역시 매우 비슷한 결과를 보여주고 있다. 한국의 주요국인 중국과 일본, 미국에 대한 신뢰도, 양자관계, 한국에 미치는 영향력. 협력해야 할 나라를 조사한 결과를 보면 한국의 대외관계를 진단하고 처방하는데 유용한 실마리를 제공해 준다.

"다음 국가들을 어느 정도 신뢰하십니까?"라는 질문에 대해 "매우 신뢰한다"와 "대체로 신뢰한다"로 응답한 비율의 합계가 미국 71.6%, 중국 6.8%, 일본 13.3%였으며,

"다음 국가들과의 관계가 어떠하다고 생각하십니까?"라는 질문에 "매우 좋은 관계이다"와 "대체로 좋은 관계이다"라고 응답한 비율의 합계가 미국 68.2%, 중국 9.6%, 일본 3.1%였다.

"다음 국가들이 한국에 어떠한 영향을 미치고 있다고 보십니까"라는 질문에 긍정적인 영향(매우+대체로)이라고 답변한 비율은 미국 67.0%, 중국 8.4%, 일본 7.4%를 보였다.

한편 한국이 가장 협력해야 할 나라(1순위)는 미국 69.2%, 중국 6.9%, 북한 6.5%, 인도 1.8%, 일본 1.1% 순서로 나타났다. 이러한 조사 결과를 종합해보면 미국이 가장 신뢰할 수 있는 나라이고, 가장 관계가 좋은 나라이고, 한국에 가장 긍정적인 영향을 미치는 나라이고, 한국이 가장 협력해야 할 나라라고 생각하고 있는 것을 알 수 있다. 이와 대조적으로 중국은 신뢰도, 양자관계, 한국에 미치는 영향, 협력 대상국을 비롯한 모든 면에서 매우 부정적이었다. 일본도 비슷한 수준으로 부정적이었다.
본인도 예전에 비해 중국, 중국인에 대한 한국인의 인식이 부정적으로 바뀌고 있는 것을 실감하고 있다. 예전에 중국에 대해 호의적이고 친근한 태도를 갖고 있던 지인들이 1, 2년 사이 부정적인 발언을 서슴치 않는 것을 보게 된다.

6. 올해가 한중 수교 30주년이 되는 해이다. 그렇다면 수교 이후 10주년, 20주년에 비해 근래 양국 관계에 대한 부정적 평가가 훨씬 높아진 배경은 무엇일까? 여러 가지 원인을 말할 수 있겠지만 본인은 양

국 간 동상이몽이 있었던 것도 이유가 아닐까 생각한다. 양국이 경제적 이익을 추구하려는 공통의 목표에는 상호 동의하고 실천하려 노력하였지만 다른 분야에서 양국의 수교 목표에는 메울 수 없는 차이가 있었다. 특히 정치적 분야에서 그랬던 것이 아닌가 하는 생각을 지울 수 없다.

즉, 한국은 북한 문제, 특히 핵문제에서 중국의 도움을 받으려는 생각이 강했다. 반면 중국은 한반도의 세력 균형을 자신들에게 유리하게 유지하고 나아가 한미 동맹에 영향을 주고 싶었던 것이 아닌가 하는 생각을 한다. 그런데 양국이 서로 상대방의 목표를 존중해 주지 않으면서 문제가 생겼다.

미국도 한미관계에서 마찬가지 태도를 지녀야겠지만, 중국도 한·중 관계를 설정하면서 군사력과 경제력을 우선하는 하드 파워(Hard Power) 논리만 앞세워서는 안 될 것이다. 또한 북한과 중국의 사회주의 진영 간 논리만 따져서 '혈맹(血盟)'이니 '순망치한(脣亡齒寒)'이니 할 것이 아니라 한반도와 중국 사이의 역사적 맥락이라는 특수성도 충분히 고려해야 한국인들의 불만을 사지 않을 것이고 미래지향적인 한중관계를 만들어 갈 수 있을 것이다. 한국과 중국의 외교당국자들이 모두 깊이 염두에 두어야 할 사안이라고 생각한다.

7. 국립외교원 김한권 교수는 작년 12월 31일 연합뉴스와의 통화에서 한중관계의 미래에 대해 "한중관계를 구동존이(求同存異·일치를 추구하되 서로 다른 점은 그대로 두는 것)로 표현했다면 수교 30주년에 즈음해 이제는 서로 다름을 인정하면서 협력과 공존을 꾀하는 '화이부동(和而不同)'이 필요해 보인다"고 밝히고 있다.

한국과 중국이 각각 상대방 국가와 국민의 가치와 정체성, 국익에서 차이점을 가질 수 있다는 사실을 서로 인정하는 가운데 차이점 속에서 평화롭게 상호 공존 및 발전하고, 우호·협력 관계를 증진시킬 수 있는 공동의 방안을 찾아 나가는 것이 한중 수교 30주년을 맞는 오늘 가장 필요한 사안이 아닌가 한다.

8. 한중 관계의 지난 30년이 확장과 발전을 위한 시간이었다면 앞으로 양국은 조정과 모색을 위한 시간을 가질 필요가 있다. 정부나 민간 차원 모두 조금 더 상대방에게 솔직하게 이견을 말하고 상대방의 의견에 귀 기울이기 시작해야 한중 관계가 관리되고 발전될 수 있을 것이다. 우리 스스로도 대중국 관계에서 보다 전략적인 모색이 필요한 시기에 혹시 대중 정책을 둘러싸고 정치인들이 진영에 따라 서로 갈라져서 상대를 비난하기에 급급하지는 않았는지 냉정하게 돌아보아야할 시점인 것이다. 치열하면서도 냉철하고 합리적인 대중 전략 논쟁이 오히려 앞으로의 한중 관계를 건강하게 발전시킬 수 있을 것이다.

9. 마지막으로, 오늘 특별히 강조하고 싶은 사안 중의 하나는 높아진 반중 감정은 단순히 중국만을 향하지 않는다는 사실이다. 한국에 거주하는 중국 동포나 관광객들을 향해 혐오의 불똥이 튈 수도 있다. 한국내 조선족 동포들에 대한 편견과 혐오의 감정이 그것이다. 매우 두렵고 부끄러운 현상이다. 그러나 사실 이 현상은 비단 조선족 동포와 관련된 문제만은 아니다. 기본적으로 인종차별 방지를 위한 국민들의 인식 전환이 필요한 시기이다. 이 부분에서 더 많은 인식개선 노력이 필요하다. 예를 들어 조선족 동포문제와 관련해서도 조선족 동포의 이주역사와 동북에서의 항일 독립운동에 대한 교육이 국내에서 체계적으로 이뤄지고 있는가 하는 문제에서는 매우 회의적이다.

◆ 정치분야

– 적대적 관계에서 전략적 동반자관계로 격상 –
– 바람직한 미래를 위한 새로운 접근 필요 –

곽 승 지 (전 연변과기대 교수/ 정치학박사)

　- 중국 및 조선족 사회와 관계를 맺고 살아가고 있는 사람들에게 있어서 한중수교 30주년을 맞는 감회는 특별할 것이다. 수교 이후 양국 관계가 실로 엄청난 변화를 이루었고 우리들 개개인의 삶에도 많은 영향을 미치고 있기 때문이다. 실제로 두 나라는 서로 총부리를 겨누었던 과거를 잊고 경제·정치 분야는 물론 군사 분야에 이르기까지 전방위적으로 긴밀한 관계를 맺어왔다. 정상외교와 함께 고위급 인사들이 빈번하게 교차 방문해 우의를 다졌다. 정치분야에서의 변화 역시 괄목할만 하다. 이번 간담회를 통해 한중수교 이후의 변화를 돌아보며 미래를 전망하는 것은 지난 30년의 경험을 토대로 보다 바람직한 미래를 만들어가기 위한 원려(遠慮)라는 점에서 특별히 의미있는 일이다.

한중수교 과정과 역사적 의의

- 한중 수교 이전 한국은 중국과 적대적 관계에 있었다. 냉전체제의 동방초소로 불린 한반도에서 북한과 대치해 온 상황에서 중국이 6.25전쟁(한국전쟁)에 참전해 북한을 지원했기 때문이다. 그 이후 중국은 북한과 결속을 다지며 서로 순치관계 혹은 혈맹관계로 불러왔다. 따라서 수교 전 한국사회에서는 중국을 부정적 의미를 담아 중공(中共)으로 불렀다. 중국 공산당이 지배하는 공산국가라는 의미이다. 이러한 표현은 수교 후에도 상당 기간 지속됐다. 오랜 역사의 흔적을 지우는데 적지 않은 시간이 필요했던 것이다. 그러나 한중수교 30주년을 맞는 지금 한국과 중국은 여러 과정을 거쳐 전략적 동반자관계로 격상됐다. 정치·경제 분야를 포함해 모든 영역에서 긴밀한 관계를 유지하고 있다.

- (국제)정치적 측면에서 볼 때 한중수교는 세계사적인 탈냉전체제의 해체라는 역사적 전환과 맞물려 있다. 한국의 노태우정부는 1988년 임기 시작과 함께 북한의 변화를 추동하기 위해 사회주의권 국가들과의 관계 개선을 위한 북방외교(북방정책/ Nord Politik)를 추진했다. 핵심 대상은 소련과 중국이었다. 한국은 당시, 북한과 외교관계를 맺고 있는 나라와는 관계를 정상화하지 않는다는 이른바 할슈타인원칙을 철회한 상황이었지만 대서방권 외교에 주력했기 때문에 성과를 예측하기가 쉽지 않았다. 하지만 그 무렵 동구 사회주의국가들에서는 체제 전환을 위한 민주화 도미노 현상이 들불처럼 번지기 시작했다. 그리고 미소 정상은 1989년 12월 지중해 상의 몰타에서 냉전체제 해체를 선언했다. 그에 힘입어 한국은 1990년을 전후해 동구 사회주의국가들에 이어 소련(러시아)과도 외교관계를 수립(1990.9)할 수 있었다. 한국의 북방외교와 동구 사회주의국가들에서의 민주화 운동이 절묘하게 맞아 떨어진 것이다.

- 하지만 중국과의 관계 정상화는 용이하지 않았다. 동구 사회주의국가

들과 달리 중국은 1978년부터 개혁개방정책을 추진해 이미 자본주의 시장경제를 수용하고 있었던 터이다. 그 무렵 중국사회는 천안문사태 (1989.6.4.)의 영향을 받아 극도로 경색되어 있어 전향적인 변화를 이끌어 낼 동력이 없었다. 더욱이 혈맹관계를 유지해 온 북한의 반발이 불을 보듯 뻔한 상황에서 중국이 한국과의 관계 개선에 응해 나설 것을 기대하기는 쉽지 않았다. 그러나 기회는 예상외로 빨리 왔다. 중국의 변혁을 설계하고 추동해 온 등소평(鄧小平)이 1992년 벽두에 선전(深圳/ ShenZhen)과 주하이(珠海/ Zhūhǎi) 등 변화의 진원지를 순방하며 개혁개방정책의 고삐를 다잡은 것이다. 그리고 중국은 개혁개방을 위한 핵심 국가전략인, '한 개의 중심으로서의 경제건설'을 추동하기 위해 눈부신 경제발전을 이루고 있던 한국에 주목하기 시작했다. 이후 한국과 중국 간의 수교 협상은 급물살을 타 불과 몇 달만에 결실을 맺었다. 독일 통일의 경우에서처럼 한중수교가 그렇게 빨리 이루어질 것을 예견한 사람은 아무도 없었다.

한중수교가 한반도 및 한민족에 미친 영향

- 한국과 중국은 서둘러 외교관계를 수립했지만 추구하는 목적이 달랐다. 앞에서 살펴본 바와 같이 한국은 북한의 변화를 추동하기 위해 중국의 영향력을 활용하는데 일차적 목적이 있었다. 그러나 중국은 개혁개방정책의 성과를 위해 경제발전을 추진하는 데서 한국의 경험과 자본을 필요로 했다. 중국은 오늘날 '세계의 공장' 혹은 '세계의 시장'으로 불리며 미국과 함께 G2로서 세계를 이끌어가고 있는 강국이 되었다. 그런 점에서 중국은 한국과의 수교를 통해 추구하였던 목적을 어느 정도 달성했다고 볼 수 있을 것이다. 하지만 북한을 변화시키기 위해 중국의 영향력을 활용하겠다는 한국의 꿈은, 여전히 북한핵 문제가 초미의 관심사로 되고 있다는 점에서, 미완의 상태에 있다. 최근 북한이 장거리 미사일을 잇따라

발사함으로써 북한 리스크는 지금도 진행형인 셈이다.

 - 한반도와 동북아시아지역을 짓누르고 있는 북한핵 문제는 한중수교가 이루어진 직후에 불거졌다. 북한이 핵확산금지조약(NPT)에서 탈퇴를 선언(1993.3.12)하고 핵개발 의지를 드러내면서 북한핵 문제가 표면화됐다. 한중수교 6개월이 지난 뒤였다. 따라서 당시 중국은 북한의 유일한 우방으로서 북한핵 문제의 해결을 위해 많은 역할을 할 것으로 세인들의 많은 관심을 받았다. 하지만 중국은 북한핵 문제와 관련해 이중적인 태도를 취해 왔다. 원론적으로는 북한의 비핵화를 지지하면서 북한핵 문제 해결을 위한 중재자로서 역할하기도 했다. 시진핑체제 초기에는 북한에 대한 압박을 강화함으로써 북한과의 관계가 소원해지기도 했다. 하지만 국제사회의 북한 제재에 대해서는 일정하게 거리를 둠으로써 우호적인 관계를 유지해 왔다. 중국은 여전히 한반도의 비핵화 실현, 평화와 안정 유지, 대화와 협상을 통한 문제 해결 등을 한반도 정책의 3원칙으로 주장하고 있다.

 - 한국사회는 한중수교 이전까지 조선족동포를 한민족의 일원으로 생각하지 않았다. 그들은 그저 적대적 관계에 있던 중국의 공민일 뿐이었다. 조선족동포들 역시 당시까지 북한만을 고국으로 생각하며 한국을 미제국주의의 괴뢰정권 정도로 인식하고 있었다. 그러나 한중수교가 이루어지면서 상황은 달라졌다. 한국사회는 중국 동북지역에서 당당하게 자리잡고 살아가는 동포들을 주목하였고 조선족동포들은 한국에 대한 관심을 키웠다. 조선족동포들은 또 한국과 북한을 이어주는데도 적지 않은 관심을 기울여 왔다. 연변조선족사회는, 성사되지는 않았지만, 한국과 북한의 정치인들 간의 만남을 주선하였고, 연변방송은 남북한에 흩어져 살아가는 이산가족 찾기 운동을 전개해 성과를 거두기도 했다. 연변대학 등은 남북한 학자들이 포함된 국제학술회의를 주최함으로써 남북한 학자들 간의 자연스런 만남의 기회를 제공해 왔다.

 - 한중수교를 계기로 본격적인 관계맺기를 시작한 한국사회와 조선족

사회는 지난 30여 년 동안 갖가지 우여곡절을 겪으면서도 양적 질적으로 관계를 확대해 왔다. 현재 한국에서 생활하는 조선족동포는 80만 명에 이른다. 중국이 2020년에 조사해 발표한 호구상 인구조사에서의 조선족동포의 수 170만 2천 479명을 기준으로 하면 무려 47%에 이른다. 그래서 그런지 집안의 대소사를 한국에서 치르는 사람들이 늘고 있다고 한다. 굳이 말하자면, 그들이 어디에서 어떻게 살고 있든 거의 모든 조선족동포들이 한민족의 일원으로서 한국사회와 직간접적인 관계를 맺고 살아가고 있는 셈이다. 이제 조선족사회와 한국사회는 떼려야 뗄 수 없는 그런 관계가 되었다.

보다 나은 미래를 위한 당면 과제들

- 한중수교의 눈부신 성과를 들춰보면 그 이면에는 여전히 극복해야 할 많은 과제들이 있다. 돌아보면 수교 초기에는 비교적 원만하게 관계가 이루어졌던 것 같다. 중국이 대국임에도 불구하고 국력을 기를 때까지 낮은 자세를 취한다는 이른바 도광양회(韜光養晦)의 입장을 견지함에 따라 별다른 문제가 드러나지 않았기 때문이다. 그러나 중국이 괄목할만한 경제발전을 이루면서 점차 자신의 주장을 드러내는 유소작위(有所作爲)의 태도를 취하게 되자 상황이 바뀌었다. 물론 중국의 이같은 태도 변화는 미국 등 국제사회의 중국 견제도 한 몫을 했다.

- 한중 간의 사드갈등이 대표적인 사례이다. 사드갈등은 내용적으로는 한국과 중국 간의 핵심 국가이익이 충돌한 사건이다. 한국은 북한의 핵위협에 직면해 안보를 강화하기 위해 사드를 배치했지만 중국은 한국의 사드배치가 중국의 안보에 위협이 된다며 강력히 맞섰다. 물론 사드문제의 뒤에는 한미동맹으로 결속된 미국이 있다. 사드 배치가 미국과 연계되어있어 중국은 사드배치를 미국의 위협으로 받아들인 것이다. 그런 점에

서 한중 간의 사드갈등은 사실상 미중갈등의 산물인 셈이다.

- 주목되는 것은 중국이 한국의 사드배치를 빌미로 한국에 대한 전방위적인 제재를 가했다는 점이다. 사드갈등 당시 주한 중국대사를 역임한 추궈홍(邱國洪)은 한중간 사드갈등의 원인을 정치적 신뢰 부족에 따른 것으로 언급(연합뉴스, 2022.1.20.)하며 한국의 책임을 강조했지만 한국의 입장에서는 미중갈등으로부터 비롯된 유탄으로 볼 수밖에 없다. 즉 고래싸움에 새우 등이 터진 꼴이다. 이를 중국의 태도와 관련지어 보면 강대국인 중국이 미국을 제쳐 놓고 만만한 한국에 모든 책임을 전가한 것으로 볼 수 있다. 또한 대화를 통해 타협하는 등 합리적 접근을 하기보다 제재라는 힘을 사용하는 등 전형적인 현실주의적 접근을 함으로써 한국과 중국이 수교 이후 수 십 년 동안 쌓아온 선린 우호관계를 멍들게 한 것이다.

- 문제는 중국의 이런 태도가 언제든 재현될 수 있다는 점이다. 한국은 전통적인 동맹(미국)을 유지할 것인지 아니면 새로운 파트너쉽(중국)을 구축할 것인지와 관련해 지속적으로 선택을 강요받게 될 것이기 때문이다. 현실적으로 볼 때 한국은 어느 한쪽도 포기할 수 없다. 따라서 양자택일이 아니라 모두가 만족할 수 있는 공동선을 찾아야만 한다. 한국으로서는 무엇보다도 솔로몬의 지혜가 필요한 때이다. 이를 위해서는 중국도 새로운 미래를 만든다는 대국적 자세로 함께 노력해야 한다. 물론 미국도 이 길에 동참해야 한다.

- 한국과 중국이 국가 차원에서 갈등을 겪게 되면서 일반 대중들 사이에서도 적지 않은 갈등이 노정되고 있다. 특히 젊은 세대들 사이에서 그런 현상이 늘고 있는 듯하다. 한국과 중국은 동북아시아지역의 평화와 번영을 위해 함께 노력해야 할 핵심 파트너이다. 미래의 어느 시점에 북한이 '정상국가'가 되면 남북관계가 변하게 되고 동북아시아지역에는 새로운 질서가 형성되게 될 것이다. 그런 미래에 동북아시아지역의 평화와 번영을 위해 한국과 중국의 대중들은 상대를 경원하기 보다 이해하며 힘을

모아 함께 미래로 나가려는 세계시민의식을 함양해야 한다. 일반 대중들의 그런 의식은 국가 간의 연대를 강화하고 동북아시아공동체의 비전을 구현하는데 있어서 큰 힘이 될 것이다.

◆ 언론분야

한중 수교 30년, 한중 언론교류 실태에 대한 소고

이동렬 동북아신문 대표

올해는 한중 수교 30주년이 되는 해다. 한중간의 정치, 경제 문화교류를 활성화하고 양국 간 우호 협력 발전에 기여하는 데서의 언론의 역할은 자못 중요하다.

중국과 한국 간의 문명교류와 문화확산 과정에서 양국 언론의 역할이 무엇보다 중요하다. 양국 언론은 서로를 인정하고 같은 점을 찾는 자세로 공동 취재를 활성화하고 뉴미디어 분야에서 협력을 강화하고자 노력하고 있다.

이에 우리는 한중 수교 30주년에 즈음하여 양국간 언론교류에 대해 알아보고 앞날을 전망하는 것은 매우 필요한 작업이라고 생각한다.

1. 수교 전 한중 언론교류

1992년 8월 24일, 중국과 한국은 수교 후 언론분야에서 상호 교류와 협력을 진행했다. 수교 초기 양국 언론 간의 교류는 주로 상대방 국가에 특파원을 보내거나 현지 언론사와 우호협력관계를 맺는 데에 주력했다.

2. 한중 수교 후 한국과 중국의 언론교류

한중 수교 이후 한중 언론교류에는 '한중언론교류', '한중고위언론포럼', '한중일언론교류'와 '한중일 언론간부 세미나', '한중언론인 자국 초청' 등이 있다. 아래는 '다층차적으로 이어왔던 한중 언론교류(글/김지혁)'란 논문을 절록 인용하고, 한국언론에 실린 뉴스를 참작해서 짚어보기로 한다.

1) 한중 기자교류

한중 언론교류 면에서 가장 먼저 시작된 것은 '한중 기자교류' 프로그램이다. 이는 양국 언론의 교류와 협력에 초석을 닦았다고 볼 수 있다.

1993년부터 시작된 이 프로그램은 "한국기자협회와 중화전국신문공작자협회(중국기자협회)가 운영하는 교류 프로그램인데 매년 15명 내외의 언론인들이 상대국을 방문하고 있다. 양국 기자협회간 이뤄지는 교류 행사"로서 거의 30년의 역사를 갖고 있다. 1993년 서울에서 양측이 한-중기자교류 협력에 합의한 이래 매년 개최하고 있으며, 주로 비정치적 현안을 중심으로 토론회와 방문일정을 구성하고 있다.

2) 한중 언론교류

'한중언론교류'는 한국언론진흥재단과 중국 신화통신사가 운영하는 언론인 교류 프로그램이다. 1999년에 '한중언론교류'를 시작한 이후 매년 시행을 하고 있다. 매년 양국 언론인 각 6명씩, 12명이 동시에 7일간 상대국을 방문하여 정부인사, 학자, 언론인 등을 만나 현안에 대해 토론한다. 현재까지 이 프로그램을 거친 언론인은 200여 명 가까이 된다.

3) 한중고위 언론교류

'한중 고위 언론포럼'은 언론 분야에서 레벨이 가장 높은 교류 행사이다. 한국의 문화체육관광부와 중국의 국무원 신문판공실이 운영하는 '한중 고위 언론포럼'은 양국 고위급 언론인 교류행사이다. 2009년 6월10일부터 14일까지 중국 베이징과 하얼빈(哈爾濱)에서 첫 행사가 열렸는데, 이후 매년 양국을 번갈아 가며 개최하고 있다.

2016년에는 5월 23일 서울 롯데호텔에서 '한중 고위 언론포럼' 제8차 회의가 열렸다. 한국에서는 이준식 사회부총리, 중국에서는 류치바오(劉奇葆) 중국공산당 중앙선전부 부장이 기조연설을 했다.

가장 최근에는 '제13회 한중 고위 언론포럼(2021년 9월15일)이 열렸다. 온·오프라인 결합 방식으로 개최된 이번 포럼에, 중한 담당 부문과 약 30개 주류 언론사 책임자 및 관련 분야 전문가들이 방역 협력에서 언론의 책임과 사명, 인문 교류 확대 등 의제를 놓고 심도 깊은 논의를 진행했다.

쉬린(徐麟) 중공중앙선전부 부부장 겸 국무원 신문판공실 주임과 황희 한국 문화체육관광부 장관이 포럼에 참석하여 각각 축사를 발표했다.

쉬린 주임은 "양국 언론이 양자 관계 발전의 주류와 방향을 올바르게 파악해 방역 협력에 초점을 맞춰 상부상조 미담이 오갈 수 있길 희망한다. 민심 소통을 통해 인문 교류의 새로운 장을 열어가며, 언론 협력을 기반으로 여론을 모아 긍정에너지를 전파해야 한다"고 언급했고, 황희 장관은 "코로나19 사태 이후 양국은 방역 협력, 정보 공유, 경제무역 교류 등 분야에서 긴밀한 협력을 전개했다. 언론은 디지털 기술로 인한 시대적 변화에 촉각을 기울이고, 양측 인문교류 촉진, 문화 공감대 확대, 양국 국민간 상호신뢰 및 우호 증진에서 큰 역할을 발휘해야 한다"고 밝혔다.

양국 언론은 방역 협력의 새로운 진전을 상세하게 보도하고, 경제 회복과 발전을 적극 추진하여 조속히 전 세계가 코로나19를 극복하도록 도와야 한다고 언급했다.

아울러 '중한 문화교류의 해'와 양국에서 각각 열리는 2022년 동계올림픽과 2024년 동계청소년올림픽을 둘러싸고 양국의 문화, 교육, 과학기술 등 분야 교류와 협력을 심도 있게 보도해 문화적 오해를 해소하고 양국 민중, 특히 젊은이들 간 상호이해와 인지를 높여 양국 우호협력의 여론기반을 다져야 한다고도 했다.

4) 한중일 언론교류

현재 '다자간 교류' 형태로 추진 중인 프로그램이 그렇게 많지 않은 상태다. 대표적으로는 '한중일 언론교류'와 '한중일 언론간부 세미나'가 있으며 모두 최근 10년에 새로 진행한 프로그램이다.

'한중일 언론교류'는 2014년에 첫 행사를 열었고, 이후 매년 개최되고 있다. 2016년까지는 한중일 3국 협력사무국이 주최해오다 2017년부터 한국언론진흥재단과 공동 주최하고 있다. 2017년에는 '4차 산업혁명'을 주제로 6월 14일부터 23일까지 10일간 3국 언론인 총12명이 참가해 중국 선전(深圳) 일본 도쿄, 한국 서울 등을 둘러보았다.

2017년 6월 23일에는 서울에서 '4차 산업혁명과 뉴스미디어'를 주제로 한중일 3국의 학자를 초청, 세미나를 개최하기도 했다. '모바일, 소셜네트워크서비스(SNS)가 뉴스미디어에 미치는 영향', '가상현실(VR), 증강현실(AR)을 통한 뉴스제공수단의 다양화', '개인화된 온디멘드(On-demand) 뉴스', '로봇 저널리즘과 언론인의 역할변화' 등 다양한 내용의 토론이 이뤄졌다.

5) 한중언론인 자국 초청 교류

한국과 중국 언론인이 참여하는 '양자간 교류', 한중일 등 여러 나라 언론인이 함께 참여하는 '다자간 교류' 외에, 양국 언론 교류형태로는 상대국 언론인의 자국 '초청' 방식도 있다.

초청 방식은 상대국 언론인을 자국으로 초청, 교류를 통해 자국의 긍정적인 모습을 취재하도록 지원하는 프로그램이다. 한국에서는 이 같은 초청 사업을 한국언론진흥재단, 해외문화홍보원, 국제교류재단, 한국관광공사 등에서 운영하고 있다. 외교 및 경제협력 현안과 함께 대중문화(한류), 정보통신, 관광자원 등을 주제로 취재를 지원하고 있다.

예를 들어 한국관광공사는 중국 내 방한 관광 수요를 촉진하기 위한 목적으로 중국 언론인을 초청하고 있다. 한류, 전통문화 등 관광 콘텐츠와 한국의 일상에 대한 취재를 지원하며 연간 100~150명 규모의 중국 언론인을 초청하고 있다.

한국언론진흥재단은 중국 언론사를 대상으로 '중국언론사 기획취재지원 초청사업'을 2016년부터 시행 중이다. 2016년 4월 24일부터 5월 1일까지 8일간, 중국 베이징칭녠바오와 신징바오(新京報) 등 두 개 언론사 기자 2명을 초청했다.

3. 문제점과 해결방안

한중 언론인 교류는 아직까지도 프로그램 특정상 상당부분이 친선우호와 국가홍보, 또는 관광자원 마케팅을 주된 내용으로 하는 단기 행사에 머무르고 있다고 전문가들은 지적하고 있다.

양국 언론인 간 네트워크 구축이나 취재지원 차원의 단기성 프로그램은 그대로 유지하돼 언론인 연수 차원의 중장기 펠로십과 함께 중장기 기획취재지원, 언론학자 간 공동연구 등으로 교류 사업을 확장해 나가면 더욱 생산적인 결과를 이끌어내야 한다고 입을 모았다.

특히 지난해 9월 15일(수) '제13차 한중 고위 언론인 포럼'에서는 '코로나19 대응 한중 방역 협력 및 언론 역할', '한중 문화교류 강화를 통한 양국 국민정서 회복 촉진'이라는 주제로 열띤 토론을 진행했는데 양측에서 제시한 부족점 해결방안은 시사하는 의미가 자못 컸다.

동아일보 박제균 논설위원은 한중간의 관계회복을 위해 '한국정부의 일관성 있는 대 중국 정책'을 지적했고, 신화사 국제뉴스편집주 리정위(李拯宇) 부주임은 '일부 불량 연예인에 대한 중국 정부의 팬덤문화 정화 정책'에 대해, "다원주의 사회와 사회주의간 견해차 일 수 있다"는 해석을 통해 '보도시각에 대한 언론인의 역할'을, 중앙일보 김동호 논설위원은 중국의 '포용성 있는 정책'을 강조하였으며, 광명일보 왕하우 부총편집장은 양국의 역사, 인문 사회, 문화에서 객관성 있는 보도를 통한 관계 개선을 제시했다.

4. 한중 언론매체 상대국 진출 형태에 대해

우선, 한국의 언론매체가 중국에 진출한 사례는 찾아보기 힘들다. 지난해 연합뉴스(2021. 10. 9) 보도에 따르면 중국 정부는 "공유자본에 한해 신문방송업을 영위할 수 있도록 하는 새로운 언론 규정"을 내놓았다고 한다. 중국 경제계획 총괄부처인 국가발전개혁위원회(발개위)는 최근 이러한 내용을 담은 '시장 진입허가 네거티브 리스트(2021년판)' 초안을 공개하고 의견 수렴에 들어갔다. 해외자본을 비롯해 미디어 분야에 진출하여 중국 여론에 영향을 미칠 가능성 자체를 원천 차단하려는 조치로 풀이된다고 전했다. 초안에 따르면 비(非) 공유자본은 뉴스 취재·편집이나 방송 업무를 할 수 없다. 통신사나 간행물 출판기관, 라디오·텔레비전방송사, 인터넷신문사를 포함한 언론사에 대한 투자·설립·경영도 모두 금지된다. 이는 "뉴스를 발표하기 위해서는 자격을 갖춰야 한다. 의사가 아니면 환자를 진료할 수 없는 것과 같다"며, 이번 조치는 온·오프라인을 모두 포괄한다고 전했다.

5. 한국에 진출한 중국언론 매체에 대해

현재 한국에 진출한 언론매체로는 인민망(http://kr.people.com.cn), 신화망(http://kr.news.cn) 등 인터넷 언론사와 차이나뉴스 위크(중국신문주간 한국어판) 잡지 등이 있다.

이외 중국조선족언론매체의 한국 진출 사례로는 흑룡강신문 한국지사, 길림신문 한국지사 등이 있고, 한국 내 중국동포 출신들과 동포 대상 한국인들이 꾸린 신문으로는 동북아신문, 중국동포타운신문, 동포세계, 한중포커스신문, 한중교류신문, 중국동포신문, 신화보사(한어신문) 등이 있다.

이런 신문들은 한국체류 중국동포들에게 한국의 출입국정책을 비롯해 다양한 정부정책을 소개하고 정보를 전달하며 중국동포들의 인권향상과 처우개선을 위해 노력하고 있으며, 중국동포들을 부정적으로 묘사하는 한국언론의 작태에 대해서도 비판하고 있다. 한편, 한국 언론들은 중국동포 관련 보도의 주제를 중국동포 범죄, 범죄(사고)피해, 법과 정책의 변화, 인식변화, 중국동포 실태, 자원 및 인재로 유형화해서 보도를 해왔다.

이상, 한중(중한)언론교류의 실태와 방향성에 대해 간단히 짚어 봤다.

(주: 이 글은 '다층차적으로 이어왔던 한중 언론교류(글/김지혁)'란 논문을 많이 인용했고, 한국 언론에 실린 뉴스들을 참작해서 작성한 글임을 다시 한 번 밝혀둔다.)

◆ 문학분야

한중수교 이후,
한중문학교류와 협력에 대하여

김경애(재한동포문인협회 회장)

한중수교 이후 한국문학과 중국문학의 교류와 협력은 비교적 활발히 진행되었다. 특히 2016년 7월 주한미군 사드배치 논란이 한국과 중국의 갈등을 부각시키기 이전까지는 그러했다. 사드배치 악재와 코로나19 전염병의 확산은 한중교류는 물론 문학교류에도 상당한 장애를 조성했다.

한중수교 이후를 살펴보면 한중문학의 교류와 협력은 주로 한중문인단체들의 상대국 방문 및 상대국에서의 문학세미나 개최, 책 출판 등으로 볼 수가 있다. 그리고 한국체류 중국동포 출신 문학단체와 문인들의 궐기-재한조선족문학이란 특별한 케이스의 출현도 주목해야 할 부분이다.

한중수교 이후, 코리안 드림의 붐을 타고 수많은 조선족 문인들이 한국과 중국을 왕래하면서 한국에서 보고 느끼고 몸소 체험한 스토리들을 문학작품에 담아냈고 한중 양국에서 다양한 세미나를 개최하고 시상식, 공모전, 도서출판 등 형식으로 한중 문학 교류와 협력을 강화해 한중문학의 발전에 큰 기여를 하였다.

1. 중국 조선족 문인들의 한국에서의 활동

1) 한국에서의, 조선족 문인들의 책 출판

한중수교 이후, 중국조선족 문인들의 한국 진출 현상이 급속도로 증가했다. 한민족이고 언어와 생활습관이 거의 같고, 조상의 뿌리와 혈통이 모국에 있기에 교류와 협력이 용이해졌다. 그러나 사회주의 제도와 자본주의 제도의 같지 않은 체제에서 생활해 온 연고로 중국 조선족문인들은 한국에 대한 비판적인 시각으로 작품창작을 많이 배출했다.

예를 들면 허련순의 "누가 나비의 집을 보았을까(2004)", 김혁의 "천국의 꿈에는 색조가 없었다(2007)", "리혜선의코리안 드림", "그 방황과 희망의 보고서(2012)" 등의 작품들이 그러하다.

또, 조선족 작가들은 한국에서 많은 문학 작품집을 출간했다. 예를 들면 김학철의 '최후의 분대장', 김재국의 '한국은 없다', 류연산의 '혈연의 강들', 정세봉의 '볼세비키의 이미지', 장혜영의 '살아남은 전설', 김인순의 소설집'녹차', 김금희의 소설집 <세상에 없는 나의 집> 등이다.

특히 주목해야 할 것은 한국학술정보에서는 중국조선족 작가들의 작품집을 선정 출판한 사실이다. 예를 들면 김만석의 '중국조선족 아동문학사', 최홍일의 장편소설 '눈물 젖은 두만강', 리동렬의 장편소설 '고요한 도시',

김파의 '흑색의 태양'등이다.

2) 문학교류활동 활발히 전개

연변작가협회에서는 공식, 또는 비공식적으로 한국의 문학단체들을 방문해 교류와 협력을 해왔다. 조성일, 김학천 등 주석들의 한국 방문이 수차례 있었다.

방송국과 대학이나 문학단체 등의 초청을 받고 한국에 방문하여 세미나나 교류를 진행한 분들도 많다. 김학철, 허련순, 리혜선, 우광훈, 김학천, 남영전 등을 들 수가 있다.

3) 한국 문학상 시상식에 참여

재외동포재단의 재외문학상, 정지용문학제의 정지용 문학상, 호미중국 조선족문학상, 한국 미래문학사 해외동포문학상 등이 그러하다.

2. 한국 문인들의 중국에서의 활동

한국 문인들의 중국에서의 활동은 대부분 중국 동북3성 조선족집거지역에서 이뤄졌다.

1) 최초에 한국 문인들은 민족의 성산 장백산(백두산)을 방문하면서 연변조선족작가협회나 연변대학, 연변출판사, 연변문학 문학지, 흑룡강신문사, 흑룡강민족출판사, 요녕조선문보, 길림시 조선족문화관, 도라지 잡지사, 장춘에 있는 길림신문, 장백산 문학지 등 잡지사를 방문하게 되었다.

예를 들면 상주숲문학회는 20여 년간 연변작가협회와 끈끈한 유대관계를 형성하고 연변작가회원들의 작품을 꾸준히 발표하고 있다.

김우영, 박명호, 조성래 등 작가들은 코로나19 전에는 거의 해마다 중국을 방문했고 고찰하고 돌아온 후에는 작품집을 냈다.

2) 연변인민출판사에 의해 출판된 한국문학은 그리 많지 않지만 그 중 김성종의 추리소설계열이 유명했다. 그의 소설들은 장백산, 도라지 등 문학지에 연재되기도 했다.

3) 한국 시인 이상규는 중국조선족 문학을 정리하면서 중국 조선족문학사료전집(전 10권), 인물조선족사(1권), 조선족역사사료전집(2권) 등을 출판했고, 한국의 전국 유명대학에 증정하기도 했다.

4) 중국조선족문학에 대한 평론과 책은 많이 나왔는데 전선주, 민현기, 조남철, 정덕준 등 수많은 평론가들이 중국조선족문학에 대해 평론 논문을 내거나 평론집을 내놓기도 했다.

특히 조남철 전한국방송통신대 총장(교수)은 2003년 ≪이주의 땅, 민족의 문학- 조선족 이민문학편≫이란 주제를 가지고 중국 각지를 답사해서 조선족문학의 발전사 즉 이주로부터 오늘에 이르기까지의 역사를 체계적으로 정리하여 30분짜리 10부작 다큐멘터리로 만들어내 한국에서 여러 차례 방송하기도 했다.

3. 재한조선족문학의 출현과 궐기

재한조선족의 첫 문학단체인 재한동포문인협회는 2012년 8월 19일 이동렬 동북아신문 대표에 의해 구로구에서 설립되었는 바 올해로 10주년 되는 해다. 80만 재한조선족 중 재한조선족 지성인들의 정신적 집이 되고 문학 플랫폼이 되고 있다. 재한동포문인협회는 동북아신문의 후원과 협력에 힘을 입어 사무실을 대림동에 두고, 사업자등록증을 내고 본격적인 활동을 진행해왔다. 특히 '도서출판 바닷바람' 출판사를 운영하며 '동포문학' 문학지를 12회째 발행을 해왔다.

해마다 동포문학 시상식을 진행하여 동포문학상과 동포문학 해외작가상 등을 시상하며 재한조선족 작가들의 응집력과 창작 적극성을 부추겨왔다. 한국 유명문인들을 초청해 특강을 조직하여 작가들의 수준을 업그레이드하고 구로문인협회, 한국문예작가회, 숲문학, 문학의강 등 문인협회와 활발한 교류를 진행하였으며 정기적으로 재한조선족들 문인들의 작품을 출간했다.

예를 들면 강호원의 장편소설 '어둠의 유혹', 허창렬 시문집 '먼 훗날', 림금철시집 '고독 그리고 그리움', 오기수수필집 '가을이 익어가는 소리' 박연희의 수필집 '낯섦, 그 너머로' 등 문학서적을 출간했다. 그리고 중국 유명 시인들의 작품집을 번역 출간해서 한국문단에 소개했다. 양베이청(楊北城), 이사(伊沙), 왕구이린, 뭐뭐(俣俣), 둥하이옌(董海焱) 등 시인들의 시집을 출판하고 시상식도 가졌다.

2009년부터 동북아신문과 함께 7회째 '한중지성인과 함께 하는 문화교류의 밤' 행사를 개최하고 문학인들과 지성인, 독자들과의 교류를 강화했으며 시상식을 진행했다.
2015부터는 '한중국제문화예술교류대전'과 그림 서예 개인작품전 등을 6회째 개최해서 한중문화예술인들간의 교류의 장을 만들어주었다.

최근에는 중국, 일본, 한국의 조선족 문인들과 한국 문인들이 참석하는 재한조선족문학세미나를 4회째 개최했다. 해마다 '전국 130명 시화전' 등에 출품을 하거나 자체로 재한조선족시화전을 3회째 개최했다.

코로나19가 발생한 후 중국 무한과 대구 등지에 후원금과 후원물자 지원 활동 개시했다. 해마다 한국과 중국의 문학지와 신문에 작품을 발표하였으며 수상자 7명이 상상문학상, 연변문학상, 포항 호미조선족문학상, 향토문학대상 등 최고의 문학상을 수상했다. 재한동포문인협회 회원들은 한국문인협회, 한국작곡가협회, 연변작가협회 등에 가입을 하고 한국문인들과 중국문인들 사이에서 가교역할을 하고 있다. 또한 상당수의 회원들이 한국방송통신대 등에 입학해 문학공부를 하고 있으며 2020년에는 수필, 소설 등을 90만 자 발표하였고 시는 500여 수를 발표했다. 해마다 수많은 작품을 발표하고 있다.

현재 재한조선족작가협회 산하에는 재한동포문인협회와 재한동포문학연구회 소속 110여 명의 회원이 있다. 이중 재한동포문학연구회는 조선족 교수, 강사, 박사 출신의 엘리트들로 결성돼 있다. 이들은 정기적으로 문학세미나나 독서모임을 가지고, 또 한 달에 두 번씩 대림칼럼을 동북아신문과 월드코리안신문, 흑룡강신문 등에 발표를 해오고 있다. 이미 총 70편을 발표했다.

2019년 5월, 재한조선족 작가협회에서는 중국 연변대학에 가서 연변대학과 연변작가협회와 함께 재한조선족문학세미나를 개최했고, 그해에 연변작가협회 산하단체 재한조선족문학창작위원회를 성립해 중국조선족문단과 재한조선족문단, 그리고 한국문단간의 문학플랫폼을 만들어 네트워크를 강화해왔다.

이상 한중수교 이후 한국문학과 중국문학의 교류와 협력에 대해서 간단히 마치면서 코로나 19사태가 눈 녹듯이 사라져서 한중간 교류가 다시 활발해지기를 바란다.

◆ 학술분야

수교 이래 한중학술교류

정인갑(한중심강포럼, 상임고문)

한중수교 30년간 경제상의 교류, 특히 상호무역, 상호투자에 관해서는 많이 알려져 있지만 학술교류에 관해서는 별로 알려지지 않았다. 그러나 조금만 파헤쳐보면 학술교류도 우리가 상상하기 어려울 정도로 많이 진행되었다.

한국에 한중문화교류를 취지로 하는 한중문화교류의 협회가 수 십 개나 될 정도로 많다. 이들은 정기적 또는 비정기적으로 중국과 각종 교류를 진행하고 있다. 필자가 참여한 교류활동도 많다. 그 예를 간단히 들면 아래와 같다.

중국 청화대학 예술학원 환경예술학부와 한국 경원대학 건축학부 간의 학술교류를 경상적으로 진행하고 있으며 2004년부터 지금까지 이미 5차례나 진행했다.

한중간의 태권도 교류도 활발하게 진행되고 있다. 2001년 북경에서 한중 양국의 태권도 관련 학자들의 교류가 진행된 적이 있다. 한국 학자를 초청하여 태권도에 관한 학술강의를 들었는데 참가한 청중이 중국 50여 개 대학의 이름 있는 태권도관의 책임자들이다.

한중간의 형사법 학술교류 열기를 띠고 있다. 2007년 한국 형법학계의 초청으로 중국 법률학회 형사법 학자가 한국에 와서 특강을 하였다. 법률관계의 학술회의는 많이는 다국적 회의이다. 중국과 한국 및 미국, 러시아, 캐나다, 프랑스, 네덜란드, 일본, 싱가포르, 대만·홍콩·마카오 등 여러 나라와 지역이 참가한 회의도 있고, 중국, 한국 및 일본 세 개 나라가 참여한 회의가 많으며 한중 두 나라만 참가한 회의도 많다.

한중수교 이후 한국에서 중국어 열기가 대단하며 중국의 대외한어교육 부문은 경상적으로 한국의 중국어 교육에 관해 조사연구하고 있다. 또한 양국의 학자가 경상적으로 모여앉아 한어교육에 관한 학술회의를 진행한다. 2005년에 규모가 큰 이런 학술회의를 진행한 적이 있다.

1997년 7월 8일부터 10일까지 북경에서 중화의학회와 한국의학회가 공동으로 주최한 한중 의학학술회의가 있었다. 회의에 참가한 양국 학자는 무려 1200명이나 된다. 두 나라 학자는 각각 본국 의료사업 발전현황과 전통의학과 서방의학간의 결합 상황을 발표하였다.

최종현학술원 및 한국고등교육재단은 아시아 각국을 대표하는 대학 및 연구 기관과의 파트너십을 통해 다양한 주제의 국제학술포럼을 공동개최함으로써, "아시아의 부상"으로 정의되는 시대에 아시아의 학술적 리더십과 잠재력을 극대화될 수 있도록 지원해 왔다. 2004년 "문명의 조화와 모두를 위한 공동 번영(Harmony of Civilizations and Prosperity for All)"을 주제로 중국 북경대학과 베이징포럼을 공동 개최한 것을 시작으로, 복단대학(상해포럼), 남경대학(남경포럼), 남개대학(천진포럼), 산동대학(산동포럼), 요녕대학(동북아포럼), 연변대학(두만강포럼), 중국인민대학(국제유학포럼, 세계법학포럼) 등 중국 내 주요 9개 대학과 함께 각 기관의 특화 분야를 살린 학술포럼을 발전시켜왔다. 이런 노력으로 파트너십의 저변을 확장함으로써 보다 다양한 지역과 주제를 아우르는 국제적 학술 플랫폼을 개발하고자 노력하고 있다.

최종현학술원 및 한국고등교육재단이 진행하고 있는 상기 학술포럼은 정치, 안보, 경제, 사회, 교육, 문화 각 분야가 망라된다. 심지어 비용을 주어 중국학자를 한국에 초청하여 연구를 진행하게끔 한 예도 많다.

30년간 한중간의 학술포럼은 이렇듯 다양하지만 한중 양국국민간의 화합과 단결에 가장 걸림돌이 되는 역사문화에 관해서는 일보의 진척도 없는 것이 큰 유감이다. 이를테면 발해국의 역사귀속문제, 동북공정과 고구려문제, 강릉단오제와 한중무형문화문재문제 등이 그것이다.

한중 수교 30년의 동포사회 회고와 전망

이상부(사단법인 한중사랑 이사장)

오늘 수교 30주년 뜻깊은 행사에 참여하면서 지난 20여년을 되돌아보며 이런저런 생각에 잠을 며칠 설쳤습니다.

우리 동포들의 지난 30년은 세계 역사상 전무후무한 상황일 뿐 아니라 사연도 얼마나 많은지요. 자리를 마련해주신 삼강포럼에 감사를 드립니다. 저는 우리 동포사회를 크게는 H-2 Visa 발급 이전과 이후로 나눌 수 있다고 생각합니다.

한국에 오시기 위해 1,000만원 정도의 브로커 비용을 지불하고, 와서는 얼마되지 않아 불법의 신분으로 살아야 했던 시절들, 그야말로 생존을 위해, 모든 것을 희생하며 지내야 했던 시기가 있었습니다. 먼저 빚을 갚기 위해 몇 년을 휴식없이 일해야 했습니다. 죽어라 일하는 것은 그래도 견딜 수 있었습니다.

불법단속의 공포, 임금 체불, 산재, 불안한 주거지, 육신의 질병, 깨어져 가는 가정… 거기에다 그렇게 기대하고 그리워했던 한국사회의 냉대는 우리의 가슴을 더 시리게 하였습니다. 그럼에도 한국에는 우리 동포를 우리 동포보다도 더 사랑하고 위하는 사람들이 있었습니다.

동포의 안정적인 정착을 위한 필요를 채우기 위해 Visa 문제, 임금, 산재, 숙식, 의료문제를 돕기 위해 보이지 않는 수많은 한국인의 사랑과 노력이 함께 하였습니다. 우리 동포와 더불어 대정부 집회, 포럼 등을 통해 우리 동포들의 입장을 호소하기도, 떼를 쓰기도 하였습니다.

외국인이다. 그리고 불법체류자다 라는 프레임을 씌워 냉담하던 정부는 2007년에 법무부 지정 동포 체류지원센터를 전국에 4-5개를 지정하므로서 우리 동포들과의 소통을 공식적으로 시작하였습니다.

우리 동포를 국내 노동자의 일자리 잠식의 시각으로 바라보는 노동부와 한국사회의 분위기 속에, 법무부는 어렵게 H-2 Visa를 우리 동포에게 허락하였습니다. 브로커 없이 합법적으로 많은 인원이 한국에서 생활할 수 있는 계기가 마련되었습니다.

아직도 많은 제도적인 제약조건이 있지만 합법의 신분으로 우리 동포들은 전보다 훨씬 안정적인 생활을 하게 되었습니다.

차비 아끼기 위해 그 추운 겨울에도 왠만한 거리는 걸어다녔고, 숙소를 마련할 수 없어서 역 대합실에서 서성이기도 했으며, 그러기에 자존심 상해서 어디 가는 것처럼 트렁크 밀며 밤새 거리를 걸었던 시간들도 있었습니다.

이빨이 아파도 돈 때문에, 불법이라서 병원·약국 가기가 두려워 이가 빠질 때까지 참고 기다렸던 우리에게 의료보험 제도가 적용되어 이제 무료진료를 위해 몇 시간씩 기다리던 것은 옛날 이야기가 되었습니다.

기억도 하기 싫은 지난 세월의 아픔과 인고의 시간들이 있었기에 부족하지만 우리 동포들을 한국사회의 어엿한 시민으로 살아가게 하였습니다.

이제 그 시간들을 돌아볼 수 있는 우리가 되었습니다.

역사를 잊은 민족에게는 미래가 없다 라는 거창한 명제를 들먹이지 않아도 우리는 우리의 지난 30년을 돌아보며 정확히, 객관적으로 바라보며 더 아름답고 멋진 동포사회를 만들어가는 계기가 되었으면 합니다.

생존을 위해 살 수밖에 없었던 지난 시간들, 그래서 우리가 놓친 아니 저버린 중요한 가치들은 없는지 돌아보아야 합니다.

우리 동포 한 사람 한 사람의 삶 자체가 한 권의 소설이 된다는 우리들, 살기 위해서 유보해 놓았던 그 소중하고 귀한 것들을 회복하는 원년이 되었으면 합니다. 그리고 오늘이 있기까지 애쓰고 수고한 사람들을 기억하는 마음이 있었으면 합니다.

지금도 우리 동포들의 현실은 그리 녹록치 않습니다.

H2 F4 비자의 취업제한, 교육, 세제 등 다양한 분야에서 제도적인 개선 및 보완이 필요한 상황입니다.

무엇보다도 한국인의 반중정서가 우리 동포들에게까지 이어지고 있는 분위기에 대한 해결방안이 절실히 필요한 시기입니다.

피해자인 우리 동포 뿐 아니라 동포를 사랑하고 위하는 한국인이 침묵하지 않도록 다방면으로 노력해야 합니다.

척박한 황무지를 옥토로 바꾸어 가는 부단한 노력이 필요한 시기입니다. 우리 동포와 중국을 바로 알리기 위한 운동을 다양하게 전개해 나아가야 하리라 생각합니다.

유투브 등 SNS를 통한 원활한 소통과 초창기 우리 동포사회처럼 포럼과 모임들의 주제가 우리 동포의 권익을 위한 것이 많아져야 하며 이를 지혜롭게 한국사회에 전달할 수 있는 방법을 모색해야 할 것입니다. 작은 것 부터라도 실천해야 할 것입니다.

그리하여 우리 동포들과 그 자녀들이 같은 민족으로 아니 자랑스런 개척자, 독립운동가의 후예로서 인식되며 대우받는 그 시대를 기대하며 노력해야 할 것입니다.

그리하여 결국은 우리를 통해 한국과 중국인이 동맹으로 나아가는 민간 외교관으로서의 역할까지도 기대해 봅니다.

◆ 교육분야

교육을 통한 유학생 및 재외동포 자녀 포용정책

이남철경제학박사 서울사이버대학교객원교수,
전파라과이교육과학부자문관

I. 유학생 현황

가. 국내 재학 중인 유학생

　2021년 4월 집계 기준 국내 고등교육기관의 전체 외국인 유학생 수(재적학생 기준)는 총 15만 2,281명으로 전년(15만3,695명) 대비 1,414명 (0.9%포인트) 줄었음. 그 동안 외국인 유학생 수는 2016년 처음으로 10만 명을 넘어서는 등 지속적인 상승세를 이어오다가 2020년 코로나19가 터지면서 2014년 이후 6년 만에 감소세로 돌아섬.(<표 1> 참조).

　전체 외국인 유학생 수(재적학생 기준)는 15만 2,281명으로 전년(15만

3,695명) 대비 1,414 명 (0.9%) 감소하였음. 학위과정 유학생 수는 12만 18명(78.8%)으로 전년(11만3,003명) 대비 7,015 명(6.2%) 증가, 비학위 과정 유학생 수(어학연수생, 교육과정 공동운영생, 교환연수생, 방문연수 생, 기타연수생)는 3만 2,263명(21.2%)으로 전년(4만692명) 대비 8,429명 (20.7%) 감소하였음.

<표 1> 연도별유학생수

연도/도	2003	2005	2010	2015	2016	2017	2018	2019	2020	2021
수	12,314	22,526	83,842	91,332	104,262	123,858	142,205	160,165	153,695	152,281

자료2 한국교육개발원/교육부/ 교육기본통계

<표 2>는 외국인 유학생 체류 현황을 설명 한 것임.

<표 2> 연도별증감추이

연도	2016년	2017년	2018년	2019년	2020년	'20년 11월	'21년 11월
총계	115,927	135,087	160,671	180,131	153,361	154,943	168,194
유학/(D - 2)	76,040	86,875	102,690	118,254	101,810	104,389	117,335
한국어연수(D - 4·1)	39,873	48,208	57,971	61,867	51,545	50,548	50,850
외국어연수(D - 4·7)	14	4	10	10	6	6	9
전년대비 증감률	20.3%	16.5%	18.9%	12.1%	-14.9%	-	8.6%

자료" 자료" 한국교육개발원교육부 교육기본통계

　　2021년 11월30일 현재, 전체 유학생(학위·비학위 과정 포함) 중 가장 큰 비율을 차지 하는 베트남 유학생 비율은 37.0%(6만2,271명), 중국 30.3%(5만1,038명), 우즈베키스탄 5.7%(9,614명), 몽골 5.0%(8,462명), 일본 1.7%(2,782명), 미국 1.3%(2,264명) 순으로 주로 아시아 국가의 유학생 비율이 높게 나타 남(<표 3> 참조).

<표 3> 국적지역별현황

현재 단위: 명

구분	총계	유학 -2)	한국어연수 (D-4-1)	외국어연수 -4-7)
총계	168,194	117,335	50,850	9
베트남	62,271	30,894	31,374	3
중국 · 한국계포함	51,038	45,256	5,781	1
한국계	769	765	4	0
몽골		5,829	2,633	0
일본	4,211	1,934	2,277	0
네팔	2,782	2,604	178	0
미국	2,264	1,904	360	0
인도네시아	1,511	1,314	197	0
러시아(연방)	1,433	824	609	0
미얀마	1,431	834	597	0
파키스탄	1,416	1,373	43	0
타이완	1,006	634	372	0
말레이시아	946	761	185	0

자료 한국교육개발원교육부 교육기본통계

나. 국외(해외) 고등교육기관 한국인 유학생

<표 4>는 2008년부터 2021년 까지 국외(해외) 고등교육기관 한국인 유학생 현황을 설명한 것임. 국외 유학생 수는 2017년까지 지속적으로 증가하였으나 그 이후 계속 감소하였으며 2021년 4월 현재 15만 6,520명으로 나타남.

<표 4> 2021년국외해외 고등교육기관한국인유학생현황

연도	2008	2010	2015	2016	2017	2018	2019	2020	2021
수	216,867	251,887	214,696	223,908	239,824	220,930	213,000	194,916	156,520

자료1 한국교육개발원 교육부 교육기본통계

다. 유학·연수 수지 현황

한국은행에 따르면 2019년 유학생 수지는 33억2,580만 달러 수준이었다(<표 5> 참조). 이와 같은 현상은 가계의 소비여력 둔화와 유학의 효용 감소 등이 유학수지 적자 개선 요인으로 들 수 있다. 따라서 유학·연수 수지개선을 위해서 해외 지급액 감소보다는 외국 유학생 유치 확대를 통한 국내 수입액을 증가시킬 필요가 있다. 국내 수입액은 2016년 131.9백만 달러에서 정점을 이루었지만 2017년 103.7백만 달러로 감소하였음.

<표 5> 유학·연수 수지 현황

단위: 백만달러

		2011	2012	2014	2015	2016	2017	2018	2019
유학연수수지	국내수입액	128.3	71.8	123.9	122.6	131.9	103.7	105.6	121.2
	해외지급액	4,389.5	4,150.4	3,722.1	3,741.9	3,554.6	3,527.4	3,605.2	3,447.0
	유학"연수수지	4,389.5	-4,078.6	-3,598.2	-3,619.3	-3,422.7	-3,423.7	-3,499.6	-3,325.8

자료: 한국은행 경제통계시스템(승인번호 301008).

II. 최근 대학 교육 및 초중등 재외동포 교육 정책

가. 한국 정부의 일반대학의 원격수업 운영 정책

교육부는 훈령을 제정(2021. 2. 15. 교육부 훈령 제367호)하여 일반대학의 온라인 학위과정을 인정함. 동 훈령은 「고등교육법」 제2조 제1호부터 제4호, 제6호부터 제7호에 해당하는 학교가 대면(對面)교육과 병행하지 않고 모든 교육과정을 실시간 또는 녹화된 원격교육콘텐츠로 진행하여 (전문)학사 또는 석사학위를 수여하는 과정임. 본 훈령 제정 취지는 4차 산업혁명 등 변화하는 사회 수요에 대응한 고등교육 인재양성을 위해 원격교육의 장점을 활용한 양질의 학위과정 설치를 하는 것임.

국내대학은 「고등교육법」 제2조제1호부터 제 4호까지 및 제6호부터 제7호의 규정에 해당하는 대학, 산업대학, 교육대학, 전문대학, 기술 대학, 각종학교를 포함함. 대학원의 경우, 위 대학에 설치된 일반·특수·전문대학원 모두 참여 가능함. 단, 학과(전공) 신설시 '대학원 정원 조정 및 설치 세부기준' 상의 대학원별 학과(전공) 신설 요건을 갖추어야 함. 공동 교육과정 운영 가능 외국대학) 「고등 교육법 시행령」 제13조 제1항에 따라 해당 국가의 평가인정 또는 외국이 공인하는 평가인정기구의 평가인정을 받은 외국대학으로 한정함.

전공은 학위취득과 자격증 취득이 연계된 전공이나 정원 관리가 필요한 전공(학과)은 온라인 학위과정 운영이 불가함. 학부의 경우 교원·보건·의료인 양성 관련학과 등이며, 대학원은 의학·치의학·한의학·법학전문대학원, 교육대학원의 교원양성과정 등임.

가급적 대학의 특성화 전략과 관련 있는 전공, 원격교육 콘텐츠를 활용하여 교육의 효과성을 높일 수 있는 전공 중심으로 운영하도록 함. 다만 동일한 전공을 온라인과 오프라인으로 동시에 운영하는 것은 불가함. 예를 들면 경제학과(오프라인)와 경제학과(온라인)를 동시에 설치하고 운영하는 경우임.

나. 한국 정부의 재외동포 포용 정책

법무부는 2021년 12월 27일 재외동포 포용정책을 발표했다. 이 발표에 따르면 2022년 1월 3일부터 국내 초·중·고교를 다니고 있는 중국 및 고려인 동포의 미성년 자녀들에게 교육받을 권리를 보장하기 부여한다는 것임. 이번 조치는 부모의 주된 체류자격에 따라 방문동거(F-1, 친척방문, 가족동거, 피부양 등 주된 체류자격에 따라 부여되는 종된 체류자격으로써 1회 체류기간 상한은 2년이며, 직업 활동을 할 수 없음) 자격을 받아 온 동포의 미성년 자녀에게 안정적인 체류 지위인 재외동포 (F-4) 자격을 부여함으로써 체류 불안정을 해소하고 학습 선택권과 진로 탐색의 기회를 미리 주어 건강한 미래세대 인재로 적극 포용하기 위함임.

주요 내용은 다음과 같음. 첫째, 국내 초·중고교에 재학 중인 동포(체류자격 F-4, H-2 등)의 미성년 자녀에게 재외동포(F-4) 체류자격 변경을 허용함. 적용 대상은 국내 초·중·고교* 에 재학 중인 사람과 장기 질병 치료 또는 중증장애 등으로 부득이하게 학교 재학이 어려운 만 6세 이상부터 만 18세 이하 동포**임. 그 간 중국 및 고려인 동포의 미성년 자녀는 미주동포 등의 자녀와 달리 국내에서 고교를 졸업해야 재외동포(F-4) 자격을 부여받았으며, 부모의 체류 기간이 만료되거나, 국내 보호자가 없는 경우에는 더 이상 체류기간 연장 허가를 받을 수 없어 학업을 중단하고 본국으로 돌아갈 수밖에 없었음.

본제도가 시행되면 부모의 체류자격·기간과 상관없이 재외동포(F-4) 자격으로 변경 허 가를 받아 국내에서 고등학교를 졸업할 때까지 학업을 계속 이어갈 수 있고, 이후 국내에서 취업도 할 수 있음. 동포의 자녀가 학령기에 있는 대상자는 2021년 11월말 기준으로 약 2만 명 정도임 (<표 6>참조).

 * 「초·중등교육법」 제2조 각호 어느 하나에 해당하는 학교(대안학교 포함)이며, 재학증
   명서를 제출해야 함
 ** 단, 학교에 재학하지 않는 경우 외국인등록일로부터 1년 경과 후 신청 가능

<표 6> 동포의 학령기 미성년 자녀 현황

('21년 11월 기준 단위 명)

계 \ 자격별	계	초등학교 학령기 (만 6세 ~ 12세)	중학교 학령기 (만 13세 ~ 15세)	고등학교 학령기 (만 16세 ~ 18세)
재외동포-4) 자녀	16,360	11,433	3,086	1,841
방문취업-2) 자녀	4,312	2,717	907	688
총/계	20,672	14,150	3,993	2,529

자료/ 법무부/보도자료021.12.27.). pp. 4.

둘째, 이번 대상 동포자녀의 부모는 자녀의 재학 여부에 따라 체류기간 연장 허가를 받을 수 있고, 자녀가 학교를 마칠 때까지 방문동거 (F-1) 자격을 유지할 수 있음. 국내 초·중·고교에 재학 중인 자녀가 있는 친부 또는 친모는 자녀 양육을 위해 재외동포(F-4)의 부모자격 (F-1)을 국내에서 부여받거나 재외공관에서 사증을 발급받을 수 있음. 다만, 해당 소득요건 등의 기준은 충족해야 함.

이번 조치가 학령기에 있는 중국·고려인 동포의 미성년 자녀들이 국내에서 안정적으로 학업을 계속 이어가고 졸업 후에는 우리나라 와 본국 모두 필요로 하는 우수 인재가 될 것으로 기대함.

III. 비대면 수업에도 불구하고 유학생 수가 증가

가. 비대면 수업에도 불구하고 중국 유학생수가 늘어난 이유는 무엇인가?[4]

중국 정부의 교육정책 변화에서 찾을 수 있음. 전체 유학생 중 중국인 유학생 비율은 44% 정도인데, 중국 정부가 온라인 수업을 통한 유학도 해외에서 학위를 취득한 것으로 인정해 주면서 중국인 유학생들의 한국

---

4) 매일경제 (2021.11.29.)."동기 단톡방 절반이 중국인"...코로나에 외국인 유학생 오히려 더 늘었다" 자료를 요약하였음.

유학 허들은 더욱 낮아졌음.

과거엔 해외 유학이 과도하게 늘어나는 것을 막고자 중국 교육당국이 영국 등 소수 국가에 대해서만 온라인 수업을 통한 유학을 인정했는데 작년부터는 한국도 그 대상에 들어간 것임. 또한 중국 교육당국이 산업 인력 양성을 이유로 3년제 전문대를 늘리고 4년제 정원을 줄이는 교육정책을 도입하면서 중국인 유학생들이 중국 전문대행보다 한국 4년제 대학행을 선택해 한국 유학이 중국 대학 입시의 대안으로 부상하고 있음. 한국 대학들이 13년째 등록금을 동결하면서 이제 중국과 한국 대학 간 등록금 격차가 거의 없어져 경제적 부담도 덜함.

온라인 수업에서도 오프라인 수업과 동일한 등록금을 받고 있지만 월세 등 거주 비용이 줄어 들었기 때문에 비대면 수업으로 오히려 돈을 아낄 수 있게 됐음.

한편 학위 과정 중 가장 증가폭이 큰 것은 전문학사 과정인 것으로 나왔다. 4년제 학위 과정인 학사학위 전공 심화 과정을 밟는 유학생이 늘어나며 전문대에 등록한 올해 외국인 유학생 수가 9,057명으로 전년 대비 33.2% 증가했음. 연간 1,000만원 가량 드는 4년제 대학에 비해 전문대 학비는 연간 600만원으로 저렴하고, 학사학위 전공 심화 과정에서는 일과 학습을 같이하며 4년제 학위도 받을 수 있어 외국인 유학생들 관심이 높아지고 있음.

더불어 최근 몇몇 산업군에선 한국에서 취업이 가능한 비자들이 발급되다보니 해당 산업에 대한 실무 경험을 전문대에서 쌓고 한국에서 취업하려는 베트남, 우즈베키스탄, 네팔 학생들이 늘고 있음.

외국인에게 발행되는 특정 활동 비자 중 E7-3에 올해 새롭게 추가된 '선박도장공'은 일의 강도에 비해 작업 위험도가 높아 한국 학생들은 꺼리는 편이지만 외국인 유학생들은 이 비자를 얻으면 영주권도 얻을 수 있기 때문에 수요가 많음.

나. 재한조선족 유학생 실태조사

최근 2021 재한조선족 유학생 실태조사 추진 위원회는 '2021년 재한조선족 유학생 실태조사 보고서'를 발표하였음. 재한조선족 유학생 네트워크-KCNM 단톡방 두개(총 879명 가입)를 공유하여 2021년 6월 2일부터 7월 9일까지 거의 한 달 동안 설문지에 대한 자유 응답을 받아 조사·분석하였음.

주요 조사 내용은 조선족 유학생들의 경제 환경, 의료 환경, 사회심리 및 장래문제 등임. 유학생들은 경제 환경 측면에서 장학금 등으로 학교 등록금 및 생활비를 한국정부와 학교 당국의 지원으로 일부 해결하지만 주거비용 등 다양한 방면에서 여전히 경제적 부담을 크게 느끼고 있는 것으로 나타났음. 의료 환경 측면에서는 건강보험에 가입하였음에도 불구하고 비용문제로 의료시설을 방문하지 못하는 어려운 상황이 여전히 존재하고 있는 것으로 나타 났음.

사회·심리적 적응 측면에서 한국 유학생활에서 가장 힘든 점은 경제적 부담, 편견과 차별 대우, 외로움과 대인관계에 있다고 응답하였음. 한국에서 유학생활을 마친 후 장래계획을 묻는 질문에 최근 중국 국내 경제 발전 추세가 비교적 좋고, 가족, 친구들을 쉽게 만날 수 있어서 대부분 응답자는 한국에서 학업을 마친 후 귀국할 것이라고 응답하였음.

유학 생활을 시작한 후 한국에 대한 인식이 변하지 않았다는 답변이 제일 많았지만 긍정적인 변화가 부정적인 변화보다 많았고 전반적인 유학 생활에 대해서도 대체로 만족하는 것으로 평가되었음.

Ⅳ. 글을 마치면서

'제 3차 외국인정책 기본계획(2018~2022)'은 이민의 양적 확대와 사회 통합 체계를 마련하여 추진하고 있음. 법무부와 교육부 등 우리 중앙부처 들은 재외동포 포용정책을 적극적으로 추진하고 있음. 그러나 국내 체류 외국인 중 가장 많은 비중을 차지하고 있는 동포의 경우 방문취업, 영주 권 또는 국적취득 등 다양한 체류자격을 갖고 있어 이들에 대한 통합적인 지원정책으로는 한계가 있음. 동포 인력 중 인적 자원 투자가 필요한 청 년층이나 혹은 전문성을 갖고 있는 동포인력의 활용도 제고 필요성, 동포 취약계층에 대한 교육 및 취업지원 서비스 확대 등 다양한 정책수요가 요 구됨.

2020년 말 기준으로 우리 대한민국에는 외국국적동포 81만1,211명이 함께 생활하고 있음. 재외동포에 대한 포용정책으로 외국국적동포는 지속 적으로 증가 예정임. 따라서 코로나19 위기로 모든 사람들이 삶에 고통을 받고 있는 요즈음 우리 국민 모두 차별 없이 서로를 배려하는 국민적 사 회통합이 이루어지도록 노력하면 좋겠음.

필자는 '2021년 재한조선족 유학생 실태조사 보고서'를 보고 해외 유 학생 정책을 추진하는 정부와 정책담당자는 조선족 유학생이 피부로 느 끼는 교육, 취업 및 사회통합 문제 등에 관심 을 가질 필요가 있다고 생 각함.

◆ 차세대분야

한중수교 30년의 회고와 미래전망: 차세대 분야

김용필 (EKW동포세계신문 대표 겸 편집국장

차세대 분야를 맡아 발표를 위해 국내 언론보도 내용들을 중점으로 살펴보도록 하겠다. 그리고 간단하게 소견을 결론 부분에서 밝힌다.

1. 한국 젊은층의 중국에 대한 인식?......여론조사에서 나타난 '적신호들'

[세계일보 2021-06-25] MZ세대 "가장 싫어하는 나라는 '중국'"
http://www.segye.com/newsView/20210625 503564?OutUrl=naver

국민일보가 지령 1만호를 맞아 여론조사업체 글로벌리서치에 의뢰해 지난 9~12일 MZ세대(밀레니얼+Z세대)를 중심으로 펼친 여론 조사 결과 MZ세대가 가장 싫어하는 나라는 '중국'인 것으로 조사됐다.

국민일보 보도에 따르면 51.7%가 중국이 가장 싫다고 답했으며 '일본'이라는 응답은 31.2%에 그쳤다. 이미 MZ세대 사이에서는 전통적인 반일 감정이 반중 감정을 뛰어넘은 모양새다. 특히 반중 감정은 MZ세대 내에서도 연령이 낮은 Z세대(1990년대 중반~2000년대 초반 출생한 세대)에서 더 강했다. 18~24세 응답자의 60.3%가 가장 싫어하는 나라로 중국을 택했다. 25~29세(46.7%), 30~34세 (49.1%), 35~39세(48.8%)보다 응답률이 더 높았다. 특히 18~24세 남성은 62.9%가 중국이 가장 싫다고 답했다.

이미 MZ세대의 반중 정서는 최근 벌어진 사건에서 강하게 표출되고 있다. 앞서 드라마 제작비를 충당하기 위해 중국 자본의 투자를 받은 SBS 드라마 '조선구마사'는 중국풍 소품 사용과 역사왜곡 문제 등으로 거센 비판 여론에 부딪혀 방송 2회 만에 폐지된 바 있다. 해당 드라마의 내용과 소품 문제 등이 MZ세대의 거점인 온라인 커뮤니티에서 반대 여론을 맞은 것이다. 이에 해당 드라마는 방영을 중단해 달라는 청와대 국민청원으로 까지 번져 5일 만에 21만명 동의를 얻었다.

[한국일보 2021.06.14.] '한국인, 日 가장 혐오' 통념 깨진다… 2030세대 "中이 더 싫다 https://www.hankookilbo.com/News/Read/A2021061311510002670?did=NA

젊은 세대로 갈수록 중국을 꺼리는 '반중(反中)정서'가 '반일 감정'을 압도하는 것으로 나타났다. 한국일보·한국리서치의 여론조사(지난달 25~27일 실시) 결과, '북한, 중국, 일본, 미국 등 4개 국가에 대한 감정을 0~100도(높을수록 긍정적)로 표현해 달라'는 호감도를 묻는 질문에 미국은 평균 56.3도를 기록, 북한 (29.5도)·중국(27.5도)·일본(26.7도)을 제치고 단연 1위를 차지했다.

정한울 한국리서치 전문위원은 "중장년층이 느끼는 안보 위협이 '군사적' 분야에 초점이 맞춰졌다면, 젊은 세대는 미세먼지나 감염병 같은 비전통적 안보 이슈에 더 민감하다는 방증"이라고 설명했다. 아울러 최근 김치·한복 종주국 논란 등을 둘러싸고 양국 젊은이들 사이에 불붙은 감정 싸움도 2030세대의 중국 혐오를 키우는 데 한몫했다.

[매일경제 2022.01.12. 보도] 한국인이 뽑은 비호감 국가, 일본? 북한? 중국? 1위는? https://www.mk.co.kr/news/culture/ view/2022/01/34929/

서울대 아시아연구소는 지난 10일 '아시아 브리프' 2권 2호를 공개했다. 이번 보고서는 '2021 한국인의 아시아 인식 설문조사 결과 분석'에 대한 글로, 가장 신뢰하는 국가로는 미국 71.6%, 중국 6.8%, 일본 13.3% 비율로 나타났고, 한국이 가장 협력해야 할 나라 1순위 역시 미국 69.2%, 중국 6.9%, 북한 6.5%, 인도 1.8%, 일본 1.1% 순서로 나타났다.

2. MZ세대의 한중관계…, 주요 관심사로 떠오른 '문화전쟁'

[월간조선 2021년 8월호] 韓中 문화전쟁과 MZ세대의 反中 정서
http://monthly.chosun.com/client/news/viw.
asp?ctcd=I&nNewsNumb=202108100017

이를 2015년 이후 상황에 대입해 보면 그 사이 일본과는 딱히 없었지만 중국과는 크게 벌어졌던 갈등으로 '문화전쟁' 요소를 떠올릴 수밖에 없다. 일방적으로 한류(韓流) 상품을 규제하는 한한령부터 근래 한복·김치 등에 대한 중국 측의 고유문화 주장에 이르기까지 숱한 '문화전쟁' 상황이 그 사이 끝없이 이어져 왔다. 굳이 남녀 차이를 가르지 않더라도 대중문화에 대한 관심과 열광이 두드러지는 젊은 세대 특성에 비춰볼 때 바로 이 지점, 문화적 갈등 지점부터 상황을 다시 바라봐야 할 필요가 생긴다.

[헤럴드경제 2022.01.10.] "한국은 中속국, 무릎 안 꿇어"···큰절 안한 아이돌 中멤버, 韓비하 재점화 http://news.heraldcorp.com/view. php?ud=20220110000034

한국에서 활동 중인 걸그룹 에버글로우의 중국인 멤버 '왕이런'의 큰절 거부 논란이 일자 중국에서는 "과거 한국은 중국의 속국이었다" 는 등 역사 비하가 재점화됐다. 특히 중국 관영매체들은 과거 한국에서 활동하며 큰절을 거부했던 다수의 중국인 아이돌 멤버 사례까지 끄집어내면서 갈등을 부추겼다.

3. 중국의 MZ 세대 이해하기

[채널A 2021-06-26] 중국의 MZ 세대, '공산 당 챌린지'하며 100주년 열광···왜? http://www.ichannela.com/news/ main/news_detailPage.do?publishId =000000255735

[동아일보 2021-06-29] [특파원칼럼/김기용] 중국판 MZ세대의 두 얼굴 https://www.donga.com/news/article/ all/20210628/107684386/1

주링허우와 링링허우가 중국 공산당 핵심 지지층이라는 사실은 분명하다. 20, 30대인 이들은 민족주의와 애국주의로 철저히 무장돼 있다. 1989년 톈안먼(天安門) 민주화 시위 때 가슴 철렁했던 중국 공산당이 다시는 이런 일이 발생하지 않도록 교육을 강화한 첫 세대인 것이다. ... 시 주석이 가장 많이 사용하는 '중화민족의 위대한 부흥' '중국몽(中國夢)'이란 말은 주링허우, 링링허우 세대의 피 끓는 가슴을 겨냥한 말이다.

[서울경제 2022-01-21] "돈 없어도 일 안 해"…MZ세대가 시작한 '안티워크'
https://www.sedaily.com/NewsView/ 260YBIKPK9

중국의 안티 워크 운동은 '탕핑 세대'라는 이름으로 나타나고 있다. 중국의 MZ세대는 일하기를 거부하고 '평평하게 드러누워 살자' 는 태도를 보이고 있다. 경제적으로 덜 풍요롭고 물질적으로 많은 것을 포기해야 할수는 있지만 단순하고 편하게 살자는 취지인데 이유는 미국이나 우리나라와 비슷하게 모두가 치열하게 경쟁해서 좋은 스펙을 갖췄는데 취직하긴 힘들고, 주택을 비롯한 자산가격은 폭등해서 스트레스 받으며 회사를 다녀도 경제적 풍요를 얻기는 어렵기 때문이다.

4. 어떻게 극복해 나가야 할까?

[중앙일보 2021.09.29. 오피니언] "중국에 양 보할 수 없는 선은 지켜야 한다"
https://www.joongang.co.kr/article/25010614 한중 상호 혐오. 혐오놀이? ..
근본적인 치유를 위해서는

▶이욱연 서강대 중국문화학과 교수(사회문화 분야 발제)=한중 상호 혐오는 양국의 MZ 세대, 특히 10대로 갈수록 높다. 한중 미래를 생각할 때 심각한 문제다. 왜 젊을수록 반감이 높나? 중국 청년세대는 정치적 영향을 많이 받는다. 중국이 부당하게 압박을 받고 있기에 내가 지켜야 한다는 애국주의가 문화보수주의로 나타난다. 반면 우리 젊은 세대는 코로나19, 문화기원 논쟁 등을 거치며 반중정서가 확대됐다. 최근 한국을 남조선, 중국을 중공(中共)이라고 호칭해서 서로 낮춰 부르는 게 유행 중이다.

이런 상호 혐오는 근본적 치유가 어려워 관리를 잘해야 한다. 이를 위해 우선 양국 언론 및 전문가 그룹의 정확한 사실 지적이 필요하다. 네티즌의 오해를 막아야 한다. 여기서 중국 여론 조성에 키를 쥐고 있는 중국 정부와 당의 역할이 중요하다. 또 한중의 청년 교류를 단순 '인적 교류' 위주에서 취업과 창업 등 양국 청년의 공통 관심사를 중심으로 하는 '사안 교류'로 전환할 필요가 있다. 중국 내 한류 팬만 타깃으로 하는 우리 홍보 전략도 재검토해야 한다. 이와 함께 한국의 중국 혐오가 무조건적 혐오로 흐르는 걸 방지해야 한다. 그렇게 되면 혐오놀이로 전락해 우리 사회의 건강성을 해칠 수 있다.

5. 중국조선족과 동포정책 현안과 관련해서

[연합뉴스 2021-12-27] 초중고 재학 중국동포 자녀, 졸업 때까지 체류 허가
https://www.yna.co.kr/view/AKR20211227140 800004?input=1195m

박범계 법무부 장관은 "재외동포 정책의 총괄부처로서 재외동포가 우리 사회에 더 안정적으로 정착하고 국민과 상생할 수 있도록 능동적이고 미래지향적인 동포정책을 펼쳐 나아가겠다"고 밝혔다.

[서울신문 2021.12.30.] 윤동주가 조선족?…중 국 바이두, 국적 정정 1년째 거부
https://www.seoul.co.kr/news/newsView.
php?id=20211230500042&wlog_tag3=naver

중국 최대 포털사이트 바이두가 윤동주 시인의 국적을 중국으로, 민족은 조선족으로 왜곡하고 이를 여전히 시정하지 않고 있는 것으로 확인됐다.
30일 서경덕 성신여대 교수는 "중국 최대 포털사이트인 바이두가 시인 윤동주의 국적을 중국으로, 민족을 조선족으로 왜곡하고는 시정 요구를 1년째 거부하고 있다"고 밝혔다.

이어 "올 한해 중국의 문화 동북공정이 더 심해졌다"면서 "김치, 삼계탕, 한복, 갓 등 대한민국 전통문화를 자신의 것이라 주장하는 것도 큰 문제지만, 독립운동가들의 '국적'과 '민족'을 바이두에서 심각하게 왜곡하는 것 역시 큰 문제"라고 강조했다.

실제로 바이두는 항일의사 이봉창과 윤봉길의 민족을 '조선족'으로 소개하고 있다.

[머니투데이 2022.1.14.] 판소리 · 상모놀이가 조선족 문화?…중국 오디션 프로의 '동북공정' https://news.mt.co.kr/mtview.php?no=2022011309344095295

중국의 한 오디션 프로그램에서 판소리와 상모놀이를 조선족 전통문화로 소개해 비판을 받고 있다.

중국 대형 스트리밍 사이트 YOUKU(유쿠)의 공식 유튜브에는 지난 7일 오디션 프로그램 '중국조음' 편집본이 다수 올라왔다. 비판을 받은 영상은 일부 조선족 참가자의 무대. 한 여성 참가자는 한국어로 '무궁화꽃이 피었습니다'를 외치더니 중국 사기 '항우본기'에 나오는 노래 '해하가'를 재해석한 판소리 공연을 선보였다.

한 네티즌은 "조선족이 중국에 살고 있다는 이유만으로 우리 문화가 중국 것이라는 말은 어불성설"이라며 "중국은 전통문화가 없는 것도 아닌데 왜 자꾸 한국 문화를 가져가는 건지 이해가 안 된다"고 말했다.

6. 결론

앞으로 한중관계의 미래는 차세대들의 어깨에 달려 있다고 본다.

한국 정부 측에 따져 묻는다면, 미온적인 재외동포정책이 결국은 문화

전쟁의 빌미를 주고 있는 것은 아닌가? 그 결과가 한중관계를 더 꼬이게 만드는 요소로 작용되는 것은 아닌가? 차세대에게 영향을 많이 주는 한국과 중국의 대중매체, 포털사이트, SNS 등에 의해 촉발되는 '문화전쟁' '혐오놀음'에 휩쓸리지 않도록 대처하고 더 크게 번지지 않도록 방지할 수 있는 방안이 필요하다. 차세대 문제에 있어 한중이 함께 풀어가야 할 중대한 과제가 아닌가 싶다.

참고문헌

제1장

1) 저서

곽승지, 2014, 『중국 동북3성 조선족마을 현황 연구』, 2014년 재외동포재단 조사 용역보고서, 서울: 재외동포재단

그레이엄 앨리슨, 2018, 『예정된 전쟁: 미국과 중국의 패권 경쟁, 그리고 한반도 의 운명』, 서울: 세종서적

김준형, 2022, 『대전환의 시대, 새로운 대한민국이 온다』, 서울: CRETA

김희교, 2022, 『장깨주의의 탄생』, 서울: 보리출판사

대니얼 A. 벨, 김기협 옮김, 2017, 『차이나모델』, 서울: 서해문집

로버트 D. 카플란, 이순호 옮김, 2017, 『지리의 복수』, 서울: 미지북스

문정인, 2021, 『문정인의 미래 시나리오』, 서울: 청림출판

박승찬, 2022, 『국익의 길: 미중 패권 경쟁에 맞서는 대한민국의 미래 지도』, 서 울: 체인지업

이종석, 2018, 『칼날 위의 평화: 노무현 시대 통일외교안보 비망록』, 고양: 도서 출판 개마고원

이희옥·먼홍화 편저, 2017, 『한중관계의 새로운 모색』, 서울: 다산출판사

황핑·조슈아 쿠퍼 레이모 외, 김진공.류준필 역, 2015, 『베이징컨센서스』, 서울: 소명출판사

홍면기, 2018, 『연변조선족 사회와 한반도 평화통일』, 서울: 동북아역사재단

2) 논문

김기정, 2005, "21세기 한국외교의 좌표와 과제: 동북아시아균형자론의 국제정치학적 의미를 중심으로," 『국가전략』 2005년 제11권 4호, 세종연구소.

김영술, 2019, "국내거주 조선족의 민족 정체성과 국가 정체성 형성과 변화 연구," 『동북아연구』 제34권2호, 조선대학교동북아연구소, 73-106쪽.

노영근, 2015, "중국의 무형문화유산 정책에 대한 실증적 검토," 『비교민속학』, 비교민속학회31-53쪽.

박 우, 2011, "한국 체류 조선족 '단체'의 변화와 인정투쟁에 관한 연구," 『경제와사회』 2011년 가을호(통권 제91호), 비판사회학회, 242-268쪽.

백영서, 2012, "변하는 것과 변하지 않는 것—한중관계의 과거.현재.미래," 『역사비평』 2012년 겨울호 (통권 101호), 역사비평사

백영서, 2013, "중국의 동북공정과 한국의 중국인식의 변화-대중과 역사학계에 미친 영향을 중심으로," 『중국근현대사연구』 제58집, 중국근현대사학회

안지연・양보균, 2021, "재외동포에서 신화교로: 한국의 정책변화와 조선족의 인식 변화," 한중사회과학연구 제19권 제4호 (통권 61호), 한중사회과학회

3) 기타

곽승지, 2021, 『자유마당 08』, 자유총연맹, 「조선족 그들은 누구인가 (하)」

『시사IN』 제 717호, 2021.6.17./ 『시사IN』 제721호, 2021.7.12.

연합뉴스/ 뉴시스/ 중앙일보/ 조선일보/ 국민일보/ 머니투데이/

서울일보 홈페이지: http://www.seoulilbo.com/news/articleView.html?idxno=394939 (검색일자 2022-7-31)

시사데일리 홈페이지: http://www.dailysisa.com/news/articleView.html?idxno=11325 (검색일자 2022-7-31)

조선일보 홈페이지: https://www.chosun.com/site/data/html_dir/2013/06/27/2013062703504.html (검색일자 2022-7-31)

『중국동포신문』 홈페이지: http://www.dongponews.kr/news/articleView.html?idxno = 41482 (검색일자: 2022-08-07)

제2장

1) 저서

김태홍·김시중. 1994.『한중 경제협력과 재중국 동포의 역할』. 정책연구 94-10. 서울: 대외경제정책연구원.

임수호·김준영·박종상·안국산·박일봉. 2017.『한국과 중국 연변조선족자치구 경제협력과 향후 발전방안』. 연구자료 17-04. 서울: 대외경제정책연구원.

2) 레포트 및 신문기사

도현철·권기영. 2017. "우리나라의 對중국 투자 현황과 신창타이 시대 우리의 대응방안." 한국수출입은행 해외경제연구소 Issue Report Vol. 2017-FDI-1.

최준영. 2019. "한국 사회, 외국인 노동자 없이 유지 안 되는 시간 곧 다가온다." 『서울신문』. 2019년 5월 30일자.

통계청. 2022. "2021년 인구주택총조사 결과." 2022년 7월 28일자 보도자료.

3) 사이트

법무부 출입국·외국인정책본부. https://www.immigration.go.kr/immigration/index.do.

산업통상자원부 외국인투자통계. http://www.motie.go.kr/www/main.do.

통계청. https://kostat.go.kr/portal/korea/index.action.

한국무역협회. https://www.kita.net/.

한국수출입은행 해외직접투자통계. https://www.kita.net/.

4) 설문조사

교수 H씨. 2022년 7월.

변호사 H씨. 2022년 7월.

변호사 L씨. 2022년 7월.

펀드매니저 Q씨. 2022년 7월.

회사원 L씨. 2022년 7월.

제3장

1) 자료

재한동포문인협회. 2013-2021. 『동포문학』. 1-12호. 도서출판 바닷바람.

2) 저서

건국대학교 통일인문학연구단. 2012. 『코리언의 역사적 트라우마』. 선인.
건국대학교 통일인문학연구단. 2012. 『코리언의 민족정체성』. 선인.
라카프라 지음. 육영수 엮음. 2008. 『치유의 역사학으로』. 푸른역사.
부르디외·로익바캉. 이상길 옮김. 2015. 『성찰적 사회학으로의 초대』. 그린비.
E.H 카. 김택현 옮김. 1997. 『역사란 무엇인가』. 까치.

3) 논문

강창민. 1984. 「이상시 분석- 리파테르의 독서법을 통하여」. 『현상과 인식』 제8권 4호.
김관웅. 2011. 「중국조선족 문학에서의 정체성 문제에 대한 통시적 고찰」. 전남 대학교 세계한상문화연구단 국제학술회의.
김성민. 2010. 「분단과 통일, 그리고 한국의 인문학」. 『대동철학』 53. 대동철학회.
김성민·박영균. 2013. 「통일학의 정초를 위한 인문적 비판과 성찰」. 『통일인문 학』 56. 건국대학교 인문학연구원.
김종곤. 20104. 「재일조선인의 역사적 트라우마가 지닌 사후적 의미작용의 양상」. 『통일인문학』 60. 건국대학교 인문학연구원.
박민철. 2014. 「국내 이주 코리언 디아스포라의 정체성 변용과 가치 지향: 한국 (인)과의 가치충돌양상을 중심으로」. 『디아스포라연구』 제8집 2권. 전남 대학교 세계한상문화연구단.
박영균. 2017. 「코리언의 역사적 트라우마와 통일의 과제」. 『철학연구』 제143집. 대한철학회.
박영균. 2014. 「조선족들의 역사적 트라우마, 민족과 국가의 이중주」. 『통일인문 학』 60. 건국대학교 인문학연구원.
박재인. 2014. 「낯선 고국에 대한 막연한 동경과 이산 트라우마의 단면- 고향을 떠나 영주귀국한 사할린 한인C의 생애담을 중심으로」. 『통일인문학』 60. 건국대학교 인문학연구원.

이병수. 2011. 「분단트라우마의 유형과 치유방향」. 『통일인문학』 제52집. 건국대
    학교 인문학연구원.

이병수, 2014. 「국내 이주 동북아 코리언의 정체성 이해를 위한 방법론적 고찰」.
    『통일인문학』 60. 건국대학교 인문학연구원.

이상우. 2015. 「초국적 이주, 중국조선족과 경계 설정」. 『한국과 국제정치』 31-2.
    경남대학교 극동문제연구소. 63쪽.

이현정. 2001. 「조선족의 종족정체성 형성과정에 관한 연구」. 『비교문화연구』 제
    7권 제2호. 서울대학교 비교문화연구소.

전은주. 2017, 『재한 조선족 디아스포라 정체성의 위기와 자아성찰』, 『통일인문학』
    72, 건국대학교 인문학연구원.

전은주. 2017. 『재한 조선족 디아스포라의 '집' 찾기』. 『비교한국학』 25. 국제비교
    한국학회.

전은주. 2019. 『한중수교 이후 재한 조선족 디아스포라 시문학에 나타난 정체성
    연구』. 연세대학교 박사학위논문.

전은주. 2022. 『재한 조선족 시문학의 형성과 인식의 변모 연구』. 『통일인문학』
    89. 국제건국대학교 인문학연구원.

제4장

1) 저서

동북아공동체연구회. 2010. 『조선족의 정체성과 향후 역할에 관한 연구』. 경제인
    문사회연구회 대중국 종합연구 협동연구총서. p. 115.

2) 논문

가상준 외. 2014, "한국 내 북한이탈주민, 조선족, 외국인 노동자에 대한 혐오감
    과 관용," 『분쟁해결연구』 Vol.12, No.1, pp. 65~92.

곽재석. 2012. "포용과 배제의 동포정책과 발전과제." 『다문화사회연구』. 5(1):3-73.
    2012.

국적회복동포생활개선위원회. 2010. 국회정책토론회자료.

윤인진. 2015. "재외동포에 대한 국민인식: 한민족의식, 다문화수용성, 접촉 경험
    의 효과," 『통일문제연구』. 제27권 1호. p. 38.

윤인진. 2016. "서울서남권 중국 조선족 동포 밀집지역 발전방안: 지역주민 사회 통합과 지역발전 방안의 모색." 고려대학교 한민족공동체연구센터 정책 워크숍 자료집.

이철우. 2005. "재외동포의 법적 지위를 규정하는 두 가지 방식."『성균관법학』. 제17권 제1호.

이진영. 2002. "재중동포 관련 쟁점에 관한 대중국 적극적 외교방안," 정인섭 엮음.「재외동포법」.

3) 연구보고서

곽재석, 2011.『재외동포의 이주현황과 향후 정책방향』. 법무부 정책연구용역.

이진영 외. 2008.『방문취업제에 대한 실태조사 및 동포 만족도 조사』. 법무부보고서.

이한숙 외. 2020.『이주민 건강권 실태와 의료보장제도 개선방안 연구』국가인권위원회 연구보고서.

4) 정부간행물 및 법률

「공공주책 특별법 시행규칙」

국회. 1999.「재외동포의 출입국과 법적지위에 관한 법률안 심사보고서」.

법무부.『출입국통계월보』

법무부 보도자료. 2004-06-25. "법무부, 중국 조선족 동포 친척방문 허용연령 25세로 낮춰."

「북한이탈주민의 보호 및 정착지원에 관한 법률」

「북한이탈주민의 보호 및 정착지원에 관한 법률 시행령」

「주택공급에 관한 규칙」

「출입국관리법」

통계청. 각년.『이민자 체류실태 및 고용조사 결과』.

5) 신문

『서울경제』2019-03-19.「[외국인 정책 이대로 좋은가] 통계조차 없는 외국인 대상 범죄..."8만여명 사각지대서 신음」

제6장

- 참고기사 리스트

- 2009년~2017년 시기

· 2009.10. 7. [서울신문] 국내 최대 옌벤흑사파 20곳 거점 전국조직화
· 2009.12.10. [법무부] 외국국적 동포 영주자격 부여 확대 실시
· 2011.7. 27. [법무부] 방문취업제(H-2 → F-4)개선내용과 재외동포기술연수제
　　　　(C-3 → D-4 → H-2) 운영 개선내용 담은 외국적동포 업무개선지침 발표
　　　　(8월1일부로 시행)
· 2011. 8. 18. [법무부] 방문취업 5년 만기자에 대한 후속대책 발표. "반드시 출
　　　　국해야 하고 재입국은 보장한다" 1) 만 55세 미만자, 출국 1년 후 방문취
　　　　업 재입국 보장 2) 55세 이상자에겐 자유왕래만 가능한 단기종합(C-3) 비
　　　　자발급 3) 지방제조업, 농축산업 종사 방취자는 6개월 후 재입국 가능
· 2011. 9. 9. [법무부] 「방문취업제 만기자의 출국 및 재입국 신규입국절차」 발표.
　　　　방문취업(H-2) 동포인력을 30만3천명 수준 유지. 55세 이상 동포들에겐
　　　　방문취업(H-2) 체류자격을 더 이상 부여해주지 않고, 방문취업 사전예약
　　　　과 기술교육예약제 도입해 출국한 동포인력만큼 신규 방문취업자 도입.
· 2012. 1. 1. [법무부] 17세 이상 모든 외국인 대상 입국시 지문 및 얼굴 정보
　　　　확인제도 실시.
· 2012. 2. 13. [한국일보] "中동포 급감으로 식당·농가 인력난 심각, 불법체류
　　　　우려도 커져" … 법무부는 인력난과 불법체류 우려에 따라 오는 7월부터
　　　　농·축산·어업 분야 중국동포 비자재발급 기간을 3개월로 축소하고 방
　　　　문취업비자 발급 인원 쿼터(현재 30만3,000명)도 1만명 더 늘릴 예정임을
　　　　밝혔다.
· 2012. 4. 2. 수원시 지동, 중국동포 오원춘의 의한 20대 여성 토막살인 사건
　　　　발생
· 2012. 4. 16. [법무부] 국가기술자격증(기능사 이상) 취득 동포에게 재외동포
　　　　(F-4) 자격 부여 발표.
· 2012. 8. 1. [법무부] 중국인 관광객 유치 활성화를 위해 복수비자 및 무비자 입
　　　　국대상을 확대, 비자발급 절차를 획기적으로 간소화하는 방안 시행.

· 2012. 10. 11. [구로구청] "쓰레기를 무단투기 하지 맙시다" 중국동포단체 초청 간담회

· 2012. 12. 11. [법무부] 신원불일치 자진신고자 3,600명... 中동포 98%

· 2013. 1. 8. 필기시험 없는 금속재창호기능사시험, 중국동포들 8천여명 대거 응시

· 2013. 1. 18. "영주자격 크게 늘어" 법무부 통계자료, 2012년 12월말 현재 영주 자격(F-5) 체류자는 86,037명이다.

· 2013. 2. 1. [중앙일보] 쉽다던 국가기술자격(기능사) 시험들 중국동포 전체 합 격률은 15.5%

· 2013. 4. 11. [법무부] 신원불일치자 자진신고 4,200명 중 중국동포가 4,151명 (97%)

· 2013. 8. 28. [고용노동부] 외국인근로자 안전보건교육 강화. 최근 서울시에서 발주한 건설공사 중 노량진 수몰사고, 방화대교 상판 붕괴사고 등 건설 현장에서 외국인 근로자의 재해가 잇따라 발생했다.

· 2013. 11. 11. 中동포, 금속재창호기능사 시험접수자 1만6천여명 넘어 ... 지난 해 두배

· 2013. 12. 11. [법무부] H-2 전산추첨 사전등록자 23만명 넘어

· 2014. 4. 1. [법무부] 만 60세 미만인 외국국적동포에 대하여 3년간 유효한 단기 방문(C-3, 90일) 복수사증을 발급하여 자유로운 모국방문을 허용" 정책 발표.

2014. 4. 24. 중국국적 동포들에게 재외동포(F-4) 체류자격을 전면 부여해주지 않 고, 또 재외동포 체류자가 단순노무일을 할 수 없도록 제한하는 조치는 헌법정신에 위배된다며 위헌(違憲)소송을 낸 것에 대하여 헌법재판소가 '합헌, 기각' 판결을 내어 종결시켰다.

· 2014. 11. 7. [MBN] 법무부가 올해 초부터 9월까지 단속을 벌여 적발한 조선족 만 벌써 260여명, 이 가운데 2명은 강제추방까지 당했다고 보도했다. 기 능사 자격증을 취득해 F-4자격을 취득한 중국동포는 전체 F-4의 5분의 1 에 달한다고 했다. 하지만 전문기술 향상이 아니라 방문취업(H-2) 체류만 기를 앞두고 출국하지 않고 지속적으로 일을 하거나 단기복수(C-3, 90일 체류)비자로 들어와 장기체류할 목적으로 취득한 국가기술자격증은 취업 에 실질적인 도움을 주지 못했다. 그러다보니 기능사 자격증을 취득하고 F-4자격변경을 한 중국동포 대부분이 일자리를 잃거나 찾지 못하고 방황 하고 있는 안타까운 현실이다.

· 2015. 3. 27. 법무부, '외국국적동포 업무 개선사항' 공지. 4월 13일부터 방문취 업(H-2) 체류자의 배우자(한족 포함)도 미성년 자녀(19세 미만)와 마찬가 지로 방문동거(F-1) 자격으로 국내에 체류 허용.

· 2015. 9. 10. (보도) 국가기술자격시험 중국어 필기시험을 보는 응시자가 급증하고 있다. 한국산업인력공단에 의뢰해 본 바에 따르면 2011년 처음으로 도입된 제과제빵기능사와 미용사(일반) 중국어 시험 응시자는 44명에 불과했지만, 2015년 7월 11일 응시생은 804명으로 크게 늘어났다. 합격자도 보면 2011년에는 미용사(일반) 11명이 합격하였지만 2015년 7월 11일 시험에는 제빵기능사 345명, 미용사(일반) 15명이 합격하였다.

· 2016. 4. 7. [조선일보] 서울시가 영등포구 대림2동, 구로구 가리봉동 등 중국동포가 밀집한 지역을 국제 문화지역으로 개발하기 위한 종합개발계획을 수립한다고 보도했다.

· 2016. 4. 11. [문화일보] "중국자본이 대림동 일대 부동산 시장 '큰손' 부상" 보도

· 2016. 7. 1. (보도) 가리봉동에 중국동포 무도장 4개 정도 운영되고 있는 것으로 파악되었다. 가리봉동, 대림동 일대 무도를 즐기는 중국동포 인구는 약 2천여명 정도로 잠정 추산되며, 가리봉동 무도장의 경우 중국동포가 전국 각지에서 모인다고 한다. 나이대는 50대 중반 이후로 60대 70대가 주를 이룬다.

· 2017. 3. 1. (보도) 구로구청은 지난 2월초 중국동포를 다문화 명예통장으로 임명하고 쓰레기무단투기 단속 요원으로 중국동포 거주민 4명을 선발했다.

· 2017. 4. 1. (보도) 사드 배치 한중 갈등 속에서 중국동포들에게 '가짜뉴스'가 유포되어 관심을 끌었다. 사드배치로 인해 중국의 경제보복 조치가 커지고 있는 가운데 한국정부는 국내 체류 중국동포들과 중국인들 대상으로 불법체류 또는 불법취업 단속을 강화해 이와 관련 유언비어성 소식들이 SNS를 통해 퍼지고 있어 관심을 모으고 있다. 한국언론에서는 이를 두고 '가짜 뉴스'라고 보도하고 있다. "한국정부가 조선족 잡아들인다?"는 자극적인 소문에서 중국영사관이 "5월 1일까지 귀국하라"는 귀국령까지 SNS에서 퍼졌다.

· 2017. 3. 22. [동아일보] 중국동포 대상 기술교육 프로그램 부실논란을 지적하고 방문취업제 10년차를 맞아 방문취업제와 중국동포의 기술교육에 재조명해보게 하였다.

· 2017. 6. 5. 서울시 영등포구(구청장 조길형), 대림동을 '중국동포타운 문화거리'를 조성한다고 밝혔다. 영등포구 다문화지원과는 '이색 볼거리 가득… 대림동, 중국문화거리 조성'이라는 제목하의 보도자료를 통해 이같이 밝혔다.

· 2017. 9. 5. (보도) 영화 '청년경찰' 상영금지 촉구 대림동 중국동포&지역사회 공동대책위원회 활동이 한국언론의 주목을 받고 있는 가운데, 10월 4일 추석명절 개봉을 예고하고 있는 '범죄도시'에 대해서도 중국동포 사회가 촉각을 곤두세우고 있다. 이번 '청년경찰'에 중국동포사회가 문제의식을 갖

게 된 것은 <동포세계신문>이 지난 8월 17일 영화를 보고 문제제기를 한 영등포 산업도시선교회 진방주 총무목사와 전화인터뷰 기사를 온라인 상에 게재하고, 이어 18일 '범죄도시' 개봉 소식을 온라인상에 게재하게 되면서이다.

- 2018년~2022년 시기

· 2019. 8. 31. [유투브방송] 한송이 탈북녀성의 조선족 남성 "쌍욕 영상"
· 2020. 2. 20. (노컷뉴스) [단독] 신천지 신도 "코로나19 확산, 조선족 신도들 영향 받았을 것"
· 2020. 02. 28. [뉴데일리] "文대통령 당선에 중국공산당 개입"... '어느 조선족의 고백' 온라인 글, 일파만파
· 2020. 3. 1. (국민일보) 3.1절에 '차이나 게이트'가 실검 1위에 오른 이유
· 2020. 3. 2. (한국경제) 중국인이 여론 조작 '차이나게이트' 확산...한변, 靑 해명 촉구
· 2020. 3. 8. (한국일보) 청도 대남병원 中동포 간병인이 슈퍼 전파자?
· 2020. 3. 9. (SBS)[사실은] "중국 동포도 한국에 한 달만 살면 선거권 준다?"
· 2020. 3. 10. (서울경제) "막막해진 생계보다 혐오가 더 고통"... 멍드는 中동포
· 2020. 3. 24. [세계일보] 미확인 정보로 '조선족 혐오' 퍼뜨려... 조회수 늘리는 유튜버들 [한국형 외국인 혐오 보고서]
· 2020. 4. 14. (연합뉴스) '차이나 게이트' 의혹 관련 고발 사건, 서울경찰청서 수사
· 2020. 6. 9. (한국일보) "또 중국동포 혐오 번질라"... 차이나타운 다시 긴장감
· 2020. 6. 10. (중앙일보) 가짜뉴스 판치는 '양꼬치 거리' · · · 中동포 감염에 대림동 떤다
· 2020. 6. 23. (조선일보) "우리도 피해자인데"... 잇따른 코로나 확진에 궁지 몰린 中 동포들
· 2020. 07. 12. [서울신문] "중국동포는 500원?" 의료보험료 역차별 논란
  [연합뉴스] "中동포 연 의료보험료가 500원?"...인터넷서 역차별 뜨거운 논란
· 2020. 11. 2. [연합뉴스] 조선족 이미지 벗자...신길뉴타운, 아파트 이름 신길 대신 '여의신길'
· 2021. 5. 29. [머니투데이] '중국인이 왜 우리 동포?' 국적법 개정 반대...국민청원 30만↑

· 2021. 05. 31. [CBS노컷뉴스] 법무부 "나라 팔아먹는 국적법 개정? 가짜뉴스입니다"
· 2021. 7. 26. [중앙일보] "거기 코로나 센터죠?" 욕설전화 수백통...결국 코드 뽑았다
· 2021. 07. 27. [중앙일보] "보이스피싱 중국 동포 짓" 75%, 실제 검거 인원은
　　　　한국인 98%
· 2021. 07. 27. [아시아투데이] "중국인 부동산 취득에 상호주의 적용"...태영호,
　　　　법안 대표 발의
· 2021. 07. 30. [조선일보] '중국인 韓부동산 거래 제한' 법안에 이틀새 국민 2600
　　　　명 "찬성" 몰표
· 2020. 02. 08. [뉴스프리존] 국내거주 중국인 '먹튀' 건강보험 언론 보도는 '가짜뉴스'
· 2022. 02. 11. [글로벌경제신문] "건강보험 가입 외국인 중 중국인만 낸 보험료
　　　　보다 더 받는다"
· 2022. 3. 15. [조선비즈] 외국인 건강보험 중국인만 3800억 적자... 尹 정부, '얌
　　　　체 수급' 손볼 듯

제7장

1) 저서

박광성. 2008.『중국 조선족의 초국적 이동과 사회변화』. 파주: 한국학술정보
설동훈·문형진. 2020.『재한조선족, 1987-2020년』. 파주: 한국학술정보
이승률. 2007.『동북아시대와 조선족』. 서울: 박영사
임계순. 2003.『우리에게 다가온 조선족은 누구인가』. 서울: 현암사

2) 논문

김영술. 2019. "국내 거주 조선족의 민족 정체성과 국가 정체성 형성과 변화 연
　　　구."『동북아연구』34(2): 74-102.
김정희·김영순. 2018. "재한 중국동포 유학생의 문화적응 과정을 통해 본 정체
　　　성 협상과 그 의미."『겨레 어문학』60: 285-309.
김지혜. 2020. "한국에 거주하는 조선족 청년의 삶에 대한 생애사 연구."『다문화
　　　사회연구』13(2): 65-106.
류찬열. 2018. "혐오와 공포의 재현을 넘어 공감과 연대의 재현으로",『다문화콘
　　　텐츠연구』27: 129-144.

박우, 2009. "중국 유학생의 이주현황과 특성에 관한 연구", 『재외한인연구』. (19): 155-181.

박혜영, 신호창, 허종욱, 서수연, 2018. "한국의 주요 언론의 보도 및 트위터 메시지에 나타난 재외동포 이미지 및 보도 특성에 관한 연구." 『광고PR실학연구』. 11(1): 98-130.

신동순. 2020. "영화 청년경찰 속 조선족과 대림동의 문제적 재현." 『중국학논총』 69, 286-287.

신정아. 2019. "미디어소통의 관점에서 본 조선족 여성의 재현", <한국소통학회학술대회>. 13-14.

신종호. 2022. "한중수교 30년 성과와 과제", 세종연구소 <정세와 정책> 41. 1-5.

예동근. 2018. "초국적 이동과 중국동포 청년이미지 변화 연구" <인문사회과학연구> 19(3). 315-333.

이승은. 2016. "서울시 한국계 중국인의 주요 거주 지형도와 경제활동" <중국과 중국학> (27). 173-194.

전성흥. 2010. "한국과 중국의 사회문화 분야 교류: 현황 평가 제언." 『신아시아』 17(2): 188-190.

조수진. 2021. "한국 대학생의 이주민 호감도에 대한 연구: 조선족 이주민을 중심으로." 『상품학연구』. 39(2). 47-52.

최리나. 2019. "재한 조선족 유학생의 차별감이 대학 생활 적응에 미치는 영향." 성균관대 대학원 석사논문.

퍄오지저(Piao Jizhe). 2015. "조선족 이주 노동자의 소비행위 변화." 고려대 대학원 석사논문.

한정우. 2019. "조선족 간병인의 서비스 과정에 대한 민족지적 연구." 『다문화와 평화』. 13(1) 116-138.

梁亞濱. 2022. "中韓建交 30 年: 現狀、問題与未来." 『亞太安全与海洋研究』(2) 98-124.

朴光海. 2018. "中韓關係發展經驗,敎訓及政策建議." 『當代韓國』(3). 29-38.

An JIyoun. 2022. "정책변화인지분기여재한중국 조선족신화교사회적형성." 베이징대 박사논문.

3) 신문기사 및 잡지

권지혜. 『국민일보』. 2022-3-30. 「한복 교복'과 한·중의 국민감정」

김지환. 『경향신문』. 2022-2-19. 「젊은 세대 간 소통, 한중 혐오 해소의 길」

김진방·송정은. 『연합뉴스』. 2022-8-16. 「나빠진 양국 국민감정...어떻든 많이 배문규.『경향신문』, 2022-4-8.「5%의 한국⑤'다문화'라는 낙인-교실에선 자리 잡아 가는데」

박진범.『한중저널』. 2022 2002. 봄(11). <한중관계, 반중감정과 혐한정서 파고 어떻게 넘나>

박진범. <한중저널>. 2022 여름(12). '한중수교 30주년 특집 신정승 전 주중대사 인터뷰'

박영희. MBC 뉴스 홈페이지. 2008-4-28.『성화, 곳곳에서 충돌..중국인이 폭력 시위』

이광식.『한국경제신문』.2022-4-4.「월급 한국인 수준으로 안 주면 조선족 구하는 건 꿈도 못 꿔

송의달.『조선일보』. 2022-7-22.「돈·선물·성관계...세계 휩쓰는 中共의 '국내 정치 공작, 한국에선?」

양지호.『조선일보』. 2021-3-27.「시진핑 뒤에는 21세기 홍위병 '분노청년'이 있다」

유지영.『한국기자협회보』. 2022-8-2.「수교 30년, 시험대 오른 한중 외교」

이오성.『시사인』. 2021-6-4.「중국의 모든 것을 싫어하는 핵심집단, 누굴까.

이희옥.『서울신문』, 2022-8-2.「이사 갈 수 없는 이웃, 한중관계 30년의 명암」

조영빈. 2022-2-25.『한국일보』.「한복 입고 두만강 건넜는데, 이제와 입지 말라고?」

이유섭.『매일경제신문』. 2017-11-16 .「"신짜오 어머님~" 베트남댁이 가장 많네」

홍인표.『한중저널』. 2022 여름.「한중수교 30주년 특집 김하중 전 통일부장관 인터뷰」

김우정.『신동아』, 2020-3-22.「간병인 80%가 조선족」

4) 사이트

한국 법무부
성균중국연구소
한국 외교부
한국 통계청
한국관광공사
한국산업인력공단
한국 해외문화홍보원
한국 행정안전부
위키백과

5) 언론 보도

경향신문
국민일보
서울경제신문
서울신문
시사인
연합뉴스
조선일보
중앙일보
한국일보
한국기자협회보
한중저널
MBC

6) 보고서

한국산업인력공단. 2018. 『외국국적동포(H-2) 등 외국인력의 건설현장 취업실태 및 관리방안』 보고서.

제8장

곽재석 (2017). "지역사회 주민으로서의 동포와 체류정책 개선 과제." 『한중커뮤니티리더스포럼 창립식 및 정책토론회』. pp.59-75.

김경준·김태기 (2015). 『미래인재 개발전략으로서 재외동포 청소년 지원 방안 연구』. 한국청소년정책연구원 보고서.

김아름·김영주·이선영 (2013). "한국어교육학 : 중국배경 중도입국 청소년의 국어 습득과 학습자 변인 연구." 『새국어교육』. 94권. pp.469-498.

김나경·임채완 (2015). "베트남 귀환이주자의 인적 자본과 취업의 상관성 연구: 한국 이주노동자를 중심으로." 『동남아시아연구』. 25권. 1호, pp. 201~234.

김명숙·김성봉·김도영·허철수 (2012). "조선족 결손 가정아동의 사회적 지지가 심리사회적 적응에 미치는 영향-탄력성의 매개효과 검증." 『비교교육연구』. 제22권. 제1호, pp.99-119.

김명정 (2011). "동반・중도입국 자녀들을 위한 다문화교육." 『교육문화연구』. 17 권 2호. pp.55-76.

김판준 (2014). "중국 동포의 한국 이주 및 체류 유형 변화에 대한 연구." 『재외한 인연구』. 제32호.

김판준 (2016). "재한 중국 동포 자녀 교육 실태와 중국과의 교육 협력." 인하대 학교 국제관계연구소 주최 『양안관계 변화와 한국 내 화교 화인; 통일과 민족문제』. 학술회의 보고서.

김현미 (2012). "결혼이주여성들의 귀환결정과 귀환경험." 『젠더와 문화』. 5권. 2 호, pp. 113-145.

김혜련・임채완 (2015). "중국 귀환동포 정책의 특징분석." 『China연구』. 제18집.

류방란 외 (2011).『외국출생 동반입국 청소년을 위한 교육복지 정책방안." 한국 교육개발원 보고서.

리화 (2014). "초국가적 자녀 양육으로 보는 조선족가족의 문화적 지속성과 변 용." 『중앙사론』. 제 39집.

박봉수・김영순・최승은 (2013). "중국계 중도입국청소년의 한국사회 적응을 위 한 부모 역할수행에 관한 연구." 『열린교육연구』. 21권 2호, pp.331-355.

방미화 (2013). "재한 조선족의 실천전략별 귀속의식과 정체성." 『사회와역사』. 제 98집, pp.227-257.

방성훈・김수현 (2012). "한국계 중국인 밀집주거지의 분화에 관한 연구." 『한국 사회정책』. 19권. 2호

손영화・박봉수 (2015). "학교 밖 중도입국청소년의 인권에 관한 사례 연구." 『교 육문화연구』. 21권. 1호

양한순・박우・예동근・강주원 (2013) 『서울 거주 중국동포 실태조사 및 정책수 립 연구』, 서울시 연구보고서.

오성배・김경미・김재우・서덕희・오정은 (2013) 『중도입국 청소년 지역별 지원 실태에 대한 분석』, IOM이민정책연구원 연구보고서.

우영숙・이나영 (2013). "'조선족' 기혼여성의 초국적 이주와 생애과정 변동: 시간 성과 공간성의 교차 지점에서." 『한국사회학』. 47권. 5호. pp.139-169.

윤명숙・조혜정・박수영 (2012). "연변 조선족 청소년들이 부모와 별거기간이 학 교 적응에 미치는 영향과 부・모 애착의 매개효과." 『청소년복지연구』. 제14권. 1호, pp.113-137.

윤인진・김희상 (2016). "재외동포 귀환 이주민 공동체의 형성과 현황." 『한국민 족문화』. 60권, pp.37-81.

윤진희 외 (2014). "서울시 중국국적외국인의 주거지 분포 변화에 관한연구." 『한 국지역개발학회지』. 26권. 2호.

이석준·김경민 (2014). "서울시조선족 밀집지 간 특성 분석과 정책적 함의."『서울도시연구』. 15권. 4호.

이은정 (2015). "우즈베키스탄 고려인의 귀환이주- 대구지역 고려인의 사례를 중심으로."『지방사와 지방문화』. 18권. 1호, pp. 219-249.

이진영 (2011). "재외동포정책." 정기선 엮음.『한국 이민정책의 이해』. 백산서당.

이진영 (2012). "런던의 코리아타운: 형성, 구조, 문화."『재외한인연구』. 제27호, pp.177-211.

이진영·박우 (2013). "한국의 차세대 재외동포정책."『민족연구』. 제 54호, pp.22-43.

이진영·장안리·김판준·임영언·정호원·성일광 (2015).『외국의 재외동포청소년정책 비교연구』. 한국청소년정책연구원 보고서.

이창호 (2012). "한국화교의 '귀환'이주와 새로운 적응."『한국문화인류학』. 45권. 3호, pp. 153-198.

이정은 (2012). "외국인과 동포사이의 성원권- 재한조선족 사회의 지위분화에 따른 성원권 획득 전략."『경제와 사회』. 96호, pp. 402-429.

이춘호 (2014). "재한중국동포의 정체성의 정치: 단체의 조직과 활동을 중심으로."『아태연구』. 제21권 3호, pp. 143-180.

이혜경·이진영·설동훈·정기선 (2016).『이민정책론』. 박영사.

임채완·선봉규 (2015). "한국귀환이주 고려인 임금노동자의 근로환경과 직무만족관계분석."『재외한인연구』. 제35호, pp.199-228.

정혜원·김명숙·임원선 (2011). "중국조선족 농촌 결손가정 아동의 심리사회적 특징에 관한 연구."『청소년학연구』. 제18권. 제1호, pp.323-338.

한상돈 (2013). "중국 농촌의 유수(유수)소년문제와 대책."『소년보호연구』. 제21호, pp.187-218.

한중커뮤니티리더스포럼 (2017).『한중커뮤니티리더스포럼 창립식 및 정책토론회』.

행정자치부 (2015).『2015 외국인주민현황조사 결과보고』.

Dustmann, C. and Y. Weiss (2007). "Return Migration: Theory and Empirical Evidence from the UK." *British Journal of Industrial Relations*. Vol. 45. No. 2. pp. 236–256

European Commission (2007). *European Migration Network Return Migration*

Human Security Unit of UN (2009). *HUMAN SECURITY IN THEORY AND PRACTICE: An Overview of the Human Security Concept and the United Nations Trust Fund for Human Security*. New York: Human Security Unit of UN.

Tsuda, Takeyuki (2016). "Why does the Diaspora Return Home? The Causes of Ethnic Return Migration." *Challenges of Diaspora Migration*. London: Routledge, pp.25-41.

李振翎·朴今海 (2014). "朝鮮族跨國人口流動與留守兒童教育問題" 『困惑與反思: 朝鮮族基礎教育的現實境遇與未來쾌擇』. pp.166-180.

제9장

1) 저서

권오철·금상호. 2020. 외국인주민 관계법령 등 개정에 관한기초연구. 한국지방행정 연구원 정책연구. 2020-17.

서종건, 2021. 외국인 주민 정착을 위한 구로구 다문화 정책 의제 발굴. 구로구.

오정은. 2016. 서울 서남권 중국동포 밀집지역 발전 방안 연구. 서울특별시.

2) 논문

곽재석. 2012. "포용과 배제의 동포정책과 발전과제." 다문화사회연구 5(1): 33-73.

김종세. 2021. "이민기금의 설치, 관리 등에 관한 정책안." 법정책학회. 법과정책연구 21(1): 269-284.

박현주. 2017. "쓰레기 불법투기 인식 유형과 넛지(nudge): 대구시 달서구 사례를 중심으로." 한국가버넌스학회보 24(2): 61-83.

소은선. 2011. "재한 외국인의 범죄 실태 분석 및 외국인 법교육 프로그램의 탐색." 법 교육연구 6(2): 85-111.

이진영·곽재석. 2017. "귀환이주와 인간안보: 귀환 중국동포 청소년의 증가와 재외동 포정책의 방향." 아태연구 24(1): 39-71.

장현석·홍명기·이경아·조은비. 2021. "서울시 행정동 수준의 범죄분포에 대한 탐색 적 연구." 한국범죄학 15(1): 69-94.

3) 기타

법무부 보도자료. "법무부, 중국동포 친척방문 허용연령 25세로 낮춰" 2004. 06. 25. 법무부. 2018. 외국인정책기본계획.

＿＿＿＿. 2018. 외국인정책시행계획.

서남권글로벌센터. 2020. "2020 주요업무보고." 제298회 시의회 정례회 보건복지
위원회.

영등포구청. 2017. "주요업무보고." 다문화지원과 제201회 구의회 제1차 정례회
보고자료.

＿＿＿＿. 2015. 글로벌도시 서울시 서남권의 미래가치 상승을 위한 외국인주민지
원정책 및 환경개선 추진방안.

행정안전부. 2020. 2019 지방자치단체 외국인주민 현황.

4) 인터넷자료

매일일보. 2015-12-14. 「영등포구 대림동, 서울 속 작은 중국 주민간 불신의 장벽
허문다」.

법무부. 외국인정책기본계획 및 외국인정책시행계획 홈페이지: https://www.im
migration.go.kr/immigration/1511/subview.do(검색일자 2021-9-1).

서울서베이 도시정책지표조사 홈페이지:
https://data.seoul.go.kr/dataList/OA-15564/F/1/datasetView.do(검색일자
2021-9-1).

서울시. 2019. 「제2차 서울시 외국인주민 및 다문화가족 정책 기본계획」.
https://opengov.seoul.go.kr/sanction/18429814(검색일자 2021-9-1).

파이낸셜뉴스. 2018-2-12. 「이낙연 "외국인, 다문화가족정책 통합 입법 준비중"」.

제1장

김명섭, "6.25전쟁 연구동향과 전망," 『군 사』, Vol. no.100, 국방부군사편찬연구
소. 2016.

김선호, 『조선인민군 - 북한무력의 형성과 유일체제의 기원』, 한양대학교 출판부,
2020. 04.

＿＿＿＿, "1940년 전후 동북항일연군 조선의용군의 변화와 중국 소련관계," 정
신문화연구, 40(2), 2017. 06. p. 84.

김재기·임영언, "중국 만주지역 조선인 디아스포라와 한국전쟁," 『재외한인연구』,
제23호, 2011. 2.

김중생, 『조선의용군의 밀입북과 6.25 전쟁』, 명지출판사, 개정판, (교보문고 e북), 2017.

염인호, "재만조선인 항일투쟁사 서술과 '중국 조선족'의 탄생," 『한국학연구』, 28권, 2012.

정현수 외, 『중국조선족 증언으로 본 한국 전쟁』, 통일연구원, 기초연구총서, 2006.

_____, "중국 조선족의 한국전쟁 참전연구," 『윤리연구』, 한국윤리학회, vol.1, no.57, 2004.

위키백과, 검색어 '조선의용군,' https:// ko.wikipedia.org/wiki/조선의용군

한중수교 30년의 조선족

초판인쇄 2022년 9월 26일
초판발행 2022년 9월 26일

지은이 곽재석, 곽승지, 김부용, 김용필,
        김정룡, 이진영, 전은주, 정인갑, 홍인표
펴낸이 채종준
펴낸곳 한국학술정보㈜
주 소 경기도 파주시 회동길 230(문발동)
전 화 031) 908-3181(대표)
팩 스 031) 908-3189
홈페이지 http://ebook.kstudy.com
E-mail 출판사업부 publish@kstudy.com
등 록 제일산-115호(2000. 6. 19)

ISBN 979-11-6801-715-3 93300